LIFE EXPOSED

Biological Citizens after Chernobyl

By Adriana Petryna

アドリアナ・ペトリーナ
粥川準二：監修
森本麻衣子／若松文貴：訳

曝された生

チェルノブイリ後の生物学的市民

人文書院

曝された生・目次

表記について

本書のためのインタビューは、ウクライナ語、ロシア語、英語で行われた。この地域の研究者であればおわかりのように、言語は旧ソヴィエト連邦において社会的緊張の一面をなしている。ウクライナ語の法的地位がソヴィエト体制からの離脱の最初の数年間に向上したとはいえ、私がインタビューした人々の大半、とりわけ科学者や医師たちのあいだでは、ロシア語が使い続けられていた。私は、インフォーマントたちの言語選択を尊重し、ロシア語でのインタビューおよび発行物からの引用をのぞき、標準的ウクライナ語翻字表記を行うことにした。

アメリカ議会図書館の翻字システムを採用したが、英語で一般的になっている表記がある場合はそちらを採用した（Chornobyl の代わりに Chernobyl'、Gus'kova の代わりに Gusukova など）。ウクライナの地名は、ウクライナ正規用語委員会（the Ukrainian Legal Terminology Commission）の規定したルールに従いウクライナ語からの翻字で表した〔邦訳にあたり、チェルノブイリ、キエフ、ハリコフなど日本語で一般的となっている地名についてはそちらを採用した〕。本書ではインタビューした人々のほとんどに仮名を使用しているが、科学的、法的文書に登場する名前は実名の場合もある。

ジョアンとアンドレに

曝された生――チェルノブイリ後の生物学的市民

LIFE EXPOSED : Biological Citizens after Chernobyl
by Adriana Petryna

Japanese translation published by arrangement with Princeton University Press
through The English Agency (Japan) Ltd.

彼らはどうやって生き延びたのか――二〇一三年版への序

「皆まだ生きています。作業員たちは、自分たちが死ななかったことはわかっています。しかし、自分たちがどうやって生き延びたのかがわからないのです」。これは、ある生化学者が、チェルノブイリ原発事故から一〇年後の一九九六年、ウクライナのキエフで私に向けて語った言葉である。この科学者は、同国の医療科学アカデミーにいる同僚と、チェルノブイリの事故処理作業員や避難者の過去の被曝量を知る手掛かりとして、歯のエナメル質を分析する方法を開発してきた。被害を受けた人口集団に、事故処理作業員約六〇万人と、汚染地域から転居したり、そこに住み続けたりする住民五〇〇万人が含まれている。モニタリング制度がなかったため、彼らが実際に被曝した量ははっきりわからない、あるいは、まったくわからないままになっており、チェルノブイリによる健康被害を長期的に調査するのは困難である。とはいえ、不可能ではない。歯のエナメル質は、有機腐敗物を洗い落とし、無機質の超微粒子にまで磨りつぶすと、吸収線量を高確率で測定できる材料となる。全国規模で設置された歯牙採取ネットワークを通じ、四〇〇〇本以上の歯が集められた。ヴァディム・チュマク博士と彼の同僚は、米軍放射線生物学研究所から一部支援を受け、精力的に作業を進めていた。そして、用意されたサンプルの歯の放射線量の情報を分析し、大規模な疫学調査をすぐにでも開始できるようにしていた。少なくともそのような計画が立てられていた。

チュマク博士は、まだ生きている被験者に対し、驚きどころか困惑を隠せずにいた。事故処理作業員から採取したサンプルのなかには、教科書で定義されている致死被曝量の六倍から八倍の放射線を吸収したことを示すものもあった。彼らの歯は考えられない事実を示していた。どんなサバイバルの教科書も教えられないような、ありえない生命力だった。

事故から二五年経った今でも、そんな教科書はない。チェルノブイリを生き延びた人々の被曝量を再検査し、臨床データの国際的な至的基準《ゴールドスタンダード》を作ろうとする研究のネットワークは、はかなくも崩壊してしまった。チェルノブイリの被害者は、大規模だが、ほとんど体系化されていない断片的な研究の残余となった。彼らの死と回復の物語を構成しているバラバラの生という事実は、支配的な知識体系の中にはどこにも居場所がない。彼らがどのように生き延びたか、それは説明できない偶然の産物となったのである。

歯は、その耐久性の高さゆえに、消滅への圧力に抵抗することができる。歯と同様に、化石も偶然の産物であり、他のすべてが腐敗しても、生命や物質の構成《アセンブラージュ》や、もはや存在しない生活環境全体を示してくれる。化石は、知識の体系の確信やそれに由来する権威をしつこく批判する。歯と同様に、化石は思わぬ発見——より新しく、より完成された真実の開始点となる——をもたらす。また、すでに失われた機会——より新しく、より完成された真実の可能性が唐突に去っていった瞬間——を示すこともある。

科学用語には、化石の意味するこのような不安定性を表す言葉がある。化石学者でもありSF作家でもあったソヴィエトのイワン・エフレーモフは、あらゆる有機物がどのように腐敗するか、その法則を指す「タフォノミー（ギリシャ語で埋葬を意味するタフォス（*taphos*）と法を意味するノモス（*nomos*）に由来する）」という用語を一九四〇年に導入した。つまり、どのように有機物がいわば石化世界に移行し、究極的には、地層の底の深い時間へと葬り去られるかという法則である。また逆に、タフォノミーは化石がどのような迂回路を経て我々のもとに戻ってきたか、風化、変形、その「堆積環境」が本来の姿をどう乱してしまったかも示す。化石や古代の出土品、アンモナイト、貝殻、げっ歯類の歯は変形し、穴を穿《うが》たれ、風化し、熱により変成させられた——つまりは、決して純粋なサンプルではないのである。

『曝された生』は、このタフォノミー的感性を用い、チェルノブイリ災害から一〇年後に、事故処理作業員や移住した家族、子供、被曝した子供の親たちに何が起こったのかを、より完全な形で記録しようとするものである。チェルノブイリの生存者についての知識が当てはまる、あるいは、すこんと抜け落ちていく状況を作り上げている道徳や認識論の構造とはどのようなものなのか。生存者たちは、不要物、つまり無視され、ふるいにかけられて捨てられる偶然の産物――放射線による人体へのリスクについて現在わかっている知識の体系では、ただのノイズ――なのか。そうではなく、混沌とした歴史と真実を有する彼らこそが、調査すべき対象ではないのか。彼らの姿から、どのような真実の構成物《アセンブラージュ》がより大きな次元で組み立てられ、また捨て去られてきたか、わかるだろうか。そして、失われながらも残滓のなかに存在し続けるものは何だろうか。なぜ今も私たちは彼らの生存を理解できないままなのだろうか。チェルノブイリ事故の「化石」の記録に見られる不完全性をどう説明すればよいだろうか。

たしかに一九八九年のソヴィエト体制の崩壊によりウクライナでは混乱が広がり、その負の遺産として、チェルノブイリによる公共衛生の問題や人々への影響が完全に解明されることはなかった。それに加え、断片的な調査作業、優先事項の見込み違い、国際組織間の協力の欠如、一貫性のない資金援助や不適切な資金配分・使用、また不完全なデータ・情報収集により、事故による人体への健康被害を長期的かつ自主的に調査することがより難しくなった。[1]

このような現状にもかかわらず、チェルノブイリによる人への健康被害に関して二〇年後に出された公式見解は、確信をもったトーンで書かれている。[2] 世界保健機関（ＷＨＯ）は、二〇〇五年にチェルノブイリの関連死者数を微増させ――三一名から約五〇名とし、その大半が緊急措置にあたり高レベルの放射線に被曝した作業員である――、最終的に最大四〇〇〇名が事故による被曝で死亡する可能性があると表明したものの、そのメッセージは変わらない。すなわち、チェルノブイリによる公共衛生上の影響は「当初懸念されていたほど甚大ではなかった」ということである。[3] ＷＨＯは、高レベルの放射線に被曝した事故処理作業員や甲状腺がんを患う子供たちの健康状態を集中的にモニタリングするよう提案している。[4] ベラルーシ、ウクライナ、ロシアにまたがる約五〇〇〇もの汚染された村や町に住み続ける人口集団については、死亡者数の調査を今後中断するよう勧告した。二〇〇六年、ある分析は以下のように言及している。「推定被曝量に加え、放射線被曝以外の原因も含めた交絡変数に基づく統計検出力がない以上、一般人や高レベルの汚染地域から避難してきた人口の死亡率の原因を調査しても、放射線の影響について科学的に有効な情報は得られないだろう」(5)。公式の筋書きでは、チェルノブイリの生は、社会的政治的現実によりあまりにも混乱させられてしまったため、それを説明できる科学など存在しないということになっている。原子放射線の影響に関する国連科学委員会（ＵＮＳＣＥＡＲ）は、汚染地域に住む子供たちのあいだで異常な進行性の甲状腺がんが増加したことは認めたものの、その他の不調は高レベルのストレスにより生じているとしている。この国連機関の見解は、さらに一歩踏みこんで「放射線の脅威に対する根強い神話と誤解により、汚染地域の住民のあいだで『宿命論による麻痺』が広がっている」と示唆し、誰がチェルノブイリの被害者か、説教めいた断言までしている(6)。

宿命論により麻痺しているのか、それとも科学が目を背けているのか。このような繰り言は、チェルノブイリによる健康被害の現状把握や今後の予測から、科学者のコミュニティがどれほどかけ離れているかを示しているといえる。本書で述べるまでもなく、事故から数日、数か月の間、人々は被害を軽減するためにありとあらゆる手段をとった。子供たちを電車で送り出し汚染されていない地域に住む親戚の家に預ける、窓を固く閉じて床をごしごし洗う、ヨウ素１３１の吸収による甲状腺がんを防ぐため必死にヨウ素剤を集める、幼い末っ子のために「クリーンな」食物を探す、なかには自分用の線量計を自作する人もいた。これらの人々を宿命論者と呼ぶのは、科学的原則の「理解不足」ゆえの精神的ストレスに責めを負わせた国際原子力機関（ＩＡＥＡ）の過去の見解を反映している(7)。それは、生存者が起こした様々な行動に向けられるべき視線をそらし、災害の最中や災害後に実際に起きたことの記録を読み誤ることとなる。

どのように運命の歯車が狂ったのか、チェルノブイリにより健康被害を受けた人々は、本来ならば被害をめぐる知識の中心にいるべきはずなのに、周辺に追いやられ、邪魔者扱いされるまでになった。そして、災害に関わった多くの科学の専門家の意図とは裏腹に、災害から科学的な教訓を学ぼうとする試みは、「チェルノブイリにより人生が崩壊した人々の福利《ウエルビーイング》からかけ離れたところで終了」してしまった(8)。比較的高レベルの放射線を吸収した作業員がどのように生き延びたのか、あるいは、低線量放射線に絶えず曝されてきた汚染地域の住民がどのように切り抜けてきたのか、いまだにわからないままである。チェルノブイリ事故による五〇名弱の公式の死亡者は、被曝後一週間以内、あるいは数か月のうちに死亡した。しかし、高・低レベルの放射線に被曝したものの、この当初の集団には含まれなかった人々について長期的にみた後遺症のデータは、疫学的な記録として残すことが難しい[9]。

実際、もし原子爆弾に関する調査が参考となるならば、チェルノブイリの全被害を検証するのはまだ早すぎる。ある報告書を引用すると、モニタリングされた約八万人の原爆からの生還者について、「日本に原爆が投下された二〇年後の一九六五年、原爆傷害調査委員会は、甲状腺がんと白血病の二つのがん疾患のみ大幅に増加したと報告している[10]」。他のがん疾患の有意な増加が見られるまでにはそれから一〇年かかり、今日に至るまで、がんだけでなく、その他の疾患も検出され続けている。「放射線関連の健康被害として認定されているものの全体からすると、白血病と甲状腺がんはそのほんの一部でしかない」と報告されている[11]。ここから学びうる教訓は、チェルノブイリによる個人そして人体への被害について、いまだ断片的な知識しか持ち合わせておらず、被害をどこまで解明できるかは、今後我々がどのような研究、技術、資金をどれくらいの期間注ぎ込む気があるかに懸かっているということである。

『曝された生』は、二つの論理——被害者が生き延びたという驚異と、科学と国家の困難に満ちたポリティクス——の間に根本的な不一致が立ち現われた時代を描いている。これら二つの論理は、チェルノブイリの災害の意味とその範囲を定める権限をめぐって競合している。一方では、政府は被害者認定を少数の集団に制限することで災害を封じ込める作戦をとった。被曝による健康被害についての知識は、この選別された小集団に限定されている。専門家は、チェルノブイリが健康に及ぼした影響を抽象的な（主に心理学の）専門用語で捉えた。災害をめぐる医学的な語り《ナラティヴ》からは、悲惨な被害状況と死亡者数が抜け落ちてしまった。性急な抽象化によって、問題の真に問われるべき次元がなおざりにされ、チェルノブイリの疫学的記録に著しい空白が生じてしまったのである。また、抽象化される過程で、政治の国内化による管理の動きが起こった。人体への被害や、チェルノブイリの汚染を封じ込めるために実際に動員された大多数の作業員に関する話は、ソヴィエト連邦の管理下の次元に格下げされたのである。危険な放射性物質の飛散を抑制するために動員された人間労働の実態は、チェルノブイリのリスク演出とでもいえるもの、つまり対処不可能なほどのリスクを国内問題として管理できるようにする一連の動きのなかで、苦しみという隠された現実にされてしまった。

他方、「どうやって生き延びたのかわからない」という言葉は、生存者の身体状態についての知識がないという痛々しい現状を示している。彼らが生き残っていることが――彼らがどうやって生き残り、生き続けるにはどのような薬品が必要で、今後どれくらいの余命があるか、という問題が――、チェルノブイリによる生物学的影響をめぐる、より大きな知識の枠組みの中に当てはまらないのである。そして、体系化されていない生物学的事実が非人間的な官僚制度にぶつかると、地獄に陥ってしまう。『曝された生』は、この地獄、すなわち曖昧ながらも型にはまった補償制度の下、ある生存者の病気や生命が「生物学的市民権（biological citizenship）」の枠組みに当てはまる、あるいは抜け落ちる様子を描いている。彼ら市民たちは、国の介入や介入の失敗により残された深い傷跡を認識し、国家から認められた被災者（sufferer）として自らを再構築していた。ダメージを受けた生体《バイオロジー》が、国家と市場の構造的変化、増加する貧困、保障の消滅といった条件の下で市民権を求める土台となり、病気と市民権が結合していったのである。私は、患者や家族が、法や医療を司る官僚や行政組織と延々と向き合い、傷害の認定や、時には補償を受けることができた場に立ち会った。なかには交渉の末、より重度の障害者ステータスを獲得し、より多くの権利を受けとれた者もいた。しかし、そのような権利を獲得できない者もいたし、高給が得られる汚染地域で働き続けるために、わざと症状を無視していた者もいた。この科学と官僚組織が複雑に絡み合う世界の中で、私は災害を封じ込める戦略と、生物科学的、社会的秩序による保護や放置との間で人々が踊らされる姿を直に記録することができた。彼らの回復とその可能性が絶えず先送りされる政治的状況に即しながら、可能な限り偏見を排除して被災者たちに残された行為主体性《エージェンシー》を分析したのである。

放射能を帯びた歯とそれに対するチュマク博士の驚きは、二つの競合する論理、すなわちリスクを封じ込める政治的論理と生存するという個人の論理の中心にある。前者の論理は科学の権威に支えられ、生存者とは誰かにまつわるあらゆる道徳的前提を作り上げる。（生存者が宿命論で麻痺しているという解釈がまさにその典型であると私には思われる。〉その論理は、〈被曝量やモニタリングの〉不確実性を訴えることで、「放射線に関する有効な疫学的研究」を排除しようとする。[12] 苦しみと病気を、個人、心理、文化の不可解な特徴として矮小化する。そして、回避できた過失として事故を描き、チェルノブイリを技術的に強固で安全な世界の中の例外とする語りを助長する。この封じ込めの政治科学は、生存者とチェルノブイリを偶然の産物と呼ぶことで、文化が自らリスクを「選んでいる」と示唆する。[13] 同時に、チェルノブイリの損失を、当初の介入期間を超えて生じた生体への影響をまったく解明できていないという失敗から切り離そうとしているのである。『曝された生』は、この疑わしい道筋、このチェルノブイリのリスクを振付けし物語の幕引きをはかった科学と政策を辿っていく。

九・一一の同時多発テロが起きた直後、心理学者のフィリップ・テトロックとバーバラ・メラーは、知性の領域において予測と価値判断を分離する必要性について以下のように記している。「科学者が、彼らお得意の抽象的概念を現実世界の問題に当てはめてようとすればするほど、多くの［……］避けられない不確定要素を見落とし、導き出したい結論に性急に飛びつきたい欲求に抗いにくくなる」。[14] 本書は、「お得意の抽象概念」に脆弱な生を対置させることで、技術政治的な対応が、いかに、解決すべき問題そのものを悪化させ、さらには新たな問題を生んでしまったか示していく。原発災害やその長期にわたる人体への影響の管理を理解するうえで、重なり合うこれらのプロセスを人類学的に解明することは重要である。特に、福島第一原発事故が起こった日本で、同じようなプロセスが展開している現在では。

性急な結論に対抗し、チェルノブイリの健康被害をさらに詳しく調査するよう訴えた科学者は多くいた。チェルノブイリ災害は、原発事故における高線量被曝と慢性的な低線量被曝を検証する疫学上の試金石となるはずであった。また、人体の放射線被曝を確実に検証できる「実験室」として、様々な被曝量とタイムスケールの医学情報、既存の知識における不確実性の把握、また、原発事故の被曝による健康への影響を考察し予測する有効な方法を生み出すと期待されていた。さらなる調査が続けられる望みがあった時期に刊行された国連の報告書によると、「事故に関連する人体の問題の解決に向け、積極的に対処しなければ……チェルノブイリで被害を受けたコミュニティの悲運が、今後数十年にわたりエネルギー生産の議論にまとわりつくこととなる。地球温暖化が進むなか、世界中の政府とエネルギー産業はともに、感情論ではなく事実と議論に基づいて、これらの問題の解決と原子力の今後について協議を進めることに関心を寄せている[15]」。

歯の話に戻ろう。結局のところ、これらの歯は、自発的にせよ、そうでないにせよ、災害現場へと向かい、手ずから放射能を除去した兵士、消防士、作業員のものである。彼らが現場に送り込まれたのは、チェルノブイリの災害規模が国の人員補給能力と復旧計画を超えていたためであった。そして、彼らのなかには、ソヴィエト時代やソヴィエト崩壊後に位置していた階級によって、給料を受け取ることができた者〔エリートの消防士、内務省職員、鉱夫〕もいれば、ボランティアもいたし、〔原発の〕安定化と除染処理を遂行するのに多数の人員が必要だったため、強引に徴用されたり、騙《だま》されて動員されたりした者もいた。理論上、発電所や軍の幹部は、調達した人員の放射線被曝量を綿密にモニターし、被曝量を制御するために交替させることになっていた。しかし、現実には、増員するよりも、すでに立入禁止区域内にいる作業員を余計に被曝させるほうが都合がいいと考え、モニタリングを怠ることが多かった。チェルノブイリ事故の直後、IAEAは、国際的な「合意」形成を図る名目で専門家を集め、会議を開催したが、こうした不当な過剰被曝の問題を検証したり認定したりすることは一度もなかった。彼らは、チェルノブイリの影響は限定的であり、制御されているという報道を作りあげ、その後も事故の記念日が来るたびに毎年同じ発表を繰り返したのである。規制を無視して、強制的に動員された作業の経緯の動かぬ証拠は、あの歯だけなのだ。

結果として、チェルノブイリには二つの物語――互いに競合しあい、通約できない物語――がある。一方の物語は、医療措置に関わったある幹部の言葉を借りれば「ここでは何も起こりませんでした。何も起こらなかったし……今後も起こらないでしょう」と論じている。『曝された生』は、チェルノブイリを封じ込める演出のなかで何かが確かに起こったのだと論じる。起こったことを広く人間の領域において捉えるなら、その意義は何よりも重く、科学的究明の中心にしっかりと据え続けるべきなのだと。

残念なことに、災害から二五年以上経た現在でも、作業員や避難者を追跡した大規模な疫学調査はほとんど行われていない。研究者がチェルノブイリの影響について国際的に認められるデータを作るには、個人の被曝の経緯を再構築し、臨床データと体系的に関連させる必要がある。しかし、資金援助と研究のネットワークは分断されつつある。チェルノブイリの犠牲者に関する公式見解は、事故直後の短期間に生じた「立証可能」な事実に限定されており、高線量・低線量被曝による長期的な後遺症のデータは無視され続けている。ウクライナ、ベラルーシ、ロシア、スペイン、フランス、イギリス、アメリカ、フィンランド、日本で自主的に調査を続けている研究者たちは、内分泌系、筋骨格、呼吸器系、循環器系の障害、そして悪性腫瘍、とくに乳がんと前立腺がんの増加を指摘している。近年、これらの科学者の大勢が一堂に会し、画期的な調査案を策定した。その調査は、「チェルノブイリ周辺の除染を行うために送られた五〇万人以上の『リクビダートル』(事故処理作業員)および、事故当時子供だった地域住民一般の一生涯にわたる健康状態」を対象にしていた。被曝人口を調査するうえで最後の頼みとなるこの重大な研究は、「広島と長崎の原爆投下後、日本で実施された生涯にわたる集団追跡調査――一定人口への放射線の影響を調べた調査としていまだに至的基準となっている――の被験者の一〇倍以上を対象とする」はずだった。[16]

この生涯にわたる集団追跡調査への資金拠出は断られた。その理由は、「チェルノブイリで被曝した人々の放射線量が明確でないため、調査の価値が落ちる可能性がある」[17]からだという。欧州委員会は、大規模な追跡調査という方法を否定し、「放射線と身体組織の相互作用について理解を深める」という、より機構論的なアプローチを採用した。単純に、コントロールされた環境で放射線傷害のメカニズムを研究するのは、「現実に起きた原発事故の後にデータを収集し、健康被害の構図を描く作業を要する厄介な臨床実験」よりも簡単である。[18]このように、抽象性に比重を置いて実存する生のデータを無視する性急さ、すなわち「どうやって生き延びたか」という問いを体系的に軽視するパターンは、チェルノブイリをめぐる科学において非常に早い時期に打ち立てられた(第二章参照)。現在でも、チェルノブイリについては集団追跡調査や、多世代被曝の調査がないため、経年的なリスクの見通しはよくいっても不明のままになっている。

今日に至るまで、あえて人間不在のアプローチが、チェルノブイリをめぐる科学の体制では主流となっている。そのため、生き延びた人々は医学や科学の空白に取り残され、知見の不在ゆえに間違って分類されるリスクがある。無名のまま、研究の対象となることもなく死んでいった人々もいる。チェルノブイリ後の人体への放射線被害について、その複雑さを解明する科学は、説得力があるとはいえない誘導的な質問項目に「はい」か「いいえ」で応じる解答に格下げされてきた。例えば、「チェルノブイリ――国連の報告書に基づいた災害規模の真実」と題された二〇〇五年のプレスリリースは、以下のようなQ&Aを載せていた。質問：事故の結果、人々はどれほどの放射線に被曝したか。回答：障害が起こるほどではなかった。質問：過去に何名が死亡し、今後何名が死亡する可能性があるか。回答：約五〇名が死亡し、今後最大四〇〇〇名が死亡する可能性がある。質問：遺伝や出産に影響はあったか、または今後あるか。回答：ない。質問：緊急避難によるトラウマが心理学的、精神的な健康被害の原因か。回答：そうだ。質問：個人への影響はどのようなものだったか。回答：精神的ストレス以外には、ほとんどなかった。これらの粗雑で断定的なメッセージは、まるでマジック8ボール〔ビリヤードの8番ボールの形をしたおもちゃで、中に「はい」や「いいえ」などの定型の答えが書かれた二〇面体が入っている〕のようにミステリアスにさえ見える。ボールを振ると「たしかに」、もう一度ボールを振ると「明らかです」。

対照的に、植物、哺乳類、両生類が、チェルノブイリ事故による「環境の急激な変化」にどのように順応しているか、驚くほど多様な（肯定的、否定的、不確定の）データがある。二〇世紀の最後の一〇年間と二一世紀の最初の一〇年間に、異なる生物種を対象に多くの調査が実施されてきた。新たなデータと技術が手に入るようになるにつれ、チェルノブイリの死のゾーンにおける事故の放射線の影響について、短期的、長期的な側面に焦点をあてた調査結果が公表され、議論や修正がなされてきた。ある例では撤回されることもあり、それは科学者としての責任感を示していた。撤回を宣言した著者たちは、「過ちを認め、失敗と折り合いをつけるという重要な教訓を学んだ」と述べている[19]。チェルノブイリ後の陸上生態系の変化を追う調査では、観察を継続することで証拠が集積している。集積と自己修正を行う構造が内包されているのである。この分野では、どのように、またど﹅の﹅く﹅ら﹅い﹅の間データを揺さぶるかにより、異なる科学的見解が生まれている。

植物や動物への生物学的影響を調べる研究には、「生存適合性」に還元して結論を結ぶことにためらうものもあるが、長期的な研究にはそう強く主張するものもある。[20] 実際、広島や長崎の原爆被害の生涯にわたる集団追跡調査では、被曝から数十年を経た後になって、放射線の影響が顕現することがあることを示唆していた。それぞれ異なる生物種や、異なる原子力事故間で、一対一の比較ができるわけではない。しかし、これらの調査は、チェルノブイリを扱う研究で性急な結論をためらうべき十分な理由を示している。

日本の福島第一原子力発電所で大惨事が起きてから二年が過ぎた。原子力事故による長期にわたる低線量被曝の人体への影響を測定する信頼性の高い方法を、世界中の人々が求めている。チェルノブイリから、そのような測定方法が生まれるはずだった。しかし、生まれることはなかった。フィンランド人の放射線専門家キース・ベイバーストックは、世界保健機関（WHO）の放射線防護プログラムを一九九一年から二〇〇三年まで指揮していた。彼は二〇一一年に、次のように記している。「乳がん、胃がん、肺がんなどの固形腫瘍の発生について、大規模で本格的な調査は一切行われていない」。長期的な研究計画がないのである。[21] 生涯にわたる調査がなされていないため——ホルスタイン、ハタネズミ、マウスを対象にした研究ならばある——チェルノブイリの被曝者がどうやって生き延びたのか、わからないままでいる。このような科学の経緯により、一般市民は現在の、そして未来の災害に対する備えができていないのだ。

現在、被害者のために責任説明を果たすことが重大な試練となっている。私がフィールドワークを行った診療所や行政機関に訪ねてきた作業員や避難民は、現時点では明確に選別、定義された集団ではない。彼らは決して純粋なサンプルではないのである。しかし、その事実だけをもって、彼らを堅実な科学的調査から除外する理由にはできない。健康についての疑問が未解決であるために、〔被害の〕申立てをする人々が現れてきたと認識することが重要である。未解決の疑問は、彼らの訴えを奇異かつ現実離れしたものと見なす国家と科学による問題含みの政治のために生まれた症状である。しかし、彼らがどうやって生き延びたかという分析も含め、災害の影響を分析するうえで、彼らの健康問題という現実は無視されるべきではない。生物医学的真実は複雑ではあるが、その複雑さをすべて理解しなければ、今後の対処を改善するための下地を築くことはできない。

想定外がふたたび起こった——現在と今後のための比較考察

二〇一一年、地球規模の安全と公共政策について論じる雑誌『原子力科学者会報』は、事故の二十五周年を記念し、チェルノブイリの専門家にエッセーの寄稿を依頼した。基調論文は、ミハイル・ゴルバチョフが執筆した。米ソの共同医療チームの首脳部は、「もし想定外のことが想定内になったら——原子力事故の医療処置」と題された共著論文を投稿した。彼らは、災害の暴走を防止するために、原子力産業が「事故に適切に対処できる詳細なガイドライン」を有している点に自信を示した。[22] チェルノブイリは、その災害規模ではなく、ガイドラインに適切に従わなかった原発管理者の不備ゆえに、想定外であり対処不可能だった、と彼らは記している。このような論法は、チェルノブイリは例外であり、他の災害とは比較できない一度きりの出来事だった、という語り《ナラティブ》を強めることになった。

まさにそのチェルノブイリ事故の二十五周年に「想定外」の事態がふたたび起きてしまった。福島第一原発の原子炉が爆発し、ガイドラインを過信するという深刻な認識の欠陥を浮き彫りにした。今や、倫理の計算が行われる舞台は、鉄のカーテンの裏側ではなく、我々の目の前で上演されることとなった。

当初、多くの専門家や評論家は、チェルノブイリと福島原発で起きた原発事故とは比較できないと詳しく解説していた。チェルノブイリは、平時に起きた史上最悪の原子力災害である。ソヴィエト製の原子炉は性能も設計も劣っていたし、核爆発〔定義にもよるが、通常は「水素爆発」といわれる〕とメルトダウンは未曾有の事態だった。しかも腐敗した政府が災害規模を隠ぺいしようとしたため、その余波が拡大した。被害に見舞われた福島原発は設計も優れており、災禍は「日本的に」処理されるだろう——犠牲を顧みず放射線を封じ込める任務に身を投じた「決死隊」とも呼ばれる勇敢な「フクシマ50」に具現化されている——と繰り返し伝えられた。これらの作業員の多くは、二〇一一年三月の三重災害により、住んでいた村を津波に流され、愛する者たちを失い、人生が破壊された人たちだった。

現時点で、フクシマと厳密に比較するには限界があるが、私はフクシマおよび、為政者や国民が現在直面している選択肢を倫理的に考察するうえで『曝された生』が有効な指針となることを望んでいる。もしこの本が比較の有効性を示すならば、それは、説明責任の限界が介入措置そのものの中に組み込まれていき、拡散した放射性物質による健康被害の真実をあいまいにするということである。勇敢なフクシマ50は、超人的な任務を全うするために徴用され、まだ状況が不明瞭ななか、汗を流して瓦礫や破片を片付けていった。彼らはメルトダウンを回避するために原子炉や燃料プールを冷却する作業にあたっていたが、その過程で青白い閃光を目撃したとも報告されている。それは、核燃料のメルトダウンとコントロール不可能な連鎖反応の発生を示しており、私がこの本で取材したチェルノブイリの事故処理作業員の多くが目撃したものと同じである。現在、新たな五〇人の集団が熱心に働き――放射線量の高いコンクリートの屋根や送水管を取り除き、床や窓を塞ぎ、内壁の中に鉛の板を埋め込んでいる――施設内の高度に汚染されている場所から、それほど汚染されていない場所へと移動しながら作業している。そして、これらすべては、ただ原子炉施設解体に向けて安全な作業環境を作るための作業にすぎず、解体それ自体は長く険しいプロセスである。

報道によると、フクシマ50の大半は一般市民と隔離され、原発周辺の住民や避難民が受ける医療監視体制とは別個の政府の監視体制の管理下に置かれているという。日本当局が彼らの英雄的行為を称賛する一方で、これら無名の五〇人は別の五〇人へと交替し、次から次へと入れ替わっている――そしてついには最終的な総数が約一万八〇〇〇人にも上っている。「作業員の多くは、東電［東京電力］にではなく、下請け会社に雇われており、下請けは人材派遣会社から人員を調達している。津波が起こる以前から、これら一時雇用労働者の多くは他の原子力発電所で底辺作業に従事してきた」(23)。事故処理と安定化の作業に必要な人員を充分確保できなくなるのではないかという懸念が出ている。その間、日本の厚生労働省は、汚染の封じ込め作業を集中的に行うため、限界線量の値を引き上げて作業可能な人員の数を増やすことにした。各作業員の限界線量の法定値は二度も引き上げられ――アメリカの原子力作業員に認められている最大被曝量の五倍である――作業員が原発内でより長く働けるようにした。

心理的なストレスがチェルノブイリの事故処理作業員に最も有害な健康被害をもたらしたという見解を広めたアメ

リカ人の放射線疫学専門家がおり、彼は、フクシマ50の交代要員となる日本人作業員に驚くべき慰めの言葉を贈った。ソヴィエト当局は、チェルノブイリの事故処理作業員の被曝量を制限する体制をつくった、と述べたのである。「当局は最大六〇万人もの人員を送り、原発周辺の放射能を帯びた瓦礫の除去や石棺の建設にあたらせた。……作業員が汚染区域にいる時間は制限されていた」[24]（強調引用者）。効率的に組織された利他的な人々が、調和を乱すことなく集合的リスクを軽減する、というこの楽観的なイメージは、端的にいって不正確である。そのようなイメージは、災害を抑えるために要した実際の人間労働を、飼い慣らされたリスクの問題や隠ぺいされた苦しみに変えてしまう。チェルノブイリでそうだったように。

チェルノブイリ同様、フクシマでも、どうして人々がこの危険な仕事に携わるようになったのか、何も明らかになっていない。民族誌的な検証のみが、リスクの倫理的計算を紐解いていくことができる。当初、被曝線量が一〇〇ミリシーベルトを超えれば、フクシマの経験を積んだ原発作業員は退去することになっていた。しかし、大半の作業員は二五〇ミリシーベルトという高い線量に被曝するまで、そしてそれ以上のダメージを防ぐために必要と見なされるかぎり留められていた[25]。ウクライナでは、どの村でも、どの居住地区でも、どの集団作業場でも、最も危険な作業に携わる「バイオロボット」がいた。彼らは、放射性の瓦礫をスコップで掘り、破壊された原子炉に捨てるなどの作業に従事していた。彼ら作業員一人一人が、現在に至るまで、その自己犠牲にまつわる美談を提供し続ける一つの選抜集団の一員を構成している。フクシマにおける自己犠牲とヒロイズムは実際にはどのような経験だったのだろうか。またそうした経験は、生物医学上の複雑さを――おそらく必然的に――ないがしろにしてしまう科学的抽象化と、どのように合致するのだろうか。

フクシマは、多くの点で、チェルノブイリと異なっているかもしれない。原子炉もその設計も異なっており、労働を搾取する政治‐経済体制も異なっている。作業員が過剰な被曝を続けるのは、強制なのか、合意の上なのか、その背後にある政治的あるいは倫理的制度についてもわかっていない。しかし、フクシマから読み取れるのは、チェルノブイリは例外などではなかったということである。政治的、社会的な反応を見ると、フクシマにもチェルノブイリと似ている側面がある。

最初にくるのが、ヒロイズムの段階であることに疑問の余地はないだろう。それは既存の業務遂行能力で災害を乗り越えることができるという、集団の道徳的信頼（もしくは希望）とでも呼べるものの唯一の段階である。ヒロイズムの発動は、「我々は決して逃げはしない」という新聞の見出しに見ることができる。第二段階では、ヒーローたちが姿を消す。彼らは比較的無名の存在となり、隔離管理された状況下に置かれる。犠牲になるために徴用された集団を隔離することで、特例的な医療・法的帰結をそなえた自己犠牲の政治経済が整えられる。ヒロイズム賛美の言説は、人々の実際のリスクに対する混乱の感覚に取って代わられる。（そのような混乱は、例えば、日本の当局が原発の半径二〇キロ以内の避難指示を出したのに対し、米海軍が半径五〇マイル〔約八〇キロメートル〕以内にいる全自国民に退避を命じたときに起こった。）作業員は、文化的な動機かどうかはともかく、使命感に駆られて任務を遂行しようとしたが、今やそれが社会組織全体に広がる明確な傷跡となってしまった。国内や国外の専門家は、様々な会議を開いて「合意」形成をはかろうとするが、その間、混乱と自暴自棄の状況は悪化の一途を辿っていく。このような状況もまた、「リスク認識の問題」や地域特有の文化的な能力や信仰と同一視される「宿命論による麻痺」として退けられるのだろうか。生物学的市民の第一世代は、健康障害やその原因の意味を理解する重荷を背負うこととなる。補償枠に入れない人々の政治的、医学的な脆弱さは増していく。

災害から一〇年後、ウクライナでは治療と補償を求めて市民が波のように診療施設に押し寄せた。彼らの「特異な」病気は、様々な種類の治療上の差別やネグレクトをコード化した。何が災害に関連する疾患として認められるのか、誰が死の境にいるのか、その境目で日常的に繰り広げられる解釈の営みの中から、病いを患う一般市民とポスト・ソヴィエトの国家との間の新たな関係が現れてきた。生物学的市民権は、人々が重度被曝者として補償に値する身分を確保しようとする、複雑な官僚的プロセスとなった。人々は、生体の損傷と補償を認定する厳密な基準に基づき社会福祉を求めるようになった。この迷路のような世界で保護を求めていくなかで、幸運にも健康が改善された者もいれば、逆に健康が悪化していった者もいた。障害者の分類に入ることができた者も、外れた者もおり、なかには自分で選んでもいない（あるいは、脱出できないような）区分に勝手に入れられてしまった者もいた。たしかに生物学的市民権は、健康が政治化されたことを物語っている。しかし、その核心が物語るのは、政治と科学の失敗、すなわち人間の福祉に対し説明責任を果たしていないということ、概念化のしくみに収まらないようなやり方で生き延びてきた人々の実践を、ますます脆弱にしているということである。

そして、第三の段階に入る。この段階では、人々が、複雑に入り組んだ生社会《バイオソーシャル》的な現実の中で、災害のリスクや管理の過ちというより大きな歴史に結びつけることができる要素（尺度、数値、症状）を綿密に集積していき、そうすることで当該文脈の中で自らの生を可視化し、唯一のものにしていく。ウクライナ人とくらべ、日本人はより上手にリスクを「吸収」していくことができるかもしれない。しかし、ここで重要なのは文化的特徴の精神分析ではない。すでに殺菌消毒されてしまったチェルノブイリのイメージとの比較が、フクシマの健康被害の軽重の滴定測定に使われているため、同時に、ローカルな人間的現実の隔離――リスクの飼い慣らし――がなされてしまう。最悪の被害を受けた人々の苦しみが、すでに新たな類の正常性《ノーマリティ》に飲み込まれてしまったのは疑いない。その正常性こそ、人類学的、かつ分析的に解いていくことが切実に必要なのである。だが、私が恐れるのは、チェルノブイリの物語を作った「放射線恐怖症提唱者」たちが日本でもすでに、誰が本当の犠牲者か、という物語を作っているのではないかということである。

とはいったものの、私は、日本が抽象化を強いる国際的な圧力に抵抗し、異なる物語を生み出すことを期待している。実際、日本は広島と長崎に原爆が投下された後、放射線被害に関する大規模なモニタリング・プログラムを成功させてきた。対照的に、新たな情報をつなぎ合わせるために尽力し、生涯にわたる調査を主唱する科学者たちは、予算が足りず、同じような健康・死亡統計を繰り返す権威的な科学に黙殺され続けている。私は、フクシマの科学専門家が事実に寄り添い、チェルノブイリの教訓をふまえたうえで、チェルノブイリの科学者が成し遂げられなかった疫学的知見の至的基準を築くことを期待している。

＊＊＊

当然ではあるが、原発災害のたびに知見を積み上げていく作業は直線的ではない。どの災害もそれぞれの時間・空間的条件の下で起きた、ある意味で特異なものであり、お互いの間には隔たりがある。例えば、ヒロシマは、集中的で、極端に高線量の、短寿命だがぞっとするほど致死的な核爆弾の爆発をめぐる物語だった。チェルノブイリは原子炉の炉心爆発の話である。原子炉の火災により、ガス状の微粒子、燃料や鉱物の分子、希ガス、ホットパーティクルが混ざり合い、大気、水、食物連鎖を通じて、数か月、あるいは、今後数年、数十年と放射線を発し続ける。一方は、短寿命で高線量の放射線に体全体が被曝し、他方は、長寿命で低線量の放射線に内部被爆する事例であるため、それらのリスクを比較検討しても不確実性が多く残る。

長寿命の放射性核種が存在するときに、どうやって人は生き延びるのか、あるいは生き延びたように見えるのか、我々は知らない。人体は必要な無機物を摂取すると、いわゆる体内動態の模倣という問題を起こす。人体はセシウム137をカリウムと取り違え、筋肉組織の中に取り入れてしまう。ストロンチウム90をカルシウムと思い込み、骨の成分として取り込む。また通常の安定したヨウ素と放射性ヨウ素とを取り違え、その核種を甲状腺に吸収してしまう。このような体内動態の誤った判断は、組織学上のサンプルやがん疾患の潜伏期間にどのような変化をもたらすのだろうか。放射能汚染区域で起きていることは、適応能力の進化なのか、生殖の失敗なのか。これらの問いには決まった答えがない。しかし、フクシマの被災者にとっては懸念すべき傾向がある。長期の低線量被曝の影響について未だ明確なモデルがないのに、フクシマからわずか一年のうちに見られたのは、健康被害は限定的であるという断定的な発表だけなのである。(26)

非公開の話は、勝手に作られるものではない。公の議論をあらかじめ遮るような、政治的な封じ込めの科学により成し遂げられるのである。この政治的封じ込めの科学は、たしかに機密の世界で繰り広げられるが、それはより一般的な「傲慢の技法」とも呼ばれるものの一部でもある。このような技法は、「未知のものを顧みず既知のものに」焦点を当て、不確実性や曖昧さに対しては「視野狭窄」を呈するものである。[27] 良い例が、チェルノブイリの死亡者数を三一名から五〇名に調整したことだ。この表面的な修正は、事故の被害に対する我々の理解に何らの変化ももたらさなかった。

この種の政治的封じ込めの科学は、たしかに二一世紀においてはすでに有効性を失っており、チェルノブイリの被害者グループ――さらには科学的客観性や綿密な分析に文字通り頼らざるを得ない人々すべて――を、潜在的に有害な少なくとも二つの道徳-概念的状況に陥れている。このどちらの状態も我々のストレスへの抵抗力を高めてくれるとは言い難いものだ。一つは、否定ないし忘却である（「ここでは何も起こらなかった」）。二つめは、予見できない未知のものに常にさらされている状態である。

これらの好ましくないシナリオは、チェルノブイリから始まり、その域を越えて展開しようとしているが、二一世紀には維持できないものである。想定外に対処する我々の能力を高めるには、「適応」という言葉を――その言葉が示す様々な意味と実践を含め――取り入れた科学と政治の新しいモデルが切に必要である。気象科学のモデル化と実践における新たな展開から、適応の科学と政治がどのようなものか、ヒントを得ることができるかもしれない。アメリカ海洋大気局（NOAA）の局長は、海洋と大気の変化（気候変動に関わるものもある）を追跡する任を受け、「利用の動機に触発された科学」[28]というものを唱えている。それは、悲惨な結果を招く可能性のある環境破壊について、科学的な究明に限界があっても、それを否定するのではなく包摂する戦略で、例えば、気候変動の新たな「転換点」や、それが人口に及ぼす影響の不確実性など、状況の複雑さを認識するものである。[29] 利用の動機に基づいた科学の掲げる目標は、想定外の災害に対応する能力を高めることであり、望ましい結果や封じ込めのために様々な不安定要素をコントロールすることではない。それは、一つの災害（例えば、アメリカ東海岸を襲った巨大ハリケーンなど）から次の災害へと伸びる学習曲線を、暫定的にではあれ描くことである。またそれは、より適切に次の災害に対処するには、どのような情報が存在、あるいは欠如しているのかに関して、一般の人々に単刀直入に知らせることでもある。それは起きたことに対するデータ収集のテンプレートを改善し、それらのデータを使って気候変動の現実を予測し、より良く適応できるようにすることである。例えば、二〇一一年、NOAAはハリケーン・アイリーンの通過する軌道を一〇〇%正確に予測することができたが、ハリケーンの強度（レベル1、レベル2など、高潮を予測する際に重要となる）までは予測できなかった。潜在的な災害における被害者は、消費者や利害関係者として設定されている。重大な変化をもたらすような出来事についての科学に対する彼らの貢献は、根幹的でこそあれ、無視できるものではない。

皮肉なことに、我々は、人々の健康や人間が生存する地表の条件の回復に関してよりも、チェルノブイリの死のゾーン――そこでは古代の希少種である野生のモウコノウマが群れとなって走り、ある種の鳥の脳サイズ縮小が観察され、様々な生物種の放射線に対する反応が収集されている――における生態系の回復に関してよく知っている。証拠と調査について議論するにあたって、なぜ人間が動物や植物と異なるものとして扱われるのだろうか。原子力災害やそれにまつわる被害者を「統治」することは、ハリケーンや気候変動などの二一世紀における脅威に対する管理体制と、どう質的に異なるのだろうか。我々は、一つ一つの原子力災害、人体への健康被害についてほんのわずかしか学んでこなかった。原子力災害の、価値判断で偏った歴史の中では、人間は、ただ抜け落ちてしまうか、気まぐれな幸運または麻痺した宿命論者として再配置されてきた。あからさまに人間を除外したアプローチは、我々が将来のためにより正確な予測を立てようとするかわりに、逆にそれを未だに避けていることを示している。その過程で、我々は特異な現象をいたずらに積み重ねるだけで、一般化可能な科学、利用に基づく科学として示すこともできないままである。

際限のないリスクという現実では、たとえそれが人災であれ、天災であれ、またはその中間であれ、想定外という問題を受けとめ、私たちの対応を道徳的にも科学的にも新しいレベルにまで高める必要がある。『曝された生』は、真実と声を独占するテクノクラートに代わる経験則《ヒューリスティック》としての災害の倫理を見つめていく。そしてエスノグラフィーの繊細さと感受性をもって、人々がどう生き延びたかを記録していく。この記録のなかで、地上の人々は、絶滅種として分類されることを拒んでいる。彼らは消滅することを拒んでいるのである。

第一章　チェルノブイリ後の生政治《バイオポリティクス》

時間の経過

一九八六年四月二六日、ウクライナのチェルノブイリ原子力発電所四号炉が爆発した。人体の免疫機能と細胞の遺伝子構造が破壊され、土壌と水流が汚染された。事故の主な原因は、今ではよく知られている。ソヴィエトのエンジニアたちが、電源が喪失した場合を想定して、蒸気供給をせずとも四号炉の発電装置がどのくらい長く稼働できるか試そうとしたのである。[1] 実験中に運転員が出力を急激に下げ、原子炉の発電装置に送られる蒸気を遮断したために、安全装置の多くが作動しなくなった。その後、出力が急速に増大し、原子炉は午前一時二三分に一度目の爆発、その後に二度目の爆発を起こした。圧力勾配の規模があまりにも大きかったため、放射性雲《プルーム》が上空八キロまで吹き上げられたのではないかとも推測されている。黒鉛製の炉心は数日間燃え続けた。原子炉で燃え続ける炉心の炎を鎮火しようと、ヘリコプターからホウ素を混ぜた石灰、苦灰石、砂、泥、鉛、五〇〇〇トン以上が投下された。今では、この措置が逆に事故のリスクと不確実性を高めたことが知られている。空気が遮断されたことにより、炉心の温度は上昇した。そのため、放射性物質はより急速に吹き上げられ、放射性の巨大な雲がベラルーシ、ウクライナ、ロシア、西ヨーロッパ、北半球のその他の地域を覆うこととなった。[2]

当時書記長だったミハイル・ゴルバチョフがソヴィエトのテレビに登場し、国民に対して核の放出を認めるまでに一八日が経過していた。[3] その間、数万人もの人々が、場合によっては何も知らされないままヨウ素131にさらされ、そしてそれを急速に甲状腺へと取り込んだため、たった四年のうちに大人や子供の甲状腺がんが急激かつ大規模に発生した。[4] もし政府が事故後一週間以内に非放射性のヨウ素錠剤を配布していれば、がんの発症を防止できたかもしれない。[5] イギリスやアメリカの気象学者グループの検証とは対照的に、ソヴィエトの行政官たちはプルームの拡散規模を過小に見積もり、チェルノブイリの生物医学的な危機は制御されているものと見くびっていた。ソヴィエトの医療措置は事故現場でアンゲリーナ・グスコワ医師が選定した二三七名の被害者集団に集中していた。彼らはモスクワの生物物理学研究所に飛行機で搬送され、急性放射線病棟に運ばれた。この集団のうち、一三四名が急性放射線症候群(acute radiation syndrome)と診断された。公式の報告書では、三一名の作業員が死亡したということになっている(IAEA 1991, WHO 1996)。しかし、この一見断定的な数字の背後には、科学、倫理、そして政治の不確実性が網の目のように入り組んで広がっている。

事実は、六〇万人、あるいはそれ以上の兵士、消防士、その他の作業員が、男女を問わず、長年にわたって放射線に被曝し続けてきたということである。[6] その多くは事故現場に送られ、汚染された土の表面をブルドーザーですくって廃棄物として捨てる、あるいは、隣接する建屋の屋根に一分交代で上がり、放射能を帯びた瓦礫を大破した建屋跡に開いた穴に放り込むなど、様々な事故処理作業に携わっていた。ボランティアと呼ばれるこうした人々のなかには、自らを「バイオロボット」と呼ぶ者もいた。つまり一分間という作業時間のルールが守られていなかったということだ。また比較的高額の給料を受け取って、いわゆる石棺《サルコファグ》(*sarkofag* 現在は単に「シェルター」と呼ばれている)、つまり大破した四号炉を覆い、二一六トンのウラニウムやプルトニウムを密閉する構造物の建設に携わった者たちもいた。本書執筆の時点で、閉鎖された発電所で働いたり、立入禁止区域〔ゾーン〕で技術援助を提供したりするために一万五〇〇〇人が雇われている。ゾーンとは、事故現場を中心に直径三〇キロ圏内である。ゾーンへの立ち入りは、発電所の補修管理に携わる作業員、エンジニア、医療関係者、研究者に限られている。

初めてフィールド調査のためにウクライナを訪れた一九九二年、私は補修管理に関わるある人物と出会った。彼は

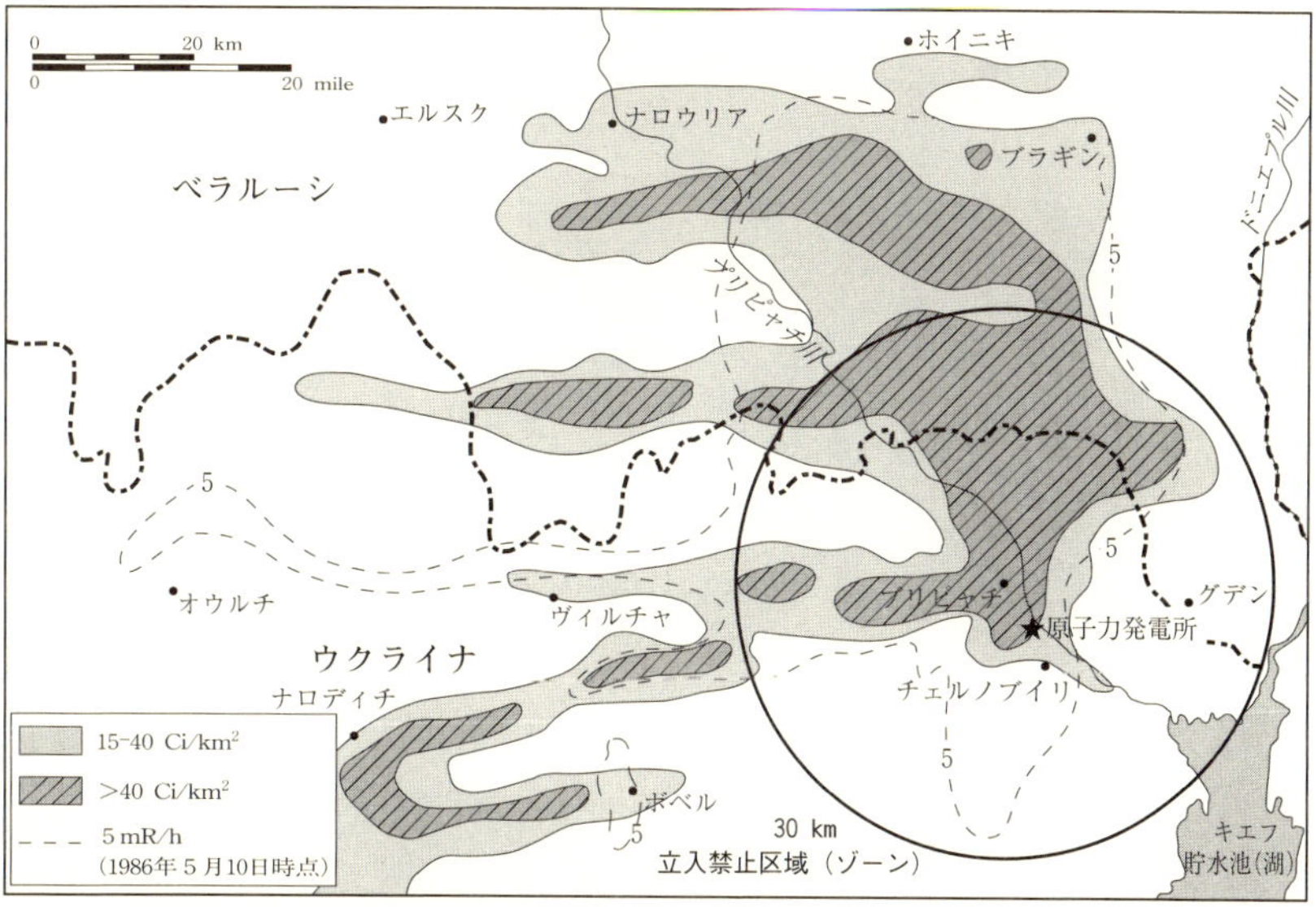

図1　半径30キロ圏内の立入禁止区域（ゾーン）。等値線は1988年のセシウム137の汚染レベルを示している〔1キュリー(Ci)＝370億ベクレル〕。(Medvedev 1990 より)

ゾーン内の仕事から二週間の休暇をとっているところだった。事故現場から約一三〇キロ南に離れたウクライナの首都キエフにある集合住宅で暮らしていた。怒りを込めて彼は言った。「いまや私は『被災者（sufferer）』だ」。彼が使った「被災者」という言葉は、新たに独立国家となったウクライナが、チェルノブイリ災害の影響を受けた人々を指す法的カテゴリーとしてその前年に導入したものだった。「毎月たった五ドルの補償金しかもらえない。それっぽっちで一体何が買える？」[7] 彼はゾーン内で働き続けるしか選択肢がないと語った。その職歴のせいで、ゾーンの外で彼を雇おうとする企業は一切ないという。「これは放射能によるものなんだ」と言いながら、彼は片足のズボンの裾をめくり、足首の上に皺《しわ》が固まってできた輪っか状の部分に吸っていたタバコを押し当てた。彼が言うには放射線源に直接触れた結果だということだが、医者たちはそれを「局所的熱傷」と呼ぶ。「ゾーンで起きたことだよ。……私たちは誰にも理解されない人間なんだ、診療所でも病院でも」。彼は自分のことを「生ける屍《しかばね》たち」の一人と見ていた。「もう過去の記憶は失われた。すべて忘れ——ただ屍のようにさまようだけ」。

ゾーン内の安全基準を改善するという国の公言とは裏腹に、シェルター施設の現場指揮官はインタビューで私にこう打ち明けた。「ここには放射線に対する安全規範なんてありません」。ウクライナの保健省は被曝量の年間許容規準を設定しているが、その指揮官によれば、規準が厳密に守られているわけではないという。その背景には、ウクライナの経済が急速に悪化しているなか、ゾーンでの仕事のほうが格段に給料がいいという事情がある。彼は原発の作業員を指して、「このリスクをとるかとらないかは彼ら個人の問題です。ほかの誰にも責任はありません」と言った。私が作業員の安全規範管理について、ウクライナと西欧とを比較してみてほしいと頼むと、彼は顔をくもらせた。「ここでは誰も、放射線に被曝することの代償を明確にしてこなかったのです。ここでは誰も、一人の人間の価値を明確にしてこなかったのです」[8]。経済的な圧迫の下、人々が物理的に生き延びることに必死になるなかで、人間の価値を曖昧なままにしておくことの影響は計り知れないものがある。このような世界では、身体のリスク、酷使、不確実性がただエスカレートしていく。バイオロボットの労働が受け入れられ、求められるだけでなく、普通にさえ見えてくる。

＊　＊　＊

環境汚染地図の作成、個人および人口レベルの被曝量の測定、病気の訴えの調停といった行政的・科学的介入によって、チェルノブイリ後の経験はそれを取り巻く官僚機構や法的枠組みをめぐる複雑な政治的・医療的経験として再編されることとなった。災害の規模と生物学的影響を検証した当初の――賛否の分かれた――科学的・医学的調査、事故の公表を遅らせるという選択、ゾーン内で働く経済的インセンティヴといった事情により、チェルノブイリは独特の「科学技術が生んだ大惨事《テフノヘンナ・カタストロファ》」(*tekhnohenna katastrofa*) の相貌を呈してきた。この言葉は、障害者ステータスを獲得しようと苦労している人々、地元の医師、科学者といった私のインフォーマントたちの多くが口にしたものだ。単に過剰な放射線被曝ばかりでなく、政策による介入そのものが新たな生物学的不確実性を増幅させてきたということをこの言葉は示している。合理 - 技術的な対応によって解決を試みた生物学的、社会的問題が、対応そのものにより悪化し、さらには新たな問題をも生み出すことになった。こうした過程を通じ、危機の解決、病気の訴えの増加、被災した個人や集団の社会的な苦しみをめぐる不確実性がかえって増大しているのである。(9)

西欧にとってチェルノブイリは「人類学的なショック」である。日常の知識の有効性を崩壊させ、また、リスク社会と呼ばれるようになった世界の中で安全に生きるための条件がいかにあらゆる種の専門家の手に委ねられているかを浮き彫りにしたからだ（Beck 1987）。この崩壊はまた、東欧において別のかたちでも起きた。チェルノブイリはソヴィエトという体制そのものの崩壊と密接に結びついていた。この過程でチェルノブイリは、あるいはリスクそのものは、と言ってもいいが、あれこれと手を付けられる重要な資源《リソース》になった。この科学技術の災害は理解に苦しむ奇妙な世界を生み出したが、その後に、ポスト社会主義の国家、社会の流動性、そして地域の人々の健康にまつわる知識や経験が、新たに構成し直されていることも確かだ。この本が探究するのは、人々がいかにして、日々を生き延びるためにチェルノブイリ関連の官僚機構や医療的、科学的手続きとの付き合い方を学んできたかということ、とりわけ、生物学的、科学的知識、そして苦しみそのものまでが、市民たちにとって苛烈な市場経済への移行の下で社会的な公平さを求めていくための文化的資源となってしまい、彼らがそうした状況との付き合い方をいかにして学んできたか、ということだ。こうした資源へのアクセスがジェンダー、階級、社会的地位といった断層に沿って屈折していることも間違いない。さらに広くいえば、こうした相互関係が浮き彫りにするのは、近代国家において、科学的生産の領域と政治の領域とのあいだで絶え間なくやりとりが交わされ、互いを安定化させる作用が進行している状況である。

この本は一九九二年から一九九七年の間にウクライナ、ロシア、アメリカ合衆国で行った一八か月間のフィールド調査と二〇〇〇年にウクライナで行った一か月間の追加調査に基づいている。チェルノブイリ以降（ソヴィエト時代とポスト・ソヴィエト時代にまたがる）における合理‐技術的な行政のありかた、そして災害によって影響を受け、移住させられ、病気になった人口集団に対して、こうした行政が及ぼしてきた経済的、社会的、生物学的インパクトを歴史的また民族誌的に記述していく。(10)とりわけ、ソヴィエト連邦からの独立を宣言した際、件《くだん》の原子力発電所を、政治的にも科学的にも決着のついていないチェルノブイリの危機とともに引き継いだ国ウクライナに焦点を当てる。ウクライナの領土の約八・九％が汚染されていると考えられている。立入禁止区域の大部分がウクライナ領内だ（図1参照）。この国では、私がフィールド調査をしていた期間に、被曝したことを申し立て何らかの社会保護を受ける資格を獲得する人々が急増していた。社会保護とは、疾病や障害に苦しんでいる人々に対する現金による補助、家族手当、医療と教育の無償化、年金の支給などである。この新しい人口集団は、法的に被災者《ポテルピリ》（*poterpili*）と呼ばれることになり、ウクライナの人口の丸々五％を占める三五〇万人に達している。[11]

ウクライナは平均して国家予算の五％を、崩壊した原子炉の撤去作業や技術的メンテナンスなど、チェルノブイリの余波にまつわる負担のために出費してきた。一九九五年には、そうした支出の六五％以上が被災者の社会保障のために、また法医学、科学、福祉の巨大機構を維持するために使われた。対照的に、隣国のベラルーシでは、自国の被災者の社会福祉のために使う予算はウクライナよりもかなり少なく、チェルノブイリ関連予算の受給者の数を制限している。[12] この国の領土の二三％が汚染されたと考えられており、これはウクライナの汚染された土地の割合のほとんど三倍にあたるにもかかわらず、である。ベラルーシの政府は科学的研究を抑圧したり無視したりする傾向がある。災害の規模を過小に見積もり、汚染地域に住む二〇〇万人近い人々の医学的調査に十分な資金を提供していない。[13]

ベラルーシと違いウクライナは、政府の国内的・国際的正当性を喧伝し、領土権を主張するためにチェルノブイリの遺産を利用してきた。チェルノブイリの危機を通じて、災害に対するソヴィエトの対応を無責任だと批判することによって国民自治を推し進める政治を展開してきたのである。国家がチェルノブイリの住民のために新しい社会福祉や科学の機関を立ち上げ、国全体に課すチェルノブイリ関連税から拠出される比較的気前のよい現金給付制度を被災者や障害者に提供し始めた。さらに、新政府はゾーンで働く人々のための新しい野心的な安全対策をも定めた。これは、劣化しつつあるシェルターを安定化させること、作業員のための安全規範を順守すること、未来の汚染を軽減すること、チェルノブイリの発電所でまだ稼働していた作業班を解散させることを意味した。この新しいプログラムの採用は、ウクライナの外交政策の重要な資産となった。これらの努力に応えて、西ヨーロッパ諸国やアメリカ合衆国が、ウクライナにさらなる技術的援助や借款、貿易パートナーシップの可能性を約束し続けたのである。このようなやりとりによって正当化された新しい政治‐経済領域では、利益、政治的影響、そして汚職が、すでに強力で免税措置も受けているエネルギー・セクターにおいて幅を利かせている。

チェルノブイリの遺産に対するウクライナの対応が独特なのは、ヒューマニズムを統治の戦略や国家建設と結びつけ、市場戦略を様々な形態の経済的・政治的汚職と結びつけたところにある。このような相互に関連するプロセスを通じて、新種の公的・非公的な社会的ネットワークや経済が生まれ、国民の一部が政治的に保証された手当てに頼って生き延び、またそこから恩恵を受けることを可能にしてきた。[14] 私は臨床や研究の現場や、いまでは相当大きくなったチェルノブイリ被災者向けの社会福祉機構――国家機関やキエフの非政府利益団体――で働いた。これらの現場は、公共衛生および福祉にまつわる国家インフラの下位組織を形作っており、そこには貧困化していく市民たち――チェルノブイリの発電所の元職員・現職員や、汚染地域から退避してきた人々――が放射線関連の被害にまつわる要求をめぐって結集している。

私はウクライナに現れたこうした社会的実践を「生物学的市民権（biological citizenship）」と呼んだ（Petryna 1999）。新興の民主主義が市場経済への苛烈な移行過程と結びついているウクライナでは、住民が受けた生物学的ダメージが社会的メンバーシップの基盤となり、市民としての権利を主張する根拠となっている。国家によって運営される研究・臨床機関と「障害者《インヴァリディ》」（*invalidy*）の非政府組織がいかにして個人や集団の生物学的ダメージの主張を調停しているかを検討することで、私は様々な権利や資格をめぐる争い、その規範化や伝播の諸相を明らかにする。また、こうしたダイナミクスのパターンが、被災した人口集団の生活に対するかつてのソヴィエトによる管理や科学的介入によって形作られてきた様子も記述する。生物学的市民権とは、生物学的損傷を認知し補償するための医学的、科学的、法的基準に基づいて遂行される社会福祉の一形態に対する巨大な要求であり、またそれに対する選別的なアクセスであるといえる。このような要求はまた、根本的な喪失――雇用や、国家のインフレ対策といった基本的な安全装置《セキュリティ》の喪失に加えて、法‐政治的カテゴリーの全般的な弱体化――の文脈の下で形成されている。不足している医薬品や、何が市民権の正当な主張を構成する基準なのかをめぐって繰り広げられる闘争は、ポスト社会主義の未知の領域を形作っている。いまや、苛酷な社会的、経済的排除の秩序が、一般化された人権の言説と同居しているのだ。

生物学的市民権という概念は、ポスト社会主義における政体構築の根源的実践に光を当てる。ポスト社会主義および市場経済への移行に関する最近のエスノグラフィーは、新しい国民国家が様々な方法で人々の生の中に正当性を見出していることを明らかにしている。これらのエスノグラフィーは、地域の語りが、国家社会主義の崩壊、また突然いっきに到来した資本主義、グローバリズム、新しい法体系にどのように言及しているかを辿ってきた（Verdery 1996, Humphery 1999, Wanner 1998, Ries 1997, Grants 1995）。こうした過程から、さまざまな社会的包摂と排除の形が現れ、争点となっている。ウクライナの文脈では、私は以下のような観点から、立ち現われてきた生物学的市民権のあり方を考察する。新しい政治経済における新しい生の価値とは何か。そのような価値を比較的高く設定しようとする人々に対して、科学的知識はいかにして政治的な力を与えるのか。新たな社会的・経済的・身体的不確定性を前に、どういった合理的行動や生物医学的実践が現れつつあるのか。

既存の民族誌的研究は、様々なポスト社会主義およびそれらの未来の構想が予言モデルに基づくものでもなければ、自由市場や民主主義に必然的につながるものでもないということを示している。マイケル・ブラウォイとキャサリン・バーダリーは、社会主義の社会とポスト社会主義の社会の間には連続性があり、また国家形成とグローバル経済の間では依存関係が展開しつつあると分析した。こうした依存関係は、「行為者たちが日々の行動や実践を行うにあたって制限要因となるゲームのルールを根本的にシフトさせた」（Brawoy and Verdery 1999 : 2）という。民族誌的調査の方法は、こうした過程の地域レベルでのダイナミクスを明るみに出すうえで、とりわけ、権力関係の非公的な諸相を扱い、人々が限りある選択肢に基づいて下す決定を検討するにあたって根本的に重要である（Glidhill 2000 : 8）。

このような移行期にある政治的・経済的世界についての「経験に近い」（Geertz 1983）研究は、人間の状況および市民の条件が根本的に再設定されつつあることもまた明らかにする。伝統的な市民権の概念は、生得権として保護される（保護されなければならない）自然的かつ法的権利の保有者として市民を位置づける。このような権利は実際、ウクライナ独立のさい、すべての住民に民族《ナショナリティ》を問わず与えられた。しかし、ウクライナのある地方に生まれた人々が解決しがたい環境上・健康上の脅威によって不利益を受けているという事実がある以上、国家の法的保護と関連する生得権の問題は盛んに議論され続けている。この一群の人々は市民権という考え方を用いて、さらなる生存の重荷を負わされたことのツケを支払ってもらおうとしているのである。したがってウクライナに特有の現象として私が本研究によって描いていくのは、単に新しい民主的生活のあり方（開放、表現の自由、情報への権利といった）ではなく、かなりの数の、大半が貧困化させられた住民が、生きるか死ぬかという最も根源的な局面において、経済的、社会的参入の条件について交渉することを学んできたという事実である。さらにこうした市民たちの経験は、ポスト社会主義の他の文脈においても考察されるべきパターンが存在していることをあらわしている。それは、民主的機関を正当化するための科学の役割、資本主義の趨勢が優位になるにつれて次第に限定されてくる保健医療や福祉へのアクセス、そして人権と生物学的自己保存との不穏な相関関係といったことである。本書はチェルノブイリ後の人口管理の空間と政治において繰り広げられる戦いを紹介し、科学がリスクの管理においても民主的政体構築においても重要な資源となっている状況を描き出す。そしてまた、ウクライナの人々がいかにして生物学的損傷に関する知識を動員して公的説明責任や政治力を勝ち取り、金銭的補償や医療ケアというさらなる国家の保護を要求するための手段としているかを明らかにする。

＊＊＊

一九九六年三月、キエフでの一年間のフィールド調査の初期の段階で、私は市立病院の新生児科を訪ね、新生児たちのあいだに見られる症状について、新生児生理学者たちと話し合った。何か変化があったのだろうか。新生児科の主任であるゾヤ医師は、病院の血液内科が「人道援助を全部持っていってしまっている」と嘆いた。彼女は自分の労働を無償の慈善行為と見なしていた。「チェルノブイリは新生児の誕生と発達にどのような影響を与えましたか」と私は尋ねた。会話が始まる前から、ゾヤ医師は、私が統計的データを求めていると思い込んでいた。「私はどんな統計もお見せすることができないんです。保健省に行っていただかないと」。この時もこの後も、私は統計情報を求めたことは一度もないが、これ以降に話をしたどの病院幹部も私に同じことを言った。統計情報は門外不出だと。こうした幹部たち（彼らのチェルノブイリ関連の活動は、国家保健局の行政官たちによって直接コントロールされている）の側で、統計情報を公表しないでおきたいという切なる欲望を抱いているということは、もう一つの論点を明らかにするにすぎない。つまり、統計がないとなれば、災害の影響はそれ以外の観点から理解していくしかない、ということだ。私が理解したのは、チェルノブイリの現実に穿たれた官僚機構の窓はある種の現実に対しては開かれており、そこから残虐な身体的影響を垣間見ることができるが、それ以上のものはそこにない、ということであった。

その後、ゾヤ医師は私を重篤患者病棟《レアニマツィヤ》（*reanimatsiia*）へと案内した。他の訪問者と同じように、私は訪問の間じゅう上に着るように白衣を与えられた。私たちは廊下で金持ちの若い夫婦――新しいウクライナ人、あるいは「ニュー・リッチ」と呼ばれる――とすれ違った。彼らは、生まれたばかりの赤ん坊を看護師がおくるみに包むのを待っているところだった。私たちは重篤患者病棟に入った。六人の新生児たちが、ドイツから寄付されたプレキシガラスの保育器に入れられているのが見えた。透明な箱は互いに間隔を空けて置かれており、訪問者たちが歩き回るのに十分なスペースがとってある。新生児たちの身体状況は様々であった。一緒に歩きながら、ゾヤ医師は彼らの奇形を描写していった。私のメモによれば、「一人は早産で生まれ、一人は双子の片割れが死んだ。一人は食道の機能不全、一人は出生時仮死の徴候。一人は九歳でチェルノブイリのゾーンから避難した母親から生まれ、左手に六本の指。彼には気管がない。腸が体の外に出ている。左外耳が曲がって変形している」。まるで、妊娠の過程に内在する何かが、チェルノブイリによって未完のまま終わらされたかのようだった。生命は阻害され、その阻害の形態が剝き出しになっていた。

何週間か後、電話でアメリカ大使館の職員と話したところ、彼女は当時の国務長官だったウォーレン・クリストファーのために、あの同じ重篤患者病棟を訪ねるよう個人的に手配したところだと教えてくれた（国務長官の旅の目的はウクライナの保有する核兵器をさらに削減することだった）。この大使館職員は、自分が「すべての手はずを整え」、「病院の責任者が、家族がチェルノブイリと関わりのあった赤ん坊だけを公開すると決定した」という。「政治家たちがあのチェルノブイリの子供たちをつぶさに見るたびに、ウクライナを助けることになるのよ」と彼女は言った。

この乳児たちの公開は、チェルノブイリ問題の核心、すなわち人間の生命の破壊という問題を際立たせていた。同時にこの問題は、災害の病理学的事実に対して世論の認知を喚起しようとしていた政治経済・行政機構にとって核心でもあった。この赤ん坊たちの身体はチェルノブイリの歴史を背負っていた。そしてまた、チェルノブイリの宿命が、個々の家族やこの社会全体に影響を及ぼしつつ向かっている方向を指し示してもいた。新生児病理学者が私を招き入れたあの空間では、この生命の新しい事実への抵抗はなかったし、またあってはならなかった。ウクライナ国家はこのような生物学的イメージを用いて、世界に対して自国のイメージを犠牲者として提示するだけでなく、自らの統治権を正当化しようとしていた。このようなイメージは見る者に身体的苦しみの原因を思い出させた。ソヴィエトによるチェルノブイリ統御の混乱の泥沼によって、このような様々な形質異常の恐ろしい蓄積がもたらされたのだ。今、このようなイメージを通じて、一つの社会が自らの健康の代価と格闘している。そしてその間、市民たちは社会的・経済的・政治的生き残りを賭けて交渉するために、自身の病気、およびそれに関して蓄積してきた知識を、いわば通貨として頼りにせざるを得ないのだ。

科学技術が生んだ大惨事《カタストロフィ》

チェルノブイリがもたらしたものの規模と、その長期にわたる健康への影響は、激しい論議や論争の的となってきた。国際的な科学機関はチェルノブイリの原子炉からの汚染は成功裏に封じ込められているが、なお技術的調査や情報交換を継続する必要があると論じる（IAEA 1991, "Chernobyl's Legacy" 1996）。原子放射線の影響に関する国連科学委員会（ＵＮＳＣＥＡＲ）は、国際原子力機関（ＩＡＥＡ）のデータに基づいて、影響を受けた地域に暮らす子供たちのあいだで甲状腺がんが急激に増加したことを認めている。だがこれらの機関も、国際的な生物医学的、社会科学的文献も、ほとんどの他の疾患を「情報によるストレス」の結果（Sergeev 1988, WHO 1996）、「恐れの身体化」

(Rumiantseva et al. 1996, Guskova 1995)、あるいは適切な「リスク認知」の欠落（Drotz-Sjoberg 1995, Havenaar et al. 1996）と位置づけている。一方、ウクライナの科学者や臨床医は、影響を受けた住民のあいだでストレスが蔓延していることは認めるものの、国際的な健康調査は有害な生理学的変化に寄与する放射線の影響――低線量のものも含めて――を無視していると批判している（Pilinskaya 1999, Bondar et al. 1996）。

国連関係の科学者と現地の科学者の間でみられる意見の不一致の多くは、健康に関する証明された結果と、予期される結果の重要性をめぐって生じている。ヒロシマとナガサキの後に行われた研究に基づき、四七〇件の白血病を含む六六〇〇件のがん死が「余分に」発生することが予期された。日本で行われたがんの発生率と致死率に関する他の研究では、病気のリスクはがんの種類によって異なるとしている。最もリスクが高いのは白血病、乳がん、甲状腺がん、肺がん、消化管のがんである。チェルノブイリ関連のがん発生率に関して、国連関連機関の科学者とウクライナやベラルーシの科学者の間でかなりの意見の不一致がある。白血病の見積もりは特に大きく異なっている。国連機関は白血病の増加を認めないのに対して、プリシャジニュークら（Prysyazhnyuk et al. 1999）は白血病の標準化罹患比（ＳＩＲ）がウクライナで最も被曝の度合いのひどかった事故処理作業員たちのあいだで増加していると論じる。ベラルーシの医師のチームは、最も重度に被曝した事故処理作業員たちは、ベラルーシの国民平均の四倍もの確率で白血病を発症していると主張する（Pearce 2000 : 12）[15]。ミンスクにある遺伝性疾患協会のゲンナーディ・ラジュクは、日本やヨーロッパの協力者たちとともに、ベラルーシの重度汚染地域における先天性異常の一二％が放射線被曝によって説明されることを発見した（Lazjuk et al. 2000）。子供の甲状腺がんの増加についてはよく知られているにもかかわらず、国際原子力機関（ＩＡＥＡ）と原子放射線の影響に関する国連科学委員会（ＵＮＳＣＥＡＲ）は、がんの増加と先天的な異常の増加を認めていない。どちらも広島・長崎の原爆被害者の調査に基づいて予測される結果であるにもかかわらず、である（Pierce et al. 1996）。

また、国連の科学者たちと現地の専門家たちは、調査の力点をどこに置くべきか、つまり、どのレベルの生物学的変化を検出すべきかという点についても意見を異にしている。人間に対する放射線の影響は、確定的なものか、それとも確率的なものかによって変わってくる。確定的影響とは、吸収した放射線量が細胞を殺してしまうほど著しく高いレベルである場合、殺された細胞が適切に置き換えられないかぎり臨床的に観察され得る疾患を引き起こすことをいう。ここでは、影響の重篤性は放射線量に左右され、線量 - 影響の関係は急傾斜の直線グラフを描く。これと対比されるのが確率的影響である。これは遺伝子の受けたダメージに基づき、有害な影響が生じる蓋然性・可能性をもたらすものである。確率的影響は、確定的影響とは対照的に、どんな害を引き起こし得るかに関して線形グラフを形成しないが、がんや白血病と最も一般的に結びつけられる。確定的影響とは異なり、ある疾患の重症性ではなく蓋然性を増大させるのである（Gofmam 1981: 708）。最近では、旧ソヴィエト地域と西側の科学者——彼らのなかには国際的な放射線学委員会や機関に属していない人たちもいる——が協力することで、確率的影響についての新しいデータが生まれている。ヒロシマ・ナガサキの調査の際よりもはるかに洗練された技術を用いて、研究者たちはベラルーシのモギリョフで一九九四年に生まれ低線量の放射線に慢性的に曝された子供たちのあいだで、ヒト生殖細胞系列の変化がイギリスの対照群人口における変化に比べて増加していることを示した（Dubrova et al. 1996）。また、汚染地域に住む子供たちのあいだで、染色体異常や放射線の影響を示すその他の遺伝子マーカーの頻度が著しく上昇していることを指摘する研究者たちもいる（Pilinskaya and Dibskyi 2000）。明らかに、チェルノブイリが人の健康に及ぼす影響についての科学は進化しつつある。新しい技術や研究費が手に入るにしたがい、新しい知識のフィールドが打ち立てられる。しかし現在のところ、ダメージの正確な数値について、私たちは完全というにはほど遠い知識しか持ち合わせていないのである。

しかし、ある程度確実に言えるのは、科学的知見形成のプロセスは様々な形の権力を正当化し、さらにはそれに対して解決策を与えたりしながら、そうした権力と切り離せないものとなっているということだ[16]。科学的知見がどのように価値づけられ、またどのようなレベルで重要性を持っているとされるかによって、国家による介入や医学調査の計画設計、リスクにさらされていると見なされる人口集団の規模、さらにこれらの人口集団の苦しみや疾病の経過などが影響を受ける。国家の介入は、放射線被曝量と身体的危害の関係についての政策決定者たちの理解に一定程度基づいている。いわゆる直線仮説は、危害は被曝量に完全に比例し、またどのような量の放射線であっても有害である、と主張する。[17] ここで問題なのは、がんが増えるといった有害な影響が存在するかどうかということではなく、そうした影響を統計的に検出可能にする強力な科学技術が利用できるかどうか、そして、諸政府がそのような技術に投資し、利用したいと考えているかどうか、ということである。したがって、直線仮説によって提起される問題は、道徳的、政治的、経済的性質のものである。

政策決定者たちが介入するにあたっての選択肢はいくつかある。直線仮説をどこまで受け入れるか、あるいは拒否するかによって、彼らが考慮し、最終的に実行する介入のタイプが形作られる。一方では「ローテク」、つまり最小限にしか介入しないという選択肢がある。ここでの論理的根拠としては、直線仮説に基づくがん死の微小な増加を検知することが不可能であるならば、がん——さらに言えば、他の多くの病気——を放射線に由来するものとしてやり玉に挙げるべきではない、ということになる。チェルノブイリの場合、この論拠は介入を受けるべき被災者集団の規模を左右した。ソヴィエトの行政官たちは、ゾーンに最初に送り込まれた事故処理作業員を除いて、住民が受けた放射線被曝は健康にとって取るに足りないものであったと主張した。実際、多くの専門家がいまでもチェルノブイリの主要な健康被害は精神的または心理的性質のものであるという考えを保持している。この論法に従って、ソヴィエトによる介入が注力したのは、情報の普及、宣伝（例えば、「放射線恐怖症」に対する国家キャンペーンにおいて見られたように）や、個人の心理的弱さや思い込みの産物とされた心因性の疾患に取り組むための治療や調査の体制を導入することであった。心理社会的医療カテゴリーが大半の申し立てを退けるために用いられた。

別の道をとろうとするなら、健康への複雑な影響として何が知られており、何が知られていないかということについて（健康への影響とは、臨床的に観察可能なもの、確率的なもの、心理的なものが組み合わさったものであると認めることも含めて）、国家が速やかに完全な情報を開示することが必要だっただろう。この種のアプローチはウクライナの事故後の処理を特徴づけており、国の公的健康調査システムの改善等につながった。国が国際的な共同研究や外国からの援助に対する制約を解除し、災害による健康被害を調査する研究者たちが疫学的なものから臨床的、分子生物学的なものまで様々な研究技術を入手できるようにしたのである。今も数多くの現地科学者たちが、西ヨーロッパ、アメリカ、日本の分子生物学者や遺伝学者たちと協力して、放射線によって引き起こされるがんの遺伝的原因を整理する作業を続けている。

ソヴィエトとポスト・ソヴィエトのアプローチのどちらも社会的、政治的リスクを生む。ソヴィエト当局が災害による健康への影響全般を医療化しなさすぎている、あるいは無視しているということで非難されるとすれば、ウクライナ当局は自国民を過度に医療化しており、うまく調整しながら運用されることもあれば乱用されることもある医療システムを作り上げていると非難され得る。しかしながら私の目的は、非難をそれぞれに割り振ることではない。科学の秩序と社会の秩序のダイナミックな相互作用について、またこうした諸秩序がいかに健康の現状を定義し、そのことによって健康を守ったり蝕んだりしているのか、そしてまた、健康の価値や責任を論じる道徳的、倫理的言説について、より鮮明な絵を描き出すことである。ヴィーナ・ダスがボパール〔インド〕の化学災害後の状況を描写するにあたって述べたように、私もまた、科学的／社会的秩序自体の内部において、いかに「痛みや苦しみが積極的に作り上げげられ分配される経験である」(Das 1995: 138) かを明らかにしていく。

チェルノブイリの爆発で放出された有害な粒子は、その新しさ、物理的可変性、そして持続性ゆえに、災害が健康にもたらす影響の無期限性を否定しがたいものにしている。このような無期限性があるからこそ、簡単な答えと単純な終息を求めることによって痛みや苦しみを広げる一因となってしまう科学的調査のプロセス自体のあり方についてさらに熟考することが求められている。被験者たちの苦しみの「真の」原因を突き止めることで、研究者たち自身が意図せずして、真正の苦しみとそうでない苦しみのカテゴリーを実体化し、後者のカテゴリーに当てはまることになった人々を周縁化してきた。私はこのような周縁化に加担しないために、災害の影響を受けた人々を生物学的に引き起こされた「ハードな」症状に苦しむ人々と「ソフトな」心理的症状に苦しむ人々に分類することを避けた。もっとも、ある病因が他の病因より重大であると彼らが主張する場合、その理由は道徳的また認識論的申し立てを伴うことが多いのだけれども。

判断を避けるという私の決定は、実地的な観点からも裏づけられる。科学的理解は、政策決定や世論の圧力、また技術的資源が手に入るかどうかといったこととともに、何が災害の身体的影響の証拠だと見なされるかという枠組みをシフトさせる。本分析にとって中心的となるのは、科学的知見を取り巻く異なる社会的文脈、また科学的知見によって支えられる倫理的価値である。ここでは科学、統計、官僚機構、苦しみ、権力、生物学的プロセスの世界が独特の不安定な様式で共進化する。こうしたパターンを、人々の日常生活や道徳的・身体的品位の感覚に影響を与える現実として、地域レベルの観察から読み取ること――あるいは、別の言い方をすれば、いかにして生物学的、政治的、社会的プロセスの相関関係についてのエスノグラフィーを、そうした関係が展開していくなかで実践するか――において、本研究の創造性が主に試されることになる。

こうしたプロセスが関係し合いながら個人や人口集団の生を形作っていく様子を理解するうえで、生政治の概念がさらなる鍵を提供する。生権力は生命に対するコントロールを意味し、「生とそのメカニズムを明示的な計算の領域へと持ち込み、知 - 権力を人間の生の変容をもたらす媒介にした」ものを指す（Foucault 1980a : 143）[18]。このような変容は二つのレベルにおいて起きるといわれる。規律・監視の客体としての人間の身体のレベルと、規制・コントロール・福祉の客体としての人口集団のレベルである。ミシェル・フーコーは一八世紀フランス社会を分析するなかで、生権力の歴史においてとりわけ重要な時期に注意を喚起した（Foucault 1980b）。中央集権化された国家の行政権力の強化が、人口集団の健康・福祉に対する新しい関心と手を携えて進んだのはこの時期であったと彼は論じた。健康は国家に役立つよう再編され、一定の領土と支配機構の下で生き、働き、再生産する個々人の様々な能力が最大化するよう取り計らわれた。人口集団はその生物学的特徴によって、より予測しやすい存在となった。人口統計、平均余命の計算、死亡率のレベル、結婚や生殖のパターン、そして身体を生き残りの見込みの多寡に応じてより有用なものとより有用でないものに分けること――これらによって構成される新しい知識が、近代生活におけるコントロールをめぐるまったく新しい経験を形作っていった。

この政府モデルは、ソヴィエトとポスト・ソヴィエトのチェルノブイリに対する対応、またそれぞれの対応がどのような社会的、科学的構成をとったかを理解するうえで、有益な対比を提供してくれる。どちらの対応においても、国家権力は身体や行動をかつてなく予想可能かつ理解可能なものとすることに関わり、それと同じくらい密接に、不知や予測不可能性の空間を創造すること——意図的にあるいは不注意によって——にも関わっていた。人口集団をめぐる生物学が囲い込まれ、生の統治が野に放たれる。ソヴィエトの行政官たちは医学統計を作成するにあたって、それを国家機密に指定する。人々は自分たちがどの医学的カテゴリーに属すのか、自分たちがどの程度病気で、はたまたどの程度健康なのか、確信が持てなくなる。数々の科学的、医学的不確実性の下で、苦しみを測る古い物差しは意味と有効性を失う。その隙間に、偶然にあるいは意図されて入り込んでくるのが、新しい生物学的定義である。ある症状をもった人々は病気だと言われ、異なる症状をもった別の人々は病気ではないと言われる。統計や医学的診断をめぐって議論が起きる。行政機構が福祉を運営し増強するために、予測可能性と可知性のゾーンを創造しようと取り組むにつれて、市民たちは、科学的方策、生物医学的分類、賠償基準のでたらめな事例化と思えるものに直面することになる。核医学分野の国際的な専門家たちによれば、チェルノブイリの死者数は三一人である。現地の専門家たちによれば、数字は数十万の単位になる。放射線の安全規範によって、汚染された地域と安全と考えられる地域の境界が引かれるが、これらの規範はリベラルすぎるのだろうか、それとも保守的すぎるのだろうか。汚染された土地の面積は縮小し、次に拡大し、それからまた縮小する。結果として、農村地域の住民のなかには、いったん移住して、それから再度移住し、結局、もともと暮らしていた土地に移住先から戻ったという者もいる（第四章参照）。当初、汚染の広がりを示す地図は存在しなかった。その後、ウクライナの時代になると、次から次へと地図——非公式の地図、国家の作成した地図、国家の作成した地図の改訂版——が出現した。要するに、日常生活が圧倒的な不確実性と不可知性によって特徴づけられている。生物学的市民権を定義し、獲得することが利害の中心となるのは、このような社会的、科学的、法的アリーナにおいてなのである。

＊　＊　＊

今日、人間の身体と人口集団の間の関係は、生命科学革命の文脈の下でさらに再編されようとしている。チェルノブイリの災害は、国際的な科学の世界で研究の優先順位に相当の変化が生じていた時期に起きた。[19]遺伝情報やその技術的操作についての知識は、公的医療の実践を変容させつつあったばかりでなく、国政やグローバルな貿易、医療倫理、また健康と疾病についての概念、経験、政治にも影響を及ぼしつつあった。ポール・ラビノウは、アメリカ合衆国とフランスでのヒトゲノム計画という文脈における新しい社会のグループ分けを概念化するなかで、いかに遺伝子に関する知識や技術によって、彼が「生社会性《バイオソーシャリティ》」と呼ぶ自己と社会的アイデンティティの文字通りの再定義がもたらされつつあるかを検討した。[20]遺伝情報に基づく診断ツールによって、医療ケアの焦点が臨床における直接の介入からリスク因子の分析と予防へと移るにつれて、患者たちは、未来の病気を防ぐのに役立つかもしれないと、健康を増進するための行動をとるようになった。そうやって、自分の遺伝的「運命」を回避しようというのだ。

ここで暗示されている社会的、行動的変化（医療の現場で一対一で向き合うことから、データベース化された個人のリスク因子を診断することへの）は、必ずしも医療における非個性化を意味するわけではない。それどころか、被災者たちが生物学的知識に基づいて身につけた希望や恐れ、運命や政治によって結ばれた、新しい社会的なグループ化が生成しつつある。こうした生権力の再編から、チェルノブイリの〝その後〟をめぐる本研究にとって重要な三つの論点が導き出される。第一に、生物学とアイデンティティが結びつくこと自体は新しい現象ではない。新しいのは、生物学とアイデンティティの結びつき方である。人種や民族など、以前からある生物学化されたカテゴリーは今では信用に値しないとされるが、過去には様々な政治的プログラムを強化し、現在も世界中で医療アクセスの不平等や社会的不公正を助長してきた（Proctor 1988, Lewontin 1992, Farmer 1999）。それと対照的に、「新しい」生物学的アイデンティティ、およびその名の下に形成される利益集団は今や、アイスランドでのように政治経済や貿易の形態を動かし（Palsson and Rabinow 1999）、アメリカ合衆国でようにアイデンティティに基づく病いのムーブメントを発展させ（Dumit 2000）、ブラジルでのように新しい情動障害を生み（Biehl 2001）、現代の市民権の形態にとって中心的な問題となるほどのポテンシャルを持っている。健康にまつわる説明や主張、およびその失敗が、どれほどそれらを取り巻く科学的、経済的、政治的領域の中で理解されるようになってきたかということを、このような変容は描き出している。三つ目の論点がこれに続く。このような領域においては、痛みや苦しみといった経験は、合理化され、ある程度まで社会的手段と化すことになる。これは痛みや苦しみの真実味が薄れたと言っているのではなくて、そこに新しい決断や価値が見出されるようになったということだ。苦しむという行為は、行為そのものを超えた利害を帯び、社会的言動を組織し、福祉・保健・医療行為の遂行や科学的調査の方向性および資金提供をめぐる政治行動に影響を与え得るものとなったのである。

科学史家たちは、このような苦しみのダイナミクスの皮肉な点は「病理学のプロセスが非常に複雑なものとなり、そのため必然的に原因に関する議論は社会的に構築される分野となる」ことだと述べている（Brandt 1997：67；Proctor 1995も参照）。近年の科学をめぐるエスノグラフィーが鮮やかに描き出しているのは、この社会的構築性において、いかに生物医学的技術がますます中心的な役割を果たしつつあるかということだ。超音波画像、PETスキャン、遺伝子診断は、生物学的事実を画像化することによって、自らが認識し、自らが病気へと作り直す対象と分かちがたいものになっている（Martin 1994, Rapp1999, Kleinman 1988）。病理学の構築性に関する研究は、生物医学的環境についてだけではなく、それを優に超えて、健康を深刻に脅かし得るさまざまな形態の暴力を取りあげる方向へと発展している。社会問題に対処するために認可された機関——法的機関、福祉機関、医療機関——がそれぞれにプログラムや政策を編成し、それぞれによって健康や病気の経過が左右されかねない（Das 1995, Kleinman and Petryna 2001）[21]。また、病気のリスクにさらされている人口集団の社会的形成と拡大は、ポール・ファーマーが「構造的暴力」のパターンと名指ししたものによっても決定される。医療ケアの不足と限界のある治療介入、そして構造調整プログラムによって強化された絶えざる社会的不平等との結果として、多剤耐性結核などの予防可能な伝染病が世界中に蔓延することとなっている（Farmer 1999）。

ウクライナの文脈においては、チェルノブイリの後遺症を判定し修正する努力が社会の不確実性や新しい権力の形成に寄与している[22]。きちんと説明されない放射線被曝の広がり、国家による介入およびその失敗、臨床の場で拡大する官僚的体制、そして市場経済の変化が、病気や苦しみの合理‐技術的な経過に影響を与えるようになった。苦しみ――その経験や解釈――は、チェルノブイリ問題を修正するための合理‐技術的ダイナミクスの内側で、時間をかけてパターン化され、現実化してきた。同時に、こうしたダイナミクスは現在ウクライナの人口の七％が関わる「カウンター・ポリティクス」（Cordon 1991: 5）の基礎となっている。市民たちは、政治的認知や何らかの福祉の恩恵へのアクセスを獲得するために、手に入る技術、症状についての知識、法的手続きを頼みにするようになった。彼らは新しい市場経済において、自分たちの将来の見通しが労働でも健康でも劣ったものであることを痛切に自覚しており、自分たちの生の中で、国家、科学、官僚制によるより広範な過ち、不手際、リスクの歴史と結びつけうる要素を見つけて一覧にする（尺度、数値、症状など）。そのようにして見出せる結びつきが強ければ強いほど、様々な経済社会的権利を確保できる見込みは――少なくとも短期的には――高くなる。こうした「カウンター・ポリティクスとしての病気」の取り組みが示唆しているのは、病気に関する「自分たちの知識の輪郭は政治によって形作られる」（Proctor 1995: 7）のだと、苦しむ被災者たちが気づいているということ、そして、彼らは自分たちのウェルビーイングに対する攻撃――それは崩壊しつつある国家の医療制度や適切な法的保護の消失の結果起きていると彼らは考えている――を食い止めるためにこうした政治を最大限に利用することをいとわない。放射線関連の生物学的損傷を解釈するうえでの一貫性のなさと、ソヴィエトの介入と現在の政治経済の変化によって生み出された社会や政治の不確実性とがあいまって、ウクライナの被災人口およびその傷害の申し立ての規模は、真実味のある、皮肉な、破局的な巨大さにまで達している。

＊＊＊

次に、私のフィールド調査の場所と方法、またその環境の中で民族誌的感性を醸成するという試練について書く。私は一九九二年に調査を始め、一九九三年と一九九四年の夏にキエフに戻り、移住してきた家族や被曝した子供たちの母親、被曝作業員たちへのインタビューを続け、また彼らと一緒に活動した。彼らを追ってキエフ地域での公的イベントに顔を出し、国会の人権委員会で開かれた国の行政官たちとの会合で、彼らがチェルノブイリに関連する社会保障や医療ケアにおける政府の役割を拡大するよう交渉する場にも居合わせた。私が最初に集めたデータは、以下の鍵となる問いをめぐるものだった。（1）ウクライナ政府は被曝によって影響を受けたと主張する個人と人口集団をどのように管理しているのか。（2）リスクを負った集団をカテゴリー化したり、補償関連の法律を形成したりする際、どのような科学的知見や行政政策が適用されているのか。（3）チェルノブイリ関連の疾患に関して補償と社会的公正を求めるグループの人々は、どのような科学的知見や政治的戦略を用いているのか。私はウクライナで新たに設置されたチェルノブイリ省〔現在の非常事態省〕の構成員へのインタビューを行った。この省は、とくに以下の取り組みを司っている。救済組織や人権支援の誘致、シェルター建設に資金を提供し維持するための国際的取り組みの調整、汚染地域から移住した個人や家族のための住宅などの新しい建築物や環境モニタリングの資金提供、中央政府と地方政府、科学機関と医学機関の間の調整、被災民のための政策提言、被災住民の治療や健康管理にかかる費用への資金の割り当て、給付金や補償の分配など。チェルノブイリ省を最初に率いたヘオルヒー・ホトウシツは、国会議員や行政官、ゾーンの管理官、地元の公務員へのアクセスを私に与えてくれた。私は災害への社会的対応のダイナミクスを描き出す覚書や内部資料、ゾーンで生活するさいの衛生に関するルール、メディア報道のパターンに関する報告、保健省の役人たちが補償政策の決定の際に用いた政策提言、生じつつある社会的、心理的問題についてのレポートや迅速な心理状態アセスメントに関する方法論的提言を読むことを許された。チェルノブイリ関連の社会保障における役割がいかにウクライナの国家建設のプロセスを正当化したのかを調べようと、私はチェルノブイリの福祉予算のデータを集め、それをウクライナにおける医療・社会保障関連の歳出における国家的優先順位と関連づけた。そして、ウクライナの独立以降、いかにして、またどのような科学的根拠において、チェルノブイリで苦しむ人々に対する補償関連の法律が制定され、拡大されたのかに関する情報を集めた。

私は国家や市民社会のレベルで調査を行うとともに、ソヴィエト、アメリカ、ウクライナの専門家たちがチェルノブイリ事故に対する短期的、長期的な取り組みを通じて得た科学的知見や技術的経験についての社会史を手短に検討した。明らかになったのは、チェルノブイリの生きられた経験を公正に分析するためにはマルチ・サイト調査をしなければならないということであった。それはつまり、科学リテラシーを身につけること――国家的、国際的、地域的レベルで流通、蓄積された科学的知見に分け入り、またそれらの間の緊張関係を探求することを意味した。私はキエフとモスクワの両方で、科学・政治分野のキーパーソンにインタビューを行い、事故後のソヴィエトとポスト・ソヴィエトの事故処理における生物学的リスクと安全性に関する科学的規範を比較した。また国際原子力機関（IAEA）やアメリカの政府系研究所における専門家の主張も検討した。ローレンス・バークレー研究所で（そこで行われている科学的研究はチェルノブイリ問題とは関係がないが）、私は細胞やDNAレベルで起きる放射線の生物学的影響を調べるための基本的な放射線生物学技術をいくつか学んだ。しかし、ある放射線科学者が私に言ったように、このような操作可能な動物環境と人口規模の低線量被曝との違いは「ブラックボックス」のままである。高線量被曝と人間への生物学的影響の間の因果関係は十分に証明されているが、人間が継続的に低線量の放射線に被曝することに関して同じことが言えるわけではない。国際的な医療の専門家による健康予想がしばしば人々の生きられた経験と矛盾したとしても、驚くことではない。コストの計算法や傷害のアセスメント基準は、定義上、オープンエンドで議論の余地のあるものである。

誰もが合意する基準がないところに、ウクライナにおける新しい社会的、政治的アリーナが出現した。チェルノブイリ関連の福祉機構で働く公務員たちと長期にわたって接触するなかで、私はこの災害のもたらした損傷の範囲やそれをモデル化する方法についての議論が、政策や社会的流動化、またとりわけ私が出会った被災住民たちの病気の経過そのものに影響を与え続けていることがわかった。またフィールド調査から観察されたのは、異なる科学的アプローチ（精神測定アプローチ対生物学的アプローチ、実験室に根差した研究対フィールドに根差した研究など）、資金提供における異なる優先順位、災害の未知の影響についての異なる危機の感覚は、単に互いに反目しあっているだけでもないし、それらのどれが適切でどれが適切でないのかの判断を静かに待っているだけでもない、ということだった。むしろ、そうした対立と並立そのものが新しい環境――より正確にいえば、放射線関連の疾患をめぐって展開される主張の政治経済――を生み出したのである。ウクライナで「安全生活」を推進する新しい科学的、生物学的、法的諸機関と並んで、もうひとつの社会的現象が私の注意を喚起した。基金《フォンディ》（*fondy*）と呼ばれ、国際的な義援金やゾーン作業員たちの補償申請を管理する市民団体のブームである。こうした五〇〇以上の基金は課税を免除されているため、医薬品、自動車、食料品といった様々な品物の輸入に依拠する大規模なインフォーマル経済の火つけ役ともなっていた。

このチェルノブイリ関連の疾患をめぐる政治経済において、「障害者」に分類された人が単なる「被災者」よりもはるかに手厚い補償を受けることは常識だった。チェルノブイリ被災者のシステムから完全に外れた人々は、自分たちが国家からまともな社会保護を受けるチャンスがほとんどないことをわかっていた。この経済においては、科学的知識が日常生活における決定的に重要な手段となった。ある人の被曝量を放射線関連の症状・経験やゾーンにおける雇用履歴と効果的に結びつけられるかどうかによって、その人が被災者たちのヒエラルキーの中でどのような地位を占めることができるか、また国家によるさらなる保護を約束してもらうための資本をどの程度生み出すことができるかが決定された。広く言えば、ポスト社会主義のウクライナでは、科学、国家建設、市場の発達が非常に生産的な形で互いに結びつきあい、新しい組織や社会的取り決めを生んで、その中で市民権や倫理が変容していくという独特な状況を呈していた（Biehl 2001 も参照）。

一九九六年に一年間のフィールド調査のために私がキエフに戻った時、私のフィールドは主に放射線研究センターになった。(23) ソヴィエトの時代、センターは放射線医療連邦センターの臨床研究部門としての役目を果たしていた。一九九一年にはセンターの職員は九〇人から一三〇〇人へと膨れ上がっていた。この数字には、重要な社会的機関としてのセンターの地位が上がったことが反映されているが、また同時に、経済危機という文脈の下、政府の官僚機構が縮小するよりはむしろ拡大することによって、自前の社会保護を提供するということも示している。センターは急性放射線症の患者をモニターし、人間のヨウ素被曝の臨床結果について研究している。最も重要なことに、全国レベルの医療労働委員会《エクスペルティーザ》（*Ekspertiza*）、すなわちチェルノブイリのゾーン作業員や移住した家族、汚染地域の住人の健康状態を評価する責任をもつ科学者、医者、行政官のグループがこのセンター内で活動していた。彼らの仕事は患者の障害（つまり労働能力の喪失）のレベルを判定し、その障害の病因がチェルノブイリ関連の放射線被曝にあるのかどうかを認定したり否定したりすることだ。構成員たちはチェルノブイリとの関連、つまり「結びつき《スヴャジ》」（*sviaz*）と呼ばれる、特定の疾患と放射線被曝の関連について証明する法的文書を認可する。結びつきの持ち主は、年金や医療ケア、さらには子供たちの教育補助金といった形で社会保護の資格を得る。この援助のパッケージは、相対的にいえば、平均的な年金よりもずっと良く、したがって非常に望ましいものである。二〇〇〇年の時点で、社会保険として月一二ドルの年金が国家から支払われた。貧困ラインは月約二七ドルだった。同じ時期、チェルノブイリの事故で障害を負った人には、平均して月五四ドルから九〇ドルの年金給付があった。「被災者」つまり障害者のステータスではないけれどもチェルノブイリの事故で苦しんだとされるステータスを持つ人は、平均して月二〇ドル受け取っていた。

障害を負い、病院を頻繁に訪れているチェルノブイリのゾーン作業員たちはグループで盛んに政治活動を行っており、私は彼らとの接触を通じてセンターの臨床部門（「クリニック」として知られる）で調査を行う許可を得た。一九九六年までに、クリニックは医療 - 科学的、法的議論の震源地となっていた。ここに通える幸運に恵まれた患者たちにとって、検査、科学的資源、専門化された治療は貴重な資産となっており、彼らが一生涯の補償を受けとる資格を得るうえで役立っていた。私は医者、看護師、患者の間で交わされるやりとりを観察すること、補償申請に関する決定が下される会議に出席すること、現在進行形の研究を、とりわけクリニックの神経病理科で調査することを許された。この科を選択したのは、私の側の意図によるものだった。障害の申し立ての大半が様々な神経系統障害を理由に神経科病棟を通じて提出されるのだと、医療労働委員会のメンバーが私に教えてくれたのである。しかし、これらの障害がこの国の切迫した経済状況による社会的ストレスから生じているのか、それともチェルノブイリの放射線被曝から生じているのか、あるいはその二つが合わさって生じたものなのかは不明だった。科学者やヘルスワーカーや行政官たちと話をすることに加えて、私は六〇名の男女の患者（年齢は三五～五五歳）を対象に広範なインタビューを行い、彼らの医療記録を調べて、彼らが疾病、診断、障害者のステータスを得る（「グループに入る《オフォルミティ・フルプ》」（*oformyty hrupu*））までの進捗状況をつぶさに追った。また、私はチェルノブイリ基金のなかでも三つの組織を対象に、そのメンバーシップの歴史を辿り、これらの基金とクリニックや医療労働委員会との戦略的関係について調査した。私の調査の最終章は、クリニックの男性患者五名と彼らの妻子の日常を追うことであった。男性たちがこの新しい病気の政治経済に参入することによって、一家の稼ぎ手や父親としてのアイデンティティおよび心の健康がどのような影響を受けているのかに関心を抱いていた。私はとりわけ、仕事や集団労働への個人の献身に表れる人格を意味するソヴィエトの概念「リチノスチ」（*lichnost'*）に関して、この男性たちの感じることがどのように変わってきているのか、また新しい経済の中で、夫婦がどのように放射線疾患を生存の手段として用いているのか関心があった。

科学的・社会的知識が公的レベルでも私的レベルでも流通していることにより、民族誌的出会いの諸相もまた影響を受けた。人々がいかに自分たちの悲しみを表現するか、彼らの言説や身体言語がいかに制度化された環境の要請によって形作られているか、またそうした要請がいかに技術系官僚たちから必要な反応（および彼らの言葉の選び方と沈黙）を引き出すか——これらはすべて、日常生活を定義する政治的・科学的統治体制に取り囲まれていた。人々の行動、政治、感受性は専門的かつ法的な合理 - 技術領域の言語に暗号化《コード》され、制限されていた。

同時に、暗号は秘密であり、信号であって、プライバシーを保っている。暗号には人間の経験がシステマティックに短縮されてしまっている。技術的に媒介された新しい文脈の下で、私たちが道徳的価値について批判的に考える能力が、生命倫理の合目的的言語の中で失われつつあるとの懸念を社会科学者たちが表明している（Churchill 1999：259）。生命倫理へのいわゆる原則論的アプローチと呼ばれるものは、それが還元主義的であり、多元主義社会の倫理問題やジレンマに広く適用可能であるがゆえに機能するといわれる（Callahan 1999：283）。生命倫理のこうした標準化によって犠牲になるものの一つは、ある倫理規範が実際の多様な状況の中でいかに伝播するかについての知見、また地域のさまざまな条件や道徳的語りが普遍化された倫理的枠組みを反映したり、逆にそれに異議を唱えたりするといったさまざまな特殊な状況についての知見である（Kleinman 1999, Cohen 1999）。

このような生命倫理批判を受けてエスノグラファーが挑戦しなければならないのは、シェルター現場指揮官の簡潔な言葉を借りて言えば、「人間の価値がいまだ決定されていない」文脈を語るにふさわしい言語を回復する試みである。私が関心を抱いているのは、人間の価値を普遍的な所与のものとして描き出す言辞やイメージではなくて、ありふれたオフィスの空間や、診療所や、病棟や、家庭といった場所である。そこでは、正義原則、恩恵／善行原則、無危害原則の可能性が日常の中で崩壊している。そしてまたそこでは、個人の苦しみについての描写は、仮に聞き入れられようとするならば、標準的カテゴリーに適合する数字や暗号に変換されなければならない(24)。

国民国家建設

チェルノブイリは、共産主義の終焉を記す分水嶺的な出来事だった。国際関係における危機的な緊張関係を明確にし、グラスノスチ〔情報公開〕のプロセスを加速させ、ウクライナにおけるグラスノスチに特別に重要な意味を与えた。災害は様々な結果を生み、その多くはいまだ把握しきれていない。真実は今のところ、実験科学から導き出された予測を通じてごく部分的にしか明らかにされていない。近代国家のレベルで、科学的生産の領域と政治の領域との間で絶え間ないやりとりが交わされ、互いを安定化させる作用が進行しているとすれば、ここでは安定化はずっと困難な課題だとわかる。確実性と真実を主張する科学が、現実によって転覆される可能性があるからだ。ウルリッヒ・ベックが言うように、大規模な産業災害に顕著な、矛盾に満ちた調査結果が溢れ、そのなかで科学的理性は競合し合う数多くの合理性へと分裂し、それぞれの合理性が「それぞれに間違いや、ごまかしや、真実についての主張」を展開する（Beck 1992: 167）。このような科学的領域における不確実性は、社会や政治を白紙に戻す作用を生む可能性がある。ウクライナにおいては、白紙化はチェルノブイリに関連する被害の申し立ての拡大という形をとった。このような申し立ては、科学と国家建設と市場経済の発展とが互いに依存し合う実験的な仕組みを反映しており、そこでは市民権の生物学が政治的プロセスや統治の道具の一部分として論争を巻き起こしている。

ウクライナは、西側をポーランドに、東側をロシアに挟まれている。両国とも（オーストリア＝ハンガリー帝国とオスマン帝国もそうだったが）過去三世紀の間に、ウクライナの領土に対する権利を主張したことがある（図2）。事故の時

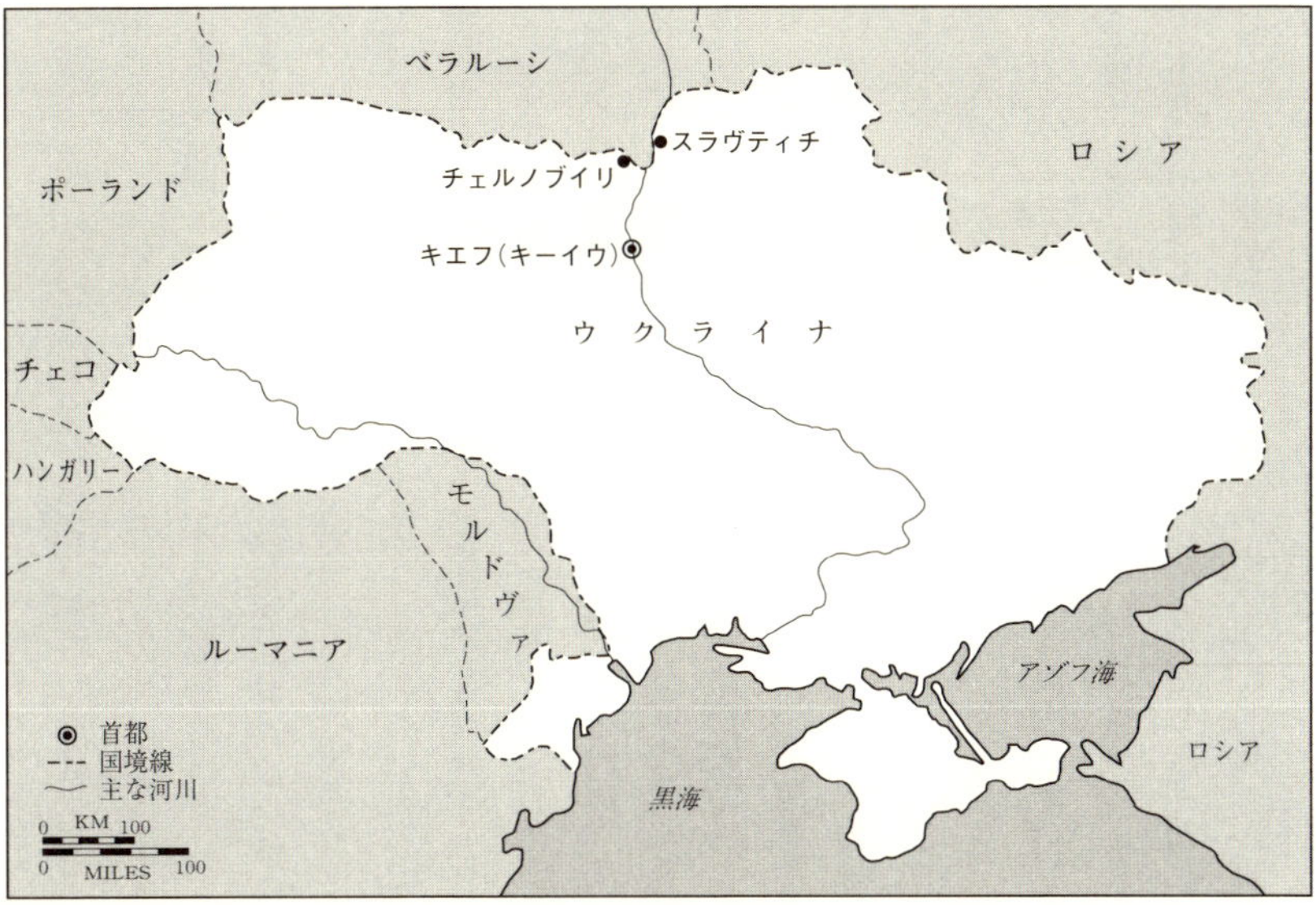

図2　ウクライナ

点で、ウクライナはソヴィエト連邦の一四共和国中二番目に大きく、約五〇〇〇万人の人口を擁した。[25] かつてはソヴィエト連邦の穀倉地帯として知られたこの国は、ポグロム〔ユダヤ人迫害〕と戦争の地でもある。今日、多くのウクライナ人が、この地域はスターリン主義の農業集団化キャンペーンの残酷な実験室であり、また一九三二年から一九三三年にかけて国家により引き起こされ、六〇〇万人が亡くなったともいわれる飢饉の舞台となった地であると考えている。[26] 多くの移民にとっては、自分たちのユダヤ人の祖先が虐殺を生き延び、一九世紀末から二〇世紀初頭にかけて脱出した場所として知られている。第二次世界大戦中には、ドイツとソヴィエトの軍隊がウクライナの村や町で衝突した。その後に残されたのが廃墟だけでなく、社会主義という秩序への国民の支持を動員するための新しい社会的空間でもあったことは、急速で大規模な戦後の復興の努力によって裏づけられる。六〇年代後半には、チェルノブイリが一種の原子力発電テーマパークとして建設され、ウクライナの社会主義社会・生活がどこまで先進的かつ組織化されたものとなったかを世界に示そうとしていた。

他の旧ソヴィエト新生国家と同じく、ウクライナはあまり先行経験を積まないまま民主主義の主権国家になった。

前世紀、一九一八年にボルシェビキが首都を制圧する前の短期間にウクライナが主権を手に入れたことはあった(27)。その際、失敗した試みを率いた者たちの一人は、「まことに、我々は神である。……新しい世界をまるごと無から創り出そうとしているのだ」と宣言している（Vynnychenko 1920：258, quoted in Subtelny 1988：354）。興味深いことに、ウクライナの国民アイデンティティは、部分的には「土着化《コレニザーツィヤ》」（*korenizatsiia*）と呼ばれるスターリン主義政策のたまものである。土着化は、社会主義共和国における一種の民族領土的な統治にとって欠かせないものとなったナショナリティを作り出した（Slezkine 1994）。この政策のモットーは、「形式は国民国家、内容は社会主義」というものであった。しかしながら、ウクライナ人、ウズベク人、エストニア人など〔といったナショナリティ〕がそれぞれの民族領土から立ち現われたのは、強い国民国家《ネイション・ステイツ》を建設する見込みの薄い時代であった。ウクライナは、グローバル化の流れによって国民国家が次第に不安定になるなかで自国を建設しなければならないというパラドックスに捕らわれた。異なる民族が入り混じっていたが、この国がソヴィエトの共和国から独立国家へと変身する際、武力衝突は起こらなかったのである。アメリカの観測筋のなかにはウクライナは民族問題の火薬庫になると予想した者もいたが、そうはならなかった。こうした予想は、民族性《エスニシティ》とは国民帰属の決定的なマーカーであり、したがって潜在的な内乱や戦争のマーカーであると見なす仮定に基づいている。観測筋たちが見落としていたのは、ウクライナの人々が想像する民族類型は決して戦争に向かいやすい性質を持っていなかったということである。むしろ、それは生命、生活に関わる価値観を強く主張しており、しかもその価値観とは、ソヴィエトの経験に反してではなく、それがあったからこそ発現されたものだった(28)。

ウクライナ独立に至る過程もまた、犠牲となってきたウクライナ国家が植民地統治の支配者を転覆したというという勝利の語りをなぞるものではない（Torbakov 2001：426）。ソヴィエトの福祉という遺産は、独立が支持されるまでの道筋を形作るうえで重要な役割を果たした。独立の際、ウクライナ共和国住民の約四〇％が何らかの現金給付を受けた。国会議員たちは、国家の樹立を正当化し国民に納得させるためには、これらの住民たちの物質主義的な部分に訴えかけなければならないことを知っていた。彼らは、市民の自由、人権、政治活動への平等な参加――「古典的市民権」（Schnapper 1997：201）の原則と一般に見なされるもの——の保証に加えて、医療・福祉手当などソヴィエト式の福祉国家策の増強を約束しなければならなかった。ソヴィエトの福祉という遺産は、ウクライナが独立を宣言した際の切迫した経済状況とあいまって、集団間で社会福祉をめぐる分裂と競争が起きる文脈を作り出した。[29] このように、権利を主張する闘争は、より普遍的に与えられる市民権についての市民的論理と手を携えて進んだのである（202）。[30]

ウクライナがソヴィエト後のソヴィエト連邦からの独立を宣言した一九九一年、かつて社会主義共和国だったこの国の指導者たちは、チェルノブイリ後のソヴィエトによる事故処理を非難し、自分たちの政治的正当性を主張し始めた。民族主義者も共産主義者も民主主義者も一様に新しい（そして短命に終わった）政治同盟に加わり、ソヴィエトによる事故処理を「大量虐殺の所業」と全会一致で糾弾した。大量虐殺という非難が指しているのは、ソヴィエトによる抑圧の国民的シンボルであり、しばしば人災といわれる一九三〇年代の飢饉である。[31] 国会議員たちは、ソヴィエトの機構はチェルノブイリの事故の際に市民の命を守る義務を果たさなかったばかりでなく、事故を否定しつつ原子力計画再開の努力を続け、介入を遅らせることによって罹患のパターンを悪化させたと主張した。

国会議員たち（その多くがソヴィエト時代には反体制派であったり、事故処理作業員であったり、政策履行者であったりした）は、中央権力を素早く排除するための好機として自分たちの政治同盟を捉えていた。これが特に当てはまったのは、組織化の進んでいたウクライナの共産党エリートたちである。彼らは、ルフ〔ウクライナ人民運動〕のような反ソヴィエトの民族主義者のグループが最初に手にした象徴的な権力の大半が衰退した後、注目を集めるようになっていた。[32]

こうした国家建設の時期、生命科学の知識が国家建設のプロセスと安全な生、社会的平等、人権を保証する新しい政策の確立とにおいて、いかに欠くことのできない媒介手段となったかを見てとることができる。国会議員たちは、ソヴィエトが住民への生物学的リスクを判定する際に用いた基準を攻撃した。ソヴィエトは、許容される放射線摂取量の限界値として、個人の生涯（標準的な七〇年間の寿命の長さで考える）にわたり三五レム〔一レム＝一〇ミリシーベルト〕と高めに設定した。[33] この限界線量は移住の規模を制限することとなった。ウクライナの法律は、アメリカ人が一生の間に被曝する平均値に比肩される七レムまで限界線量を下げた。こうして引き下げられた安全生活の対策基準は、事実上、ゾーンに入っていく労働力の規模を増大させた（厳しくなった放射線量の基準値を超えないようにするため、作業員たちの作業期間を短縮しなければならなかったからである）。また、変更によって、汚染されたと見なされる領土面積が拡大した。自分たちも国家によって保護されるポスト・ソヴィエト政策の対象とすべきだと訴える、新たな住民のセクターが現れた。移住者たちの放射線被曝量を遡及的に測定していたある被曝管理の専門家はこう回想している。「長い移住者たちの列が私たちの研究室のドアの前にできていました。『クリーン』な地域に避難するだけでは十分ではありませんでした。人々は法律によって、犠牲者というカテゴリーに絡めとられるようになりました。予想できない未来を前に、彼らはみな自分たちの被曝線量を知りたがっていました」。

また、法律は被災者に対する財政的責任を「普通の市民」に負わせた。一二％の税金が自動的に民間企業や国有企業の収入から差し引かれ、チェルノブイリの社会保護に関する法制度への資金となった。このような金銭的・道徳的責任は国民の絆を創造するよう意図されていた。このような施策がなければ被災者とそうでない人々の間に存在していなかったかもしれない絆である。別の言い方をすれば、ウクライナの法律は有害なソヴィエトの過去を「清算すること」、つまりジョン・ボーンマン（Borneman 1997）が最初に指摘した中東欧における〝応報のプロセス〟を企図していた。ただ、ウクライナのプロセスは、人々が過去の行いに対して報償や罰を受けるという応報そのものではなく、補償《コンペンサツィヤ》（*kompensatsiia*）をめぐってのものだった。ウクライナの行政官たちは、その多くがかつてソヴィエトによるチェルノブイリ封じ込めに関わっていたが、今では損害を訴える人々に対し政府を代表して支払いを認可する立場に立っていた。この行政官たちはそうするにあたって、応報のプロセスを特徴づけていたような雇用や名声の喪失をまったく経験せずにすんだ。事実、彼らの多くは自分たちも物質的、身体的損害を主張することで、このプロセスから物質的な恩恵を得ていた。彼らが実行した法律は、応報（ibid.）を通じて民主化の過程に予測可能性を与えるという目標を超える射程を持っていた。新しい法律によって、チェルノブイリはポスト社会主義ウクライナの日常生活において鍵となる道徳的、経済的、政治的出来事として刻み込まれた。社会的、経済的混乱という文脈の下で、法律の使用（そして誤用）が助長され、過去の損害に対する償いの一形態としての補償は、市場における支払いの一形態として再解釈された。

被曝量の基準が下げられたことで、ますます多くの人々が補償と社会保護の制度に積極的に参加するようになった。国家統計によれば、一九九一年を境に、障害者登録をするゾーン作業員、移住者、汚染地域の住民の数が急激に増加しており、この新しい人口集団は年間雇用パターンにおいても増加している。このような社会的統計は、一種の「道徳的科学」(Hacking 1991) となり、政府は統計を通じて、かつての不適切な事故処理の影響を明らかにし、またチェルノブイリ関連リスクへの世界の関心を維持しつつ、自身の社会的正当性を確保したのである。

負傷した作業員、移住した家族、医者、科学者、立法府の議員、地元の公務員たちが、法律を通じて、次第に結びつけられていった。彼らは一体となって公共の利益を形成し、そこでは国家と市民社会との間で知る権利と「安全な生活」に基づく新しい社会契約の交渉が行われた。法律は広く有権者一般に言及してはいたが、選択的に適用されており、そしてそのことは「誰もが知っていた」。障害者ステータスを得るための闘争が、新しい連帯と緊張を生んだ。市場経済が支配的になるにつれて、国家による保護と恩恵へのアクセスは制限された。誰が補償と社会保護の制度へのアクセス権を持っているのかをめぐって公共空間でドラマが繰り広げられ、傷害を申し立てる人々と、こうした申し立てを調停する人々がそこに取り込まれていった。

社会福祉制度は縮小することなく、新しく出現した大量のチェルノブイリ被災者を受け入れるためにむしろ拡大した。こうした急速な拡大は、市場経済への円滑な移行のために西欧から与えられた処方箋に反するものだった――処方箋は国家の社会保障費の減額を命じていたのだから。被災者たちは、こうした移行期における国家拡大の論理を知りつつそこに参加した。このような日々の出来事は、正義・博愛・人権といった倫理的原則の上に建てられた新興民主主義国家のパラドックスを映し出す道徳的小宇宙を作り上げている。一方で、これらのチェルノブイリ関連法が、明らかに民主的で新しい形態の市民組織化や非政府系アクションの機会を生み出したとすれば、他方で、それは国家の最も悪名高き腐敗のメカニズムの一部となり、そのために「ブラット」(*blat* 国家の特権や保護に対するアクセスが人間関係や物質的資源を通じて得られるという非公的な実践を指す用語) などが根強く生き残ることとなった (Ledeneva 1998)。

実験的システム

ウクライナの市民——被災者もそうでない人々も——の毎日の経験が示すように、チェルノブイリの後遺症は、単なる心理的トラウマとして解釈できたり、科学的な絶対値によって約分できたりするような、過去だけにまつわる現象では決してない。それはむしろ、ポスト社会主義市民社会によって割り振られた科学、経済、倫理、政治の役割を理解するためのダイナミックなレンズである。事故後のデータを生み出す事業に、放射線生物学、保健物理学、分子生物学、神経学、神経精神医学、社会心理学といった多様な分野が貢献している。これら諸科学は定義づけ、資格づけ、心理学化し、生物学化し、遺伝学化する。そこで生み出される切り離された諸事実は、事故の後遺症のもっと一般的な局面を覆い隠してしまう。文化人類学の観点から見て、科学的事実は、一面的であるがゆえに、生きるための現在進行形の闘争の一部となっている点において重要なものとなる。ここでは生きるための闘争とは、事故の影響を管理するための技術的視野と個人的・社会的混乱の体験との間で起きる相互作用——複雑でしばしば痛みを伴う——として理解される。事故後の知の生産の持続力は、知られていることと知られざることの間で繰り広げられる変化に富んだダイナミクスから、またそうした知の生産に人々が主体、客体、代理人、行為主体《エージェント》、そして犠牲者として繰り込まれていく複雑な様相から生じている。

科学の分野においてチェルノブイリは、放射線被曝が健康にもたらす長期的影響に関する生物医学的なデータを科学者たちが裏づけたり、否定したりすることを可能にしてくれる一種の「実験」としての価値を与えられてきた（"Chhernobyl's Legacy" 1996：653）。本論において、私は実験という言葉をより広い意味に捉え、事故後の状況を封じ込めようとする技術的介入がいかに新しい不確実性を社会的にも科学的にももたらしたかを検討する。ハンス＝ヨルク・ラインベルガーの観察によれば、この種の実験は操作可能なものであり、「私たちがまだはっきりと問うことさえできない疑問に対して知られざる答えを与えるよう企図されている」（Rheinberger 1995：110）。実験的なシステムは、

「未来を作るマシーン」である（Jacob 1988, cited in Rheinberger 1995：110）。この定義は、もっと伝統的な実験の概念、すなわち「単一の、よく定義された実例として、理論の精緻化のなかに埋め込まれており、何らかの仮説を裏づけたり退けたりするために行われる」（109）というものよりも、民族誌的に豊かなオルタナティヴを提供してくれる。厳格に管理された環境の結果として確実な事例を手にするのではなく、ほとんど何一つ一定に保たれるものがない環境で新しい予想外の資源を生むのが実験的システムである。

ソヴィエトでは、人口集団全体が「新しい資源」として理解されていた。「ソヴィエト人民の心理と意識の改革のために［党に］率いられた我々人民の注目すべき実験なしには、我々の社会心理学は空っぽである」とソヴィエト有数の社会心理学者は書いている。こうした科学者たちにとっては、人間の本性そのものが新しく解放された資源であり、実験的なパラダイムの中でいじり回してよいものだった。かくて社会心理学たちは「社会－精神《ソツィアルノ－シヒチェスキー》（*sotsial'no-psikhicheskii*）現象の新しい事実と法則」の積み重ねを実証しようとした。このようなパラダイムの中で、意識、認識枠組み、精神現象は「社会的に条件づけられた現実の反映」つまり「客観的な現実を知覚、思考、思想、感覚、自発的行動などに反映させたもの」として表出される形で同時生成された（Kuzmin, quoted in Slobin 1966：87）。

人間の本性は実験的に生成できるということ、新しい認知の能力が時間とともに構築され蓄積され得るということは、ソヴィエトの日常生活におけるたぶんに介入主義的な科学の性質を物語っている。西欧の観察者にとって絶えず驚きとして立ち現われるのは、ソヴィエトやポスト・ソヴィエトの個人が、自分の心理的能力の構築性を非常に正確に描写でき、またそれを未知や無意識の領域に帰することもないということである（Inkeles and Bauer 1959：142）。

行動とは社会的に条件づけられたものであると看破する力、つまり自分が慣れ親しんだ心理構造とも「縁を切る」ことのできる能力は、個人に対する集団の優勢を確保することに専ら傾注したソヴィエトの教育プログラムの副産物と特徴づけられてきた（Kharkhordin 1999）。この種の看破の手腕の熟達は、ポスト・ソヴィエトの科学者たちが、チェルノブイリを主として心理社会的現象の枠内に留める国際的な科学の専門家たちと関わるさいの様子に明らかに表れている。彼らはこうした枠組みを、不完全な物語を語ることによってより複雑な真実を覆い隠すものと解釈しているのである。例えば、一九九六年に放射線研究センターの十周年を記念する講演で、私はチェルノブイリの災害の時点で職責にあったウクライナの前保健相がチェルノブイリ科学の進展を祝して乾杯の音頭をとるのを聞いた。普段は会場の数階上で白血病、心臓病、急性放射線症（やその他の病気）の患者たちをかかえて休むことなく働いている科学者や臨床医たちがその場にいた。この官僚でもある科学者はわずかにほろ酔い加減でグラスを掲げ、大声で叫んだ。「友人たちよ！　我々はかつて無知でした。今日では精神病患者にされてしまっています。でも明日には、科学が何をもたらすかなど、やってみなければわかりません！」

この言葉は、イギリスの哲学者アルフレッド・ノース・ホワイトヘッドの観察と顕著に（そして不気味に）共振している。「今日、ナンセンスと思えるものが、明日、真実と実証されないともかぎらない」（Whitehead, 1926: 116, quoted in Arendt 1989: 290）。ホワイトヘッドの所感は、科学的抽象を人間にとっての帰結と現実に基づいて着地させることを呼び掛けている。このような着地がないところでは、人、人の行動、そして人の本性は、架空の真実に一致させられる危険がある。そして、このような現実との接触の喪失こそが、件の前大臣が辛辣なユーモアで嘲笑ったものなのだ。彼が自分自身の倫理的ネグレクトの前科からユーモアを引き出し得たということ[34]が悲劇の本質——ホワイトヘッドが「ものごとの仮借の念なき働きの厳粛さ」と適切に形容したもの（Whitehead 1926: 11）——を語っている。この瞬間、ポスト社会主義の科学者たちの目の前にあるのは、客観的事実への集団的執着の上に築かれた人格を超克すること、異なる倫理的立ち位置から想像し、語ること、人間の進歩としての科学というパラダイムに対して道徳的批評を展開すること、そのための好機である。

ドクタ・イグノランティア（知ある無知）

社会の階梯で「下層」を占める人々——被災者や障害を申し立てる人となった集団農場の農民、警察官、工場労働者たち——も彼ら自身の批評を展開した。もっとも彼らのやり方は、自分たちの人権の訴えを主張する手段であり、もっと破壊的なものであった。彼らは、科学の進歩における「認識の闇」(Taussig 1987) としての役割を——それも様々なクリエイティブなやり方で——担った。絶対的真実が優位に立つところでは、無知もまた優位に立ち、事実の正確さばかりが強調され支配するところでは、不正確さが支配した。こうした人々が「反科学的」であったと言いたいのではない。むしろ彼らは、彼らについて科学が知らないことをめぐる現実に精通していた。自己主張の一形態として理解される無知もまた、科学の進歩にとって根本的に重要なものなのである。

ここで簡単に、自己犠牲的な絶対主義の時代に対して自己主張の近代的形態が優位に立つことができた過程について補っておくことは有益かもしれない。『近代の正統性』の中でハンス・ブルーメンベルクは、近代性の物語における無知の重要性を論じるのに二章を割いている。彼は中世の形而上学思想家ニコラウス・クザーヌスの論述から事例を引いている。[35] 論文『ドクタ・イグノランティア』においてクザーヌスは、知とは「人間にとって知ることが可能なものを総和する過程の終着点」(Blumen berg 1983 : 493) とするスコラ派の信念に反対し、それを「新しい認識の手続き」(494) と置き換えた。ブルーメンベルグはクザーヌスの仕事を「神学的絶対主義を補う、ありふれた人間らしさのようなもの」(175) を提供しようとした試みと解釈する。『ドクタ・イグノランティア』は「当時の形而上学的主張に対する懐疑による断念と、それまでに有していた形式をもはや持つことができなくなった知を求める漠然とした期待と」を反映しているという (492)。

ブルーメンベルクにとって、「無知」は、「真実を追求するうえでの単なる失敗」から「肯定化された否定性」にまでわたる意味をもつ (493)。無知とは知の否定的状態を意味しない。また真実へのアクセスの単純な欠落や、真実を認めようとしない姿勢をも意味しない。それは「実践《プラクシス》、方法、ある種の態度へと続く道」を指すという (490)。クザーヌスの例が描き出すのは、近代の考える科学的進歩が、無知、知、そして不正確さ——重要な、より単純な真実とより複雑な真実の間に「介入する中間段階」(504) ——といったものの総和となっていく様相である。[36]

この最後の論点は、特権を持った一握りの人々にだけアクセス可能な科学の知から、閉じられていないことが認知されており、したがってより多くの人がその認識論的支配に対して利害を見出すような知に向かって、核心的なシフトをもたらす（Kohler 2001）。このように科学が知、無知、不正確さの総体であり得るということによって、私がここに描き出す生社会的《バイオソーシャル》な経験は柔軟に形を変え得るものとなり、また多くの被災者たちがこの世界に足場を見つけることが可能になっている。人々が直面する病気についての、また原子力災害の本質についての科学的知識の不確定性は、元凶であると同時に、てこの作用点として立ち現われる。

無知という言葉は、本書に描かれるウクライナ人たちが自分たちを知と権力のヒエラルキーの中に（そしてより最近は、それを操作できると）見ていたこと、今も見続けていることを示している。無知ということの裏返しとして私が見たのは、被災した個々人が、国際的な生命科学に巻き込まれたり排除されたりしながらも、その変わりやすい利害関係、実験、技術について、つまり実験的な知のプロセスについて、抜け目なく理解していたということである。こうしたチェルノブイリの「ビオス」は、思いがけない、しかし極めて融通のきく文化的・政治的資源となる。

＊＊＊

イヴァン・ニメンコは、この新しい時代の泳ぎ方を学んだ。彼は社会福祉のランクを被災者から障害者へと昇った。彼は事故後の数週間、州兵として働いていた間に、原子力発電所職員とその家族を擁する人口五万人の都市プリピャチの住人を事故後三六時間以内に避難させるよう命じられた。私は放射線研究センターで彼に会った。かつて外国人に対して閉ざされていたこのセンターは非常に熱心な官僚組織かつ臨床組織で、ここで作業員の労災申請が作成され、認可が与えられる。障害者になろうとする人がみなそうするように、ニメンコはチェルノブイリとの「結びつき」を得ようと努力した。彼の言葉によれば、「これは私の健康のために必要な文書なんですよ」。「結びつき」は、彼の病気が「一般的」なものではなく、チェルノブイリに起因するものであると断言してくれるはずだった。

ニメンコは、「動脈性高血圧症をともなう脳動脈硬化、骨軟骨症、胃炎、心気症」と書かれた診断書を持ってセンターの神経病理科に入院した。このような診断の複合体は珍しいものではなく、彼が単なる「心理社会的」症例であると見なされ、したがって求めている手当ての受給資格がないとされかねないことを示唆していた。彼はこのような可能性を排除する必要があり、その診断のかわりに留保なしではっきりと放射線に起因する病因が必要だった。この課題のために必要不可欠だったのは、被曝線量の測定であり、彼はそれを獲得するために懸命に戦った。ニメンコは国際的な原子力産業の基準では、作業員が生涯で浴びてもよいとされる線量が二五レムであることを知っていた。彼はわずか一〇年で少なくとも二五レムは被曝していた。ある研究室の室長を務める義兄を通じて、ニメンコは何とか制度の中に入り込み、垂涎の的である病院のベッドを割り当てられ、検診を受けられることになったのである。彼は、家族のコネクション、古いソヴィエトで主に都市部に根差す非公式の交換のネットワーク、そしてブラットの制度に頼ることで、新しい国での法的地位を確立することができた。彼は成功者だった。

他の多くの人々と同じように、ニメンコはソヴィエト行政時代には自分は歴史的に無視された存在であると考えていた。チェルノブイリの作業員に対する杜撰な放射線モニタリングについて、彼はこう述べた。「個別の症例に関しては、彼らは何も書いてくれませんでした。もし私たちに関して記録にあえて何か書くとすれば、測定の単位が何であれ、０・０《ヌル－ヌル》（*nul'-nul'*）になったでしょうね」。自分の被曝量が「ヌル－ヌル」とされたことについて述べながら、ニメンコはチェルノブイリでの仕事の間、自分自身が何の法的重みも、重要性も価値も持っていなかったことを認めた。ニメンコにとって、このソヴィエトの０・０は偽りの説明責任を象徴していた。今でさえ、ソヴィエトの国家としての災害対応の執行に関わっていた科学者たちは、被曝放射線量が明らかになっている二三七名の人々だけが正当な急性の事故犠牲者であり、そのうち三一名だけが事故の影響で死亡したと主張している。この種の認定済みの事実によって災害の影響や補償の範囲が決定され、ニメンコのように傷害が後になって判明する多くの人々は補償から除外されることになった。ニメンコはこうした数字を空で覚えていた。

一九九一年のイギリスのテレビ・ドキュメンタリーは、チェルノブイリに送られた作業員にソヴィエトの行政官たちが要求した極めて厳しい労働を明らかにしている。ドキュメンタリーは、最初の爆発から四か月後の一九八六年九月に行われた事故処理作業を取り上げる。ソヴィエトの行政官たちは、原子力発電所の大破した四号炉の隣にある三号炉を再開しようと血道を上げていた。しかし四号炉から飛び散った瓦礫が三号炉の屋根を覆っており、作業着手は遅れていた。当初は屋根の上の放射線を含んだ瓦礫を撤去するためにロボットが配備された。しかし放射線レベルが非常に高く、このロボットを動かす電子機器が作動しなかった。一か月後、原始的な鉛のスーツとゴム手袋、薄い布のフェイス・マスクで体を覆った若者たちが作業を完遂するために召集された。

ドキュメンタリーの中で、今から屋根に上ろうとする作業員たちが、三号炉の屋根に設置されたビデオモニターの画像を見せられる部分がある。「仲間はこんなふうに作業している」と作業班の指揮官が言う。作業員たちは一分以上屋根の上にいないようにと指示される。彼らは、その時間内で放射線を含んだ瓦礫をショベルですくい、柵越しに下にあるコンテナへと放り下ろすよう言われる。もう一度同じ過程を繰り返し、それから一目散に逃げることになっていた。

ドキュメンタリーのこの部分の最後で、障害者のグループの代表者がインタビューされる。彼はこの男たちを「バイオロボット」の原型と呼ぶ。この呼び名が示唆しているのは、ソヴィエトの行政官たちが災害を封じ込めるための資源として作業員たちの生を食い物にしたということである。彼自身の言葉を借りれば、この生きた資源は「使い捨てにされる」ものだった。ある生化学者によれば、このバイオロボットたちの多くが致死量の六倍から八倍の放射線に曝されたものの、「生きている」という。「彼らは、自分たちが死ななかったことはわかっていますが、どうやって生き延びたのかはわかっていません」。このように自分たちがどうやって生き延びたかがわからないという「無知」は、知識の欠落から来るのではない。これは、危険や病気を和らげるために何ができ、何をすべきであるかという問題にどうアプローチするかに関して下された決定の政治的帰結なのだ（Proctor 1995：7）。圧倒的な危険に直面して、国家は特定の作業員たちをバイオロボットとしての死の候補者とした。この政治的決定を生き延びた人々は、科学的、官僚的非決定性のグレー・ゾーンの中に捨て置かれた。

ゾーン内に一〇年にわたって送り込まれた六〇万人の作業員のうち、約五万人がこのような極限的な性質の仕事を行った。ウクライナが災害の管理をする時代になってから、この経験はソヴィエトの事故対応の極めて有害な影響を象徴するものとして取り上げられ、しかも、その傷害そのものを法的な素材とする新しい政治の可能性を開くことになった。このプロセスは、ポスト社会主義において生成する人格の社会史の一部となった。人格を主題にした論考の中でマルセル・モースは、人格とは「組織の事実以上のものであり、名前や、儀礼で仮面を被る権利以上のものである。それは法の基本的事実である」と述べている（Mauss 1985：14）。実際、災害が介入することで見えてきた科学的不確定性の法則は、計算不可能な損害の上に打ち立てられる新しい法的人格の出現を許すことになった。

ジェンダーをめぐる新しいダイナミクスや支配もまた、この新しい法的、道徳的環境の中に課題として登場している。一九九六年にある基金の別の代表者が私に語ってくれたのは、彼が作業から帰ってきて最初に妻子に言った言葉は「私から離れろ、汚染されているんだ！」だったということだ。私と出会ったときクリークはまだ三八歳だったが、少なくとも六〇歳に見えた。部屋の中心的存在ともいえる居間のカウチに横たわり、基金のメンバーたちに囲まれていた。彼の妻ターニャは夫の「愚かしい義務感」をからかった。彼女は衰えていく一人の人間を世話しなければならなくなった。「党の書記だったのに、今は骸骨ですよ。彼の愚かしい義務感のせいで、今じゃみんな共倒れです！」ターニャは、クリークがありとあらゆる急性放射線症の徴候を示していたと説明した。「しょっちゅう意識を失いました。咳をして血を吐いて……。生きてますけどね、確かなのはそれだけです。この人の体の中で何が起こっているか知りたくもありませんよ」。どの村も、どの居住区も、どの労働共同体《コレクティヴ》も、生けるバイオロボットを――あるいは、すでに死んでしまったバイオロボットを――知っていた。

ニメンコのようにより危険の少ない労働に従事した多くの人々も、このバイオロボットたちを政治的同類とみなしていた。クリークとは違って、ニメンコは身体的にも社会的にも動ける状態で生き延びた。彼にとって、科学には社会的効用があった。科学は生存に値段をつけ、その生存そのものに基づく資源、つまり国家補償を求めるさいの梃子《てこ》として使える資源を創造するのに役立った。ニメンコは症状と科学の言語を習得していた。また、他の事故処理作業員の申し立てを調停する障害者基金にも加入していた。彼には科学リテラシーがあり、自分の命の価値を設定するうえで力を貸してくれる科学の価値を充分認識していた。彼は自分の細胞内の染色体異常を示す細胞遺伝学検査結果の読み方を知っていた。放射線科学の曖昧さを利用して――そして曖昧さはふんだんにあった――彼は補償申請に有利な形で自分の症例が見直されるようにはかった。一九九一年に体内線量の遡及測定を申請したことについて、ニメンコは私にこう述べた。

私たちの省の中央総合病院がウクライナ医療科学アカデミーの腫瘍学研究所と契約を結んだんですよ。私は総合病院の院長のところへ行って、自分が負った線量を知りたいと言いました。三か月後に、彼らは私の血液中の染色体異常レベルの増加に基づいて線量を出してくれました。それによって、私という生命体《オーガニズム》の中の放射線は二五レム以上であることが証明されたんです……。事故から五年経っていました。もしあともう五年無駄にしていたら、放射線量がどれくらいになっていたのか、私にはわかりません。明らかにもっと増えていたでしょうね。とはいえ、私の体の中に放射線はあったわけです。

かつて（ソヴィエト時代には）無知が抑圧の一形態にまでなっていたが、いまや無知は個人が生社会に包摂されるための技巧において一つの資源として使われている。ニメンコは自分についての語りを未知の集積の上に築いた。この点において、彼は科学的知識を特有の方法で、つまり、知るためではなく、知り得ないことの周りに境界線を引くために使っていた。ニメンコは、ラインベルガーが別の文脈で「特徴的な、簡略化できない曖昧さ」（Rheinberger 1995: 48）と呼んだものの観点から、自分の社会的アイデンティティを練り上げた。彼は自分が知り得ないものを、自らの科学的主体としての地位を確保する手段として、さらにいえば、国家との公的な交換関係におけるモノとして、政治化した。このように動くことで彼は「彼の権利において、つまり、部族内および部族儀礼の中で彼が占める位置において」（Mauss 1985: 11）、名前と書類、そして個人としての地位を獲得したのである。

表１　症状，徴候，はっきりしない状態（１万人あたり）

1982	1983	1984	1985	1986	1987	1988	1989	1990	1991	1992
1.3	1.7	1.7	1.9	2.3	2.7	5.9	34.7	108.3	127.4	141.3

出所：Ministry of Statistics, Kyiv, Ukraine

止めようのない放射線病の進路

このような知の政治の展開が医療データにもたらした影響を確認するため、私は国の統計省に行った。驚いたことに、一九九〇年（チェルノブイリの社会保護に関する法律がウクライナの議員たちによって発表された年）を始まりとして、「症状、徴候、はっきりしない状態」というカテゴリー下――これは国際疾病分類〔ＩＣＤ－９〕ではコード16にあたる――の病気の臨床記録が急激に増えていることに気づいた。こうした状態には、不眠症、倦怠感、慢性頭痛から、人格変化、幻覚、早老まで、あらゆるものが含まれていた。ある意味で、人々はチェルノブイリを自分たちのはっきりしない症状として訴え始めていた。

予想通り、国際的な観測筋はチェルノブイリの健康への影響が突然に拡大したという訴えに対してこれまで以上に懐疑的になり、ウクライナの科学者たちは因果関係の疫学的基準に基づいてこれらの訴えの正しさや誤りを証明することを怠っていると強く非難した。しかし本書が示すように、このポスト社会主義の環境で生まれた複雑な戦略、技術、関係は、因果律の科学的基準のみにおいて測れるものではない。こうした傷害と補償の関係の上に、他のリスク、とりわけ市場経済への移行に関わるリスクが重なってくる。

生物学的市民権と呼ばれる、集団と個人が生き延びるための戦略において、人間の深刻な脆弱さと社会的機構とが絡み合っている。またそれは、ポスト社会主義国家における民主化プロセスと統治機構についてのより広い物語の一部でもある。ここでは健康にまつわる経験は、生理的・精神的活動に関する規範や文化的差異に還元することができない。私たちはことによると、知識、理性、苦しみをめぐる特定の世界と、それらが地域の歴史や政治経済によって媒介され形作られる有り様とを具体的に理解することによってのみ、健康を保護したり脅かしたりする入り組んだ人間的諸相と折り合いをつけることができるようになるかもしれない。このように考えると、健康とは、社会的に構築されるものであると同時に、世界の中に存在しそこで進化していくための、意見の一致を見ない一つの方法でもあるのだ。

第二章　専門家の過ち――生命とリスクの見積もり

よそから来た苦しみ

ドミトロは、ウクライナの炭鉱地域ドンバスからきた鉱夫である。彼に会ったのは、彼が放射線研究センターへ「社会的な問題を精算し」にきたときだ。彼は、チェルノブイリ事故が起きた一〇日後、災害現場で働くために地元から動員された二〇〇〇人の鉱夫の一人だった。動員される前に就業適正を審査する健康診断を受けたという。「あそこに行く前は、まったく健康だったんだ」。彼は、一か月間、原子炉の下でトンネルを掘る作業に従事したが、特別な防護マスクは着用していなかった。炉心を冷却するため、鉱夫たちはトンネルを掘り、そこに液体窒素などを注入していた。この仕事で、ドミトロは自分の平均的給料の五倍を受け取ったという。

ドミトロは、チェルノブイリの仕事以降、放射線研究センターの病院で毎年検査とモニタリングを受けていた。一九九六年八月、脳、心臓、肺にそれぞれ異常が見つかり、彼はセンターの神経病理科に入院することになった。彼は災害の五年前に生まれた娘が一人いるという。自分の遺伝子が壊されたと信じ、これ以上子供を作らないことに決めている。「病気の父親から健康な子供は生まれない」というのが彼の理由である。[1]

記録上、彼は身体障害者（第三級）として分類されていた。それは、労働能力の五〇％を失ったことが公式に認められていたということだ。ドミトロは、センターに入る前に、仕事を辞めて国の障害者手当を全額受け取ろうと決めた。より重度の障害者ステータス、つまり労働能力の八〇％以上を失ったという証明書を得ようとしていたのだ。そうなると、年金の額が二倍になり、医療費の支払いもできる。病院の紹介状、認定用のゴム判、放射線量の見積もり、診断、診断の訂正、再度の診断、そしてその他の書類、これらはチェルノブイリというアイデンティティを彼に与えてくれる。しかし、その背後にいるのは、父親にもなれず、働くこともできず、普通の生活を送ることもできなくなったと自認する人物である。ドミトロは、精神的ストレスと胃炎について訴えた。センターで出会った他の多くの患者と同じように、彼はもはや自分のことを国家事業に携わった作業員として認識しておらず、「見込みのある病人《インヴァリッド》」としてみるようになっていた。この言葉の選択は興味深い。というのも、これと関連するロシア語の言葉、「見込みのある《ペルスペクティヴニー》」(*perspektivnyi*)や「見込みのない《ニペルスペクティヴニー》」は、ソヴィエトの町や村が経済的投資を受けられるか決定されるさいに用いられた古臭い国家主義の用語だからである。投資価値のある人物となる可能性を広げるため、彼は日常生活の中で生命科学に携わっていた。染色体異常の数から、自分が受けた内部被曝のレベルを知っていたのである。彼は、失った労働能力を計算し診断を積み重ねていた。彼は、体の中にある放射線のことを、「よそから来た《チュジェ》苦しみ《ホレ》」(*chuzhe hore*)、つまり、不自然な出自をもつ者が「安息なき場所」に新たな居場所を得た、という意味を込めて呼んでいた。ドミトロは、その正確な数値はわからないものの、自分のよそ者の苦しみを査定しようとしていた多くの人間の一人だった。彼の語り《ナラティヴ》からわかるのは、チェルノブイリによる生体への影響を判断する技術的方法が、時と場合により変わり得る、ということでもある。時間が経つにつれて、その方法がどう利用されるかにより異なる価値をもつのである。

　チェルノブイリ事故が生んだ個々の苦しみと、放射線による生体の損傷を査定する測定技術や専門家の基準は、どのような関係にあるのだろうか。この章では、国際的な科学者のネットワークが、ソヴィエトによる事故当初の復旧方針と公共衛生的対処をどう形作ったのかを跡づけていく。事故当初、ソヴィエトがどのようにチェルノブイリの災害を制御しようとしたのか、その重要な局面を検証し、放射線による傷害の定義が一連の国家間の科学的、政治的関心を通じていかに認知され、また特定の技術的な戦略によって明確になっていったかを示す。傷害の認定は、災害後数週間以内の急性期被害者から得られた生体医学的基準に限定されていた。この処置により、スクリーニング検査がなされず、将来、放射線関連の傷害を負う可能性にさらされた多くの人々に対するソヴィエト政府の責任は、限られたものになった。

このような介入は、病いという経験が、病気を扱う専門的、政治的領域において、どのように生み出され理解されるかを示している。こうした介入は、独裁政権の崩壊とあいまって、将来〔未認定の〕生物学的傷害の範囲に基づく新たな政治の形態に道を開くこととなった。このような政治がどのような形態をとり得るのかさらに見通すために、アメリカの研究所で放射線研究に携わる科学者のあいだでも、人口集団における生体への放射線誘発リスクを解釈するパラメータについて大きく意見が分かれていることを認識する必要がある。また、多様な実験データをどのような体系的理論アプローチで統合すればよいかという点でも意見の開きがある（Chattergee and Holley 1994：222）。このように基礎科学の次元でも統一見解がないため、その分野の知識について専門的見解を提示しようとしても、信用が揺らいでしまう。また、放射線による身体的被害についての解釈が曖昧なせいで、チェルノブイリ後の国家介入や医学的監視は、対立する様々な科学的、政治的関心にコントロールされるようなってしまった。科学者や政府の指導者たちは、そのような曖昧さを足場に資源《リソース》を獲得することで、自らの主張を正当化し、自らの科学調査や政治路線を推し進めていった。

飽和したグリッド

科学者でもありソヴィエトの政治評論家でもあるジョレス・メドヴェージェフは、チェルノブイリ事故直後にとられた緊急措置、特に当局が報道管制に守られながら行動していた最初の一〇日間について、厳密かつ詳細に記している（Medvedev 1990：41）[2]。この節では、その後チェルノブイリから排出された放射性雲《プルーム》を測定するために専門家がとった対応について述べていきたい。その降下量を推定する作業は、概算と半経験的なモデルに依拠していた。この専門的な作業とそこに潜む問題をふり返って検証することで、私たちの人類学的探究の領域をより鮮明な見取り図として描き出せるだろう。チェルノブイリ後の人的被害について私たちが何を知っていて何を知らないかは、国際的、国家的、そして地域的な力学や行為によりある程度規定されているが、私はそうした力学や行為を複数の現場で検証することによって、全体を見わたす作業に取り組みたい。

まず、プルームの規模とその規模を画像化するうえで何が最善策だったのか、という問題に焦点を当てる。トム・サリバンは、カリフォルニア州リヴァモアにある、ローレンス・リヴァモア国立研究所の緊急時環境放射線予測システム（ARAC）の元責任者である。サリバンのチームは、アメリカ合衆国原子力規制委員会と協力し、災害の甚大さを推定する作業に携わっていた。彼の調査チームを取材したのは一九九七年だったが、そのときもまだ、チェルノブイリの爆発により飛散したプルームの高度の見積もりを精密化する作業をしていた。

ARACの研究員たちは、チェルノブイリ以前から、アメリカや中国での地上核実験やスリーマイル島事故による放射性プルームについて研究しており、その規模と動態をモデル化するために気象学的データ、衛星写真、風のパターン、大気中の活動データを集積していた。彼らは、特定地点における汚染物質濃度を計算するコンピューター・プログラムの開発、一定距離内の汚染プルームの追跡、また、特定の気象条件下における放射線汚染濃度の変遷を推定する作業に携わっていた。

冷戦という歴史的状況では、ARACがチェルノブイリのプルームの動きをリアルタイムでモデル化することは不可能だった。西側諸国とソヴィエト陣営の間では、機密データの共有に限界があり、アメリカの科学者がソヴィエトの領空にあるプルームの所在を特定するのは困難だった。「問題は、地球上のその部分だけ、天気図がまったくなかったことです」(3)。さらに、ソヴィエトの核施設の位置は秘匿されていたため、プルームの発生源を特定することさえ難しかった。

サリバンのチームは、スウェーデンにプルームが到着したことを示す気象データを用い、スウェーデンでの測定値から「逆算しました。スウェーデンでの濃度を考慮すると……二メガキュリー〔七四ペタベクレル〕のヨウ素とセシウムが放出されていたと推測されます」。彼らが数学的にプルームの飛跡を割り出したところ、その発生源は、「バルト海沿岸か、その周辺」ということだった。[4]

国際的圧力が強まった結果、ソヴィエトは、チェルノブイリ原発で甚大なメルトダウンが起こったと認めた。ARACのコンピューターは、限られた空間の範囲内でプルームの分布図を描くようプログラムされていた。チームはチェルノブイリのプルームの飛跡を正確なものに直し、その発生源をウクライナ北部に特定したのだが、彼らが見つけたものに対してコンピューター・プログラムは「準備が出来ていなかった」とサリバンは語った。

私たちは、通常、二〇〇キロメータ四方の面積内で作業します。これぐらいの範囲で、以前に起こったスリーマイル島や、アメリカや中国の核実験の〔放射線〕放出を十分にモデル化できました。私たちが最初に行った計算も、二〇〇キロメータ四方のグリッドに基づいていました。チェルノブイリ原発近辺を画像化したところ、グリッド内は飽和状態でした。つまり、どの場所もとてつもなく高い数値を示していた――どの方角においても、グリッドが完全に満たされていた――ために、画像の意味がわからなかったということです。私たちのプログラムは、この規模の事故に対して準備が出来ていなかったのです。

サリバンのチームは、メルトダウンより「もっと酷い」状況を発見した。ウラニウム235の連鎖反応が暴走したことにより、どんなに近代的な格納容器も突き破るほどの大爆発が起きたのだった。「スウェーデンの科学者がプルームのサンプルを採取した時点で炉心融解が起きていたのは知っていました。炉心の融解を示すルテニウムの単一元素分子を見つけていたのです」[5]。

サリバンのチームは、リアルタイムで、大気中にある有害飛散物質のモデル化を行っていた。コンピューター・プログラムは、一定範囲の空間でしかこのモデル化ができない設定だった。現状を把握するには、技術改良する必要があったので、原子力規制委員会が支援することとなった。当初、チームは、より大きな領域が把握でき「スカンジナビア半島と西ヨーロッパまで手の届くように」システムを調整しようとしていた。爆発から二週間目に、放射性プルームが日本に辿り着いたという報告があった。チームは、北半球全体をカバーするモデルが必要だと判断した。[6] サリバンによると、「その一歩が、システム全体を変え、新たな機能を実現させることになりました」。新しい技術によって、「移動モデルを動かし、北半球に飛散したプルームの全体像をモデル化することができました[7]」。

＊＊＊

欧米諸国は、気象状況の解明を手伝おうと支援を申し出たが、ソヴィエト当局が拒否した。（トム・サリバンのチームは、スウェーデンの仲介を経て援助を申し出たが、断られた。）ソ連邦内では、軍の特別放射線医学部局が、原発近辺の放射線レベルを監視する任務にあたっていた。[8] その情報が公開されることは一切なかった（Medvedev 1990：46)。一九八六年八月、その部局は、とうとう未処理のデータを国際原子力機関（ＩＡＥＡ）へのレポートで公表し、ソ連邦内におけるプルームの分布を提示した。その報告で、ソヴィエトの原子力利用国家委員会は、以下のような確信ありげな発表をしている。

急性放射線症候群を発症する高レベルの放射線量を受けた住民は一人もいない。……ゾーン〔立入禁止区域〕内の環境の放射線汚染の分析に基づき、街や村、そしてその他の居住区の住民が現在受けている、また将来受ける可能性のある放射線被曝量を測定した。この測定や他の測定の結果、既定の限度内に被曝量を抑えることができると証明された。（USSR State Committee on the Utilization of Atomic Energy 1986：38)

メドヴェージェフが報告しているように、地上の放射線は「既存の照射量計測器の目盛りを振り切っていた」(Medvedev 1990：45)。また、「数日間で、四〇〇ヘクタールの松の森が枯死した……地点もあった」(103)。チェルノブイリによる遺伝的影響は何もないとするソヴィエトの主張に疑問を持ち、メドヴェージェフは次のように記してい

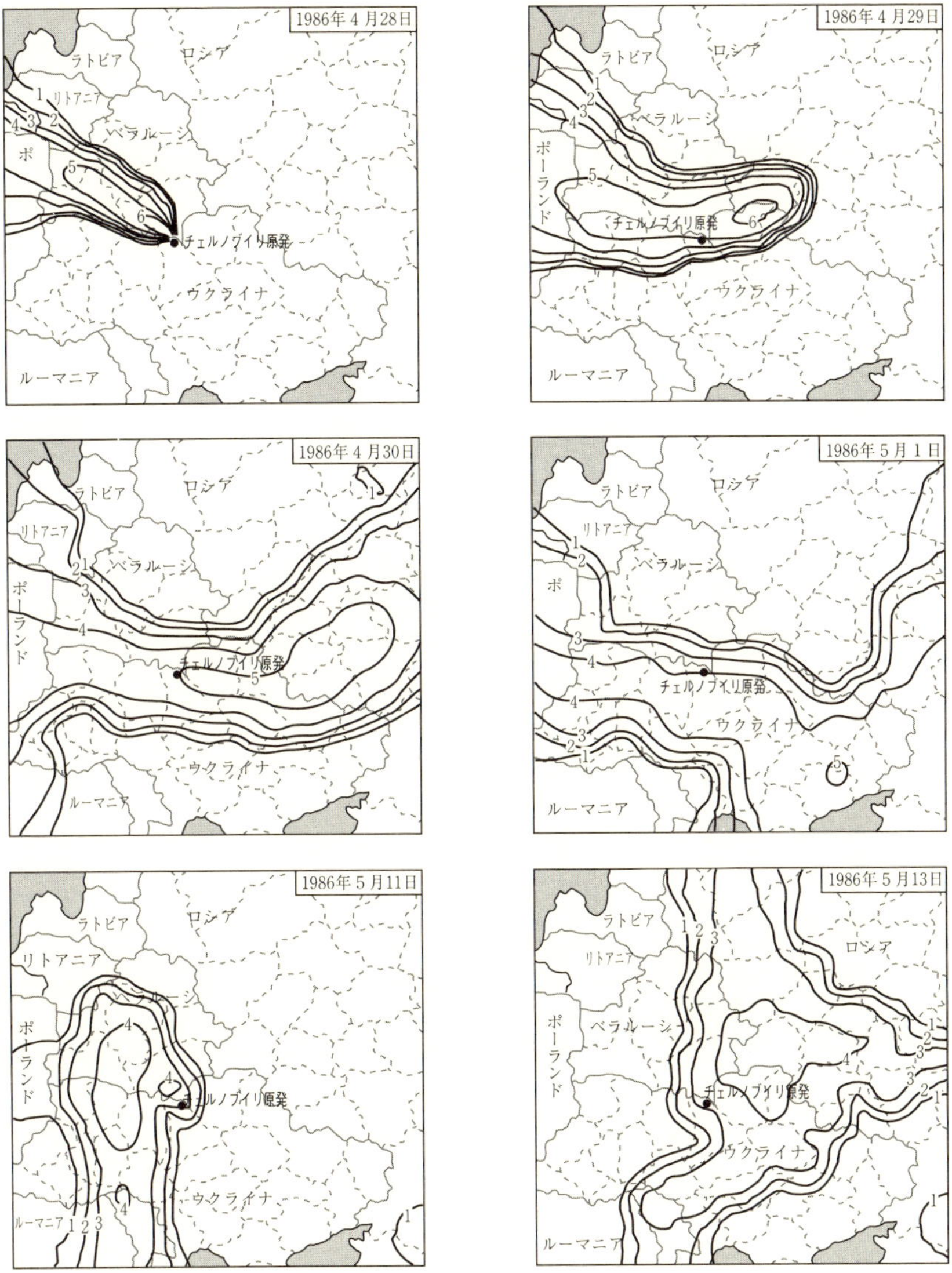

図3　大気移動モデルによるチェルノブイリ事故後のセシウム137の集積の変遷。等価線の数字が1つ増えるごとに集積量が10倍となることを示す。(WHO 1996)

る。

「オークの木に比べれば松の木はより放射線に敏感かもしれないが、げっ歯類や脊椎動物に比べると一般的にはるかに強固である」(ibid.)。

粗雑な分布地図で強化されたソヴィエトの真実（IAEAに提示された）が、観察できるプルームの証拠と現実を凌駕してしまった。そのソヴィエトの真実により、政府の活動領域に権威が与えられ、介入が制限されたのである。その領域から外れる事実は、無視されるか、排除されるかのどちらかであった。例えば、ソヴィエトとアメリカが協力して実施した生物科学調査の追加報告（後述する）には、以下のように記されている。「事故当時、外部からの観測は不可能だった。測定器はこれほどのレベルの放射線を想定しておらず、また事故による環境の変化で、破壊または亡失したためである」(Baranov et al. 1989 : 205)(9)。

さきの詳細な情報やサリバンのARACチームへの取材から、この状況において、未知の領域というのが本質的に構築されたものであることがわかる。この大惨事は想定外の規模で、全体像を描くのが難しく、「飽和状態」は、特定の力学を通じて管理可能になった。わからないということが決定的となり、そのために権威ある者の知がまかりとおり、とりわけ、被曝した人口を管理するうえで適用されたのである。

モスクワの生物物理学研究所

放射線を放出した爆発と火事についての情報は、モスクワにあるソヴィエト保健省に伝えられた。生物物理学研究所第六病院で放射線学の主任を務めていたアンゲリーナ・グスコワは、最初の爆発から一時間後に連絡を受けた。「自宅で寝ていたところに、電話がありました」と、一九九六年、彼女は私に語ってくれた。グスコワと彼女の同僚であるアレクサンドル・バラノフは、事故被害者の第一陣に対して医療手当、治療、経過観察を行う緊急救援措置を手配するよう命じられた。

グスコワは、血液学と神経学の専門教育を受けていた。この状況では、どちらの能力も有益だった。彼女は、一九六七年からUNSCEAR〔原子放射線の影響に関する国連科学委員会〕のメンバーであり、ソヴィエト放射線防護委員会の会長かつモスクワ生物物理学研究所の所長であるL・A・イリイン教授の下で学んだ。一九五〇年代の半ばから、グスコワと彼女の同僚は、放射線の人体への影響について臨床調査を行っていた。第六病院で働く前は、マヤーク核施設にある医療局神経科で主任を務めていた。マヤークはプルトニウム生産を行う軍需コンビナートで、南部ウラル地方の中核都市チェリャビンスク近くのかつての機密都市にあった。この地域は、二度の核災害に遭い、その両方ともがソヴィエト政府により隠蔽されていた。最初の災害は一九五一年から一〇年間続くもので、マヤークの核施設が、核爆弾の生産で生じる廃棄物を小さな湖に廃棄し始めたことから発生した。[10]一九五七年には近くにあるクイシトゥイム原発の核廃棄物冷却装置が故障し、チェルノブイリ事故の約四分の一の量に匹敵する約二〇〇〇万キュリー〔放射線量の古い単位。一キュリーは三七〇億ベクレルに相当〕の放射線を含む、少なくとも七〇トンもの核廃棄物が放出された〔実際は、マヤーク核施設で起きたが、機密都市ゆえに近郊のクイシトゥムの名で知られる〕。

グスコワは、公認された急性放射線症（ARS）の患者集団の一部である二〇〇名を対象にした調査を監督した。チェルノブイリ事故が起こる前まで、彼女の臨床経験は多岐にわたり、電離放射線源に直接触れた作業員はじめ、放射性物質を吸引したり、全身被曝を受けたりした作業員など、[11]様々な放射線関連の傷害を診察してきた。放射線による病変や傷跡を除去する外科手術方法を開発した。彼女は、職業被曝を受けた作業員の放射線関連の疾患を臨床観察できるように医学分類法と治療法を確立した。また、症状の経過観察と法医学的な審査を実施できるよう、臨床計画案も作成した。要約すると、彼女は「［人体の］臨床検査からしか解決できない放射線生物学的な問題を定式化したのである」（Guskova 1997：604）。[12]

またグスコワは、被曝量が不明な場合に線量を推定する「半経験的モデル」と自身が呼ぶものも定式化した。このモデルは、患者の外的症状の診察に基づき、症状が出るまでの時間と放射線量とを関連させたものである。このモデルに依拠して、彼女は治療方法を体系化し、患者が回復または死亡するまでの経過を予測した。[13]ARSは、二〇〇〜四〇〇レムの範囲の放射線被曝量で発症する。四〇〇レムだと骨髄不全が起こる。およそ一〇〇〇レムまでならば、集中治療を受ければ生存できる可能性がある。

ARSは、一連の臨床的な現象（「症候群」）から成る。これらの症状には、うつ、無気力、ひきつけ、運動失調、衰弱などに代表される被曝直後の中枢神経症候群が含まれる。消化管症候群としては、食欲不振、吐き気、嘔吐、発熱、重度の全身感染などが特徴的である。これらの症候群は、被曝後数日間から数週間のうちに現れる。造血性あるいは骨髄性の症候群は、末しょうリンパ球や顆粒球数の絶対的低下、白血球数の増加が特徴である。これら血液中の指標の変化は、被曝後数時間で起こる。それらの指標は数か月間、説によっては、一生涯にわたり変動する。

ARSの疑いのある患者は、チェルノブイリの事故現場からモスクワに空輸搬送された。グスコワは、一九八六年四月二七日、飛行機で到着した第一陣の患者を見に行った。当初、四〇〇人以上もの患者が事故現場から第六病院へと運ばれた。このグループは、燃えさかる炉心近くで消火活動にあたった消防隊員が大半であった。放射性の燐光を発する青緑の火柱が高く上がっていた、と患者たちは私に説明してくれた。取材中、グスコワは、ソヴィエトの放射線医学部局が当初放射線量についての情報を提供しなかったため、患者の被曝量を正確に測定できなかった、と批判した。「ARSと同じ徴候を示す患者がいたのですが、放射線の状況については何も知りませんでした」。彼女は、半経験的モデルを頼りに、患者の被曝量を測定するしかなかった。選別された患者は、発熱、吐き気、嘔吐などの中枢神経症候群や消化管症候群の徴候を示していた。これらの患者の被曝後三日間の血液構成の変化が記録された[14]。

高線量被曝をした人体に関するグスコワのノウハウは、ほかに良い表現が見当たらないが、ソヴィエト放射線科学の類をみない偉業であった。チェルノブイリの規模と致死率は、グスコワと彼女の同僚に、かつて直面したことのない難問を突きつけた。これらの患者は、過去の事故で診察した患者よりもはるかに高い放射線量に被曝したとグスコワは語った。ある科学論文の中で、彼女はこの放射線量を示すのに「超致死的」という言葉を使っている（Guskova 1997）。炉心の制御に使われていた黒鉛の猛烈な炎が、合併症状（熱傷とARSの症状）を引き起こしたため、犠牲者のカテゴリー化が困難となり、「医療介入のあり方とその効果をより複雑にした」（Baranov et al. 1989：205）[15]。被曝後最初の三か月、死因の大半は、体表面の五〇％におよぶ皮膚損傷（熱傷）とされた（Wagemaker et al. 1996：29）。

ソヴィエト－アメリカの協力

一九七一年、『人体における放射線障害』という本の中で、グスコワと彼女の共著者バイソゴロフは、大規模な核災害で罹災した被害者への医療処置を系統的に概念化した。「被害者が多数の場合、多くの修正が強いられ、治療措置も変更を余儀なくされることがある」と彼女たちは記している。「詳細な検査の機会が極端に限られているため」傷病者分類《トリアージ》のシステムを導入することが重要である、と彼女たちは考えている。また「損傷の広汎性や心理状態の逼迫を考慮すると、通常認められているよりも多量の精神安定剤を使用することが望ましい」とも勧告している(Guskova and Baysogolov 1971：245)。

グスコワは、チェルノブイリの爆発から数日間、患者を迅速に分類していくため、限界線量を高めに設定していた。限界線量とは、その限度よりも高い放射線を被曝すると長期にわたる生物学的影響が起こる可能性がある放射線量のことをいう。ＡＲＳの症状は二〇〇レムで現れ始める。グスコワは、要治療とされる患者の線量を約二五〇レムに設定した。この限界線量が使用されたことで、現場では新たな社会的力学が生まれた。例えば、受診前の検査には限界があり、当初の患者の選定には間違いもあった。実際、放射線研究センターでフィールドワークをしていたとき、災害現場で働くことになってパニックを起こしたという男性と出会った。彼は、自ら嘔吐と吐き気を誘発し、第六病院まで空輸搬送されてきたのだ。後日、彼は退院し、ゾーンに戻ることはなかった[16]。

災害現場ではこのように半経験的モデルが機能していた。そのモデルを活用することで、グスコワは、一連の「分割の実践」(Foucault 1984)を行っていた。早期の積極的治療が必要な被害者のグループを限定し、二五〇レム以下での傷害を受けたとおぼしき作業員については、その検査と治療を遅らせたのである。私は、自分の推定線量がその限界値よりもわずか三〇レム低い二二〇レムだったために、ＡＲＳの患者集団からは除外されてしまった女性と会った。彼女はそのために災害現場で働き続ける羽目になった。

＊　＊　＊

ドミトロのように、自発的であれ強制的であれ、危険な環境に動員された作業員は何千人もいた。行政当局は、気象情報を隠すと同時に、放射線被曝の就労水準をあえて上げたのである。また、限界値より「低い」線量に被曝した人々——避難者、作業員、認定されていない汚染地域の住民——の、リスクに対する認識や徴候の解釈をコントロールするために、心理学的テクニックを採用した。

機密指定が解かれた文書から、どのようにこのテクニックが導入されたかがうかがえる。[17] 一九八六年五月後半、東西の生物科学の共同調査の真っ只中、ソヴィエト保健省の指導者は、国内の医療関係者の活動をすべてコントロールできずにいた当時のウクライナ保健大臣、アナトリー・ロマネンコに命令を出した。放射線関連の訴えをフィルターにかけるため、ウクライナ共和国の科学・医療行政担当者に、植物神経失調症（vegetovascular dystonia）という診断名を用いさせるようにという命令である。この病状は、欧米でいうパニック障害に類似しているが、その原因の論理が異なる。この病状は、一九六〇年代にソヴィエトの医学分類法に加えられ、「精神的要因や、汚染、ストレス、または大気などの」環境的要因[18]で発生する病気のことを指す。植物神経失調症の外的症状としては、心臓の動悸、発汗、震え、吐き気、高血圧から低血圧、神経症的な不調、けいれん、ひきつけまでのいずれも該当する。植物神経失調症はARSの中枢神経症候群と似ているがその原因が異なる。一方は放射線により誘発されるのに対し、他方は「環境により」誘発されるのである。ロマネンコがウクライナの医療関係者に送った指示には、以下のように記されている。

この指示は、診療所にいる、ARSの徴候を示して**いない**被曝者の初期症状の診断に関わる。患者の医療記録には、「植物神経失調症」の診断を示すこと。また、**最大許容量**の放射線に被曝した作業員が検査のために診療所を訪れた場合、医療記録には「植物神経失調症」と記載すること。[19]（強調引用者）

ソヴィエト保健省がこの通達を出した六か月後、ウクライナの保健大臣は、医療担当幹部は命令を無事遂行し被曝者の医療記録に植物神経失調症の診断を記入した、と自信たっぷりに報告している。また、大臣は、「災害後は、七万五〇〇〇人もの人々が、様々な病状で入院した。ソヴィエト保健省の指示に従い、入院したが緊急的な急性障害の徴候がなかったゾーンの患者は、すべて植物神経失調症の診断を受けた」とも述べている（強調引用者）[20]。

このような当局の介入は、すでに述べたソヴィエトの放射線モニタリング調査の力学も増強させた。つまり、知見がないということが、権威者側の生物科学的知見を浸透させるのに重要だったのである。〔被曝量測定〕技術の欠如は、このようなプロセスに都合がよく、また、ソヴィエトの行政当局が、事故後の状況に一般市民を適応させようとするプロセスにも都合がよかった（このプロセスは、個々の人生への影響について論じる第五章で検証する）[21]。一九八六年、ソヴィエト連邦全域をカバーする診療・研究センターがキエフに設立され、六〇万人の子供と大人が検査を受けることとなった。ロマネンコは、その所長代理となり、二〇〇〇年までその職務に就いた。

＊＊＊

ここでは、初めに述べたように、ソヴィエトの生物科学的な懸念と介入、そしてその政治的結果に焦点を当てる。災害発生から二週間後、ソヴィエト‐アメリカ間で、前例のない生物科学の共同調査が開始された。この取り組みは、冷戦末期に注目を浴びた「技術者外交（techno-diplomacy）」の一例だが（Schweitzer 1989）、事故による二三七名の急性患者に限定して行われた。これらの患者の極度の傷害が、人口集団全体の傷害の範囲を定義する基準となり、当座の救済活動を正当化することになった。国際的な専門家は、事故の文脈を科学的に「所与の」状況として扱い、将来の事故への準備を評価し、生物科学の研究を促進するのに利用した。

この技術者外交は、アーマンド・ハマー〔ロシア系ユダヤ人でソヴィエトに強いパイプをもつ大富豪〕の協力の下、ロバート・ゲイル博士により始められた。ゲイルは、カリフォルニア大学ロサンゼルス校医科大学院所属の白血病の専門家であり、致死量の放射線を浴びた作業員の骨髄移植や、より軽度の患者に対する実験的治療に携わっていた[22]。

重大な問題は、ゲイルが率いる五人のチームが、放射線医学や放射線生物学、また事故管理の知識をほとんど持ち合わせていなかったということだ。リチャード・チャンプリンは、骨髄移植と白血病治療の専門家だった。ポール・テラサキは、腎臓移植の専門家であり、ドナー／レシピエントのマッチングの問題を研究していた。M・レイ・ミッキーは、遺伝子（HLA）のマッチングの問題に取り組む白血病の専門家であった。ヤイール・ライズナーは、幹細胞を使った造血機能の再生について研究する骨髄移植専門家であり、実験用マウスから高収率で骨髄細胞を取り出す技術を開発していた。全員が、拡大しつつある移植専門家の国際的ネットワークに属しており、国際骨髄移植登録機構に登録している者もいた。アンゲリーナ・グスコワのチームは、第六病院に所属する医療従事者や、白血病や放射線学の専門家一二人のメンバーからなっていた。

ゲイルは、このバイオテクノロジーの共同研究の試みが、ソヴィエト‐アメリカ間の政治的関係にあって画期的なものになると考えていた。両国とも慈善のために行動を共にしていると感じていた。「これこそが、まさに我々が毎日やっていることだ、と何度もピンと来たんですよ。彼らは対応するにも資源がない、でも私たちにはある、とね」。チェルノブイリ問題にメディアの注目が集まるなか、彼は、それを利用してソヴィエトに自分のチームの入国を許可するよう働きかけた。「チェルノブイリについてゴルバチョフが言うことなんて、誰も信じません。私は、彼らに納得させました。……あなたがたは一切、信頼されていない、とね」。ゴルバチョフは、個人的にアメリカから専門家を招き、実験的に骨髄移植手術を実施させた。そうすることで、海外メディアに対し、ソヴィエトの治療活動のイメージが改善されることを望んでいたのである[23]。初期の危機的な時期にソヴィエトが受け入れに同意した唯一の人道援助は、このアメリカからのバイオテクノロジー分野のものだった。

推定四四〇～一三四〇レムの範囲の放射線量を浴びた一三人の患者が骨髄移植の候補に選ばれた。いずれの患者も、骨髄不全により死亡するリスクが高かった。しかし、移植そのものに付随するリスクもあった。移植された細胞が定着するには免疫反応が適切に抑制される必要がある。臨床の場では、適切な抑制は、照射する放射線量が制御されているという条件の下で達成される。放射線の被曝状況も不明で制御不可能な環境では、的確な臨床検査と照射量の見積もりが特に重要であった。それを誤れば、免疫抑制のレベルを見誤ることになる。免疫抑制が不適切ならば、移植後の拒絶反応や、多くの予期しない二次的疾患につながる。

リスク面での疑問はあるにしても、この短期間の共働から両者が得るものはたしかに多かった。ゲイルのチームとそのスポンサーであるサンド・コーポレーション〔製薬会社〕は、後に詳しく説明するが、成長因子分子に関するバイオテクノロジーの新興市場にいち早く参入したのである。[24]「ゲイルと接触したことで、放射線の問題ではなく、血液疾患の問題や白血病の治療の面で我々の血液学部門は改善されました。我々はハマー博士と連絡をとり、治療、機材、診断法の面でのアメリカの専門家を要請したのです」とグスコワは私に言った。

しかしアメリカのチームは、ソヴィエトのチームとはちがい、チェルノブイリの健康被害の長期的調査には興味がなかった。一九九六年に取材したとき、ゲイルは、短期的な調査にしか興味はなく、事故という状況のおかげで、手っ取り早い機会に恵まれたのだと語った。「発電所の消防士が遭遇したチェルノブイリ事故は、まさに私たちが日々診療所で取り組んでいることでした。急性的な放射線の全身照射を受けた〔白血病性〕がん患者が、潜在的に存在していたのです」。

ゲイルが言うには、グスコワが事故現場で患者を選別した方法には恣意的なところがあった。この恣意性により、四〇〇人以上もの患者集団が生まれた。ゲイルがまずすべきだと直感したことは、「何人いるかもわからない急性放射線症被害者を助けること……でした。実をいうと、私たちは、まだ人間には投与されていない遺伝子組み換え分子、つまりクローンとして作られた造血成長因子〔ｒｈＧＭ-ＣＳＦ〕[25]を持ち込みました。実はサンド社のために二年間ほど、すでにその開発に費やしていたのです」。つまり、骨髄移植は、新製品をテストする場だったのである。遺伝子組み換えでつくられた分子は、幹細胞や他の血液生成物の回復を早めるため、骨髄不全を治療するのに有効とされていた。「その後、ブラジルで起こった事故〔一九八七年、ゴイアニア被曝事故〕でも造血成長因子を使用しました。当時、私がもう一つの考えとして温めていたことですが、重要なのはそれが移植に有効なだけではないという点です。これらの成長因子は、本当に色々なことにも利用できるのです」。アメリカの倫理基準では、患者の余命があとわずかな場合は、まだテストされていない実験的治療を施すことができる。この点について、事故当時の現場では患者の状態が急性放射線症かどうか不確かだったことから、研究の倫理性に疑問がある。[26]

アメリカでは、GM－CSFの生体外活性については研究が集中的に行われていた。[27]しかし、このタンパク質の分子生体内活性についてはほとんど知られていなかった。動物実験では、マウスから霊長類まで対象を変えてテストされていた。致死量の放射線（九〇〇レム）を浴びた猿の場合、GM－CSFは、幹細胞の成長を開始させ、骨髄の回復を促進することが証明されていた。人体実験（この場合、致死量の放射線を人体に浴びせることになる）は連邦法で禁じられているため、この製品は人間ではまだテストされていなかった。アメリカのチームは、GM－CSF以外の方法ではとても回復を見込めない患者に対して試験を実施し、この分子が回復を刺激するかどうかを見定めようとしていたのだった。

結果は成功だったと思うかゲイルに尋ねると、彼は以下のように答えた。

その質問に答えるのはとても難しいです。唯一言えるのは、病院にいた四九九名の患者のうち、亡くなったのは二九名だったということです。私たちがとても上手くやったか、とても幸運だったか、そのいずれかです。私は、幸運だったと思っていますが……。それに、死因の大半は、私たちが治療しようとしていた骨髄不全によるものではありませんでした。死因は、ほとんど火傷や他の負傷によるもので、放射線とは関係ありません。火事の只中にいたその同じ男が被曝し、同時に頭から蒸気を浴びたわけでもありますから。そういう状況はあまり理解されないんですよね。一つの原因から救い出せても、また別の原因で死ぬこともあり、同じ人間にそういうことが起こるものなのです。

彼の立場から見ると、チェルノブイリ事故における骨髄不全以外の死因は、科学的に重要ではないということである。ソヴィエトとアメリカのチームは、骨髄移植の結果を『アメリカ医学会誌』に投稿した。骨髄移植を施した一三人の患者のうち、熱傷で死亡したのが五名、間質性肺炎で死亡したのが三名、移植片対宿主反応〔移植のさいドナー側の免疫機構が全身を攻撃することによって生じる合併症〕の病状で死亡したのが二名、腎不全と呼吸困難で死亡したのが一名。二名が生き残った。その後、ソヴィエトのチームは、ゲイルが骨髄移植の実施にこだわった動機を批判した。ソヴィエトチームは、共著者リストからアメリカ側の参加者の名前を外して、雑誌『血液学と輸血学（*Hematologia i Transfuziologia*）』に投稿した。アメリカのチームは、症状から被曝線量を推定するグスコワの方法ではなく、生物学的なマーカー（例えば、末梢血リンパ球における染色体変異など）を用いた生物学的線量測定法を導入した。ソヴィエト側は、骨髄移植を受けた一三名のうち少なくとも二名は、「被曝線量の推定に生物学的パラメータを用いたための」不正確さゆえに死亡に至った、と報告している。グスコワは、ゲイルは「優秀な血液学者ですが、知ったかぶりをする」と私に語った。論文は、その場しのぎの技術的解決を批判し、長期の観察と症候群の治療に基づくソヴィエト式臨床モデルの価値を再確認することとなった。

ＧＭ－ＣＳＦの成功あるいは失敗について、その後どの科学論文でも直接言及されることはなかった。人体実験に対する扇情的な反応をソヴィエトの行政当局が懸念していたことが、いくつかの文書からわかっている（*Chornobyl'ska Tragediia* 1996：214）。追跡調査がないところをみると、すべてが中断されたようだ。しかし、これら当初の医療処置は争う余地のない権威として残った。一九八六年八月、ソヴィエトの科学者と国際原子力機関（ＩＡＥＡ）のメンバーとの間で開かれた合同会議で、事故の死傷者の範囲を、ＡＲＳを患った二三七名の症例に限定することが確認された。一三名の患者が骨髄移植を受けた。一一名が死亡。その数か月後、さらに一七名のＡＲＳ患者が死亡。さらに二名が、放射線被曝とは関係ない負傷で死亡したとされた。九月には、死亡者総数が三一名となった。一九八六年にＩＡＥＡに提出したレポートにおいて、合同医療チームは事故の結果を過小評価しようとしたわけではない。一九八七年まで、ゲイルもグスコワも、あるいは彼らの同僚も、事故の健康被害が想定以上である可能性についてコメントすることはなかった（Medvedev 1990：165）。

現在、グスコワの病院では「局所的な肌の熱傷を主に」治療している。彼女はまた、ロシア中の原子力作業員からの放射線疾患の訴えをすべて審査している。彼女はリハビリテーションの信奉者で、基本的に自分の患者は「リハビリに協力的であれば二年以内に回復する」という。グスコワは、患者たちが「起き上がって働く（react and work）」ことを期待していた。彼女は、自分がただちに病気と認定した作業員と、その後にゾーンに送られた六〇万人の作業員とを区別している。もともとの患者は回復の可能性があった。新しい患者は「心理的問題です」。これらの患者は、回復の過程で医者の努力を妨げている、と彼女は批判する。「新しい患者たちは、回復を望んでないのです」。彼女によれば、病気の真の原因は放射線ではなく、労働倫理とリチノスチ（*lichnost'*）――高潔な人格を示すロシア語で、よく労働意欲と関連して使われる――の欠如なのだ。彼女は、これら新しい患者たちの病気と「災害に関連して物資や権力を得ようとする闘争」（Guskova 1995：23）とを結びつけ、彼らの症状は放射線によるものではないと片付けた。そして、次のように彼らの医療上の特徴をまとめている。「ＡＲＳの新たな症例はない。しかし、社会的、心理的、経済的な問題が心身症の発現を促進し、心血管制御の軽度の変異や心身症的、神経的な症状をきたすに至ったのである」。グスコワのソヴィエト式健康モデルでは、そのような「発現」は、社会悪や個人的弱さと同等のものとなる。労働意欲とリチノスチを持つことで、生理学的脆弱性に甘んじがちな個々人の傾向に対抗するのである。

ゲイルにいたっては、チェルノブイリという出来事自体の医学的意義を否定までした。一九九六年に取材したとき、彼はこう言った。治療を試みた最初のＡＲＳ患者を除けば、医学的観点からして「基本的に何も起こらなかった。何も起こらず……そして、今後も何も起こらないだろう」。

＊＊＊

封じ込め作戦を完遂するうえで、国外の専門家とソヴィエトの行政当局は、放射線防護の問題を国際化させた。そのなかで問題を抽象的な用語で再定義し、すぐ身近な文脈で生じている人々の恐怖から切り離した。客観的に状況を把握できるのは専門家だけだと彼らは主張した。専門家だけが生物学的リスクと安全性のパラメータを構築し、個人あるいは人口規模での被曝量を測定し、そして、その延長として、新たに出てくる病気の訴えを審査できるのだと。

こうして問題が国際化される過程で、国内化も進行した。すなわち、人体への影響や事故時に環境汚染を閉じ込めるため動員された作業員の数についての語り《ナラティヴ》は、ソヴィエトの国家統制の及ぶ国内領域に追いやられた。

この章の前半では、チェルノブイリから広がった病いの風の軌跡を追った。この風に関する認識が、一連の情報の脱落や技術的な選択、半経験的なモデル、推量、分割の実践、介入などにより、どう再構成されたかを示した。これらの政府の実践が、国際的な科学援助と一緒になって、囲い込まれた生物学的リアリティの構図を生むことになった。チェルノブイリの生体への影響は、それを封じ込めようとする政治的介入と不可分のものとなったのである。

安全生活の政治

ソヴィエト時代を通じ、限界放射線量をどのレベルで設定すべきか、議論が続いた。一九八九年三月、汚染の拡散を示した地図が初めて公刊された。そして、ベラルーシ、ウクライナ、ロシアの立入禁止区域〔ゾーン〕以外の汚染地域に住む人々のために、「安全生活構想」の概要が示された。この構想では、住民の平均余命七〇年に対し三五レムの生涯限界線量が設定された。この生涯限界線量を超える汚染地域に住む人々には、別の場所で健康手当や住宅手当を受ける資格が与えられる。ソヴィエト時代を通じ、選択的再定住策や汚染地区の区分けにより、部分的ではあれ封じ込めのイメージを作り出すことができたのである。

国家としてのウクライナは、技術的に未解決かつ社会的にも不安定なチェルノブイリの遺産を引き継いだ。一九九一年、ウクライナはソヴィエト連邦からの独立を宣言し、破壊された原子炉の維持と継続中の封じ込め作戦を引き受けることになった。ウクライナがチェルノブイリを管理し始めた当初にやったのが、生涯限界線量の値を劇的に引き下げることだった。ウクライナ版の「安全生活構想」は、新たに独立した国会が最初に制定した一連の法律に組み込まれた。「我々は、七〇年にわたり個人が受ける放射線量が年間〇・一レムを超えてはならないと合意した」(28)。ウクライナは独自の専門知識に依拠することを主張し、生体の安全に関する新たな基準を導入した。

これらの主張と新基準は、国家の自律性をめぐる政治の一部となった。その社会的影響は、後の章でより詳細に考察する。要約すると、ソヴィエトによる介入は、政治的混乱の問題を技術的に解決しようとするものだった。限界線量を比較的高く設定することで、国家の介入や責任のレベルを規制し、リスクがあるとされる人口規模を制限したのである。この限線量内ならば、臨床的に観察できる影響は取るに足らないほどのものと見なされていた。このような技術の世界においては、チェルノブイリの健康被害に関して重大な倫理的問題を避けることができた。重大な倫理的問題とは、モスクワに空輸搬送されることなくゾーンで働き続けた事故処理作業員——通称バイオロボット——の運命にまつわるものである。また、汚染地域に住んでいたため移住させられた人々、また、汚染地域に住み続ける人々の健康被害の深刻さにも関わる。

この章の後半でも引き続き、チェルノブイリへの技術的な対応の中に潜在あるいは顕在する価値観を明らかにしていくが、今度は主に、事故後、死亡者数の査定に関わったアメリカの専門家に焦点を当てる。国際原子力機関の放射線安全管理の専門家たちは、チェルノブイリ後、ソヴィエト側の関係者と連絡を取り合いながら、チェルノブイリによる放射線被曝の健康被害を査定した。この査定は、とりわけ、国内の科学者が主張する放射線由来の被害に関してその真実性を損なうものであった。私の関心は、この大災害を矮小化しようとするソヴィエトの試みにアメリカの専門家たちが共謀したという話を繰り返すことではなく、専門家としての権威の根拠をより一般的に検証することにある。専門家たちは、チェルノブイリによる被害の証拠を正確に把握したと主張することで、一定程度、権威を強化することができた。彼らの任務は、ソヴィエトの専門家に、専門家による査定の対象とされる被害の評価法について指導することであった。災害で疲弊しきっていたソヴィエトの専門家を、災害被害者の数を量るうえでの「正当な証人」へと変え、知識の乏しい者の証言を周縁的かつ無効なものにしたのである（Shapin and Schaffer 1985）。私は、このような専門的知識と対置するものとして、他の正当な証人——すなわち、アメリカの放射線実験室で働く基礎科学の研究者で、チェルノブイリにまつわる真実の構築作業には関与していない者——が、放射線による人体への健康被害についてどう考えているか紹介していく。そして、生体へのリスクと安全が科学的に構築されていることに目を向け、そのような構築作業を実験室での生産やテストという文脈の中に置いて検証する。そうすることで、放射線による健康被害の検査方法が、基礎科学研究のレベルでどこまで議論されているか、またそれらの研究が、放射線のリスクや安全に関する知識を媒介する政治的、経済的領域にどれだけ依存しているかがわかるだろう。

＊＊＊

雑誌『ネイチャー』はチェルノブイリ十周年記念の論説を掲載し、原発事故により可能となった貴重な科学・医療実験についてさらに研究を進めるため、政治家が基金を提供すべきだと論じている（"Chernobyl's Legacy" 1996：653）。チェルノブイリが「科学に託した遺産」とは、放射線が生物に与える影響に関する知識であり、それは決して失われるべきでないとその編集者はいう。論説は、じかに学んだ教訓として以下を挙げている。急性放射線症の患者に対する骨髄移植は比較的効果がなかったこと、人体に影響を及ぼす被曝線量の従来の算定が正しかったこと（この主張には疑問の余地がある）、放射性ヨウ素からの被曝による甲状腺がんの予防措置が有効であることなどである。さらに、これまで被曝者集団のなかに白血病発症例が記録としては確認されていないという点を挙げ、それは、土中セシウムから比較的低線量の被曝を受けたさいに予想される線量 - 反応の関係と合致するとしている。論説は原子力のリスク管理を改善するためにも（特にアメリカの核施設を除染するという壮大な取り組みに絡めて）、チェルノブイリ事故の調査を継続させる必要があると訴えている。それを補強する議論は、費用対効果の分析用語で組み立てられている。

［どこまで努力するかは］除染後に残る放射能レベルが、社会的に受け容れられるものかどうかに大きく左右される。もし、それ以下なら生体に長期的影響を起こさないという線量の閾値があれば、完全に除染したところで大した得になるだろうか。また逆に、閾値がない場合、放射線リスクを完全に排除するためのコストは正当化されるだろうか。その医学的メリットは、あったとしたところで最終的には取るに足らないと思われるのに。（653）

このような申し立ては、資本主義という社会背景や、放射線汚染地域のデータ作成にまつわる価値観を直接的にも間接的にも映し出している。より広く見れば、それは、放射線安全管理の分野において、いかに科学的、社会的、経済的生産の各領域が関連し合っているかを表している。後の章では、(チェルノブイリで適用された)放射線科学や安全管理の問題が、ウクライナにおいて国民の定義をめぐる個人や制度レベルの政治、市場経済政策、ソヴィエト崩壊後の福祉を求める市民の闘争などの特定の文脈にどのように埋め込まれているかを見ていく。アメリカでも(『ネイチャー』の論説に示されているとおり)、このような科学は多目的性を指向していた。放射線による生命体《オーガニズム》への影響についてより正確な知識を得るためでもあり、疫学的介入を査定する方法を提供するためでもあり、そして最も重要なのは、費用対効果や除染作業者への医療手当を合理化する実証的なデータベースを開発するためでもあった[29]。ちなみに、これらすべてを含めて、チェルノブイリは「生きた実験室」とも呼ばれる。

放射線生物学の研究所では、放射線が誘発する実験動物やヒト細胞へのインパクトが生物学的現象という観点から説明される。生物学的現象の指標、「バイオモニター」(例えば、放射線量、損傷の種類、修復、凝固、細胞周期の状況、分化状態、微小環境、ホルモン状態、生体の年齢など)は、実験動物の発がん状況のステージを特定するのに有用で、人間に対しても職業上誘発されたがんの原因を究明するのに役立つ。これらの指標は、被曝した人口集団を監視する専門的手法の一つである。しかし、どの生物学的サイトを選ぶのか(例えば、口蓋裂か、二番染色体の遺伝変異かなどの対立がある)は、各科学研究所の戦略や目的に内在する価値判断にしばしば影響される。どの特定の「サイト」を選ぶかで、放射線被曝現象の医学的帰結について解釈が異なってくるし、また逆に、この解釈が、リスクがあると特定された人口集団にとって、何が正常な生であり正常な余命といえるかを測る物差しとなる。

以下の段落では、国際チェルノブイリ・プロジェクト(一九九一年)を背景として、人口集団のバイオモニタリングの論点がどのように西側(おもにアメリカ)の科学者とソヴィエト圏の科学者に紹介され、彼らの間でどのような意見が交わされたかを述べていく[30]。

事故から三年後の一九八九年一〇月、ソヴィエト政府は国際原子力機関(IAEA)に支援を要請した。それは、汚染地域の住人のためにソヴィエト政府が前年に導入した安全生活構想の評価について、国際的な専門家と調整するためであった。一九九一年五月にウィーンで開かれた会合には世界的な科学者や専門家が集まった。この会合は、事故の医学的影響をめぐって生まれた「反啓蒙主義」や「センセーショナリズム」を抑えることを目標にし、彼らの権威をもって被災住民に自信を植えつけるという明確な任務を担っていた。このプロジェクトは、放射線防護、移住していない住民の信頼回復という目的だけに狙いを定め、「今後の決断に強固な科学的根拠を与えよう」としていた。「被災地域おいて、放射線やその影響に関する根本的な科学的原則についての理解不足が、多くの医学的、社会的問題の原因となっている」と記されている（IAEA 1991a : 6）。同じ年に刊行された公式報告書では、健康への長期的影響を評価するため最高水準の測定方法が採用されている点を強調している。

ソヴィエトの科学者の側では、適当なバイオドジメトリ（生体内部の放射線量を生物学的に計測・推測するシステム）を持っていなかったと主張した。(31) 他方、アメリカは、広島と長崎への原爆投下以来、核兵器実験、人体実験、その他様々な放射線医療措置などの結果をうけ、放射線による健康への影響やバイオドジメトリに関する研究を継続的に支援してきた。この共同科学研究の最初の成果は、合意形成努力の一部として西側のバイオドジメトリ技術をソヴィエトに移行したことであった。そして、もう一つの結果は、大衆の厳しい批判にもかかわらず、ソヴィエトの治療戦略や安全生活構想に国際的なお墨付きを与えたことだった。

しかし、解決されなかった問題もあった。事故から五年も経って、科学者はどうやってチェルノブイリ事故の規模を妥当なバイオドジメトリのデータに変換するのだろうか。放射線実験という環境では、データは、選定した指標や生物学的現象に限定されたものであることを思い出してほしい。同じように、バイオドジメトリのシステムも、特定の放射線被曝事例について解釈するための基準である（最初のバイオドジメトリ・システムはヒロシマに関するもので、約二〇年にわたり実施された人体調査の成果だった）。したがって、驚くこともないが、ウィーンの会合は、個々の放射線生物学者の主張の有効性をめぐる交渉の場となった。研究者は、いつ、どこで、どのようにして、被災者から採取した生体試料に見られる、放射線誘発性のものに医学解釈を施すべきか、その個々の文脈が論争と科学的連帯の焦点となった。これは、ホットパーティクル（原子炉から飛散した放射性の塵や破片）の吸引をどう扱うべきかという問題で特に顕著であった。以下に示す科学者間の議論の一例からは、互いに譲歩し合う様子がうかがえる。

ベラルーシ国立大学の放射線化学科に在籍するE・P・ペトリャエフは、壊死した肺組織の写真を掲げた。それは、チェルノブイリ事故で事故処理作業に関わり、公式の患者集団に含まれずに死亡した作業員の肺であった。

地表にある［ホット］パーティクルの内容は様々ですが、かなり高いレベルです。特にパーティクルを観察したゾーンのサンプルは、一平方センチメートル当たり一〇個にものぼりました。……これまで、様々な原因で死亡した約三〇〇名の肺について、検死標本を調べてきました。また、手術後の肺のサンプルも集めました。パーティクルの内容と地表に残る放射性物質の濃度との関係は明確で……、三〇〇名のサンプルのうち七〇％の肺にホットパーティクルが見つかりました。（IAEA 1991b：27）

ペトリャエフの主張は、放射線防護とは関係ないという理由で、実質的に無視された。ＩＡＥＡとアメリカ合衆国ローレンス・リヴァモア国立研究所のＬ・Ｒ・アンスポーは次のように答えている。

ソヴィエト連邦を数回訪問しましたが、「ホットパーティクル」が存在することは疑う余地がありません。私は、訪れた研究所で多くのレントゲン写真を確かに見ました。

本当に重要な問いは、放射線量や健康への影響に対してそれが何を意味しているのか、ということです。……次に重要な問いは、一体どれだけの量のホットパーティクルがあり、それがどれだけ肺の中で放射線を発しているか、ということです。（Ibid.）

ＩＡＥＡの専門家の否定的な態度は驚くべきものではない。というのも、彼らの目的の一つは原子力エネルギーの推進だからだ。しかし、自分たちは生体の組織データの重要性を無視しておきながら、その一方で現地の科学者を、放射線防護について適切な知識が不足しているとして批判するならば、説明責任を果たすべき専門家として倫理的な問題がある。この調子で、アンスポーは、議論をサンプルからそらせ「ホットパーティクルの数を測定する」という抽象的な問題に移した。ウィーンのＩＡＥＡ原子力安全局のＡ・Ｊ・ゴンザレスは、アンスポーの動きを支持した。

重複するかもしれませんが、私は、ここにとても明確な勧告……があると思います。つまり基本的に、一定の放射性物質がホットパーティクルとして組織に取り込まれた場合、むしろその組織の中で均等に分布し、がんを誘発するリスクはより低いということを示しています。もし、放射線が均等に分布し、標的となる細胞の数が多かったら、リスクも同じように高まるでしょう。ここで提示されたホットパーティクルによって壊死した組織を示す写真は、とても印象的ではありますが、放射線防護とはほとんど関係がありません。(Ibid.：28；強調引用者)

ソヴィエトと西側諸国の科学者が提示した証拠類は、驚くほど多岐にわたり、チェルノブイリ事故による健康への影響の解釈も異なった。国内の科学者にとり、壊死した肺組織の写真は最も意義があった。ＩＡＥＡの専門家にとって重要なのは「放射線の影響を受けた可能性のある標的細胞」の数であった。暗に示されていたのは、合意による公共衛生の価値づけであり、そこでは健康というものが特定の用語を通じて理解された。つまり、リスクの規範的概念が、正しい生物学的文脈（壊死した肺ではなく標的細胞で）の下、正しい生物学的価値と、正しい表象方法によって数値化されたのである。

さきに記した測定方法についての意見交換は、国連やその下部組織が立ち上げた人道援助の一環で行われた。それに応じて、いまだ汚染地域に住み続ける人々の調査や健康管理を行う国際的なチェルノブイリ基金が一九九一年に設置された。国際チェルノブイリ・プロジェクトに参加した世界保健機関（ＷＨＯ）の代表団は、以下の勧告を行った。

長期の疫学的研究、健康への社会心理的影響の調査、その影響に関するバイオドジメトリを精密化するための放射線摂取量の遡及的分析、放射線に関する健康データバンクの設立などである。

しかし、一九九五年までに、チェルノブイリ基金の財源は尽きてしまった。国連の人道支援担当の事務局長と基金のスポークスマンは、以下の声明を発表した。多くの惨事では、遅かれ早かれ当局が苦痛や混乱の終焉を見通すことができる。「しかし、ここでは終焉を見るのが難しい。……実際のところ、自分たちがどの過程にいるのかもわかっていないのだ」(Crossette 1995：A11)。このプロジェクトの一員だった科学者によると、チェルノブイリに関心をもつアメリカの生命科学者のほとんどが、事故関連の研究助成金を年々減らされているという。

生命科学

さらなる試行錯誤を通じて、生命は失敗を乗り越えていく(ここでいう失敗とは端的に行き止まりのことである)。(Canguilhem 1994：318)[32]

一九九二年に初めてキエフを旅行したとき、私は、この民族誌的調査に関わる未知の部分、特に、私自身が低レベルの放射線やその他のリスクにさらされる可能性について真剣に考える必要があった。アメリカ国務省の渡航勧告は、リスクについて何も言及していなかった。ウクライナは、旅行するのに安全ということになっていたし、現在〔二〇〇二年現在〕もそうだ。一九八八年、雑誌『サイエンス』に掲載された記事で、ローレンス・リヴァモア国立研究所のアンスポーと同僚たちは、すでに以下のように述べていた。「免疫学的分析上、ソヴィエトの人口やその他の世界において、健康に有害な影響が出る可能性はないだろう。北半球におけるがんの過剰リスクは、〇%から〇・〇〇三%の範囲で増加する傾向にある」(1988：1518)[33]。チェルノブイリが原因となり死亡した人口が〇・〇〇三%増えたとしても、それは北半球に住むおよそ五〇億人の人口のうちの一五万人である。私が世界保健機関の代表と安全対策について話をしたとき、「デンバーまで飛行機で行くほうが、ウクライナに入国するよりも被曝する危険性が高い」と言われた。その同じ年（一九九三年）、私は個人用の線量計を購入し、ひと夏中胸に付けていた。それは何も異常反応を示さなかった。

とはいえ、チェルノブイリの放射線（特に低線量の）に関して言われていることを確かめる確実な方法はほとんどないのが現状である。バイオドジメトリ（生物学的線量測定）のシステムは、時間の経過とともに原子力関連事件に合わせて変化してきた。例えば、広島の原爆についてはあるシステムが使われていたが、チェルノブイリ事故では、別のシステムが導入された。限界線量やその生物学的影響についての統一された尺度がないため、チェルノブイリ事故で放出された放射線による被曝の医学的影響の解釈だけでなく、原発事故の医学的位置づけの認識そのものについても、重大な結果をもたらした。[34] さらに、実験用の生体について合意された生物学的基準もなく、科学者が、それを敷《ふ》衍《えん》して個人や人口集団への放射線の影響を推定するのが非常に困難となっている。生物種により遺伝子の変異性が異なるだけでなく、「観察される突然変異の頻度に影響する中間段階は数多くあり……ある特定の実験で確認される変異現象のタイプが、検査対象である遺伝子的エンドポイントの変異性を決定してしまう」（Favor 1989：844）。遺伝学的、または生物学的なエンドポイントとはどういう意味だろうか。

その意味を解明すべく、一九九五年の春、私は、カリフォルニア大学のキャンパスにあるローレンス・バークレー国立研究所の生命科学科放射線生物学グループの会合に毎週出席した。当時、このグループは放射線生物学者、放射線学者、生物物理学者などで構成されていた。彼らの研究は、原因となる独立した実態を定量化してLET値の形で表し〔LET（線エネルギー付与）とは、放射線の通過した飛跡に沿って、物質に対してどれだけエネルギーを与えたかを表現する指標のこと〕、放射線による損傷と回復のプロセスの仕組みを一対一の線的モデルで（つまり線量反応曲線で）示すことを目的としていた。NASAは、プロトンや高エネルギー重イオンなど、宇宙飛行士が宇宙で遭遇する物質が健康に及ぼす影響をめぐるこのグループの研究に資金援助しており、発がんプロセスに関連する実験的エンドポイントを定める彼らの取り組みも支援していた。このグループは、研究所の敷地内にあるＢＥＶＡＬＡＣ[35]と呼ばれる巨大な粒子加速器で、動物実験用に様々なLETの放射線を供給する施設を重用していた。毎週の会合では、放射線生物学、細胞死、がん形成につながるDNAの損傷などについて各科学者がプレゼンテーションを行った。

実験計画の一部として、実験用生物（大抵はマウス）に対してある一定の割合と量で異なるLET放射線を照射したとき、どのような生物反応が起こり、消えるか、そしてどのようなタイプの遺伝子生成物が生み出されるかを、各研究者が調べている。生物標的に与えられたLET値は、研究所の八八インチ〔約二二〇センチ〕のイオン加速器ビーム線の残存域から数えられる。マウスは研究のために犠牲にされ、その体から必要な生体組織が採取、冷凍され、薄く切断された後、染色され、プレートに固定されて撮影される。放射線被曝の反応度は、選ばれたエンドポイントおいて生物学的現象として観察される変化、すなわちタンパク質の免疫不全と細胞死により測定される。

他にも重要なエンドポイントとして、放射線照射後のDNAの修復メカニズムが含まれる。放射線誘発作用として、DNAの切断を引き起こすことが知られており、この放射線生物学グループの実験活動の大半は、ヒトの細胞を高LET放射線にさらして、DNAが自然修復される度合いを判断し、そこから人体細胞特有のDNA損傷の誘発に関する情報を提供することに集中している。照射後、研究者は、LET値の変化に伴い、どのように誘発作用、細胞の生死、損傷、DNA切断の回復が起こるか記録し、線量反応曲線を作成する。パルスフィールドゲル電気泳動やサザンハイブリダイゼーションなどの技法を使い、特定の染色体の鎖の切断を測定する。修復における生物学的な「スロースポット」と「ホットスポット」を示すため、遺伝子固有のプローブ（検出子）が用いられる。

DNAの損傷と修復を研究する根拠は、放射線量を生物学的に監視するという現在のエネルギー省の要請に関係している。低線量被曝した個人や集団の限界値設定の根拠として使えるようにするためである。このやり方が想定しているのは、バイオモニタリングは、もし正確に同定できれば個々の人間あるいは人口集団における放射線関連の健康リスクを予測することができるということである。

確実性（生物学的現象が起こるエンドポイントの観点から考慮され、記録されうる）と不確実性（エンドポイントにおけるダメージと人口集団の病気を結びつけようとする放射線生物学の憶測から生じる）が組み合わされ、バイオドジメトリック事業は、急速に増大する問題の源となりながらも、それらをかいくぐってさらに多くの資金を呼び寄せているのである。

ここまで手短に説明したタイプの基礎研究は、人口集団における放射線関連がんの免疫学的研究の正確性を高めるという観点から、その重要性が議論されている。人間の発がんリスクの査定には、悪性腫瘍を生むＤＮＡの損傷レベルを判断する必要があるのである（Department of Energy 1993：3）。放射線照射後の生体の基本反応の仕組みを研究することで、原発作業員や一般人の健康への影響について、未だ証明されていない免疫学上の仮説を明らかにすることができる。放射線発がんの仕組みを細胞や分子レベルの基礎研究で理解していくことは、免疫学上の推論を正当化するのに不可欠である（ibid.）。

ＮＡＳＡからの助成金の到達目標については、ローレンス・バークレー研究所グループの室長が責任を負う。放射線学者がリスクに関するデータ、特に増加する一次データのすべてを体系化することの困難は彼も認めている。室長として、メンバーには様々な実験データ、特にがんの形成に関するデータを統一化する理論的枠組みを作り出すよう強く奨励しているところだ。毎週開かれる会議は、この目的の達成を容易にするために開始された[36]。

グループのメンバーは、特定のがんの選別プロセスに関わるＤＮＡや細胞の損傷について研究していると言うが、このレベルでも、ダメージに対して放射線がどれだけ影響しているかについて個々の科学者が異なる結論を出している。ある研究員が私に語ったように、「放射線について、ある研究員の話していることが他の研究員とは違うことがある」。このような違いは、単一のアプローチをとることに疑問を投げかけ、さらなる研究の余地を生み出す。実験室での生物学的現象と人口集団における病気の進行との関連性が不確実なまま残るなか、問題となるのは、個々人にとって自身の実験作業の正当性を見出すという、もっと目前の利である。

実験動物と人口集団はどう結びついているのだろうか。科学者にとって、放射線誘発の生物学的現象というミクロレベルの知識と放射線による人体へのリスクというマクロレベルの予測がどうつながるのかという質問は、その関連性を見つけることが彼らの任務の一部とはいえ、専門外のようであった。逆に、室長は、グループの実験調査が私のチェルノブイリの研究にどう関連しているのか、何度も質問してきた。おそらくこのような苛立ちが示すのは、潜在的放射線被曝事象という世界でのみ、グループの研究に意義があるということなのだろう。

たしかに、がんのリスク以外に、放射線生物学の膨大なデータを結びつける一貫した見解はない。一九〇二年、過度のX線照射ががんのリスクと初めて関連づけられて以降、アメリカ政府は電離放射線による健康への影響調査に二〇億ドルも投資し、この論題については八万本以上の科学論文が出版された（Yallow 1993：436）。放射線生物学は、がんの段階を示す生物学的パラメータを確立するために、単一で直線的に作用する発がん物質を実験生物に与えてがんを誘発し、将来的に健康を保証するための放射線量の観測方法を模索するものだが、変化の真っ只中にある科学である。こうしたアプローチは、もはや放射線による人命のリスクを予測するためだけに受け入れられているのではない。ゲノム・プロジェクトや成長分野である分子生物学と関連して研究開発が進むなか、研究要請のスケールが見直されている。そのスケールの変化が、診断学と治療学とのギャップが制度的に広がっている公共衛生の流れとどれほど重なっているかは議論の余地がある（Rabinow 1996：100）[37]。その間、リスクの予測モデルは、開発、転換され続け、利用価値があるか、あるいは時代遅れになっているかが評価される。

興味深いことに、最近、アメリカを拠点とする放射線生物学の雑誌『放射線研究』の編集者が、政府がエネルギー省のゲノム・プログラムを支援するとの名目で放射線に関する卓越した基礎研究や応用研究の予算を削減し続けている点を嘆いている。その編集者によれば、政府は、同位元素、放射線治療、放射線による人体への潜在的悪影響に関する研究を見直すために、大金を使う準備をしているという。「過去の被曝を大いに懸念すべきなのに、将来人々を守るべき制限や安全性の勧告を改善するのに必要な研究の予算を大幅削減するとは、皮肉なことだ」（"Some Material" 1996：145）。生命を管理するために、一体どのような基盤が作られているのだろうか。

原子力発電所の作業員に与える低線量被曝の影響を監視せよ、というアメリカの議会の最近の命令について、外科医であり科学者でもあるロナルド・ジェンセンは以下のように記している。「被曝および／あるいは広範囲の汚染に関連する遺伝的疾患のリスクを検証するには技術が必要なのは明らかである」（Jensen et al. 1994：100）。彼が管轄するカリフォルニア大学の細胞・分子生物学研究室では、チェルノブイリに送られたロシアやバルト三国の作業員を含め、放射線に被曝した様々な人々の血液サンプルを採取している。研究室は、放射線が誘発した末梢血の体細胞突然変異を示す新しいバイオモニターの検証試験の一部として、これらのサンプルを分析している。ジャンセンと彼の研究技師は、ローレンス・リヴァモア国立研究所の元提携研究員であり、そこでは、放射線被曝に関連する人体バイオモニタリングの技術改良が常に行われている。

これまでのところ、最も有効かつ広く使用されている技術は、放射線照射された生体の末梢リンパ球から生じる染色体の異常や染色体異常に特有の形成〔転座〔ある染色体の一部分が切れて、別の染色体に付着する遺伝子変化〕〕を、蛍光遺伝子プローブ法[38]（FISH）や染色体染色法と呼ばれる技術によって視覚化し、数値化するものである。この技術では、職業被曝した作業員から少量の血液サンプルを採取し、そしてリンパ球を培養して、メタフェーズ〔核分裂中期〕をガラススライド上に展開して標本化したのち、染色体を検査する。

FISHの技術について話をした技師は、職業被曝した人口集団に対しFISHを幅広く適用することの難しさについて説明してくれた。彼女によると、付随する実験作業は「退屈」だという。数値化の作業を進めるには、スライド上の染色体の位置を突きとめる自動顕微鏡を使うために、わざわざ研究所まで来なければならない〔私たちが話をしたとき、彼女はX線技師七〇名の血液サンプルを調べていた〕。この自動ファインダは、ガラススライドの表面を自動的に移動し、緑、赤、黄など様々な蛍光色で色付けされた染色体の異常や転座を見つけ出し、焦点を合わせるよう設計されている。その技師は、仕事として、五万四〇〇〇ものメタフェーズ〔細胞分裂の段階のこと〕を数値化したと推測している。「各作業員は、だいたい一〇〇〇個のメタフェーズ……を担当します。染色体のなかで最も長く、全ゲノムの約三分の一を占めることから、一、二、四番が選ばれています」。この細胞遺伝学の技術は、放射線関連の異常を診断する一助として、キエフにある医学研究所にも移植され、実践されている[39]。

生体内実験のリスク

〔研究報告の〕著者らが主張するように、細胞遺伝学の技術から得られるデータが、ゲノム全体における全転座の頻度を表すと拡大解釈できるだろうか（Straume et al. 1993：176）。バイオモニタリングに関する最新の研究では、低線量被曝による生物学的現象を示すには、幹細胞（血球生成に不可欠である）を用いて体内モニターを行うのが最善とまではいかずともより良い方法だと考えられている（Trosko 1993）。生体内の転座の頻度が個人の放射線量や放射線誘発がんのリスクを示すものといえるかどうか、まだ厳密に確立されていないなか、幹細胞は、異なる観点を与えてくれる。ある研究者によると、幹細胞のバイオモニタリングに関する分子生物学の技術により、より細かな検査が可能になるという。もし、アメリカの核施設で働く作業員の血液サンプルがあらかじめ保存されていれば、彼らが白血病やその他のがんを患った場合、個々の被曝や補償の申請をより的確に評価できる。

チェルノブイリ事故当初、アンゲリーナ・グスコワとともに治療処置を行った白血病の専門家ロバート・ゲイルによると、このような被曝と請求申請の綿密な監査がウクライナで確立することはまずないという。それは、ただ技術の不足のためだけでなく、放射線誘発性のがんを特定することが政治的、経済的、社会的要因により「不可能」だからだ。彼は、より一般論として、がんによる死亡率の確率的な増加を統計的に検出するのは不可能だという。ゲイルは、サクラメントの原子力発電所に対する賠償裁判を定期的にチェックしている。ゲイルによると、

もし放射線に被曝した人が白血病を患ったとしても、それは放射線に誘発されたという証拠ではありません。今のアメリカ国内では、ひどい問題が起きているのです。この国には六〇万人の原発作業員がおり、そのうち二〇〜二五％ががんで死亡するでしょう。この数字は、他の人口集団でも同じようなものですが、原発作業員は一人残らず、がんや死の原因を放射線のせいにします。そうではないと彼らに納得させる方法は一切ないのです。そ

して、誰もが訴訟を起こす。二〇万件もの訴訟が起きるなど誰も想像しなかったでしょう。

ゲイルにとっては、がんを患うウクライナ人やベラルーシ人に焦点を当てるよりも、がんを患うことのない人に焦点を当てるほうが好ましいというわけだ。「白血病を患っている人が二五ラド[40]〔一ラド＝〇・一グレイ〕の放射線を受けていると示せても、それが何の意味を持つでしょうか。広島で二五ラドの放射線を受けた人々の大半は白血病を発症しませんでした。その可能性があると証明でき、認知可能だからといって、そうなるとわかったかのように言うのは、被曝した方々の仇《あだ》となるでしょう[41]」。

がんを患い、がんによる死を放射線に帰する一部の原発作業員のため、放射線誘発性がんを認知可能にする実験は、政府の予算を受け続けている。幹細胞をバイオモニターとして利用できるか検証する共同実験が現在進行中である。個々の遺伝的感受性と、科学者が放射線誘発性の白血病と認める症状との関連性が検証される。実験の対象は、ある特定のヒト染色体（調査中の放射線誘発のがんに対する個人の感受性を示す遺伝子はこの染色体にある）を導入した改造マウスである。放射線を照射すると、これらの遺伝子導入マウスの感受性遺伝子が反応し、放射線誘発性のがんを形成し始める。幹細胞を分離し、放射線が誘発する生体への負荷の増加にどう対応するのかを観察しグラフ化する。研究者は、分子生物学とゲノムマッピングの技術を組み合わせることで、放射線が誘発する生物学的現象を観察し、被曝した人口集団における放射線誘発によるがんの影響を予測できることを期待している。また、同時に、どういった形の医療介入が被曝した作業員にも転用できるかについても検証しているのである。

これら一連の活動――そのすべてが同じ幹細胞というサイトで起きる――の狙いは、放射線誘発性がんのリスクを数量化するうえで、生体外部の放射線量のモニタリングから、生体内部の生物学的監視、つまりバイオモニタリングへと進化させることである。今や幹細胞は、知の鍵を握っていると見なされている。まさにその根源的な生物学的機能と、操作しやすい性質ゆえ、また放射線誘発のがんの仕組みをすべて一つのサイトで解明することができるためである。

その間、ウクライナでは、チェルノブイリ事故とその過失が、為政者、被災者のグループ、放射線学者、そして医療従事者からなる、新たな合理 - 技術的現実《リアリティ》を日々形成していた。放射線研究センターの副所長は、被災した個人や集団の間での心身相関疾患や人格障害の増加、医療補助を求める市民の数の未曽有の激増をもって、「社会的なチェルノブイリ」が起きたと記している。この個人的、社会的障害の重大さや複雑さに対し、どのような生物学的価値、保健対策、臨床実践を倫理的にもたらすことができるのか、問い続けることは重要である。

医療労働委員会の上級メンバーとして電離放射線と病気や障害、死亡との関連性を登録する任にあたるある免疫学者は、キエフのセンターにいる神経症患者の社会福祉問題に日頃から取り組んでいる。現在の、見込みに基づく手法について彼は以下のように述べている。

免疫学的な観点からして、私には、放射線に特有のマーカーがあるとは思えない。〔神経〕障害が起こる見込みが、はるかに高まるか、はるかに低くなるか、ということしか言えないのです。しかし、免疫不全に由来するある病気を患い、それが放射線の影響によるものだと訴える患者はいます。私にはわかりません。一体誰にわかります？　その影響を特定できるのは、被曝の瞬間、放射線が免疫細胞やその他の細胞、膜細胞や組織に接触するときだけです。そして、被曝後には、修復、代償、適合、代償不全などが起こります。これらの反応には、通常の順序、つまり生理的な順序があります。例えば、プリピャチからの避難者が私のオフィスに来るとしましょう。プリピャチの出身彼がどこに住んでいたか事前には知らされず、私の手元には臨床検査の結果だけがあります。プリピャチの出身ですか、と私が彼に聞いたとします。すると、彼は驚いて、なぜ聞くんですか、と聞き返してきます。あなたの免疫検査の結果でわかるのですよ、と私は答えます。

その〔補償〕申請者は、自分に生物学的ダメージの可能性があるので、新しい社会的ステータスとアイデンティティを得ることができるとわかり、驚いたのである。このような生物学的アイデンティティの社会政治的側面を検証する前に、まず、社会主義直後の時期、つまり、国家政治においてソヴィエトによる過去の権力乱用の再検証に焦点が当てられ、ウクライナの歴史が書き直されていた時期のチェルノブイリの受容を次章で検証する。個々人が語るチェルノブイリの体験から、日常生活における国家権力の役割が批判される。それらの語り《ナラティヴ》は、ソヴィエトの権力構造がどのように崩壊したかを伝えると同時に、新しい〔ウクライナの〕国家権力や市民の健康を守るという政治的公約に対し、市民がいだく懐疑心をも伝えている。健康や病気の定義は、計算可能な生理学的側面からはるかに離れ、歴史や政治の裁量に深く捉われることとなる。

第三章　歴史の中のチェルノブイリ

チェルノブイリへのソヴィエト政府の対応を形作った科学、政治、そして国際協力は、事故がもたらすリスクについて予測も検知もほとんどできていないにもかかわらず、国家がコントロールできているというイメージを作りだした。ここまで、私は、そのような合理‐技術的管理という絶対的モデルを民族誌的に考察してきた。つまり、そのモデルを解体し、どのような過程を経て、国あるいは国際機関が事故の規模を定義するに至ったか、どのように放射線のリスクが認識可能な（もしくは不可能な）モノとなったか、また、リスクにさらされた人口がどのように特定されたかを検証してきたわけだ。災害規模について何がわかり何がわからないかは、せいぜい暫定的としかいえないような科学的知見に基づく政策的選択の結果であった。

しかし、一九九二年に私が初めてウクライナを訪れたとき、このような知識の「絶対的」モデルが多くの国民に浸透しているのが見てとれた。姿の見えない全知全能の専門家――ソ連の学者であれ、外国の学者であれ――に命が委ねられている、つまり、災害が人体に引き起こした本当のリスクについて、専門家は恣意的に情報を流したり隠したりしている、と人々は理解していたのである。この一貫性のない状況で、彼らは他の情報源や手掛かりを探し出し、不確実で理解不能な世界をなんとか理解可能で居住可能な世界に変えようとしていた。この章では、チェルノブイリ事故以前の歴史に焦点を当て、国指定の避難区域の外に住む個人や家族の視点からソヴィエト時代の生活の側面を描きだす。それは、ちょうど被災者と非被災者とを分ける官僚的境界線が引かれようとする時期であり、国家権力の弊害について、説明責任を追求しようとするインフォーマルな動きが現れていた時期であった。この章では、複雑かつ痛々しいウクライナの歴史が、人生についての語り《ナラティヴ》や家族の歴史にどのように投影され、また、チェルノブイリの経験を解釈するさいに、どう立ち現れているかを説明する。戦争、飢饉、そしてナチスの占領について家族内で内密に語られてきたことが人々のあいだに広まっていったのは、ただ過去を回想するためだけではない。民族《エスニシティ》、社会的地位、信仰を理由として家族を奪っていった国家権力の陰謀を可視化し、予測可能にしようとするためでもあった[1]。子供のための医療手当の追加を求める避難女性のグループの主宰者、ハンナ・コズロヴァの話には、このような歴史の語りが帯びている身体的性質がよく表われている。「私はチェルノブイリの避難者です。私の祖母は第二次世界大戦で死にましたが、彼女の一番下の妹は、一九三二年の飢饉のさい人食いの餌食となったのです」。この食人と死と被曝の系譜では、身体が国家権力の主体と客体のいずれとしても言及されている。この系譜はまた、根底にある生物学的市民権の論理、すなわち、「剝き出しにされた市民の生」とは、そのような権力に曝された生であり、歴史的痕跡をすべて刻みつけられているということを示している（Agamben 1998: 9; Foucault 1984: 83）。このように生と死の系譜の語りは、国家が日常生活に介入してきた歴史を理由づける一方、その非道な残酷さを十分に説明する言葉がないことも露わにしている。目に見えない放射線の危険のなかでは、将来を予測することも、語ることも、また、その計画を立てることもできなくなる。そういった限界に、個々人がどのようにして達するか、これからある家族の観点から語っていく。

当時を記憶すること

一九九二年。ビラ＝スカラ市当局が派遣したはずの運転手は、キエフ空港に現れず、私は夜行列車に乗ってその町まで行く羽目になった。ビラ＝スカラは、ウクライナ南西の国境近くにあり、私は、そこで考古学の発掘調査に参加する予定だった。今回の調査はひと筋縄では行かないな、とすぐに勘づいた。ビラ＝スカラ市当局は、アメリカの学生グループのために旧市街を発掘させてくれることになっており、そのグループのなかで最初に到着したのが私である。私は建築学を専攻していたので、製図の技術を生かしてその調査に貢献しようと考えていた。

ビラ＝スカラ市旧市街の中心部にあるドミニコ派の教会と修道院の地下で、私は懐中電灯を片手に立っていた。教会の最初の建物が作られたのは、一三七〇年にまでさかのぼる。市当局は、その修道院と教会の地下にある納骨堂を、発掘作業を始める場所として指定してきた。教会の本堂は大工道具と材木を置く倉庫として使われている。湿気のせいで、わずかに残るフレスコ画もボロボロになっており、ほんの少し触れただけで地面に落ちる。天井には鳥が巣食っている。本堂の地下にある納骨堂は、約五フィート〔約一・五メートル〕の高さである。おそらく廃棄口と思われる穴から、細いひと筋の光が石の土台に差し込んでいる。私の懐中電灯は大人の人骨を照らし出す。ある納骨所では、無傷の人骨が整然と並べられ、石灰で覆われている。しかし別の納骨所では、骨の形が崩れ、散乱している。そのなかには、明らかに弾丸の穴が空いた頭蓋骨もある。この地下納骨堂は集団埋葬の場でもあり、ただ人骨を捨てる場でもあったようだ。いつの間にか、納骨堂の上には、その辺をかぎまわるアメリカ人学生〔筆者〕に乗じて、数人の老人が集まっている。銃痕のある頭蓋骨を見せると、ある老人は、その銃痕は組織的虐殺があった証拠だ、と言う。「この人は至近距離で頭を撃たれたとしか考えられないな」。彼によると、地下納骨堂に残る骨は、一九四三年、撤退するナチスの軍が射殺した囚人のもので、近くにあるフランシスコ派の元尼僧院から運び出されたものだそうだ。その尼僧院は、一九三〇年代のスターリン時代、強制退去[2]のための施設に変えられた。そして、一九四〇年代にはナチスの監獄となった。さらに一九五〇年代、第二次世界大戦の後は、織物工場へと姿を変えた。その時、囚人の遺骨が廃棄口からこの地下納骨堂に捨てられたのである。（遺骨は、旧市街にある他の地下施設にも移された。）その老人は、無傷の骨を指差し、「きれいに積まれた骨」は、一九二〇年代にこの地域一帯を荒廃させたコレラや結核の流行、そして飢饉[3]で死んだ大人や子供の骨だという。そこに記念碑を建てるよう私は市の役人に訴えてみたが、誰もその考えに興味を示さなかった。

私は建築学的興味を捨て、その尼僧院の歴史を調べることにした。そして、ナチスの監獄を織物工場に建て替えるため、一九五〇年に市当局に雇われた技師、七五歳のパシチニク氏を探し出した。すでに廃墟となっていたその工場は、かつて近くにあったタバコ工場やスプーン工場で働く作業員のための服を作っていたそうだ。雑草が高く生い茂っていたため工場の入口は隠れ、中世の聖人を描いたフレスコ画がわずかに見える程度である。パシチュニク氏は、床に空いた穴の所に私を連れていき、次のように語った。「地下室、地下室だ。織物のプレス機の支柱を建てるために地下室へ行かないといけなかった。基礎部分がものすごく古くてね。改築していたときに……まあお見せしますよ」。彼は、最初に自分がその地下室に降りた場所へと私を連れていった。その瞬間、パシチニク氏は泣き崩れた。「お嬢さん、ここに地下室があったんだ。そこに、整然と、すべてが整然と並べられていた。大人の頭蓋骨に子供の頭蓋骨。それらは一か月ほど外に放置された。わかりますか。仕方ないので、私は骨を墓地に運んで、全部埋めたよ(4)」。

パシチニク氏は、あるファイルを持ってきていた。工場跡を見学した後、彼はファイルを開き、撮影した写真を見せてくれた。写真は、ビラ＝スカラ地域のユダヤ人が処刑された場所が取り壊されるまでの様子を写していた。パシチニク氏は、道路建設のため、都市設計者の指示で市がユダヤ人墓地を破壊する様子を丁寧に写真に収め、記録として残したのだった。

その建物を後にして、私はパシチニク氏とぬかるんだ道を歩く。彼は、突き当たりにある、もともとこの尼僧院が所属していたポーランド系カトリック教会を指差す。一七世紀後半、この地域がトルコ人に支配されていた頃は、教会の横にミナレット〔モスクに付随する塔〕が建てられていた。一七〇〇年にはフランシスコ派が戻ってきた。そして、ソヴィエト時代には、同じ教会がプラネタリウムへと建て替えられた。中心にある本堂の壁に架けられた、聖者を描いた巨大なバロック様式の絵は、ガリレオ、コペルニクス、ダーウィンの絵に取り替えられた。かつて蠟燭——カトリック教会では神の永遠なる存在を象徴する——が高く吊るされていた本堂には、いまやフーコーの振り子が、床近くまで吊り下がり地球の自転を示していた(5)。一九八〇年代後半になっても、歴史学専攻の学生が、文字通り「歴史の授業」として、人骨を片付けるよう命じられたりしたのだと、パシチニク氏は説明する。学生たちがその作業をしているのを見て、自分が抗議したことを語ってくれた。

ある教会の地下にあった骨を男の子たちが放り投げていたんですよ！　とにかく、それを見て気分が悪くなり、目まいがしました。「おい、君たち、一体ここで何をしてるんだ？」と聞いたら、「教会を掃除しているんです！」と彼らは答えました。「埋葬の準備なのか？」と私が聞くと、「そうしないように言われています」と。そこで私は言ってやりました。「君たちは、ここの大学の歴史学科の学生なんだろう？　何て様だ！　この掃除を命令した男は、トイレの掃除でもしていればいいんだ。ト・イ・レ！」

かくして旧市街の地下は、行き場を失った骨の散乱する空間に変わってしまった。これらの骨は、歴史の悲劇の責任を明らかにする構造——パシチニク氏自身も、監獄から骨を「片付けた」ことで、その構造の破壊に関わってしまった——が隠されたままだということのしるしだ。(6)パシチニク氏の抗議にもかかわらず、男子学生は袋に骨を集め、正式な埋葬もないまま、地中の納骨堂に通じる廃棄口に捨てていった。男子学生たちの行いと、彼らが運ぶ歪《いびつ》な形の袋を見たとき、パシチニク氏は、自分がふたたび歴史にもて遊ばれているように感じたのだった。(7)近年の使用状況を鑑みると、このゴミ捨て場に記念碑を建てることに市の役人が興味を示さなかったのも驚きではない。

ビラ＝スカラの新市街

二三歳のアンナは、地元の研究所でロシアの伝統音楽を教え、尊敬を集めていた。しかし、最近、その職を失うことになった。新しいウクライナ国家の政府が立ち上がったとたん、彼女の才能は無用となったのである。彼女の職には、ウクライナの伝統音楽を教える講師が新たに就任した。私は、キエフからビラ＝スカラへと移動する電車の中でアンナと出会った。将来の見通しがたたず、解雇されたことに憤りながら、彼女は人生の次のステージに何が待ち受けているのか心配していた。彼女の英語は完璧である。会話がはずむと、私がビラ＝スカラに滞在している間、自分と両親と一緒に住んではどうか、と誘ってくれた。

ストロカット家は、ビラ＝スカラの新市街に住んでいる。市の砂糖工場とレンガ工場の労働者の街。織物工場は一九七〇年代に旧市街から新市街へと移設された。他の家族と同様、ストロカット家も、フルシチョフ時代特有の定型団地のワンルームにひしめき合って暮らしている。一家のメンバーは三人。ウクライナ人であり、ソヴィエト陸軍で働いていた元士官ヴィタリー、彼の妻であるオセチア人のオクサナ、そしてオクサナが最初に結婚したロシア人男性との間に出来た娘アンナである。ヴィタリー、オクサナ、そしてアンナの人生は、二〇世紀に起きた最悪の蛮行――ナチスのホロコースト、スターリンの弾圧、チェルノブイリの原子力大惨事――と密接に関わっている。(8)

それから三週間にわたり、いわゆる「キッチントーク」が繰り広げられた。意見や小話、私憤を口に出して言える台所は、「ロシア／ソヴィエト社会で最も神聖な場所」(Ries 1997：21)と考えられている。チェルノブイリ事故に関しては、この最も神聖かつ護られた会話の場すらも、国家装置による新たな暴力と広く見なされるものを退けることができず無防備になっていた。当たり前ではあるが、体制崩壊直後に私が話をした人々は、ほとんどみな自らを災害の被害者と見なしていた。ストロカット家の体験が示すのは、生そのものとしての、逃れ難いチェルノブイリのショックである。自らの身体に刻まれたショックを彼らが表現しようとするとき、その語り《ナラティヴ》から、新しいタイプの政治的意識や主張の系譜的文脈――ソヴィエトの遺産に直結している部分もあれば、分岐している部分もある――が明らかになる。

ヴィタリー

ヴィタリーはオクサナの二番目の夫でアンナの義父であり、私と出会った一九九二年には四六歳だった。ソヴィエト陸軍と共産党を一九七八年に辞めた後、故郷ビラ＝スカラへと戻ってきた。アンナと同様、彼の英語は完璧である。

軍隊の友人からもらったアメリカの映画を見て、自学自習したのだという。何度もコピーされたビデオだったので、吹き替えのロシア語が数秒遅れて流れ、そのおかげで話されている英語の言葉を聞くことができたそうだ。ヴィタリーは、ウクライナ人は大嫌いだと言う。そして、ユダヤ系である母親の写真を指差し、彼女の最初の夫だったウクライナ人の裏切り行為について語った。

ヴィタリーの母親は、一九四一年、ナチスの軍隊がウクライナ南西部に侵攻したさい、ビラ＝スカラ市から逃れた。ナチスが同市に司令部を設置し、ビラ＝スカラのユダヤ人を根絶しようとしたため、彼女は、最初の夫に幼い息子を預け、北に三〇マイルほど行った村へと避難したのだ。そこで、クルチスカという女性の家の屋根裏に匿ってもらえることとなる。二年間隠れた後、ヴィタリーの若い母親はビラ＝スカラへと戻った。しかし夫は、ユダヤ人保護を咎《とが》められることを恐れ、旧市街にあったナチスの収容所に息子を引き渡していた。異父兄の運命について語るヴィタリーの口調は、憤りから苛立った笑いへと変わった。一九四六年、ナチスが去った後に生まれた彼は、少年の頃、まさにその収容所の近くで遊んでいたことを思い出した。要塞化した壁に沿って周りを走っていると、収容所の壁の小さな穴から、収容されていたユダヤの囚人が折りたたんで押し出した手紙を見つけたという。まだ幼かったので手紙に何が書かれているのかわからなかったが、収容された人物が外にいる家族に向けて残したものだと、ヴィタリーは推測している。

ヴィタリーは、家の中にいるときはロシア語を話すよう私に要求し、条件付きでしかウクライナ語を話させてくれなかった。私は、ロシア語よりもウクライナ語のほうがずっと得意だと説明した。私は、第二次世界大戦で難民となったウクライナ人の二か国語を話す家庭で育った。私の家族は、一九四四年、ソ連軍がウクライナ西部をナチスより奪還した混乱時に、住んでいた村から逃げだした。この衝突のおかげで、生命の危機を感じた人々は、わずかなチャンスを得ることができたのである。実際、衝突が起きたその翌日に、私の母方の祖母は家族とともにシベリアの強制収容所へ列車で移送されると告げられていた。戦争難民の多くは、ドイツやオーストリアにアメリカ軍が設置した難民収容所に住んでいた。一九四九年、綿密な健康診断が行われた後、彼らはアメリカへと移住させられ、戦後の産業ブームの労働力となった。（伝え聞いたところによると、私の祖父たちのアメリカ移住申請は、祖父に静脈瘤があるとの理由でいったん拒否されたという。）その他は、西ヨーロッパに残るか、カナダ、オーストラリア、あるいは南米に移住した。

　第二次世界大戦の話は、ウクライナ移民の子供たちが過去を想像するさいに不可避の文脈となっている。しかし、このような過去の話には暗い影がつきまとう。ウクライナ人はナチスの残虐行為に加担した、というユダヤ人コミュニティによる主張があるためだ。このような公然たる非難によって、民族的背景を強く意識するウクライナ人移民が苛立つというのはよくあることだった。多くのウクライナ人が撤退するナチスと一緒に逃げ出したのは、ソヴィエトによる集団化と強制移住を避けるためだったと彼らは主張していた。

　ビラ＝スカラでは、言葉の問題が、ヴィタリーと女性陣との間に常に無意味な争いを生んでいた。私はロシア語が下手なため、意思疎通が堅苦しくなった。戦争中に脱出を決意した祖父の話をすると、ヴィタリーは私のアイデンティティを本質化して見る考えを改めた。そして、ただ「彼らは賢かったんだよ」と英語で言った。予期しない形で信頼を得た感覚があった。そのとき、歴史の経験は現在について語るため新たな文脈に置かれた。ここで私たちは、歴史の名もなき断片となり、そうした自らの匿名性を英語によって請け負っていた。お互いに無害な自己像を投影することのできる瞬間に至ったのだ。ヴィタリーとオクサナは何かしらからの「生存者」、私はその何かしらの探求に戻ってきた「逃亡者」だった。

真実の契約

　信じるということは、協定を結ぶことでもある。ソヴィエト社会で日常生活が機能するためには信じているふりをすることが重要な役割を果たしていた。行政を牛耳る特権階級《ノーメンクラトゥーラ》が権力をもち、ハルホルディンのいう「相互水平的な監視」システムの下「集団（collective）の支配が確保され、個人が公然とそれに歯向かうことが抑制された」社会構造では、半面だけの真実を語ることが特有の習慣となった（Kharkhordin 1999：277）。社会主義の末期には、集団を保つというより、監視メカニズム自体を転覆させるために忠誠心を見せかけるようになった（Ibid.）。私は、本心を隠す習慣が、どのように旧ソ連の人たちをチェルノブイリという文脈における道徳的共犯者へと変貌させたか、常に記録していた。ウクライナ共和国社会福祉省に務めていたキエフに住むある女性は、公には、チェルノブイリの危険性を否定する国家の儀式に参加しながら、妊娠している娘には、原発事故の中心部からはるかに離れた南部のクリミアに三か月滞在するよう言った、と語った。また、別の科学者は、勤務先の科学研究所で「まるで放射線が存在しないかのように」ふるまうよう要請されながら、友人の子供たちにはヨウ素剤を配っていたという。

内部の事情を公には隠そうとする態度とは対照的に、個々人は、歴史的責任と真実についての、様々な知識を私的につなぎ合わせようとしていた。このような秘密と真実との対比について、マイケル・タウシグは「公然の秘密」、つまり「一般的に知られているものの、何らかの理由で明確に言語化できない」ことという観点から論じている（Taussig 1999：2）。公然の秘密とは、「知識が権力であり、幻想の現実が社会契約に資する」社会的アリーナにおいて「何を知るべきでないかを知っている」（104）ことである。タウシグは、ティエラ・デル・フエゴ、すなわち「炎の大地」と呼ばれる地に住んでいたセレクナム族について、二〇世紀初頭に書かれた記録を引用している。数年に一度、成人した男たちが、精霊に「なる」演技をするために集まる。女性は、これら精霊の目撃者となるべく徴集され（102）、「男性は神、女は信者としてふるまい、男性は女性の信心を信じているように演じる」（Taussig 1993）。これらの精霊がねつ造されているという本質を暴けば、死をもって制裁された。性差に基づいて役者が組織化されるこの劇は、社会秩序や社会的暴力の容認について手掛かりを与えてくれる。

台所という私的な環境では、信じることと証人になることが、儀礼化された劇の一部となり、個性（ソヴィエト社会という文脈でストロカット家が深く価値を置いていたもの）と尊厳が守られていた。ヴィタリーは、彼の妻と娘、そして私の注意を常に引きつけていた。アメリカ音楽に対する彼の情熱は私たちの情熱となった。ボディビルディングの素晴らしさについてのヴィタリーの長談義は、私たちの関心事となった。とある住居棟の一階の瓦礫をたった独りで片付け、ウェイトトレーニング施設を開いたことで、ヴィタリーはこの小さな街で大変な人気者となった。彼によると、そのような施設は南西ウクライナで初めてだそうだ。貴重なアメリカ製のバーベル、ウェイトリフト、プレス、そしてボディビルディング専門雑誌をわずかながらも集め、一から作り上げたのである。この施設は、町じゅうの男性、女性のあいだで人気になり、今でも自信に満ちた肉体を作り出している。ヴィタリーが友人から手に入れたボディビルディングの雑誌を借りるため、若い男女がそのアパート《クヴァルティーラ》(*kvartyra*)に立ち寄ることもしばしばだった。彼は、父親のようなプライドをもって、自らトレーニングを施した人々の体について話していた。しかし、それから二年後の夏には、自分が鍛えた人物が市街で暗躍するマフィアに深く関与していることを嘆くことになった。キエフからビラ＝スカラへ向かう電車で、ある男が私に言ったように、「荒っぽい男たちに生活が支配されるようになった」のである。

オクサナとアンナと一緒に、よくヴィタリーのアメリカ映画のビデオを見た。彼はトルコから密輸されてビラ＝スカラの市場で売られているヨーロッパ風の服を買うこともできた。ヴィタリーが最高の装いと靴を身につけ、街中に散歩へ出かける準備をする姿を女性陣はよく見ていた。彼が鏡で自分の姿を確認しているとき、この日常の儀礼に彼が費やす時間とエネルギーについて、私たちは台所でクスクス笑ったものだ。アメリカのボディビルディング雑誌や映画に載っているイメージを、ヴィタリーは称賛していた。遠く離れた地にあっても、それらのイメージを体現することで力を得られると考えていた。しかし、一九九二年、新市街の大通りにいるヴィタリーは、異質かつ無名の存在だった。私が毎日旧市街から戻ってくると、特に何の目的もなく道端で佇んでいるヴィタリーの姿を時折見かけた。彼がなりたい自分になったように感じられる、もしくは自分自身がそうだと感じる公の場所はどこにもなかった（彼が築いた場所を除いては）。その後、年を経るにつれて、彼は滅多に外に出なくなった。彼は自分の健康が悪化していると見ていた。治安の急激な悪化と失望が広がるなか、ヴィタリーの「アメリカ」は、またも夢見た場所の残骸となったのである。

オクサナ

ヴィタリーの妻であるオクサナは、一九九二年の時点で四七歳だった。彼女は東シベリアの強制労働キャンプで生まれた。オクサナの父は、トビリシで若い学生だった頃、大学の講義室に架けられていたスターリンの肖像画を壊したかどで告発された。彼は、他の五人の学生と一緒にハバロフスクまで列車で連行されたが、そのなかには、彼らのことを国家警察に密告した学生も含まれていた。オクサナは怒りを露わにしながら、父と他の四人の学生が、その裏切り者の首を締め、列車から死体を捨てた状況を説明した。オクサナがこの話をしている間、娘であるアンナは、深刻な顔で淡々と頷《うなず》き続け、「そうよ、そうよ」と口を挟んでいた。私は、殺人から派生する倫理的問題について尋ねてみたが、アンナは背筋を伸ばしたまま（それは彼女の教養と落ち着きを示していた）、祖父の行いは正しく、また彼に残された唯一の選択肢だった、と言いはった。

演技の身振り――それは、殺害時の動作を示すオクサナの手であったり、ヴィタリーが街と台所で使いわけるポーズのとり方であったりする――は、道徳を演じる行為でもあった。これらの演技やその迫真性が示す道徳的「意義」は、考慮するに足らないものだった。それよりも、これらの演技には、黙って頷《うなず》き同意してくれる信者が必要であった。こうした信じる素振りは、他の場所ではあり得ない感情や欲望に入り込むことを保証してくれるお馴染みのレパートリーの一部であった。

オクサナと私の関係には異なる事情があった。私たちは女同士であり、ヴィタリーがいるときは、二人とも家庭的な女性としてふるまっていた。彼がいないときは、ほぼいつも母性や性的な問題についてばかり話をした。オクサナもアンナも、アメリカ人女性がこういう話題についてどういう意見を持っているのか、明らかに興味津々だった。オクサナとアンナとキッチントークをしていて、私が中絶の問題を提起したことがあった。「ここの女の人たちは、どう思っているの？」と私は聞いた。「中絶はよくあることだけど、皆、それについてあまり話したがらないの」とアンナが答えた。「安全だと思われてる?」と私が聞くと、「女はしなきゃいけないことをするしかないじゃない」とアンナは返事した。アンナがその話題を避けようとしていたのがはっきりわかった。しかし、自分の母親が私たちに背を向けて料理をしだすと、アンナは急にテーブルから身をのりだして、私にささやいた。「お母さん、一九回中絶したの」。私は、驚いてささやき返した。「え、何? なんで?」私は二分化された世界に挟まれていた——アメリカ流の道徳的、医学用語(「良いことか悪いことか」「安全か危険か」)と、「公然」とは答えず内密にささやいたアンナの態度が暗示する別の用語との間に。しかし、別の用語とは何だったのだろうか。アンナもまた二つの世界に挟まれているようだった。信者の世界、つまり一九回も中絶した過去が許容され、普通だとさえ考えられている世界と、彼女がテーブルを挟んで私に打ち明けたショック、つまり、母親が何度も繰り返し、しばしば暴力的な中絶を耐えてきたことを知ったショックの間に挟まれていた。オクサナは、性的関係を良好に保つことで安定した関係が続くと自らを納得させていた。だから、彼女は避妊具の使用を拒んだ。(彼女は、私にそう理由を語ったが、そもそもビラ＝スカラには避妊具がない、と彼女の娘は言っていた。)中絶が唯一の避妊手段であり、利用するのも簡単である。[9]

オクサナとアンナは、よく言葉のつば迫り合いを繰り広げていた。アンナは問題児なので、産まなければよかったと、オクサナはしょっちゅう冗談で言っていた。また、読書家のアンナも、オクサナがどれだけロシア文学を誤解しているか言い立てた。子供の話題になると、私たちは子供を産むことについて意見を交わした(何人? いつ? どんな男と?)。オクサナが会話の流れを握り、過去の男性や結婚の体験を基にアドバイスをしてくれた。オクサナは最初の夫と別れた後、ヴィタリーと結婚した。ヴィタリーがアンナのことを「自分の子供として」受け容れてくれたことをオクサナは誇りにしていた。「ヴィタリーとの子供を産むことは考えたことないの?」と私は質問した。オクサナは、自信をもって「一度もないわ」と答えた。「なぜ?」と私が聞くと、「だって、ヴィタリーがアンナより私たちの子供を好きになったらいやでしょ。家庭内に不安や問題はいらないわ」。

オクサナは続けて、いささか諭すような口調で私に尋ねた。「この家庭のために、私が何回中絶したと思う?」私はこの場に乗じて率直に答えた。「一九回でしょ」。「ほぼ二〇回よ」とオクサナは答えた。彼女は、この自身の体との非常に私的な取引について隠してはいなかった。オクサナのこの主張は、ソヴィエト時代のイデオロギーでまん延していた母親＝ヒーローというイメージと関係しているわけではなさそうだ。実際、彼女は、私とアンナに対して、台所の秘密を洩《も》らさないようにと言っていた。私たちは、振る舞いについての公の掟《コード》を破ってしまった。つまり、威厳を保つために結ばれた協定を破ってしまったのである。（この議論は、ヴィタリーがいる前では決して起こらなかっただろう。オクサナによると、ヴィタリーはただ知らないのだという。）

アンナ

台所で会話をしているとき、昔に撮った家族の写真を見てみたいと頼んだことがあった。ヴィタリーが駐在していたイルクーツクでの生活などを写した家族写真がテーブルにばらまかれた。三人ともそこへ集まってきた。この写真の山から、アンナは自分が十代の頃の写真を一枚取り出した。私は、その姿を見て驚いた――その少女は、深くくぼんだ青い目と腰まで届くお下げをしていた。ものすごく素敵だと褒《ほ》めた後、「なぜ髪を切ったの？」と尋ねてみた。アンナは言いにくそうに答えてくれた。「そのお下げは切ったわけじゃないの。チェルノブイリの事故があった日に、自分の手で引っ張ったら、抜けてしまったの」。彼女は、手で髪を引っ張る動作を真似た。

「そのときは、なんでそうなったか誰もわからなかった。私は今みたいに台所に立ってた。お下げを持ってね」。アンナは、手をコップのような形にして、髪を握っているような仕草をした。ヴィタリーは、嫌悪感を露わに台所を出ていった。オクサナは、厳しい顔のまま淡々と頷きながら、律儀に食事の準備を続けた。今度はオクサナが信じ、公の掟《コード》に従って行動する番だった。しかしその後、彼女の頭の動きも、背筋をまっすぐに伸ばした姿勢も消えてしまった。オクサナは、コンロから向き直ると、張り詰めた面持ちで台所のテーブルの上に身をのりだし、広げた手のひらを娘の顔に向けて私に言った。「奴らが何をしたか、わかるでしょ？」

オクサナが非難を込めた口調でそう言うと、しばらく沈黙が続いた。オクサナは私に何を見せようとしているのだろう。チェルノブイリ原発事故以前であれば、奴らが示すものはもっとはっきりしていた――それはソヴィエトの国家装置である。チェルノブイリ事故の後、奴らは私的な領域にまで侵入してきた。奴らは、アンナに目に見える痕を残した――それは見逃せるものではなかった。奴らが何をしたのか見るよう、オクサナが有無を言わさず私に強要したとき、彼女が言っているのは事故のことだけではなかった。彼女自身の人生、つまり身を削りながら家庭を安定させ、アンナに父親を確保したことにライトを当てているのである。チェルノブイリは、このように成員たちの尊厳を育み保っていく内なる文化さえも傷つけた。この場合、信念の文化は、国家システムの介入を排除できない「怪物のような無」(Kristeva 1989 : 223) として立ち現れた。

オクサナとアンナは、この事故の本当の原因は何だったのか、口論し始めた。

「奴らっていうのは誰? 誰が責められるべきなの?」と私は聞いた。「科学者たちがチェルノブイリ発電所で試験運転をして、その耐性をテストしていたときに爆発が起きたのよ」。アンナは何でもないように答え、国家責任論に懐疑的な母親の考えを一蹴した。アンナは、自らの意見が通るまで(つまり、証人が黙るまで)主張し続けた。彼女は、テレビで見た話を自らの主張の根拠にしていた。それは、未熟なウクライナ人技術者の不手際により事故が起きたという事故当初の発表と矛盾していた(Dobbs 1992 : A12)。アンナは、オクサナと私のような、自分のことを信じてくれる人を必要としていた。作られた家族の信念の構造の中に入ってほしかったのだ。この構造の中では、オクサナと私は信者としてふるまい、アンナは、私たちが信じているということを信じている振りをすることになっていた。

私は、アンナがこの話をした初めての「部外者」だった。私が疑わしいような顔をしていると、オクサナはずっと黙っていた。アンナにとって、私を信者に変え、彼女の世界へ取り込むことこそが責務だった。もし私がいなければ、チェルノブイリの暴力がクヴァルティーラの中で吸収され、規範化されてしまったかもしれない瞬間だった。私がその場にいたことで、アンナはこのトラウマとなった出来事の意味を両親がそうしたように理解しようとしても、できなくなったのだ。

ソヴィエト崩壊後の政治・経済の状況では、家庭の安定や、「事実」に対する権威、ただ生き延びようとすることといったことと引き換えに、個々の自分の身体については無視せざるを得なかった。公然の秘密を守って生きていくには、こうした正当化が必要なのだ。取引を成立させ、台所という場所でその内容を公にする。その取引の価値は、その人が男か女か、または子供かによって大きく変動する。例えば、良き母であるとは、強靭な男であるとはいかなることかをめぐってどういった象徴が利用できるのか、そして、その象徴に同化するためにそれぞれがどのような代償を払ったかによって左右されるのである。

しかし、オクサナの場合、母性が文化的媒介となり、体を傷つけるという行為の意味を曖昧にした。その傷は、そもそも中絶という自傷行為がある程度当たり前とされている文化によって負わされたものだ。だが、チェルノブイリ事故で自分の体のコントロールを失う経験をしたアンナは、将来の影響が予測できない破滅的な事故に直接関連させてその経験を説明できる。アンナの経験は、社会的にも、象徴的にも新しいものである。彼女は決してこうなることを選んだのではない。それは、「アンナを救うために」繰り返し中絶することを選んできた彼女の母とは異なる。アンナには、痛みを和らげ感情を守るために利用できる文化的象徴がないのである。頷き肯定する動作は消えてしまった。放射線の影響が未だに見えず、事故の責任の所在もはっきりしないまま、アンナは、いったい誰と、または何と取引すればいいのだろうか。

歴史的に見ると、アンナの人生は一周して元に戻った。不幸にも、次は彼女自身が生と死の系譜の主体かつ客体となる番なのである。この運命の繰り返し——その真実と痛み——こそが、アンナが語るチェルノブイリ事故の悲劇の力を理解するうえで道標となる。

＊＊＊

チェルノブイリの爆発は、四月二六日に起こった。政府が爆発について公式に発表したのは五月一四日である。ヴィタリーの説明によれば、一家はアンナの腎臓手術のため、五月七日の夜、キエフへと向かうことになっていた。（彼女が患っていた腎炎の治療ができる病院は、ビラ＝スカラにはなかった。）ストロカット家は、キエフ行きの夜行列車に乗った。災害についての噂は、まだビラ＝スカラには届いていなかった。しかし、五月一日には放射性プルームが街の上空を通過し始めていた。キエフでは、立入禁止地区やその周辺で発表された非常に短いレポートや、行政官や事故処理作業員が家族に送った伝言などのごく短いレポート、外国での報道、また各大使館から国外退避するよう命じられたヨーロッパからの観光客によってすでに噂が広まっていた。ストロカット家はウクライナ南西の端にある街から八時間もかけて移動していたが、アンナの髪の毛が抜け落ちたとき、何が原因なのか知る由もなく、また、キエフに向かうことで、苦しみの元凶となる場所へより近づいていたなど、想像すらしていなかったという。

このように、ソヴィエトの一般市民と、例えば旅行者とで、情報のアクセスに違いが出たのは、合理‐技術的知識と、災害時やその後の社会的行動とが、完全に断絶していたことを示している。ストロカット家が放射線とアンナの急激な脱毛を結びつけたのは、後になってからである。しかし、その判断ですら的を射たものではなかった。最近になって、南西の街チェルニウツィーで、チェルノブイリとほぼ同時に化学工場の爆発が起き、近隣の人々、特に子供の髪はそのために抜け落ちたと確認された。情報が不足する状況下では、アンナのように、政府がチェルノブイリの情報を隠し、災害規模を過小評価していると信じる人々が、潜在的被害をより多く感じ取ったとしても不思議ではない。アンナの出した結論は、決してある監査機関（IAEA 1991）が言うような、こじつけの迷信や啓蒙への反発から出たものではない。それは、それらの監査機関が正当化している誤った政策判断の一要素でもあるのだ。

＊＊＊

キエフの中央駅に到着すると、ストロカット家は、大混乱に陥った群集を目にした。

「列車の中にいなさい！」一家が列車のステップから降りようとすると、ある女性がヴィタリーに向かって叫んだ。オクサナは、どの列車でもいいから乗り込もうと、押し合いへし合いしている人たちの姿を思い出す。しかし、このようにヒステリックな状況を見てもまだ懐疑的だったとヴィタリーは言う。彼は、当時の反応を次のように説明した。「何が起こってんだ？　ハハ！　こいつら皆馬鹿なんだ！　政府はまた俺たちを騙《だま》そうとしてるんだ！　前回は、アメリカが侵攻してくるって話だったが、今回は、原発事故だって話か！」ヴィタリーは、群集は「皆、頭がイカれてしまった（彼はウクライナ語のズドゥリリ（*zdurily*）という言葉を使った）」と確信した。元軍人だったヴィタリーは、旧ソヴィエト連邦が用いた、時に奇妙な集団統制術について直に知っていたと主張する。ヴィタリーはそれに惑わされようとはしなかった。アンナの手術のほうが緊急の用だったので、一家は、無視することに決めた。混乱する群集を断固としてかき分けながら、ヴィタリーは家族を連れ出した。

　オクサナは、キエフにあるベッサラブスキー市場の中央会館で、一家が目にしたものを説明してくれた。いつものように、手振りでその出来事を再現し、彼女が見たことを私にも目撃させようとした。彼女は手を曲げて、異常に肥大化したイチゴをつかみ、大きく開けた口に持っていった。それは聖書の最も重要な場面、つまりその後、地上をさまようことになるアダムとイヴの楽園追放の前触れであるイヴの姿を思い起こさせた。私はアメリカに戻った後、何度もオクサナのパフォーマンスを思い出した。ストロカット家は、周りで起こっている混乱を信じようとしなかった。このように、信じること、目撃することを拒否するという美徳は、以前ならば彼らを政治的陰謀から守ってくれた。しかし、このときはその美徳が惨事へと導いたのである。

　彼らは電車に留まるべきだったのだろうか。一家は、自分たちのとった行動の結果が未知であると気づきながらビラ＝スカラへと戻っていった。彼らの人生は、新しい不確実性に呑み込まれてしまった。彼らの歴史は、自分たちの家族と子孫を苦しめる古い権力に屈することを拒否して成り立ってきた。しかし、この同じ理屈による判断は、もはや効果的でなかった。さらなる攻撃から身を守ることができなかったのである。チェルノブイリ以降、ストロカット家は、自分たち――自分たちの身体、理性的判断力、既知の生存術――が時代遅れになったと感じるようになった。チェルノブイリから放たれた眩《まばゆ》い光は、現在を呑み込む穴となったのだ。歴史の場所には、証人となる理由がある。つまりパシチニク氏の頭の中の写真である。

物語のレクイエム

その後数年間、アンナは、新たな経済秩序にどう適応していくかという問題に苦しめられていた。彼女は、腎臓病と放射線が原因で子供が産めないのではないかと心配していた。彼女は、地元の農村部の子供たちのために音楽レッスンをしている。私は、その後チェルノブイリの追加調査のために、ふた夏にわたってアンナのもとを訪れ、交友を育んだ。以下は、ソヴィエト崩壊後という状況で、彼女が、混迷する社会的、経済的危機（その危機に付随する精神的、健康的な困難も含め）をいかにして乗り越え、人生を立て直そうとしたかを手短にまとめたものである。

一九九三年。ストロカット家にとって、ビラ＝スカラ市は、徐々に失望と危険に満ちた街となっている。台頭してきた地元マフィアとの関係が危うくなり、特に、小さな洋服ブティックを個人で営み始めたオクサナは、「みかじめ料」の支払いを拒んだため放火するぞと脅される。地元の警察は、彼女がいうには、すでにマフィアと手を組んでおり、彼女を逮捕して三か月も拘留した。

オクサナとヴィタリーは、イスラエルへの移住を計画し始める。しかし、移住に必要な、両親の少なくともどちらか一方の死亡証明書をオクサナが手に入れられず、彼らの望みはしばしお預けになる。ヴィタリーはウクライナでの生活に疲れ果てており、テルアビブに到着したら、「空港で救急車の担架が待機していて、近所の病院に連れていってくれればいいのだが」と冗談で言う。

一九九四年、ヴィタリーとオクサナは、あとで合流するアンナを残してイスラエルへと向かう。アンナは移住を延期。人生の大半を窮屈なアパートで過ごしてきたので、一人暮らしの喜びを味わっているのだ。しかし予期せぬことに、一年も経たないうちに、両親たちがイスラエルから帰国する。ヴィタリーは、「二級市民のように」差別されていると感じたという。帰国後、彼は日増しに鬱になり、アンナを独占しようとして、身体的虐待も加えるようになる。その後数年間、彼はほとんどアパートを出ようとしない。彼はがんの恐怖に取り憑かれている。前立腺がんに罹《かか》っていると信じていて（ソヴィエト時代の彼の医療記録に、そのような診断は見られない）、私がアメリカの薬局で治療薬を買ってこないことに腹を立てる。誰かが侵入してこないか気がかりで仕方なく、アパートの中にも武器を置いている。アンナが家族から離れてキエフに引っ越したいと伝えると、ヴィタリーは彼女に襲いかかった。彼女は地元の病院に一か月入院し、一時的だがヴィタリーから身を守ることができた。実家に戻ると、アンナは精神安定剤を大量に服薬した。ある日、仕事から戻ったオクサナが、娘が意識不明で倒れているのを発見。オクサナはアンナを激しく揺さぶって、過剰摂取による昏睡状態からを呼び醒ます。

一九九六年、アンナは、どんな手を使ってもウクライナから脱出しようと必死だ。そして、インターネット上の国際結婚斡旋会社のカタログに自分の写真を載せ、アメリカ・モンタナ州出身の五五歳の男性を引き寄せることができた。この男性に会うために、彼女は二度キエフに向かった。二度目に会ったとき、彼は求婚する。しかし、一か月後、彼は、アンナの美しさを認めながらも彼女が「憂うつ過ぎる」と言って関係を断ち切る。義父から離れて住むという彼女の夢は、一九九六年の夏に実現する。音楽教室で貯めたお金で新しいアパートに住むことができたのだ。彼女は地元の男性と結婚し、子供も産むことができると私に教えてくれた。両親のもとを離れることで、不妊の呪いからも解放されたようだ。家族の束縛と過去の暴力を、それが現実のものであれ、想像のものであれ、彼女は見事に断ち切っている。試行錯誤を繰り返しながらも人生を再設計することが、彼女にとって日々の課題となっている。

一九九六年、それほど遠くない昔、「まだ何事かを語る余地があった」時代のことを話してくれる人と私は多く出会った。ソヴィエト崩壊後の数年間に、公にであれ、私的にであれ、語り合われた個人的な言説、感受性、そして家族の歴史について、歴史《イストリヤ》（*istoriia*）、お伽噺《バイキ》（*baiky*）、異国風《エクゾティカ》（*exodtica*）などというようである。これらの言葉から、歴史の道徳的評価が変化したことが伺えるだけでなく、経済的、社会的な見通しが悪くなるなかで、日常の苦悩を表現する言葉や暗号《コード》が劇的に変化したことがわかる。後者の変化が、新生ウクライナ国家によるチェルノブイリ管理が確立するなかでどう見られたか、その一例を示そう。ウクライナのチェルノブイリ管理は、官僚制と法的、医学的カテゴリーによって定義されつつあり、また、被災者と非被災者の境界線についての議論の場となっていた。

＊　＊　＊

一九九四年、私は、甲状腺がんを患う子供をもつ五人の母親のグループとともに、当時尊敬されていたチェルノブイリ担当大臣へオルヒー・ホトウシツとの面会の場に招かれて参加することとなった。面会は国会委員会の建物で行われた。グループのメンバーは、チェルノブイリの指定区域から避難し、政府がキエフに用立てた家屋に移住していた。プリピャチのコムソモール（共産主義青年同盟）の元リーダーだったハンナ・コズロヴァが、そのグループを率いていた。

私が初めて会ったとき（面会の前日、キエフの路上で非公式に集まっていた）、彼女たちは、子供たちの健康に何が起こったのか、そして次に何をすればよいかわからず、恐怖と怒りに苛まれていた。小児甲状腺がんの急激な増加は、事故の初期段階でのソヴィエト行政の無策に起因すると報告した科学調査のことを、彼女たちはすでに知っていた。カリウム・ヨウ素剤が初期段階で手に入っていれば、放射性ヨウ素とセシウムが子供たちの甲状腺に吸収されるのを防げたはずだった。

放射性降下物に関するこれまでの研究によると、甲状腺がんが現れてくるまで、チェルノブイリの放射性物質が降下してから八年から一二年の月日がかかるとされている。実際には、甲状腺がんはわずか四年後に現れ始めた[10]。このデータの背後には、シンプルかつ不気味な問題が眠っている。次は何が起こるのか。今は何が起こっているのか。今起こっていることをどうやって知るのか。この唐突な事実と関連して、どのような形の調査、想像、痛み、自己主張が現れているのだろうか。

母親たちは、新政府には子供を守ることができないと信じていた。ハンナの不信感は、子供たちを外国に連れ出すのを支援してほしいと私に頼んだことで、明らかになった。「そうすれば、子供たちに希望と健康を与えられるわ」。「少なくとも数か月は。それでも本当にうれしいの」と彼女は言った。彼女たちの概念世界の中では、「外国に行く」ことと「健康になる」ことは同義だった。「ホストファミリーから子供たちを私の家に来させてちょうだい。私の子供をここから連れ出してくれたことに感謝の気持ちを表したいの」。

大臣と面会したとき、国の補償スケジュールと被災者の認定基準が、実際の災害による健康被害に対応できていない、と母親たちは主張した。甲状腺腫瘍の治療を受けている子供たちこそ、優先的に補償を受けるべきだ、とハンナは述べた。治療へのアクセスを保証するにはもっとすべきことがある。手術で腫瘍を除去した子供たちには、再発を予防するために生涯チロキシン（甲状腺ホルモン）を処方すると保証してほしい[11]、とハンナとグループのメンバーは望んでいた。メンバーの女性それぞれに面会で発言する機会が与えられた。

「私の子供と夫は病気です。お金もありません。どうやって生きていけばいいんですか？」と一人の女性が質問する。彼女は泣き崩れ、「もう未来もありません。死にたい」と言った。

「感情的にならないと約束してください」と大臣は言った。彼が生まれた場所は、今や汚染され「第２区域」と呼ばれている[12]。

突然、彼女は泣き止み、その態度はビジネスライクになった。使う用語も、より法律的に正確なものだった。「私は、被災者の子の母親です。第２区域からの避難者です。夫はチェルノブイリの作業員で、カテゴリー１に分類されています[13]」。

他の女性たちも追随し、同じように自分たちの状況を伝えていった。大臣は、子供たちは甲状腺検査を受けたか尋ねた。「私の子にはもう甲状腺がないんです」と女性の一人が答えた。即座に、被害者への善意と同情心で知られる大臣は宣言した。「ウクライナの法の下では、甲状腺に異常がある子供すべてが自動的に被災者の立場にあると見なされます」。彼は「国には金がないんですよ」と率直に述べた。そして彼女たちに、被災者の権利を代弁し擁護するような非政府市民団体の「基金《フォンド》」（*fond*）を設立するよう促した。「そういう団体はいっぱいあります。定款を起草して、仮文書ができたらこちらに渡して下さい。あなた方が一か月、私たちが一か月作業します」。母親たちは定款を起こし、新団体の承認を得た。国は、資源《リソース》を提供することはできなかったが、社会的な観点からして母親たちにもっと重要なものを与えた。それは、自ら連帯、代弁、行動する自由である。

キエフにある内分泌・新陳代謝研究所は、農村部の汚染区域で甲状腺がんの発症数を監視《モニター》している。研究所の副所長ヴァレリー・テレシチェンコ医師によると、エコーによる初期検診《モニタリング》システムの欠如、専門職の不足、農村部の家庭の貧困などの要因が組み合わさって、甲状腺がんの蔓延を激化させているという。その結果、研究所の医師は、最も進行した小児甲状腺がんのケースばかり診察することになる。テレシチェンコ氏は、監視技術を導入しても、また別の次元の問題があると言う。「汚染地域に住もうという内分泌系専門の医師がいないのです。彼らにも子供がいますからね[14]」。

甲状腺摘出手術を待つ子供の病棟を訪れた。そこでは、農村部の汚染地域からやってきた母親たちが、子供に付き添っていた。ある病室には、一二歳から一四歳まで少女が四人いた。そのうちの一人はすでに手術済みで、あとの三人が自分たちの番を待っていた。付き添う母親三人のうち二人は、首に特徴的なU字型の傷があり、やはり手術を受けていたことがわかる。女の子の一人はキエフ地方出身で、二八人のクラスメイトのうち三人が手術を受けたと語った。チェルニーヒウ出身の別の子は、三〇人いるクラスメイトのうち二人が手術を受けたと言った。少女たちは、チェルノブイリによる放射性降下物の分布図に示された地域からやってきていた。彼女たちの体験が「科学技術《テクノロジー》によって引き起こされた」ものであることは、この病室をみれば明らかだった。

イーラは、ちょうど二度目の手術を受けたところだった。彼女の母親も同様の手術を受けたという。さらに、最近「お医者さんが、妹の甲状腺にも同じ『しこり』《ヴゾル》(*vuzol*) を見つけたの」と語った。他の少女たちと同じように、イーラは、自分の首や胸、肩に出来た「しこり」の数を数えて病気の進行具合を確認していた。「お医者さんは、決まった時期にどれだけしこりがあるか教えてくれるの」と、彼女は、あたかも予言の儀式でもやっているかのように話した。この儀式を通じてイーラは、自分の体の中で止むことなく起こる生物学的事象の中で自らの存在を象徴化しようともしていた。

こうした生物学的事象は、社会的条件に左右される。甲状腺は、人間の正常な身体的、精神的、性的発育に必要なホルモンの分泌を司る。子供も大人も、海外の人道支援団体が送るチロキシンに依存するようになった。病棟は、国の予算と人道支援の不足のために、夏の間は閉鎖される予定である。また、たとえチロキシンがあったとしても、分泌システム（卵巣、副腎、脳下垂体を含む）の正常な機能、特に十代の若者の性的発育に重要な機能は、永遠に狂わされた。つまり少女たちは、周りの人々の体験から、苦痛が簡単な切除手術で終わるわけではないこと――むしろ、また違う形で、苦しみと依存が始まるということを知っていたのである。彼女たちの生物学的存在は、今や複雑な医学的、法的な構造に依拠している。彼女たちは私に、自分たちは発育が阻害されるし子供も出来ないと思うと語った。自らの体験と無力感を、不妊のイメージに読み換えていた。

一五歳のアリーナは、一週間前に研究所にやってきた。彼女は一九九二年に甲状腺がんと診断され、甲状腺を完全摘出した。気管支に広がった腫瘍を除去するため、二度目の手術を受けたところだった。手術の痛みを何とか和らげようとしているのか、彼女はずっと頭を揺らしていた。そのようなデリケートな状態にあるにもかかわらず、彼女が「その日、ジャーナリストたちに話をしてきたところ」と聞いて、私は驚いた。アリーナは、私のこともジャーナリストだと思っており、メディアの注意を引いて医療援助を受けられるよう、もういちど患者＝市民としての公的役割を演じる気でいた。私たちは別の部屋に席をもうけた。彼女の母親も近くに座り、耳を傾ける。

「今日の手術が終わった後、どんなことを考えてたの？」と私は彼女に尋ねた。

「とにかく生きなきゃって……この二回目の手術は怖かった。小さなしこりが、まだ肺や脳に広がっていくかもしれない。もし脳に行ったらもう手遅れになる。そこから助かる見込みはほとんどないから。でも、もし肺に広がったら、まだ助かる見込みはある」。彼女は助かりたかった。「でも今はすべて正常よ」と彼女は自分を鼓舞した。「ヨウ素剤を飲んで、チロキシンも毎日摂らないと駄目だけど。そのホルモンがないと気を失ってしまう。そうなれば、もうおしまい」。

アリーナが甲状腺がんに気づいたのは、汚染区域の他の子供たちと一緒にスウェーデンへ行ったときだった。自分の体調はチェルノブイリ事故のせいだという。「私たち皆、チェルノブイリに関係あると思ってる」。「どうしてそうなったの？」と私は尋ねた。「爆発のせいよ。雲になってね、たくさんの街や村の上にやってきたの。その雲は、私の街にも痕を残した。それで私に残された痕が、この傷だってこと」。彼女は、手で傷の形を表して言った。「他の人には、また別の痕を残したのよ」。

アリーナは、災害を具体的なイメージに読み換えながら、自身の不確かさの感覚を示してくれた。「夢を見ることはある?」と私は尋ねた。アリーナは、まえに魔術師の夢を見たという。「ずっと昔のまだ小さかった頃ね。でも私は、その夢が何を意味しているかわかってた」。魔術師は黒いガウンと黒い帽子を身にまとい、細い杖を持っていた。「魔術師は、女の子の目を突いたの」。アリーナは、この目を突く所作と変身を結びつけた。「女の子は、私みたいに普通に成長していたのに、急に、小さくなったの、お人形みたいに」。はっきりとは言わなかったが、アリーナは、自分の発育とセクシュアリティについて不安でしかたがないようだった。災害の体験を通じて、昔の夢が文字通りのものとなった――彼女は「小さなお人形」になってしまったのだ。誰にとってのお人形なのか。アリーナは夢の解釈を続ける。「今は、自分の夢がほんとうに正夢だったってわかる。だって、今は子供たちが成長しないもの」。実際、甲状腺の機能を失うと発育に問題が生じる。「小さくなるのよ。まるで、生まれてきたときと同じままなの」。そう言って、同意を求めるように母親のほうを見つめた。

彼女の素振りや言葉から、アリーナが、自分は幼児のままでいる運命であり、母と娘、患者と医者、そして子供と国家を結びつける複雑かつ哀れみ深い関係に絡めとられている、と見ていることが伝わってくる。「ここの病院の一室に、一人の女の子がいてね、その子は一一歳なんだけど、まるで子供みたいに小さいの」。アリーナがそう話すのは、甲状腺未発達を患う一一歳のスヴェータのことだ。その子は声が出せず、しわだらけで老けたように見えるが、一歳児の大きさにも達していない。このご機嫌な、小さい大きな子を見つめながら、アリーナは将来に対する不安と恐怖を口にした。「あの子を見ると、『こんなのあり得ない』って思う。前は夢だったのに、今は現実なのよ」(15)。

臨床の空間は、アリーナが外部の訪問者に対し、永遠に姿を変えられてしまった存在としての自己像を、イメージ、身体、傷痕、夢を通じて描き出す空間となった。アリーナは、スヴェータのことを血縁こそなくとも運命でつながった肉親だと思っていた。自分は普通なのか、それとも極端に早く加齢していくのだろうか。この単純な疑問が、チェルノブイリが刻む不確かな生物学的リズムに潜在しており、この少女に取り憑いていた。次に何が起こるのか、アリーナは知らない。

第四章　仕事としての病い——人間市場への移行

被災者の街

一九八六年以降、五〇万人以上もの人々が、汚染地域から、ウクライナ中のほとんどありとあらゆる地域に移住した。汚染地域はセシウム、ストロンチウム、プルトニウムの汚染レベルに応じて、四つの「区域」に分けられている。「立入禁止区域（Exclusive Zone）」は、チェルノブイリ原発も監視する政府の区域管理局が管理している。「第2区域（Zone 2）」は、強制移住エリアである。「第3区域（Zone 3）」は、自主的移住保証エリアとなっている。「第4区域（Zone 4）」は、放射線監視強化エリアである。現在のウクライナ国家法では、限界線量の〇・一レム（一ミリシーベルト）（平均余命七〇歳で考えると七レムになる数値）を超えるエリアに住む人々は移住が保証されている。[1] この法律[2]は、それぞれの区域で設定されているレベルよりも土壌汚染が悪化した場合、新たに区分けすることも保証している。

一九九六年一一月、私は、新国家のチェルノブイリ省の地方支局に勤める地質物理学者とともに旅をした。彼の部局は、キエフの北西にあるジトームィル地区《ラヨン》（*raion*）の汚染地域を監視していた。私たちは、第3区域に指定されているジトームィルの街から北に進み、チェルノブイリ原発から西約二〇キロメートルに位置する第2区域のナロージチに向かった。エウヘン・パラティンは、そこの集団農場の管理人が省の金を適切に使っているか、会計監査を行う予定だった。国家のチェルノブイリ社会保護法は、管理人が重金属を調達して牛のエサに混入することを義務づけていた。パラティンの説明によると、セシウムが土壌に浸透する速度は遅く、特に耕作されていない場合は地表近くに留まるという。セシウムと融合するフェロセニウムなどの鉱物は、地区の農政局で手に入れることができる。それを動物の腹に注入すると、放射性核種と融合し、自然排泄を通じて排除する効果がある。また、新法は、空気中に浮遊する放射性の塵からトラクター運転手の身を守るため、管理人が特別防護服を与えることを義務付けており、牛乳などの食料品に鉱物性「放射線防護剤」を大量に加える義務も定めていた。

私たちはコロステン市の埃っぽい街を自動車で通り抜けながら、街行く人々を観察していた。「街の住民みんなが被災者なんですよ」とパラティンは言った。彼は、法的に正確な「被災者《ポテルピリ》」(*poterpili*)という用語を用いた。コロステンは、第3区域に属していた。地上からだと、区域の境界線は恣意的に引かれているように見え、ニューイングランド〔アメリカ合衆国北東部の六州〕の州境のようだが、ニューイングランドのようにどの州にいるのかを示す標識があるわけではない。この区域の住民は、通常認められている放射線レベルより少なくとも二倍以上の放射線に汚染された環境にいる。住民全員が「国内パスポート」を持っていた。このパスポートには、国の線量登記システムに登録されている所有者の線量情報が記載され、各人が被災者としてのアイデンティティを証明できるようになっている。所有者の線量が国の設定する通年の最大許容線量を超えると、生態学的にクリーンな環境とされている地域に政府が用意した無料の住居に移る権利が与えられる。ここにいる住民のほとんどが残った、とパラティンは教えてくれた。彼らは「家賃を半分しか払わずにすみ、公共交通と医療補助も無料で利用できる」のだと。

一九九一年以降、ウクライナ財務省は、年金と社会保護に充てる国家予算の大半をチェルノブイリ事故の被災者に支給してきた。ウクライナの法律を起草したユーリー・シチェルバク元環境大臣は、民主主義の草創期にあった、ある種の「立法の幸福感」から保護法が生まれたことを認めている。保護法は、「ウクライナ全域の環境を管理下に置く。……精密な科学的基準によってセシウム、ストロンチウム、プルトニウムなど、様々な放射性物質に汚染された土壌を異なるレベルに区分けして、その地域に住む人々を保護する法律の下地を作った」(Shcherbak 1992：508)。しかし、シチェルバクが述べているように「それらの法が採用され、それがどんなに良いものであったとしても、すべての環境問題を解決できるわけではない。国家の経済的、社会的、道徳的、精神的状況まで考慮に入れつつ法律を実践に移すというのは、最も複雑な問題なのである」（ibid.）。

これは控えめに言っているにすぎない。この法律の下では、苦しむことが社会の平等化をもたらした。農村労働者、工業労働者、専門職、知識階級など、かつての国家社会主義では異なる地位に置かれた労働者たちが、階級、教育、雇用のカテゴリーを越えて、チェルノブイリ被災者という国家規模の新たな集合体となったのである(3)。国は、チェルノブイリの福祉制度や保健事業部門を、国家の社会福祉サービスや公共衛生を担当する省の自律的下部組織として設立した。約三五〇万人の被災者に年金や無料の医療、その他の権利が与えられた(4)。

前章では、ソヴィエトの医療関係の法律が、チェルノブイリの人的被害をどのように封じ込めようとしたかを示した。集権的な行政権力が、正当な傷害の定義をコントロールすべく強化された法的・医学的プロセスと手を携えて行使されていった。この章では、ソヴィエト後のウクライナで、障害の「伝染」と呼ばれているものに焦点を当てる。放射線や経済危機の長期的影響はまだ不明であり、病いと健康とを分ける線は極度に政治化されたものである。医療に充てる国家予算が不足するなか、チェルノブイリ被災者の社会保護を定めた国家法により、苦しみや障害が、家族、仕事、社会的アイデンティティにまで影響を及ぼす資源《リソース》へと変えられていった。伝統的なソヴィエトの社会組織形態――特に集団労働（Ashwin 1999, Kharkhordin 1999）――が、福祉の申し立て、特権、法律、アイデンティティからなる新たな構造に取って替わられたのである。政治は医療の領域にも浸透していった。つまり、国家権力の正当化に、保健分野での関与がまたもや必要となったのである。私は、この変容を医師や保健行政官らの臨床的見地から検証し、苦しみや障害の訴えに形を与える官僚的・法的仕組みについて記述していく。この章の後半部分は、一九九六年に放射線研究センターで行った保健行政官や患者とのインタビューに基づいている。

チェルノブイリの人口集団は、被災者のカテゴリーに従って階級化されている。ウクライナの傷害判断の基準が、ソヴィエトの前例とどれほどかけ離れているかが、一番目のカテゴリーからわかる。そのカテゴリーには、労働不可能であること、急性放射線症（ARS）の発症を認められていること、そのどちらかあるいは両方である五万人が含まれている。二番目のカテゴリーには、一九八六年から一九九七年にかけて事故処理作業に携わったこと、強制移住区域から避難、移住してきたこと、そのどちらかあるいは両方である三五万人が入る。三番目のカテゴリーには、強制移住区域や、自主的避難保証区域に住んでいた事故処理作業員（一九八八〜一九九〇年）など五五万人。四番目のカテゴリーには、これらの区域に現在住んでいる、もしくは、働いている約一二〇万人が入る。(5)

支給額はカテゴリーに従って等級化されている。例えば、「チェルノブイリで障害を負った人」と分類されれば、ただの被災者よりもはるかに多くの年金と特権が与えられる。指定区域内での労働を選択した人は、区域外の同じ職種で通常もらえる給料の二倍か三倍の額を受け取れる。このシステムの中にいる人ならば誰もが、障害者が被災者よりもはるかにいい境遇であると知っている。被災者は、おそらく国の社会保護を請求できない一部の失業者よりも生活が安定している。この制度には、被災者から障害者へと自ら変わる可能性が組み込まれている。国がこのシステムよりまともな社会保護を提供する見込みがないため、被災者も障害者もその制度から抜けることに意義を見出していない。被災者という立場、そして、その立場を維持するために必要な仕事から、生命への投資が成り立っているのである。

生政治的《バイオポリティカル》変化の震源たる放射線研究センターで働くある一人の診療医は、現状を端的にこうまとめた。「ここで最悪なのは、健康でいることです」。彼女の言葉が示すのは、この政治的、経済的危機の時代、個々人にとって、「健康」な市民でいる権利と責任よりも、病気にまつわる社会組織からの物質的利益のほうが重要ということである。社会主義の社会では、最低限の生活水準を誰もが享受できることを保証しようとした。そこでは、国家による無償の教育、医療制度、年金給付、食料補助金の恩恵を受けて生活費を抑えることができた。かつてのソヴィエトの保健部門は、今や極度に財源が削減されたか、民営化されたかのどちらかであり、重大な医療問題は放置されたままである。さきの診療医の皮肉な見解は、今日「健康」でいることは国に見捨てられた孤児になるということであり、何の社会的支援もないまま市場にさらされるということを示唆している。「病い」は、失業や社会の混乱により生じる予測不可能な状況から身を守る手段を与えてくれる。人々は見捨てられないよう必死になって国家との繋がりを維持し、ソヴィエト型市民から生物学的市民（biological citizen）へと自ら転向しているのである。

＊　＊　＊

コロステンの街を離れ、畑に囲まれた道を運転していると、パラティンが放射線は地表に均質に付着するわけではないと教えてくれた。彼は木々に縁どられた谷を指差し、「向こう側はものすごく汚染されています」と言った。そして左側を指差し、「こっちには何もないんです」と言った。彼はプルトニウムを測定する難しさについて教えてくれた。「ある日、ここで測定したところ、プルトニウムが観測されたとします。そして次の日、同じ場所で測定すると、もうどこかに行っています。プルトニウムの分布図が一切ないのはそのためです」。第3区域から第2区域へと移動する途中、オヴルチという街を通った。そこにはバスが五台停められており、地元の子供を第3区域にあるジトームィルのサナトリウムへ連れていく準備をしていた。それは毎年恒例の遠足だった。

パラティンは、牛乳、ベリー類、キノコ、魚、ジャガイモ、その他の食料品に含まれる放射性物質は地元の放射化学研究所で検査されていると説明した。セシウム１３７のような分子は土壌から牛乳へと移転するため、汚染された牛乳を摂取すれば、体内の被曝量を高めることになる。パラティンはセシウム含有物を牛乳から取り除く濾過装置を使うよう村人たちに勧めているが、多くの村人は拒否している。「牛乳の脂肪分がなくなって売れなくなると文句を言うんです」と彼は言った。

パラティンのような国家公務員は、被曝量の増加を食い止めようとするが、厳しい経済状況（とそれに伴う法的特権）が、被曝をむしろ後押ししている――パラティンは板挟みになっているようだった。なぜ移住せずに指定区域内に留まろうとする人たちがいるのだろうか。なぜ濾過装置を使ってリスクを軽減せず、汚染された牛乳を飲むことを選ぶのだろうか。これらの疑問から、指定区域内の行政の先行きを案じさせる多くの問題が浮かび上がる。パラティンは倫理的な問題に悩まされているようだった。当局は、これらの人々をただ「諦め」て、彼らの自己管理にまかせればいいのだろうか。実際、一九九六年に社会保護法が改正され、移住を一部中止し、第4区域に住む住民の社会的特権を撤廃した。しかし、被災者で埋め尽くされた街はまだ残っている。

＊　＊　＊

一九九六年一〇月、私は、第3区域の住民向けに刊行されているジトームィルの地元紙から、次のようなやり取りを切り抜いた。無名の公務員である筆者が、移住対象となった村へと戻ってきた住民を名指ししていた。彼は、政府の安全基準を守らず、自らの命を守るという、政府と結んだ暗黙の「誓約」を破ったとして、その住民たちを非難している。

> 善良な市民たちよ、よく考えて下さい！　危険な第2区域にあるカルィニウカの村を退去したにもかかわらず、数家族が以前の家に戻ってきたことが判明しました。ペトレンコ家やクズメンコ家に加え、ナタリア・ムドラクと四人の子供は誓約を破ったのです。これはじつに憂慮すべき事態です。政府は、四人の子供を含むこれらの家族がチェルノブイリの脅威を逃れ、安全な環境に住み、きれいな空気を吸えるよう、責任を持って機会を与えました。しかし、彼らは無思慮に自らの運命を決めているのです。至るところに危険が待ち受けているにもかかわらず、移住時に与えられた新居を売り払い、無人となった元の家に戻ってきたのです。芝生や庭先、井戸の水など、彼らの周りはどこも放射線が渦巻いています。彼らの行動をどう説明すればよいのでしょう？　無知なのか、それとも単純に死の脅威を無視しているのか［強調引用者］。チェルノブイリの怪物は、息を潜めて、生けとし生きるものすべてに死をもたらそうとしているのに。善良な市民たちよ、どうか悟って下さい。子供たちのためにも、そして自分たちのためにもそのようなことはやめて下さい。(6)

この警告を書いたヴォロディーミル・シャティロは、チェルノブイリ省のジトームィル部局でパラティンと一緒に働いている。ジャーナリストとしての教育を受けた彼は、その警告が少し大袈裟な点は認めるものの、「人々を説得するにはこの方法しかない」と確信していた（説得できなかったのは明らかだが）。シャティロの主な任務は、リスクを軽減する方法の公告、退去の調整、被災者認定の判断、線量パスポートの管理などであった。要は、この新しい福祉制度の官僚的手続きをスムーズに機能させることである。

彼は、同じ地方部局にいる同僚と、地元新聞紙上で「質問と応答」と呼ばれる週刊のコラムを担当しており、その一部を私に見せてくれた。以下の質問は、シャティロが日頃受ける質問の代表的なものである。

ある未亡人は、家族の稼ぎ手が亡くなった後、大きめのアパートに入居するための法的手続について質問していた。ある男性は、内務省の作業員としてチェルノブイリの事故処理作業に参加したと書いている。「私は労働力の一〇％を失いました。すでに二年経ちますが、まだ何の回答ももらっていません。法律上、いったい誰が失われた一〇％の労働力を賠償してくれるのでしょうか」。

ある男性は、一九八七年一月にスラヴティチ（チェルノブイリ避難者のために建設された計画都市）市（第2区域）での建設作業に携わったと書いている。「私は二四日間働きました。その後、私の視力は低下しました。私は被災者になる権利があるのでしょうか？」

「法に則ると、答えは、ノーです。第2区域に永住した人だけに被災者となる権利が与えられます」と回答者は書いている[7]。

シャティロの回答は、逆説的に、指定区域に留まったほうが市民としての権利が改善されるという考えを補強している。同じように、人々が自らの苦しみを文化的に流用する方法も巧みになってきた[8]。シャティロは、指定区域の住民が被災者になる手続きについて助言をもらうため、彼のオフィスを訪ねてくると、「特にあなたは働く必要があります」と伝えている。部下には、モラルを低下させる法の側面と戦うよう、また「病人役割」（この問題はすぐ後で論じる）を無視するよう忠告する。単純に通常の任務をこなすのではなく、道徳観を高めるよう要請もする。そして「汗をかくまで働きなさい、疲労を感じて新陳代謝が高まるまで働きなさい」と言うのだ[9]。

シャティロは、彼らの被災者であるという主張を無効にしようというのではなく、避けようのない医療化と被害者化のプロセスを知っているからこそ、共感しながらも道徳的に対応しているのである。「彼らの魂こそ治療する必要がある」と言う。また彼は、国の法的規制により、病気であることが仕事となる、まったく新しい状況が生み出されたと悟っていた。

　集団農場で働くマリア・イヴァニウナは、中等教育まで受けていたが、自分の病気の行為主体《エージェント》となるには一歩及ばなかった。彼女にインタビューしたのは、私が指定区域から放射線研究センターに戻ってきたときだった。彼女は、センターを訪れる前は「書類申請する気力をふり絞るのに苦労しました。心理的な壁があったのです」と語った。近所の人に助言され、第2区域に居住していた間に進行した病気について社会保護を追加請求するため、ナロージチからバスで二時間かけて来たという。彼女からは、自身と息子の身体的症状についての、絶望、苦悩、そして混乱が伝わってくるが、それは、決して自分が混乱しているからではない、と彼女は念を押していた。

　イヴァニウナは二度移住した。彼女が生まれ育った村は立入禁止区域〔ゾーン〕内にあったため、一九八六年六月に全面撤退にあい――イヴァニウナが言うには「精算され」て――人の居住が一切禁止された。彼女の家族は、第2区域にあるラドチャという村に建てられた仮設住居に移った。ソヴィエトの役人たちは、イヴァニウナや他の村人に帰村を約束したが、「もう村に帰れないのは知っていました」。二年後、汚染のリスクを知ったイヴァニウナの義両親は、ベラルーシにある環境的にクリーンな地域にある官設住宅に引っ越すためラドチャを離れた。イヴァニウナと彼女の夫は留まることにした。放射線の実態が不確定なのに対し、新しい居住地で仕事が見つかる保証がないことを重く見たのである。彼女の夫は、すでに地元の森林局で仕事を見つけていた。夫婦と二人の子供は、後にナロージチ近くの街へと引っ越した。その街は、イヴァニウナの故郷の村から六キロしか離れていなかった――混乱は一周して元の場所に戻ったのである。「何と言えばいいかしら。私たちは、そんなに遠くには行かなかったのです」と彼女は語った。

　イヴァニウナにとり、汚染地域に住む不安は、政府への全般的な不信と相まって深刻さを増していた。当初「私たちは放射線のことを信じていませんでした。消散したと思っていたのです」。他の村人と同様、イヴァニウナは「停止」作業を実行するために雇われた。彼女は、転居した村に駐屯する軍の連隊と一緒に、原子炉の現場へ日常的に駆り出されていた。五年間、広範囲に散らばった原子炉の破片——放射能を帯びた黒鉛——をかき集め、スコップですくっていた。夜に戻ると「軍の司令部で洗浄され、シャワーも浴びた」という。

イヴァニウナから、この作業に伴った危険について苦悩している様子は見てとれなかった。彼女は、「森の入口にあった、立入禁止や、キノコやベリーの採集禁止を警告する」立札を信用していなかったという。放射性核種は林床、特に土壌の表層部、苔や地衣類、針葉樹の葉、枝の上に堆積することが知られている。ある放射線測量の作業員が、彼女が以前いた村よりも移住先の村のほうが汚染されていると彼女に打ち明けたそうである。「すべてが詐欺《オブマン》（*obman*）だったのかもしれません」。チェルノブイリの危険性に関する矛盾した情報に苛立っているようだった。

しかし、イヴァニウナにとってはっきりしている問題が一つあった。彼女の家族全員が病気に冒されているのだ。夫は「チェルノブイリ障害者」である。一一歳の息子の健康状態は良くない。「息子が一〇歳になる頃には、彼の身に何かが起こったとわかりました」。彼は、発熱、発疹、アレルギー、甲状腺の異変、白血球の減少（血液の疾患）に苦しむようになった。さらに、イヴァニウナによると、「歩行能力を失い、足がまともに動かなくなったのです。まるで何かが足の動きを邪魔しているみたいでした」。彼女の理解では、足が未知の外部の力に操作され、勝手に動くらしい。

イヴァニウナは新しい福祉制度で利用可能になった診療所に頼るようになったが、医学用語を理解できなかった。別の場で彼女と会話したとき、症状と医学的分類との関連が理解できず混乱している、と打ち明けてきた。例えば、直訳すると「膝関節の白血病」となる言葉を彼女は使っていた。この言語上の混乱は、理性的に考える能力の限界に至った彼女の絶望感を示唆している。そのような理性の限界にもかかわらず、イヴァニウナは、息子が患ったすべての症状、皮膚反応、卒倒、膝関節脱臼、頭痛、不規則な血中指標、視力低下、リンパ節炎、再発性のアレルギー、甲状腺異常を詳細に述べることができた。会話をしている間、イヴァニウナは息を切らし、文字通り言葉を求めて喘《あえ》いでいた。それは、彼女が順応するよりも早く、子供の症状が次から次へと起こっていることを示していた。「最初の検査で、この子の白血球減少症の診断が確定して、そして、ああ神よ、三人の先生のところに行きました。そのうち二人の医者は外来病院で会い、もう一人の内分泌科の医者はキエフまで来てもらい、車で迎えに行きました。息子のリンパ球は正常になり始めましたが、血液病科に診てもらうよう紹介されたのです」。息子の症状の進展、専門医、緊急救命室、放射線研究センターへの訪問を説明する彼女の語りから、しがない集団農場労働者であるイヴァニウナが、医療というエリートのシステムについて多くのことを学んだことがよくわかった。少年は、病院でようやく安息を得たようだった。

　自分自身の不安にどう対処しているのかと彼女に尋ねると、初めは「ふさぎ込まないように」しながらも放射線に対しては「気を緩めないように」していたという。「そういう不安に陥るような考え方は捨てました。私たちは緊迫感にとらわれてもいません」。彼女は冷静さを強調し、混乱のなかでも必死に威厳を保ち、自己管理できている姿を見せようとしていた。さらにいえば、病気の息子の母として、病弱《インヴァリッド》な夫の妻として、労働者として、イヴァニウナには病気になるという贅沢が許されていなかった。

　病気になるという考えに抵抗するイヴァニウナの態度は、ソヴィエトの労働文化にその根を見ることもできる。この文化では、労働規範に関わる社会的緊張が、病気、あるいはタルコット・パーソンズのいう「病人役割」を通じて折衝されることが多かった。それは、病気を理由に通常の社会的責任や労働義務から除外されることを指している（Parsons 1991：76, Turner 1987：40）。例えば、労働統制の極度の重圧の下で、ソヴィエトの労働者は、医学的理由に訴えて仕事の遅延を正当化する傾向にあった（Field 1957）。しかし、「病気であるということは働いていないということである」というパーソンズ派の等式は、生産の不安定から労働力が不足することが多かった社会主義の文脈では、別の次元の社会的折衝も含んでいた（Verdery 1996：22）。「非勤労のカルト」に対抗するため、国営企業や集団農場管理人は、病人役割を行使する労働者に傷病休暇を無給とするという形の制裁を加えると脅すことが多かった。ある社会学者によると、「ソヴィエト国民は働く権利を約束されていた……が、対となる、働かないという権利を選択する余地はなかった。働く権利とは権利ではなく、むしろ『法的義務』であり、労働年齢に達したにもかかわらず『寄生生活を送る』者は、刑事訴追の対象となった」のである（Teague 1988：278）。[10]

こうした事情を背景に、イヴァニウナは自分の条件を、法的に認められる形に置き換えようともがいていたのだ。仕事ができなくなった労働者（またはその家族）が傷病休暇を保証されるには、高度に官僚化され、処罰的で、ときには犯罪者扱いするようなプロセスに対処する必要があった。病気であるということは、病気である許可を得るために、同じようにやる気をもって動く必要がある、というわけだ。この働きにより、生体的《オーガニック》なプロセスと社会的なプロセスとが病人役割の社会性と呼ばれるものに収れんしていったのである。

＊＊＊

ここで、イヴァニウナの半生に戻り、この新しい社会性の中に内在する個人および家族内のプロセス（放射性物質を含んだ瓦礫に被曝した事実はいうまでもなく）が、いかに「混乱した」ものだったかを理解したい。彼女の混乱に偽りはなく、それは、病気を通じて新たな公的行為主体《エージェンシー》を求めていく土台となった。

一九九四年、集団農場の作業員として働いていたとき、イヴァニウナは心臓と背中に問題を抱えるようになった。記憶を失い、頻繁に意識を失うようになり、足が麻痺することもあった。それでも彼女は働き続け、「体の弱さを夫から隠し」ながら健康な装いを保っていた。同年五月、彼女の息子は、膝の手術を受けられるかもしれないということで、地元の病院に拘留された。頑なに手術を拒否して怖がっていたはずなのだが、息子は病院で一人になりたいと母親に頼んだ。その場から追い払われた彼女は、続いて起こった一連の出来事により、もはや自分の健康の装いを保てなくなった。「ここまでは息子についての話だったのですが……」と彼女は続ける。

病院からバスに乗って家へ向かっていると、イヴァニウナは突然、体のコントロールを失ったという。「あまりにも苦しく、何かに体をつかまれた感じがしたのです」。あの「何か」、息子の足を支配していたあの力が、このときは彼女の言語能力を支配した。「酔っぱらいのようなしゃべり方で、ろくに話すこともできませんでした。そして、ある店に寄ったとき、心臓が暴れだしました。足は切断された感じで。そして思ったんです、神様！　もう気を失いそうですって。周りに人がいるなかで倒れるなんて、恥ずかしくてたまらなかった！」

彼女が家に着くと、近所の医者が「何かを注射して」、「治療と社会的保護」を受けられるよう尽力すると言った。心配した近所の人たちは、彼女に神経専門医か心臓専門医に相談するよう勧めた。ある滞在客を紹介されたのは、まさに助けとなった。その人は、「墓の日《フロブキ》」（*hrobky*）と呼ばれる伝統的な年中行事で家族の墓地を訪ねるために、この地域に帰省していた。（避難者は、この行事に限り年に一度だけ廃墟となった村に戻ることを許されている。国が特別許可を発行し、旅費を支払う。）イヴァニウナは、この来訪者のことをただ「役人のお偉いさん」と表現した。

近所の住民は、この役人をイヴァニウナの家に連れていった。彼女は「彼自身も病気だ」と知ったときの驚きを今も鮮明に覚えている。その瞬間、イヴァニウナは、自分が病気なのだという感覚を正当化したようだった。少なくとも、私にはそう見えた。近所の人たちに取り囲まれ自宅のソファーで横になりながら、彼女は、役人に「パニックにはなりたくない。でも、誰も私の身に何が起こっているのか教えてくれないんです」と訴えた。「生きていくのが辛いです。もう働くこともできないし。私の頑強さはどこかに行ってしまって、どうしたらいいのかわかりません」。

イヴァニウナは、この過去の話を私に再現することで、自分が、「混乱」し過労気味の、市民権を奪われた田舎者から、自分の病気を熟知する行為主体《エージェント》、つまり障害を負った市民に変容した様子を語ったのである。その役人が彼女を放射線研究センターに紹介し、そこで私たちは出会ったわけである。その後、イヴァニウナは、障害者ステータスを証明するための医療検査を受けた。家に戻った後、彼女は検査の結果を伝える手紙を送ってくれた。「医者は、脊椎の破損を理由に三級障害者認定をしてくれる」という。おそらく放射性の瓦礫をスコップですくっていた長い月日を思い出したのだろう。彼女はついに「働かない権利を得た」と書いていた。彼女は、この権利を獲得した地位として捉えていた。

手紙の調子は、まるで彼女が祝賀パーティ——医療という贈答品が客に配られる——から帰ってきたところのようだった。このプロセスを経て、病気の症状は家庭問題から法的な人格の問題へと変わった。この新たな手当を通じ、彼女は家庭内の関係や義務から離れ、国との取引のなかで自分の社会的地位を見つけたのである。病人役割を担うという決断を正当化するために、彼女は自らの闘病を「精神的な拷問と理解しています。他に生きる術は見つかりません」と記していた[11]。

イヴァニウナは、役人に偶然めぐり会ったおかげで、仲介人、心配する近隣住民、外科医のネットワークを通じて障害者のステータスを得ることができた。彼女の話から、放射線によって引き起こされた病いを障害申請に変える国家のシステムはそれ自体が目的であることがわかる。新国家は、環境管理の新しいシステムを導入するだけなく、汚染された環境で働き続ける住民に労働免除と補償制度を創出して補助金を出すことにより、自らを定義した。増加するチェルノブイリ被害者人口に対処するため、国は社会福祉の制度を拡充した。チェルノブイリに関連した障害の申し立てを審査するために、地方の診療所と病院に付属する形で一一の医療労働委員会《エクスペルティーザ》（*Ekspertiza*）[12]が設立された。この委員会は、むしろ診療裁判所に近かった。雇用レベルや通貨価値が劇的に低下した世界に住むイヴァニウナのような労働者にとって、委員会は個々人が市民権を剝奪された状態から障害者という社会的状態へと移行できる貴重な入口になっている。次の節では、この移行が関連組織にどのような金銭的、物質的資源を新たに創出しているかを示す。私の焦点は、汚職疑惑そのものではない。むしろ、麻痺した経済（そのために組織運営の基本となるガス、電気、食料などの流通がせき止められている）が相互依存を助長させ、もはや補償がただの倫理的弁済ではなくなり、新しい、そしてときに搾取的な形の蓄財を誘発してもいる状態を描き出すことを目的としている。

資本主義への移行

このように要求を拡大させる実践は、人類学者マリリン・ストラザーンが記した、オーストラリア平定後のパプアニューギニアで一九五〇年代から六〇年代にかけて現地通貨（この場合は貝貨）の価値が暴落した時期に見られた経済活動の現象に似ている。このインフレーションに応じ、現地の先住民たちは、一族の威信材、結婚の持参金、部族間紛争の補償金など、伝統的な取引における賠償、および部族の土地の売約や氏族が紛争中に被った損失などに対する国家への賠償請求を「スケールアップ」した（Strathern 1993：2）。このようにインフレーションをマクロ経済的実態であるとともに地域の人々が賠償請求を拡大するチャンスと捉えることができるというのは、ソヴィエト後／チェルノブイリ後の文脈にも当てはまる。先行きの見えない経済状況がチェルノブイリ関連障害の賠償請求の規模に影響を与えたのである。

ウクライナでは一九九二年に市場開放が始まり、その後に起きたハイパー・インフレーション（一九九三年では一万％）により家庭の貯蓄は消えた。[13] ロシアや他の旧ソ連諸国も同様に、物価の劇的なインフレーションを経験した。ソヴィエト式の産業基盤が崩壊し、「半数またはそれ以上の工業労働者が事業の行き詰まりに直面した。企業は売られ、再編成され、または単に閉鎖された。戦時中を除けば、今世紀中の経済発展で今日の旧ソ連諸国の労働者ほどの混乱を経験した者はいない」（*Ukraine Human Development Report* 1995）。旧ソ連圏では、社会保護制度の負担が重くのしかかり、めまぐるしい変化に対応することもできず、長期的な貧困におちいる中堅層が出てきた。二〇〇一年の段階で、ウクライナ人口の五〇％が貧困ラインを下回る生活をしていた。

ここで、ソヴィエト時代のインフォーマル経済と資本主義への移行期間における立入禁止区域の役割に焦点を当て、労働者が病人役割という社会性を通じてどのようにインフレーションに日常的に対処してきたか見ていこう。国は、チェルノブイリの全給付金の三分の二を放射線に汚染された地域の労働者への特別給料手当として支払っており、これらの労働者に対する補償と優遇の実質価値が保たれている。[14] 移行期間の間に、ゾーン労働者の多くが、ゾーン外で経済的に生き残るチャンスのほうが少ないことに気づいた。職務履歴のせいで自分たちは雇用されないと考えたのだ。国家は、ゾーン内での居住や労働により蓄積していく被曝からだけでなく、市場経済による最悪の影響からも守ってくれる保護者となった。

そうした労働者のある一人は、キエフに住みながら、二週間のシフト《ヴァフタ》（*vakhta*）でゾーンに出稼ぎに行っていた。彼は、ゾーンの労働者や住民の検査および医療ケアの監視を行う機関で働いていた。[15] 彼が放射線研究センターを利用するのは比較的容易だった。立入禁止区域にある唯一の総合病院で院長を務める妻がおり、その病院がゾーン作業員にセンターでの医学・法律的査定を紹介していたのである。彼女自身も病人《インヴァリッド》であり、センターの医師と定期的に会っていた。自らも医師としての教育を受けたドゥビーニンは、ゾーン内で働くことで通常の倍の給料をもらっていると語った。さらに、彼は「よりリスクの高い」放射化学物質を扱う職場を選んだので、すでに倍加された給料に二五%が上乗せされた。すべてを含めると、米ドルで月三〇〇ドル相当の稼ぎとなり、それは平均給与の三倍から四倍の額であった。私が、周りの同僚たちは「ゾーンから出て民間市場に」行かないのかと尋ねたところ――このように聞けば彼の経済状況を明らかにできそうだった――「いいえ、みんなゾーンにしがみついています」と彼は答えた。

　病人役割という概念を明確にするうえで、タルコット・パーソンズは、戦後の経済成長期にあるアメリカ合衆国では病気の定義と労働の必要条件との間に関連性があることに注目した。「資本主義では健康が、市場にある他の商品と同様に商品となる。……経済の必要条件と健康状態の必要条件は、常に緊張関係にある」(Turner 1987: 172)。ドゥビーニンの最終的なゴールは、ゾーンを離れることであるが、それは国家の社会保護の下という条件でのみであった。イヴァニウナの言葉を使うならば、彼は仕事をしない権利を申請する準備をしていた。しかし当面は、イヴァニウナと同様に、自分の症状と傷害の経緯を追っていく必要があった。そうすることでまた、自らの労働という商品はキャンセルされたものの、競争力のある病人、障害者として市場に参入する準備をしていたのである。

　ドゥビーニンの論理は、ゾーン内の労働者その他の被害者が、民主主義および市場主義に応じた社会再編成のなかで、たとえ否定的な地位であっても、居場所を確保するための資源を示している。皮肉なことに、障害者と結びついている資源は、旧ソ連地域の、特に農村部や先住民地域の多くのコミュニティが現在「自由にできる」資源よりもはるかに大きい。障害者ステータスを得る権利と保護の探求は、資本主義への移行がもたらした破壊的結果を反映する高度に組織化された手続きの中に組み込まれた(Verdery 1996: 10)。このような手続きは、社会主義崩壊後の国家や文化に特有な状況ではない。それらは、「人間がつくりだしたものであり、暴力、混乱、絶望などとともに、国民国家」、資本主義、「自由市場を建設するうえで生じる隠れたコストの一部である」(ibid.)。この文脈では、民主主義とは可能性でもあり牢獄でもある。このような手続きは、制度化されたかたちで行使される民主主義的自由、つまり

「[自由の]状態というより実践を表しており、よって『制度や法で保証されるのではなく、行使されねばならない』もの」を象徴している(Foucault 1984 : 245, quoted in Brown 1995 : 8)。保護を受けるために、患者は複雑な医療のゲームにすすんで参加する必要がある。ウクライナ国家は、保護の概念や保護の再分配を通じてどのように立ち現れてきたのだろうか。労働免除、診療裁判所、苦しみ、診断の取引は、指令経済(そこでは現金の重要性が比較的低かった)から市場経済へと移行するなかでどのような役割を果たしたのだろうか。

買うものも売るものもない

「この村で金は稼げません。もしチェルノブイリの年金さえもらえれば、少なくともパンは買えますが」。パウロ・ストラホータは、一九八六年九月から始まった巨大な石棺建設のためにゾーンに動員された一四万人――ウクライナ全土やソ連の他の共和国から派遣された軍隊、技術者、鉱夫、警察官、運転手、エンジニア、医師ら――の一人だった。その時には、当局は、もう放射線の脅威は一切ないと通知していた。しかし、村では噂が広まり、異なる話が伝わっていた。ストラホータは、イヴァニウナの村に駐留していた連隊の一つに所属していた。イヴァニウナが言うには、「噂が飛び交っていました。連隊が作業し始めてから半年後、軍隊のある青年が、自分の兄弟の代父が連隊から免除され、すでに亡くなったと話していました。要は、みな死に始めたのです」。ゾーンの作業員のあいだでは、チェルノブイリの死亡者数は、科学報告書などで引用された三一人よりもはるかに多いと考えられていた。

ストラホータは、ウクライナ西部国境沿いのトランスカーパンティアン地方出身の集団農場作業員であり、無学で、読み書きもほとんどできなかった。彼は自分の名前を私に明かすのをためらっていた。彼の医療ファイルを読むと、身体検査を受けるために放射線研究センターに来るよう招待を受けたことがわかった。ストラホータは、ゾーンの除染作業の一環として「原子炉の周りの土を六インチ〔約一五センチ〕掘ってバケツに入れ」ていたと教えてくれた。また、「ゾーンで放射線測定員の運転手もやっていた」。彼は、ゾーンで働いていたときの健康状態を次のように表現した。「頭が痛くて、口も乾く。酔っぱらいのように歩いてた」。イヴァニウナのように、彼は放射線による酩酊を酔っぱらいのイメージで伝えた。

彼は、村の大勢の青年のなかからゾーン作業員として選ばれた。彼が徴用された経緯は、地元色がふんだんにまぶされ、省略も多いものの、社会制度に対する一種の告発と読むこともできる。「コリャダ（*koliada*）の最中に起きました。一九八七年一月八日の夜です」と彼は言う。コリャダとは、クリスマスが終わった後のお祝い期間で、伝統的にグループでキャロルを歌いながら家々をまわり、地元の教会や慈善団体、そして、今回の場合のように集団農場運営のためにお金を集める。その夜、集団農場の管理人は、ゾーン作業員の連隊を組織するよう軍から命令を受けていた。

ストラホータは、長い楽しい夜を過ごした後、地元の徴兵所に連れていかれたという（それは集団農場の管理人のオフィスにあった）。「兵隊たちは、われわれをゾーンの作業要員が集まる場所に連れていった。……彼らは宗教的なキャロルを歌っていたよ。農場管理人の事務室に着くと、陸軍の士官がいた」。半分酔っ払った状態のストラホータに大佐が近づいた。「制服を渡され、次の日からわれわれはゾーンで働くことになった」。

その時点で、彼は、「ブラット（*blat*）をどう仕組めばよいか知らなかった」ためにこの運命が決まってしまったのだとわかっていた。ブラットとは、インフォーマルな取引や融通のシステムであり、物資が慢性的に不足していたソヴィエト時代には普通に行われていた[16]。ブラットは、軍務や徴兵を逃れたり、友人や親戚に仕事を工面したり、病院のベッドを融通してくれるような権威ある医者との面会を設定したり、病欠の許可書を得たりする場合などに重要であった（Ledeneva 1998）。ストラホータは、管理人のことを「現金出納係」と呼び、「すべての金を吸い上げて決算する」と言っていた。

一方、より高い教育を受けたドゥビーニンは、徴用について異なる心情を述べていた。「私は喜んで働きに行きました」と彼は言う。「一九八八年、兵役を終えた後、私は妻と一緒に医学部を卒業しました。私たちは、ドンバス炭田にある公共衛生免疫局に配属されました。アパートに住みながら一年間炭鉱で働きました。そのとき、友達にもっと金を稼げる場所があると教えられたのです。チェルノブイリで働かないか、と誘われました。金も良ければ、食べ物もある、それに二週間のシフトで働けると。まったく同じ仕事をして、およそ三倍の給料がもらえました」。

ストラホータとドゥビーニンの説明から、ゾーン内の雇用と仕事は、新しくも古くもある複雑な経済的配置に埋め込まれているのがわかる。軍の指導者や専門職への給付や手当は増加し始めた。歴史学者ナタリア・バラノウスカが、ウクライナ共産党や他の行政当局の記録保管所から見つけた資料によると、一九八六年から一九九〇年にかけゾーン全体で新しい経済が出現したのがわかる。[17] ソヴィエト財務省やエネルギー省には、「軍の給料を増やして欲しい」「避難民の物質的損害を補償してほしい」「補佐役の分隊をもっと送ってほしい」「事故処理作業員の物質的補償を拡大してほしい」「科学調査作業の財源を増やしてほしい」などの要請が多数送られるようになった（*Chornobyl'ska Tragediia* 1996：225）[18]。

私は、様々な職種の労働者にインタビューをしていくなかで、ゾーン労働者は、専門職かそうでないかという違いで、同じ種類のリスクにさらされた場合も受け取る補償が異なることに気づいた。私の情報提供者は、皆この矛盾を痛切に理解していた。イヴァニウナとストラホータの例のように、最も教養が低く、（保護や金、社会的ネットワークという意味で）ブラットがない人々は、最下層の任務にあたるしかなかった。「お前は無知《デュラク》（*durak*）なので、私がお前のボス《ナチャルニク》（*nachal'nyk*）だ」というわけだと、ある徴用兵は職業的リスクの社会配分を表現していた。

雇われのタクシー運転手が、埋め立て用の穴「埋葬穴《モヒルニキ》」（*mohyl'nyky*）を視察する陸軍大将の運転手をしたとしても、同等の軍部の者よりもはるかに低い給料しか支払われなかった。[19] その反面、燃え盛る原子炉の下で冷却用の注水路を掘ったプロの鉱夫は、高いボーナスと早期の年金を受け取ることができた。徴兵された兵士がもしゾーンで働くことを拒否すれば、軍事法廷にかけられるか、仕事を失うか、最悪の場合、投獄される可能性があった。対照的に、ドゥビーニンのような専門職ならば選択の余地があり、通常の三倍の給料を受け取ることができた。この公然たる格差により、生命の価値について常に疑問が投げかけられるようになった。同じリスクを背負うならば、すべての労働者階級が同等に補償されるべきではないだろうか。なぜ、私よりもボスの命をより価値あるものとして扱うシステムに服従しなければならないのか。

ステファン・ラスチュクは、爆発の数週間後、原子炉の敷地の周囲に有刺鉄線のフェンスを建てる旅団にいた。ソヴィエトの指導者の命令を受けた軍の司令官らは、放射線による汚染を封じ込める任務を遂行しており、私の聞いた範囲では、被曝量のレベルや設定された限度の基準にかかわらず、新規補充兵たちをどれだけの期間ゾーンで働かせるか自由に決定できたという。ラスチュクによると、「二五レムの被曝を受ければ他の作業員と交代させると、軍の司令官は言っていました。しかし、交代はありませんでした。二五レムどころか、一二五レムや二二五レムだったのに」。ラスチュクはそう私に語った。

「『原子炉の周りに一〇キロのフェンスを建てるんだ。そうすればここから出してやる』と司令官たちは約束しました。しかし、意外に早く私たちはフェンスを建てることができました。皆、早く出たかったのです。すると金の顕彰を肩につけた大将が現れ、私たちに言ったのです。『諸君、このように計算したまえ。一〇〇万人埋葬するよりも一〇〇〇人埋葬するほうがましだ』と」。軍の司令官——その多くは、放射線防護の戦略に疎かった——は、補充兵の身体をさらに被曝させて捨てるほうが新たに兵を募るよりも得策だと示唆しているのであり、彼らの命に価値がないということである。

興味深いことに、ソヴィエトの放射線防護の取り組みに国際的な信用性を与えた専門家たちも、ソヴィエトの不用意かつ危険な実践を批判的に問うことはなかった。ラスチュクは、ゾーンでは罠にはまった状態で働いたと語った。「もしゾーンを出れば、それは政府に反することになります。法律に反することにもなります。どこにも行き場がないのです」。イヴァニウナやストラホータのように、彼は自分をコントロールした国や医療の法律を自らの将来をコントロールするために利用した。新国家での生活として、法的、医学的、道徳的価値に基づく新たな社会契約が成立しつつあることが、彼らの語り《ナラティヴ》からうかがえる。

一九八九年までに、現場の作業員、流動的な作業員、そして研究機関から成る巨大なゾーン関連の官僚機構が成立していた。ソヴィエト崩壊時に、彼らがゾーンで働く者の生命の価値をどのように高く、あるいは低く見積もってきたか、その計算が明らかになった。ゾーン内の農村部出身で、ウクライナ共和国の元行政官であり生物物理学者でもあったイヴァン・ロスは、ゾーンの事故処理作業を継続するため、モスクワのソヴィエト国家経済計画委員会（ゴスプラン）から資金援助をとりつけようと必死にロビー活動をしていたときのことを語ってくれた。彼は、当時普通にそう呼ばれていたように、モスクワのことを「中央」と呼んでいた。

地方は、問題が起こると中央から金をもらっていました。金をもらうには、モスクワへ足を運び、この地方やあの地方にどれだけ金がいるか訴える必要がありました。ウクライナはこれをよく理解していたのです。ウクライナ領内で原発事故が起きました、しかし、そのことを責め立てるつもりはありません。……ウクライナの党指導者は、モスクワの財源をなるべく早く握って、ウクライナの放射線問題がどれだけ深刻か伝えれば、ウクライナへと流れる中央の予算が大きくなると理解していました。そうすれば、状況をくい止めることができると。誰もがお金目当てでモスクワに赴いたのです。でも、経済が崩壊したせいで、金は一銭もありませんでした。

一九八九年には、ソヴィエトの国力の弱体化が露呈し、ウクライナがチェルノブイリの事故処理を開始することになった。一九九〇年、まだウクライナ・ソヴィエト社会主義共和国だった当時の国会議員が、ゾーン内のすべての作業員の保護や賠償に関する一連の国家法を独自に提案する段取りとなった。「モスクワの中央」にその法案を承認させたのは、ウクライナの内閣や党員にとって大きな勝利だった。彼らは当時、国内の職工組合、ゾーンの労働者やその家族から、この法案の制定についてプレッシャーを受けていた[20]。

あるインタビューで、〔ウクライナの〕独立支持派で法案の起草者の一人はこう言った。「ゾーンの作業員には、考えうるすべての手当を支給しようとしました。戦争の傷病兵への補償に関する本を参考にしました。電話や車まで、すべてを補償に含めたのです」[21]。提起された法案はゾーンの作業員に、高い給料、ボーナス、特権を保証し、さらに病気、障害、殉職の補償を約束した。新たなチェルノブイリ基金はソヴィエトのゴスプランから資金を受けていたが、ウクライナがその運営にあたっていた。ウクライナ共和国はまだ独立していなかったが、自らをいわば生命保険のエージェントとして位置づけ、労働能力を使い尽くされて、適切な補償も受けずに「放り出された」多くの作業員に現金を保証したのである。

しかし、一九九〇年、ソヴィエトの財務省がゾーン内に作業員を封じ込め、給料支払いや監視のために必要な資金を引き上げると、ソヴィエトの原子力当局は、ゾーンへの責任を早々に放棄した。社会保護法は文面上でのみ存在していた。しかし、この撤退により、権力の空白が生まれゾーンはある種の中間地帯《ノー・マンズ・ランド》となり、有害な影響が即座にもたらされた。チェルノブイリに関連するウクライナ国会委員会にいたある官僚によれば、当時、ゾーン内の作業員が略奪を始めたという。(22) 彼によると、「すべてが盗まれました。一九八八年、一九八九年に始まり、一九九〇年まで」。盗難被害にあったもののなかには、ゾーン内にあった汚染されたヘリコプターの部品や、コンバイン、トラクター、建材、車、トラックなどのほか、避難者が住居棟や私有農場に置いていった高価なイコン〔聖画〕、家具、家畜など、ありとあらゆるものが含まれていた。略奪者たちは、自らの行為がどれだけ破滅的な結果を生むかも顧みず、汚染されたモノを売買し、広く流通させたのである。

内務省の職員や陸軍、地元の州兵などが、ゾーンの境界にある検問所で線量測定《ドジメトリック》の任務にあたっていたのだが、彼らもこの権力の空白に乗じて利益を得ていた。彼らは、ゾーンから外に持ち出されるモノの汚染レベルの検査を行っていた。例えば、検問所で車の表面に許容レベル以上の汚染が確認された場合、除染（たいていの場合は、ホースで水をかける）の手続きがなされた。もし、検査の対象物が重度に汚染されていたならば（土壌の除染や建物の取り壊しに使われたトラックやフォークリフトなど）、送り返され埋め立て用の穴に埋められることになっていた。検問所の担当者による収賄が常態化すると、ゾーンの境界周辺では線量管理が徐々に信頼できなくなっていった。汚染された機材も簡単に検問を通過できた。こういった慣行は、ゾーンの境界が仮想にすぎなかったことを明らかにしている。

一九九一年、独立を宣言したウクライナは、避難者や指定区域の住民を含む被曝者、そしてすでに準備が整っていた彼らの民主的請求を「引き継ぐ」ことになった。もし共和国の立法者たちが社会保護を提供する約束を反故にすれば、彼らの行いは政治的な自己破壊を招くことになっただろうと、彼らは私に言った。彼らが感じたプレッシャーは、福祉国家ソヴィエトの遺産である福祉を享受する特典がどれだけ重要だったかを証明している。しかし、依然進行中のチェルノブイリの社会的、技術的難題のために、事故後の解決法を講じるうえで、選択の余地は一層せばまっていた。独立したその時点で、この国はチェルノブイリ関連の膨大な費用のために、以前よりさらに社会的に不安定となり、劇的に貧しくなっていた。

新しい法律の予算を組むために、ウクライナは全労働者の給料に一二％のチェルノブイリ税を課すことにした。これらの財源の六〇％から八〇％が、社会問題に充てられる。法で定められた手当と補償や、医療費、年金、避難者用の新居の建築費の補助などだ[23]。技術管理——そのうち最も重要なものは石棺の安定化に関する土木作業——の費用は、国際協力、合同事業、借款、そして技術協力プログラムを通じて調達することとなった。これらの事業に割く国家予算は皆無だったので、ウクライナの政治家は海外からの援助がいかに必要か劇的に表現するために、国内に大勢いるチェルノブイリ被害者について訴え続けた。

誰が立入禁止区域を所有し、管理するかという問題も、主権を主張していくうえで重要な役割を果たした。領土的主権をめぐる最初の措置として、ウクライナ共和国はゾーン内すべての経済的、科学的行為に対して自ら「管轄能力がある」と宣言、外国や国際機関との協力協定を結ぶ独占的権利を確立して、行政を掌握した[24]。

主権を主張するのと同時に、指導者たちは、被曝した国土と国民を登録する新しいシステムを導入した。「居住構想」と題した決議案で、ウクライナの議員たちは国内全土を「環境災害区域」だと宣言した。ソヴィエト行政は「汚染地域の中や周辺に住む人々の安全性を意図的に無視した」として非難された（State Declaration 1991）。構想は、ゾーンの労働者を保護するという緊急の課題を認めるとともに、「体系的な知識」の収集、被曝した人口の特定を最優先課題とするものだった。

ウクライナの手法は、政治、経済、公共衛生の面でソヴィエトのものとは根本的に異なっている。ソヴィエトが、致死的被曝量を浴びた消防士に限定して、彼らの生死を問題の中心に置いたのに対し、ウクライナ国家はソヴィエトの手法では除外され、またその結果として生じた個人や集団の被曝に焦点を当てた。国家宣言によれば、「一般的なウクライナ人が爆発直後に受けた被曝量の情報が不足しており、被曝者個人を特定する作業は困難を極めている。この被曝量を再構築する作業が必要不可欠となっている」という。

ソヴィエトとウクライナの手法は、どの局面に調査の力点を置くか、あるいは放射線が誘発する生体への影響をどのレベルで検知し、監視するべきか、といった点でも異なった。ソヴィエトはおもに被害を受けた患者集団から検知された決定論的な影響に焦点を当てたが、ウクライナは確定的な影響と確率的に推定される影響の双方を強調した。決定論的な影響が生じるのは、吸収された放射線が臨床的に観察可能な病態をもたらしたときであり、こうした病態が現れるのは、既定の閾《しきい》値を超えたときだけである。この閾値《シホールド》/限界線量《ドーズ》の構築がいかに政治的に決定されていたかは、すでに見てきた。他方、確率的に推定される影響は、限界線量を基準としていない。それは、どれだけ少量でも、被曝線量の増加に伴って増える有害な影響が遺伝子損傷を起こす確率に依拠している。確率的影響は、低量放射線（閾値以下の線量）に被曝し続けている人々にとって特に懸念されている。確率的影響は、厳密に線量‐効果の因果関係によって決定されるわけではなく、そういう意味で、線形パターンを描かない。

ソヴィエト式からポスト・ソヴィエト式の管理方法に移行するなかで、リスクについて非常に異なる二つの生物学的モデルが主張され、それにより二つの異なる政治的秩序が正当化されようになったことがわかる。これらの生物学的モデルの違いが個人の病歴や病気の進行にどのような影響を与えたかについては次章で論じる。ここでは、新ウクライナ国家がチェルノブイリの未知の領域に対し責任を負ったのは、それが知識に基づく統治や社会的動員を行う新戦略の要であったからだという点だけ述べておく。ウクライナ式の現状認識において大幅に限界線量が下げられた結果、何かしらの症状が起きれば、それをチェルノブイリに関連づけて利害を主張する国民が増えた。国のある医療関連報告書は、このアプローチの包摂的な性格を説明している。「チェルノブイリ後の世界は、現実として存在している。数百万人の人々がこの世界で暮らしている。この世界を満たしているのは主に放射線であり、それが日々の市民生活のなかに居場所と役割を持っている。この世界が存続するには、常にいったい何が起こったか考え、考え直すことが必要となる」(Loganovsky and Yuriev 1995 : 1)。
チェルノブイリによる生物学的影響を解明する科学的かつ生物医学的様式は、繰り返すが、それを正当化する政治的プロセスから切り離せない。生体リスクの閾値を国が操作することで、政治的な、あるいは合理‐技術的な現実が創り出され、より多くの人々がその現実に生きることになった。今や診療所は、患者、活動家、保健従業員、行政官たちが、被曝レベルや損傷の定義、チェルノブイリ関連の補償や医療ケアを受ける権利について論争する場となり、政治の場となった。

一九九一年の秋には、立入禁止区域やその周辺の汚染区域に短期あるいは長期間滞在し、放射線にさらされた可能性のあるすべての人々が臨床モニタリングを受けることになった。そして、国が管理する被災者登記に名前と病歴を登録すれば、放射線センターやチェルノブイリ特別病棟で優先的に無料の検査や医療ケアを受けられる補償の権利を主張できるようになった。都市、地方、村は、新国家に「保護される」ようになったのである。

これらの地域に住む人々に対する現金支給は、特に歴史的に等閑視されてきた農村人口に、ある科学者が苦しみの「指数化」と呼ぶものを引き起こした。その指数化は、事故当時は公に認められていなかった災害規模や国から引き出せる支払いの規模の設定に基づいている。「『私は苦しんだ』と言われれば、法律はそれを承認します」とロス氏は説明した。「人々は、国家が決してただではお金を渡したりしないと知っています。つまり『国家は金を払ってくれるが、私がこれから受ける本当のダメージに比べれば、わずかな額だ。つまり、私はものすごく苦しんだのだ』。いいですか、彼らは空気を読んでいるんです」。

一九九〇年代を通じ、公的資金がチェルノブイリ被災者のために投入され続けた。ウクライナ科学アカデミーに属する様々な研究機関は、指定区域内での重要な科学調査の実施、汚染の監視と汚染地図の作成、国家間の共同調査のために国家資金を受け続けた。ウクライナでは、二〇〇を超える医療施設が創設され、専門的な医療手当を行った(25)。病院は、チェルノブイリ省から別枠の予算を受けてチェルノブイリ専用の特別病棟を設置した。これらの特別病棟のなかには、海外からの来訪者を受け入れ、必要な資金を海外から引き寄せたものもあった。チェルノブイリの被災者

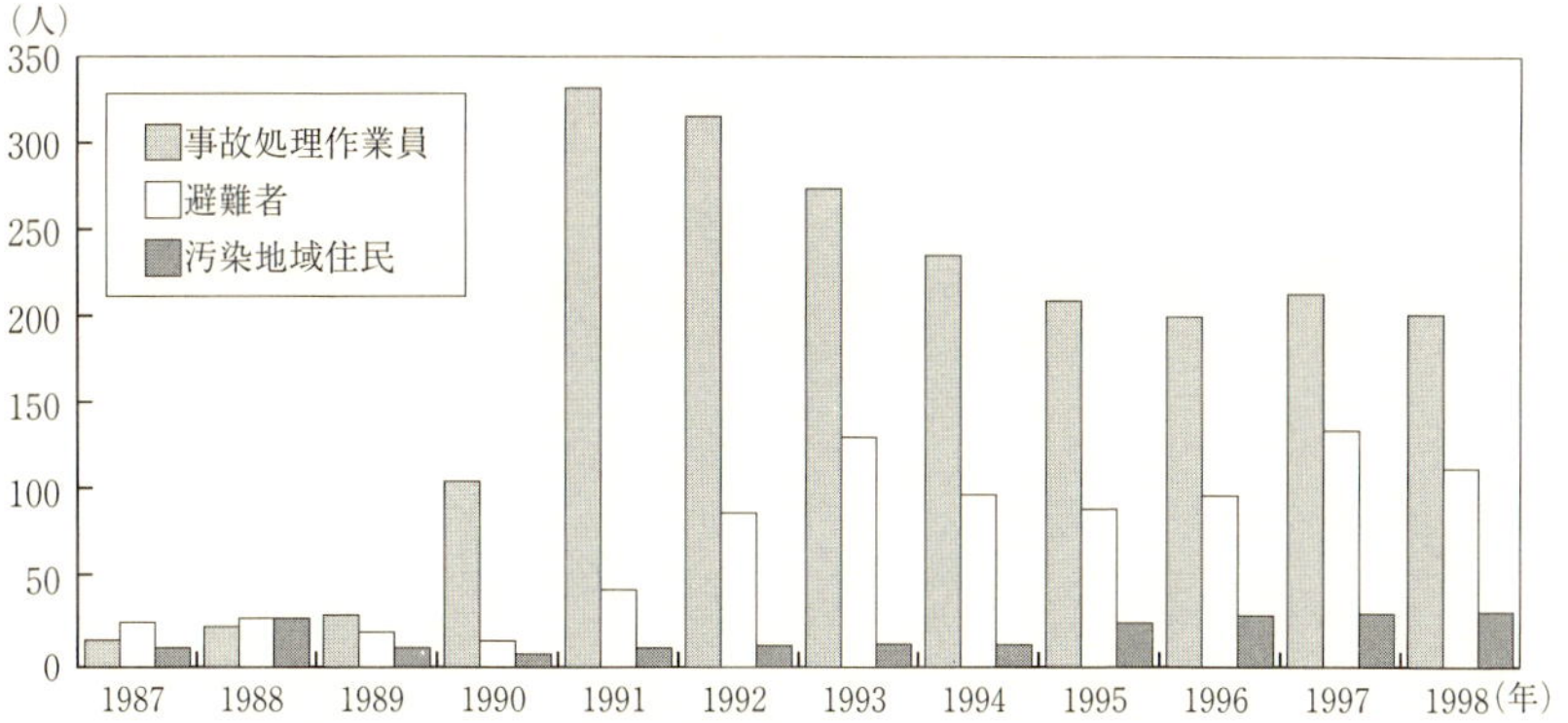

図4　チェルノブイリ被災者における障害者の比率（1万人中）（*Indicator of Health* 1998 より）

を治療するために、サナトリウムの制度が拡大された。汚染されていない食料を被災者に提供するための特別店舗も建てられた。チェルノブイリの福祉制度で検査を受けた被災者の合計は、一九九〇年の三四万七二五二人から社会保護の法律が可決された一九九一年には一五三万六二七〇人に増え、一九九六年には三五〇万人以上に膨れあがった。これらの数字は、当時の社会経済的変化の表れでもあるが、医者や官僚、医療労働委員が国家援助の仲介者としてふるまうようになったことも示している。

医療労働委員会

チェルノブイリに関連する障害申請は増加の一方をたどり、それに対応するために医療労働委員会がウクライナ全土で設立された。この委員会には、「電離放射線と病気、障害、死亡との関連性を登録する」権限が与えられている。この登録（とその関連書類）はロシア語でスヴャシ・ポ・ボレズニュー（*svias po bolezn'iu*）と呼ばれ、文字通りにとると「病気に関連して」という意味である。私は、それを「結びつき（ties）」と呼ぶが、このような結びつきは、障害と、職業関連病つまりチェルノブイリが原因で発生したと考えられる病気を結び合わせ接続する。結びつきにより、障害者とその家族は、様々な特権や社会保護の享受が認められる。一九九〇年以前は、ゾーン内で「契約された」病気の医療的、経済的特権についての情報は機密扱いだった。一九九〇年には「補償という言葉がすぐに広まった」と、元産婦人科医で、地方の病院から放射線研究センターの名誉ある医療労働委員会のメンバーにまで昇りつめたイホール・デメシュコは言う。この委員会は、チェルノブイリ関連の障害を審査するための新基準を調整し、結びつきとされるものを承認する任務を請け負っていた。

放射線研究センターは、キエフのレクリエーション公園エリア《ゾナ・オッディハ》（*zona otdykha*）の一つに指定されている森の中にあり、デレヴォの村[26]から約一マイル離れた場所にあった。この村は、政府が設定した放射線汚染第4区域の境界線の目印となっている。センターは、サナトリウム、特別保健センター、重度の精神障害をもつ成人用の養護施設《ドム・インテルナット》（*dom-internat*）など、多くの施設に囲まれていた。

デメシュコの説明によると、ソヴィエト時代は急性放射線症と診断された場合にのみ障害を申請できた。グスコワ医師は、その診断を臨床的に検知可能な放射線傷害の症状を示す、選ばれた少数の患者に限定して用いていた。しかし、放射線による傷害は時間が経過した後に発生することもある。ウクライナの国家法に従い、チェルノブイリ事故と関連があるとされる新たな病気の一覧が起草された。この新しい一覧は、外科医、労働組合（補償の集団請求を強めた炭坑夫が中心となった）、保健省、社会福祉省、労働省、そしてチェルノブイリ省の代表で構成される委員会により作成された。内務省（国家親衛隊）や国防省（陸軍）など、ゾーン内労働に人員を送り込んだ他の機関も協力した。一九九六年に作成され、各省で承認を受けるために配布された一覧の最終案には、五〇種以上の病気が記載されていた。これらの病気は、放射線研究センターの医療労働委員会がチェルノブイリ関連の障害として認定すべきだと勧告したものであった。

一九八六年、センターで障害者とされていたのは一五名だったが、一九八九年末までには、一三〇名、一九九〇年には、二七五三件が障害者と考えられた[27]。一九九〇年のチェルノブイリ関連障害は、以下のカテゴリーに分けられる。神経障害が五〇・四%、疾患（一般）が一九・六%、心循環器系障害が一一・七%。この内訳からわかるように、神経障害が障害ステータスを得る重要な手段となっている。特定の職種ごとの「結びつき」の件数も、各職種それぞれの政治的影響力の強さを反映している。三四・二%が職業運転手、二七・一%が内務省の職員、一四・四%が炭坑夫となっている。チェルノブイリ法の下では、障害者への年金手当が平均的な労働者のものとは決定的に異なっている。デメシュコは、その違いを私に説明してくれた。

以前のソヴィエト連邦では、仕事で病気となった場合、すべての病気に対してシンプルに一つの年金がありました。三級障害者は、給料の一五％を受け取りました。二級障害者は、給与の三〇％です。職業特有の病状が加わると、例えば、肺がんを患う坑夫や脊椎に問題を抱えるトラクター運転手などは、三級障害者でも給料の三〇％を受け取ることができました。二級障害者の場合は、五〇％です。チェルノブイリ関連の病理学が加わったことで、一九九〇年に三級障害だった同じ人が給料の三〇～六〇％、二級障害者でも給料の五〇～八〇％を受け取るようになりました。幅があるのです。

ネストル・ムドラク医師は、デメシュコの同僚である。以前はゾーンの事故処理作業員が搬送され治療が行われたキエフ軍事病院の輸血センターでセンター長を務めていた。現在は放射線研究センターの経営主任であり、クリニックの運営費を捻出する任務にあたっている。デメシュコが、障害の見込みのある症例を選別し、社会的または経済的資源があると判断した患者をムドラクのもとへ送る。ムドラクは、「この診療所から出てくる法的書類すべてに関わる問題」を処理し、患者の障害ステータスを認定する最後の判を押す。

経営主任としての役割を果たすため、ムドラクはブラットやえこひいき、物々交換も含む様々な手段を使って資源を蓄えている。彼は、めぐまれた患者（例えば、エネルギー関連会社の社員）や集団農場のボスなどと複雑な取引を行い、食料や電気、ガスが診療所に安定供給されるよう尽力している。「ソヴィエトの制度がどんなものだったかはご存知でしょう。何も買わなくてよかったのです。体制が与えてくれました。経営主任など置く必要もなかったのです。国が経営者だったわけですから。これらの義務は自動的に、病院の長である私にのしかかってきました。私は、金を探さないといけないのです」。彼は私にそう説明した。最近、彼はデレヴォにある集団農場と交渉し、クリニックの食堂に砂糖を提供する代わりに、集団農場のメンバーや管理人が優先的に診療所に通えるよう取引をしたという。[28] 彼はクリニックの電話代も払えず、電気ももうすぐ止められるのではないかと気を揉んでいた。

チェルノブイリ基金から来る金は被害を受けた市民よりも官僚の懐を肥やしている、と彼は愚痴をこぼした。「ウクライナの全市民《ユーリディイチニ・オソビ》（*iurydychni osoby*）がチェルノブイリ基金に金を払っているのに、金はこっちには来ません」。この基金で集められた金は、財務省から医療科学アカデミー、チェルノブイリ省、公共衛生省のチェルノブイリ関連部局に流れると、ムドラクは説明した。「我々のもとへ届く頃には、惨めな予算になっています。例えば、エレベーターを動かすために金が必要だとします。もし請求額を支払わなければ、エレベーターは止められます。がんや呼吸不全、白血病の患者が五階や六階にいるのにです。エネルギー省は、チェルノブイリ事故十周年の日にガスと水を止めました。個人的な交渉のすえ、向こうも折れ、温水を供給してくれました。それでも、チェルノブイリ専用の病院である私たちの状況は、他の病院よりましなほうです」。

被災者の権利を保証する法律は、経済の崩壊と重なり、病気の市民の管理と政治に混乱をきたした。ムドラクは、その弊害を的確に見抜いていた。チェルノブイリの被災者を補償するウクライナの法律と、他の核災害に関連した補償制度を彼は比較した。様々な社会的条件が、ウクライナの補償制度を独特なものにしたと彼は言う。中央集権化された国の生産システムと医療制度の崩壊、失業、国家保証の損失などが、社会経済的な生活条件を悪化させた。国家の補償制度とそれを受給できる病気を、「自転車」――すなわち、日常生活を営む上で必要なありふれた乗り物――に喩えて、彼は次のように語った。

アメリカのスリーマイル島事故の場合や日本の被爆者に対して、行政の対処は違うものでした。被害者に一括払いしたのです。[29] しかし、私たちは新しい自転車を創りだそうとしています。法律では合理的に解決できません。大勢の人々が、仕事を失っています。食べるのに必要な金もなければ、薬を買う金も十分にないのです。法律が出来て、チェルノブイリの人々はそうしたものをただで貰えることになっています。しかし、もはや国は無料で薬を提供していません。薬局は民営化されました。

彼は自分の任務を、帳尻を合わせるために「金を発行する」銀行の仕事に喩えた。(30)「薬が必要な人がいれば、その人には金が必要です。私たちが書く診断書は金なのです」。

普通の人々にとって、どれほど診断書が重要であるかはいくら強調してもしすぎることはない。「病人《インヴァリッド》は、チェルノブイリに関連づけた診断書を書くようプレッシャーをかけてきます。国に対する要求も、増大するばかりです。ゾーン内でリスクの高い仕事に就く人は、危険を承知で仕事の契約をします。彼らの動機はこうだ。『病気になれば、これだけの金がもらえる。死ねば、家族がこれだけの金をもらえる』」。

保健省のチェルノブイリ局は、ウクライナの各地域で何名がチェルノブイリ関連の障害認定を申請したか、そして何名が拒否されたかを記録している。ムドラクは、「私たちが拒否した人たちは、まるで波のようにまた戻ってきます」と語った。医療と法律の権力を持つ専門家として、ムドラクは、自身が現在の国家の分配制度では「合理的には解決できない」結び目になっていると認めた。彼の見解では、医師は障害を査定するさい、倫理的な妥協をするようになった。

病気が悪化すればするほど、病人にとっては都合が良い。たぶん病気なんかじゃないかもしれない人でも、医者がこの人は不運な人で、薬が必要だと判断することがあります。私の立場からだと変に思えるが、別の立場からなら、理解できるということもある。一面では、医者は正直な診断を書くべきです。存在しない病気の診断を書くのは誠実ではない。しかし、別の見方をすれば、病人がいるわけですから……私たちは守ってやらなければいけない。国は金を出さず、法的な義務を果たしていません。私たち医者でも、三、四か月給料が支払われないときがあります。私たちは金をもらってないのです。診断の清廉さは、崩壊しています。

このように診断と病状における取引が確立し、医療倫理が棚上げされているからといって、医者は「そこまで責められるべきではない」と彼はほのめかしたのだ。彼の上司であるセンターの副所長は、障害の蔓延をインフレーションと労働者の購買力低下に結びつけた。彼は、「インフレが悪化し、ウクライナの一般市民の購買力が低下したため、たった一か月後の将来さえも見通せなくなった」と語った。また、なぜ人々が病人役割に惹かれるのか、その魅力の根底には仕事をしても給料が支払われない現状があると感じている。「工場の労働者は、三か月も四か月も未払いが続いています。しかも、その給料は彼らが受け取るべき最低賃金よりも低い。ここに住む労働者は、文字通り、国に無償で労働力を提供しているのです」。

この副所長は、医療制度が「市場の補償」や個々人の生存戦略として利用されていると説明した。

もし人々が家計を上向かせることができていたら、病気の数ははるかに少なくなっていたでしょうね。今やみな一つのことにしか関心がないのです。医療制度を通じて、病気、特に難病で不治の病を構築するしか、家計を上向かせる方法がないのです。国家、企業、家庭の間の隔たりがあまりにも大きく、この「不調和」が人々をダメにし続けるでしょう。

このような志向は、社会秩序の乱れや不安を切り抜ける手段としての診療所や病人役割の重要性を物語っている。しかし、この病人役割は回復しないことを目標とする。回復しない場合にのみ、病人は安定して特権を享受することができる。ある患者は、回復しないのは、社会保護や福祉に関する法律が不安定なため、それに対抗する手段なのだと正当化した。「今日法律があっても、明日もあるとは限りませんから」と彼は言った。デメシュコによると、病いは国の大きな物語《マスターナラティヴ》となった。「この国民の病気を止めることはできません。私たちの診療構造は、必要どころか、不可欠になっています。補償のメカニズムはもはや私たち医師に依拠しているわけではない。国家全体が、それに組み込まれているのです」。

不安定な法律と経済的脆弱さがここに組み込まれることで、診療構造が社会的生産と権力の最も重要な場となった。それを取り巻く社会的ネットワークが、労働の損失と犯罪によりもたらされた著しい社会の混乱を補填している。病いは社会的進路となっただけでなく、「止められない」進路となってしまった。この病いの新しい「スピード」をどう理論的に説明すればよいだろうか。社会的進路というモデルでは、社会関係が病状の因果性の分析の中心となる（Kleinman 1986）。この社会進路モデルから、個人、家族、社会や国家の制度が複雑に依存し合う状況がわかる。健康と病いを個人の人格に還元するのではなく、より広範囲の社会の力学や制度に比してしばしば周辺におかれる彼ら個々人の位置取りに還元させて考えることができる（Ware 1998）[31]。他の医療人類学者たちは、病いの経験、特に精神病に関連した経験が、福祉制度の政治経済的な変化によってどのように形作られるか示してきた（Estroff et al. 1997）。精神病の生物学化は、生物学的主張の形成を基礎づける科学的調査のパターンに基づいている（Young 1995）。あるいは、グローバルな経済再編成が家庭内の精神力学や役割分担にインパクトを与えているという（Scheper-Hughes 1979）。制度、医学的知識、変化する経済状況の相互作用を検証するこれらの研究は、患者が自らの病いについて熟練、熟知した――言うまでもなく必死な――「実践者」になると指摘する。そして、有機的、法的、経済的、社会的、科学的要因が、患者であることという特定のローカルな文脈でどう組み合わさっているか理解するための、民族誌的方法を示している。またこれらの研究は、患者としてのある特定のあり方を他人を欺く利己的行為におとしめるような「仮病」や「詐病」といった、世間一般の診断カテゴリーについて、民族誌的な視座を与えてくれる。

私の分析は、国家の政治経済やチェルノブイリにおける生体への未知の影響、技術的、政治的管理の歴史と個人の生命を結びつける、複雑かつ生産的な生社会的現実に、障害認定の請求がどのように埋め込まれているかを検証していく。これらの要素が組み合わさり、止めることのできない病いの広がりを生み続けているのである。このプロセスを、個人の症状や医者と患者との相互作用（このレベルの分析が重要であることに変わりはないが）を超えた次元で分析する。それは、病人の治療条件を整えあるいは妨害する国家の役割が高まり、病人をめぐって新たな価値が社会的に生産されていくプロセスと同じ広がりをもつ（Rabinow 1999）。チェルノブイリ後、病いは一定の人々に市民権へのアクセスを提供し、社会を地ならしし平等化する効果をもった。その一方、この民主的平原への入口はでたらめに開いたり閉じたりする。まさに、このような法律の偶然性（アクセスの拒否、排除、延期という形で）こそ、経済の不安定さと一緒になって、制度の耐久性を保証するものであり、集団を病いに向けて駆り立てているのである。

障害申請

デメシュコは、彼のオフィスを訪れる申請者について私がノートをとり、質問することを許可してくれた。一九九六年には、チェルノブイリの結びつきをめぐる規制がより厳格になっていた。以下に述べるオフィスでのやりとりは、申請の流れや依頼人の戦略のレパートリーを描きだすことを目的としている。例えば、女性依頼人の多くは、夫の死亡や事故発生時に子宮にいたという子供や孫の死亡を訴えて特権を請求していた（第六章でこのような申請のあった症例を詳細に示す）。男性依頼人の多くは病気の深刻度を伝えるために、ゾーンで働いた日数、あるいはまったく働けなかった日数の数字を出して訴えていた。申請者のほとんどが、月四〇ドル——一九九六年の公式な貧困ライン——以下の生活を送っていた。彼らや彼らの家族の名前は、国が管理するチェルノブイリ被災者登記に登録されている。ゾーンでの仕事を辞めて障害者ステータスを獲得しようとする者もいた（これらゾーン労働者は、たいてい不釣り合いなほど高い給料を受け取っていた）。年金を増やすためにより高いランクの障害認定を求めるゾーン労働経験者もいた。また、子供や孫を障害者として登録させようとする者も。

このようなやりとりから、病人役割と特権がどのように認定ないし否認されたか、そしてその判断が及ぼす影響が見てとれる。認定されたあるケースでは、診断と資源の取引で患者が研究センターに渡せる財産によって決まった。デメシュコが、申請者は「生死の境にいる」と考えて認定に至ったケースもある。棄却されたケースは、被曝を証明する書類に不備があったり、申請者の発病が定められた期間を過ぎていたりという理由が多かった。だが、これらの特権を認定する際の公的な規則はほとんどない。依頼人のなかには、ただ特権を懇願するしかない者もいた。申請手続きを手早く片付けるために非公式の診断手続きをとるよう助言された患者もいた。

事故が起きた当時、子宮に子供がいたという母親がデメシュコのオフィスに入ってくる。彼女の夫は三級障害者だ。彼女自身は二級障害者である。娘は「まともに発育していない」と彼女は訴える。「はしっこかった子が、今は足が痛くて」。娘は甲状腺がんだ。

誰かがオフィスのドアから覗き込む。デメシュコは、「あなたの判定はまだ出ていませんよ」と言う。

農村部出身の中年女性が入ってくる。彼女は第2区域にある村から避難してきた。その女性は、娘が事故当時に身篭っていたという話になると、泣きだした。「生まれた子はもう一〇歳で、ドライマウスを患っています。病弱で、しかも知恵遅れで、甲状腺が腫れて、足が痛み、血液もひどい状態です」。少女は検査のためにクリニックの消化器科に入院することになっているという。彼女はデメシュコから同情を引き出さねばならない。診断書に基づいて国家に保護される傷病者《インヴァリッド》になれるかどうか、最終的な判断を下すのはデメシュコである。デメシュコはその祖母をさえぎり、間違った場所に来ていると伝え、子供の状態を診査してもらうならチェルノブイリ小児科病院へ行くよう勧める。

その中年女性は座り込んだままだ。五十代半ばの男性が入ってくる。彼は一九七八年から原子炉の現場で働き、モニタリングと治療を受けるために研究センターとチェルノブイリ原発にある地元の診療所に定期的に入院しているという。彼は自分の病気を丁寧に記録している。そして七三レムという高い被曝量を示す書類を見せる。私が、なぜ今になってデメシュコのもとを訪れたのか尋ねると、「病気だから」と言う。デメシュコは「では、以前は？」と尋ねる。男性は、以前から病気だったが「隠していた」と答える。私がなぜ隠していたのか尋ねると、「ゾーンの仕事ができるから。働くのには慣れているんだ」と言う。「いくら稼いでいますか？」とデメシュコが聞く。「月二七〇ドル」。そして、彼は居残って座っている女性のほうにふり向いて「いくら稼いでいますか？」と尋ねると、彼女は「月二七ドル」と答える。なぜクリニックに来たのかさらに詳しく教えてくれないか、私が男性に尋ねたところ、「目が回るんだ」と拗《す》ねたように答える。

疲れきった様子の年老いた男性が入室するやデメシュコに書類を放り投げ、デメシュコはどこで働いているのか尋ねる。男性は働かずに年金で生活していると答える。市当局のタクシー運転手として働いていて、指定区域から住民を避難させたのだという。デメシュコは書類を受け取らず、別の病院へ行くよう伝えた。

五十代半ばの男性が入ってくる。デメシュコの質問に、「一九八六年五月一八日の一日だけ」ゾーンで働いたという。彼は自分の被曝量を知らない。運転手として働き、事故から九年後の一九九五年に病気になったと主張する。リューマチ、狭心症、心臓硬化症、不整脈を患っている。「不整脈が原因で、チェルノブイリの結びつきをもらえました」と彼は言う。もう働いておらず、月二七ドル支払われる障害者年金で生活しているという。男性は、さらに重度のチェルノブイリ障害認定がほしいのだ。彼がオフィスを出た後、デメシュコは、彼は「結びつき」を買ったに違いないと推測する。「男性の不整脈は、不整脈の補償対象期間の後に発病していますしね。……障害者ステータスの期限が切れれば、もう更新されることはないでしょう」。それがチェルノブイリに誘発されたかどうかはさておき、男性は身体的条件のせいで働けなくなったとしている。チェルノブイリで一日働いたことを根拠に申請に訪れたのは、彼が切迫した状況にあったか、それとも非現実的にも補償を期待していたか、もしくはその両方を意味している。

身なりのいい男性が入室し、自己紹介もせずに、以前は心臓科の患者だったと告げる。「石棺《サルコファグ》を作るために」一九八六年に六日間ゾーンで働いたという。彼は一九九三年に狭心症を患ったとされている。デメシュコは、どこで働いているのか尋ねる。彼は、羽振りのいいキエフ電力会社（KyivEnergo）の取締役だという。彼は失われた労働能力について、「この五週間のうち二六日働いていません」と説明し、もう働くことはできないと思うと言う。デメシュコは、「研究センターの経営主任であるムドラク医師に会う」よう伝えた。

その男性が去ると、彼の狭心症は、狭心症の対象期間の後に発病しているとデメシュコは言った。その期間は五年である。「彼は事故の七年後に病気になっています。病気になるには遅すぎます。法律に従えば、障害者ステータスは与えられません。でも、取締役ということなので、彼から人道支援《フマニタルカ》（*humanitarka*）をもらえるかもしれません」。それはムドラクの仕事だ。

ある女性が入ってくる。すでに亡くなった夫の代理として来た未亡人だ。「去年、夫の医療書類を提出したのですが」と言う。「あなたのご主人についての診断はまだついていません」とデメシュコは答える。女性は、この案件についてほとんど何も話さず立ち去った。デメシュコは、彼女の状況について知っており、決定を遅らせているようだった。

農村部出身の中年女性がオフィスに来る。「傷病者の夫《チョロヴィク・インヴァリド》」(*cholovik-invalid*)が三日前に亡くなり、社会保護の追加を申請にきたと言う。彼女の夫は運転手で、二週間のシフトでゾーンで働いていた。(32) 彼女は月二六ドルの年金で生活している。夫は、がんで亡くなる前は月七五ドルの年金を受け取っていたという。「チェルノブイリの年金は、すでに彼の基礎年金に勘定されていませんでしたか?」とデメシュコは尋ねる。

「ええ、ゾーンで働いていたので月一六ドルの加算が」と彼女は答える。

「彼の死亡補償を受け取りましたか?」とデメシュコは聞く。

「葬式代としてだけ」と彼女は言う。

「じゃあ、何が欲しくてここに?」とデメシュコは聞く。

女性は、「夫が『俺が死んだら、チェルノブイリ特権をもらえ』と言ってたんです」と答えた。

この事例において、故人は、チェルノブイリ関連の死にさいし家族への恩恵を皮算用していた。彼の妻は、医療書類を「相続」し、それを使って国からもっと多くの社会保護を求めようとしているのである。障害が夫の死に結びついて(「死と関連して」(*sviaz po smerti*)、これ以降は「死の結びつき」とする)いると訴えている。

男性が入室してくる。一九八六年六月にゾーンで二週間働き、周辺の汚染された森林を伐採していたという。「うちの工場全体でやった」。彼は自分の被曝量について知らない。被災者として月二六ドルの年金を受け取っている。甲状腺がんの手術と代用甲状腺ホルモンの費用を支払うために障害者ステータスが必要だという。彼は切迫し、憂うつな様子で、役人の気まぐれな対応に辟易している。デメシュコは再検討するために彼の書類を受け取った。

女性が入室し、自己紹介もせずに「夫は障害者(一級)で、専門家でした。腎臓がんで亡くなりました。被曝量は二五レムでした。年金受給額は三二五ドルでした」と言う。彼女は死の結びつきを求めている。彼女が去ると、デメシュコは「この女性がこれ以上金を受け取ることはないでしょうね。社会福祉省は、夫の葬式のためにすでに金を渡していますから」と言った。

男性が入室する。彼は三二ドルの年金を受けており、障害者ステータスを求めている。ゾーンで働いていた妻が最近亡くなり、彼は「自分の身を守る」必要があるという。彼は自分の被曝量を知らない。

女性が入室する。彼女は黒いワンピースとスカーフをまとっている。夫は三日前に亡くなった。夫のチェルノブイリ関連死に付随する特権を求めている。夫はエンジニアとして働いていた。彼の被曝量は一八〇レムと極度に高く、肺がんで死亡した。

女性が入室する。彼女は一九八六年四月二七日にプリピャチから避難した。月給三七ドルで勤めていたパン工場を解雇された。彼女はデメシュコに向かって病気を並べ立てる。一九八七年、植物神経失調症と非循環性脳障害（神経障害）と診断された。三人の子供を育てているという。

「自分の家族を守っていけますか？」とデメシュコは尋ねる。

「無理です」と彼女は言う。

「今後、何をする予定ですか？」と私は彼女に聞いた。

「商売です。何でもいいから売れるものを売ります。国は何も支払ってくれませんから」

デメシュコは、彼女を地元の総合病院へ送る。「そこに行って、ここの神経科への紹介状を書いてもらいなさい。そうすればチェルノブイリの結びつきがもらえます」。

男性が入ってくる。彼は、医療労働委員会が受けさせた特別検査の結果書類をデメシュコに見せる。男性は、一九八六年の五月から八か月間チェルノブイリ原発で働いていた。彼は障害を欲しがっていた。湿疹があると言い張り、アンゲリーナ・グスコワ医師の権威に訴えながら、湿疹が「急性放射線皮膚炎に変化したとモスクワで診断された」と訴える。急性放射線皮膚炎に関して特権は一切ないとデメシュコは伝える。障害者として考慮してほしければ、皮膚がんの診断が必要である。男性が去ると、グスコワは一九八八年に急性放射線症に関連する診断をすべて取り消したのだとデメシュコは教えてくれた。「一般的に、急性放射線症による障害は一切認められないのです。しかし、もし急性放射線症からの合併症を示せば、考慮の対象とはなります。〔その点、〕皮膚がんは有効でしょうね」。

男性が入室する。顔は土気色で、疲れ切った様子だ。自分の被曝量を示した資料をテーブルの上に置く。「私がゾーン内で辿ったルートに基づいて推定された被曝量です。私は、モヒルニキ（放射性物質の埋め立て場）で働いていました」。低血圧症に苦しみ、すでに二回も心臓発作を起こしたという。デメシュコは、一九九〇年以降の入院記録を提示するように言う。男性は、年度ごとに診断を登録することができなかったと答える。「あなたには結びつきが与えられないでしょうね」とデメシュコは言う。「でも今はジャガイモの収穫で忙しい時期です。だから、神経科病棟にはベッドの空きがあるかもしれません。そこで診断を受けて下さい」と付け加える。男性は去る。デメシュコは私に言う。「彼は生きるか死ぬかの境目にいます。ああいう人が多いんですよ」。

新しく改築されたこのオフィスは、抑うつ、疲弊、敗北で満ちていた。黒い服を着た大勢の女性が同じ訴えをする――親戚や伴侶が亡くなったと。チェルノブイリの遺産は、手に負えない生と死の取り消しがたい婚姻に作り変えられていた。とはいえ、チェルノブイリによる死に、生物学的に識別できる印があるわけではない[33]。死を識別するのは、死に先立って生きられた生のみである。生は、ある具体的な医療プロフィールをもち、国家と具体的な関係を結ぶ。生は、市民権と社会的包含の、特定の種類の経験に影響される。チェルノブイリの被災者は、死ぬまでに大量の書類の対象となる。死後は、ほとんど解読不可能な医療記録と病院紹介状、署名、組織のゴム印、被曝線量査定、診断書、診断書の訂正、さらに多くの診断書などなど、彼あるいは彼女にチェルノブイリ・アイデンティティを与える書類が山積みになって残される。

ある女性が入ってくる。彼女の夫は死亡し、彼女は死の結びつきを求めている。「彼はまだ五〇歳で、ブルドーザーの操縦士でした」と言う。「一九八六年から八七年にかけて、七か月チェルノブイリで働いていたんです。何の病気の症状もないまま突然心不全で亡くなりました。私は母親の実家にいました」。デメシュコは、死亡する前に夫が障害者として分類されていたか尋ねる。夫は障害者ではなかった。つづいてデメシュコは、夫の検死報告書を持っているか尋ねる。彼女はそれをデメシュコに手渡しながら、夫の遺体は死体公示所に七日間安置されていたと語った。女性がオフィスを出ていく。検死報告書には以下のように記されている。

市民マロフヴの遺体は、腐乱した状態で発見された。市民マロフヴの遺体を法医学的に検査したが、身体の損傷を示す痕跡は見つからなかった。血液の化学分析を行ったところ、血中アルコール濃度が許容値よりも高いことを示す白い染みが見つかった。遺体の腐敗段階を考慮すると、腐敗の過程で嫌気性細菌との融合によりエチルアルコールが生じた可能性があるため、この血中濃度が過剰なものだったのか、それが市民マロフヴの死にどう影響したのか確証をもって判断することができない。市民マロフヴ、アナトリー・アナトリーエヴィッチ五〇歳の死因は、直接的には急性冠状動脈不全の可能性が高い。それは、冠状動脈の形状、硬変の痕跡、広範囲の心臓動脈硬化、強度の心臓発作、死亡後の肺や脳の腫れにより明らかである。

ウクライナは、旧ソ連圏のなかでアルコール中毒死の件数が最も高い国の一つである。デメシュコは、検死官の報告する死の経緯に、放射線ではなくアルコールが果たした役割を見定めるべく、自身で編み出した計算があると私に語った。[34] 彼は女性の話を疑っており、検死官の結論も疑問視している。「検死報告書によると、硬化した動脈組織(X線で白っぽく写っている)の三〇%がX線を遮断しています」。もし、硬化した組織の少なくとも八〇%——それはデメシュコの作った基準である——がX線を遮断していれば「一〇〇%の確率で心臓病が死因だと言えます。そうすれば、あの女性も結びつきができて、夫の死亡にあたりチェルノブイリの現金手当をもらえたでしょう。彼女は書類を提示して、官僚のネットワークにまわすでしょうが、結びつきはもらえません。彼女の夫は飲みすぎたせいで死を招いたのです」。

生きるための病い

厳密な科学と厳密でない科学、確実な原因と不確実な原因、問責の厳正な基準と厳正でない基準、これらの溝が広がり続けるなか、社会全体が変化し、自暴自棄と官僚への依存の新たな形が生まれた。

一九九六年一〇月、センターの医療労働委員会は、三〇〇件以上を審査した。通常、委員はその三倍もの案件を毎年受け取るが、給料が期限通りに支払われないために、委員の多くはこの作業を無益でつまらない仕事だと思っている。医療サービスを売ることに勤しむ委員もいれば、委員会の任務をただ遅らせる委員もいた。そのせいで障害に関する判断が先送りされ、障害認定の候補者は、不安のなか長く待たされることになった。

私は、デメシュコの秘書がオフィスを開き、ドアの前で待っていた人々に書類を返却する前に、彼の机に積み上げられた一〇〇件の認可済みの案件を調べてみた。一〇〇件のうち五四件は、高血圧、硬化症、心臓病など、心臓の疾患を理由にチェルノブイリ関連の障害が認定されていた。五件は、骨髄性白血病、結腸がん、甲状腺がんなどのがんが原因だった。四件は、慢性肺閉塞に関わる呼吸系の疾患が原因だった。二七件が、発作、脳症、脳損傷、外傷後ストレス障害などの高度神経系の機能不全を含む神経障害が原因とされた。四件が、内分泌や自己免疫の障害が理由とされていた。その他六件は、チェルノブイリのゾーン内の作業が原因で家族が死亡したとして、結びつきを求める人々により提出されていた。そのうちチェルノブイリに関連すると認められた死因には、脳の器質性損傷、心臓病、前立腺がんがある。最後の案件は、発作によって死亡するまでゾーンで働き続けた男性のものであった。

ソヴィエト・モデルの医療措置では、これらの案件が何らかのかたちで明るみに出てチェルノブイリに関連していると診断されていたかどうか知ることが難しい。ソヴィエト・モデルで適用された厳正な生物医学的基準を考えれば、関連はないと判断されていただろうと考えるのが無難である。はっきりしているのは、異なる合理‐技術的介入措置（そして、それにより導入される科学的基準や生物医学的分類法も含め）が異なる政治的文脈で行使されれば、災害後の被害者数の全体像はまったく異なってくるということだ。これらの違いは、官僚的行為、そして苦しみのステータスおよびそれを客体化する方法が、いかに介入によって形作られてきたかを明確にしている。

チェルノブイリの被災者や障害者についての意見は、国内の道徳構造の変化を測るバロメーターにもなっている。補償制度の蚊帳の外に置かれた人々は、その制度に対し複雑に入り交じった見解を持っている。チェルノブイリの被災者を国の福祉制度に取り込むことで、少なくとも市民の一部に対しては国家がまだ社会保護の道徳的責任を担うことができると感じている人もいる。社会主義的再配分の序列の下ではしばしば最下位におかれた農村部の住民のあいだでは、彼ら被災者の苦悩をより好意的に見る傾向があった。貧しい農家や高齢者の多くは、被災者たちが補償制度に含まれたということは他の分野のニーズにも国家が責任を負うということだと考えていた。キエフや他の都市部の住民のあいだでは、被災者は「税も収めず経済を破壊する国の寄生虫」という共通見解が形成されつつあった。被災者は、資本主義の導入により時代遅れとなった社会のあり方を象徴していた。指定区域から退去した多くの若者は、チェルノブイリと関連づけられたくないと語っていた。彼らは、そのレッテルでスティグマ化されると雇われなくなると恐れていた。社会保護法を起草した独立派の国家主義者や労働組合の支持者たちは、その多くが補償の政治を扇動したりそこに関与したりするのを止めた。チェルノブイリの補償制度が、彼らの意図しない形で疑似社会主義者人口を生み出したため、制度を酷い失敗として捉えるようになったのだ。実際、現在の基金団体や活動家グループは、二極化した国会で援助の継続を訴える社会主義や共産主義の指導者に支えられている。いっぽう世界銀行などの国際機関は、チェルノブイリの社会装置が、理想的とはいえないウクライナの市場経済移行の「重荷」となっていると述べている（World Bank 1996）。国際的な金融機関は補償制度に否定的で、補償制度の早期解体を将来の借款契約の条件にしたりもした。一九九八年七月、ウクライナの大統領はこのような圧力に屈し、国が運営するチェルノブイリ基金への政府予算を半減する命令を下した[35]。それからまもなく、政府は、ウクライナの財政赤字がＧＤＰの三・三％から二・五％に減少したというプレスリリースを発表した。この数値は、ウクライナが国際通貨基金の市場改善要求に殉じた証として提示された。このような数値的証拠を提示することで、国際通貨基金から二二億ドルの借款を受ける道をひらいたのである。[36]チェルノブイリの犠牲の価値を他者が解釈していくなか、被災者の街は、政治的折衝と個人的生存のための重要な空間として——そして、多くの人々が生きるために病いを得た街として——定着したのである。

第五章　生物学的市民権

復旧のモデル

表2は、チェルノブイリ事故で放出された放射性微粒子を種類別に示している。各粒子がどれくらいの量放出され、いつ消滅した（する）かが示されている。微粒子の半減期には、一・四時間から二八五日、二万四四〇〇年までと、驚くほど開きがある。[1] この表から、チェルノブイリ関連の病気の潜伏期間は事実上無限である、との認識が得られる（UNESCO 1996）。

アメリカでは環境上の責任という問題が起こり、しかるべき救済措置や復旧策を定める法の整備、汚染コストの算出について司法業界が関わるようになった。救済不可能なほど汚染された地域の多く（ウクライナやその他の地域も含む）では、環境汚染にさらされた場合の健康コストと除染にかかるコストとのバランスが法的問題の中心となっている。このジレンマを解決するため、アメリカの司法および企業のアナリストは、費用対効果にもとづく復旧モデルを導入した。このモデルは、電離放射線による健康への影響という知見に対して、除染作業の経済的な実行可能性および除染後の残存放射線に対する社会的許容レベルを天秤にかけている（Hamilton and Viscusi 1997, Steele 1995, Schroeder

表2　放出された微粒子とその半減期

Bq＝ベクレル，Ci＝キュリー

核　　種	半減期	10 x 半減期	残量が0.1以下になる時期	放　　出　　量	
				Bq6	Ci
ジルコニウム95	1.4時間	5.8日	1986年5月	196	5,297,297.30
ネプツニウム239	2.4日	24日	1986年5月	95	2,567,567.57
モリブデン99	67時間	28日	1986年6月	168	4,540,540.54
キセノン33	5.3日	53日	1986年6月	6500	175,675,675.68
テルル132	78時間	32日	1986年7月	1150	31,081,081.08
ヨウ素131	8日	80日	1986年7月	1760	47,567,567.57
バリウム140	13日	128日	1986年9月	240	6,486,486.49
セリウム144	33日	330日	1987年5月	196	5,297,297.30
ルテニウム103	39.6日	396日	1987年6月	168	4,540,540.54
ストロンチウム89	52日	520日	1987年10月	115	3,108,108.11
キュリウム242	163日	4.6日	1990年10月	0.9	24,324.32
セリウム144	285日	7.8年	1994年2月	116	3,135,135.14
ルテニウム106	1年	10年	1996年4月	73	1,972,972.97
セシウム134	2年	20年	2006年	54	1,459,459.46
プルトニウム241	13.2年	132年	2118年	6	162,162.16
ストロンチウム90	28年	280年	2266年	10	270,270.27
セシウム137	30年	300年	2286年	85	2,297,297.30
プルトニウム238	86年	860年	2846年	0.04	945.95
プルトニウム240	6,580年	65,800年	∞	0.04	1,135.14
プルトニウム239	24,400年	244,000年	∞	0.03	810.81
合　　計					295,486,675.68

出所：UNESCO Chernobyl Programme, Document: Living in a Contaminated Area,1996 (Data originally derived from OECD).

1986, Berkovitz 1989)。[2] しかし、ここでいう「社会的許容レベル」とは非常に相対的で、一貫しない用語である。そのレベルは、被害者の経済的資源《リソース》、政治的影響力、放射線の健康被害に関する科学的理解度などに左右され、被害者抜きで決定されてしまう可能性もある（Bullard 2000）。

　ウクライナの国会議員たちは、これまでアメリカや世界銀行の費用対効果のモデルを拒否してきた。チェルノブイリでリスクといった場合、それはすでに被害を生じさせてしまっている。したがってリスクの社会的許容レベルという抽象的な原則をここで適用しても何の意味もない。むしろ、国家の法律は、被害を訴える権利を市民が行使できるよう、法制度へのアクセスを個々の事例に合わせるようにしてきた。リスクが高まった地域において、この個別化は、身体、運命、健康を法的に管理する責任は各個人にあるということ——ソヴィエトの集団主義的パラダイムとは非常に異なるパラダイムである——をも示している。ウクライナの法は、陳情《スカルハ》（*skarha*）のメカニズムに積極的に関わる法的主体《サブジェクト》を想定している。[3] スカルハはソヴィエトやウクライナで由緒ある伝統となっていたため、ウクライナの対応はある意味で文化的に特殊なものといえる。しかし、それと同時に、陳情するという、人々がすでに得意としている方法によって力を得ているがゆえに、同じこのスカルハの仕組みにより、リスクにさらされることが経済的に生き延びるだけでなく利益すら生み出す術となり、リスクが社会的にも文化的にも許容されるものになっている。政治、文化、不可逆的な被害、物資不足などが組み合わさり、リスクの社会的許容性に関する特有の見方が生まれ、規範化されている。このモデルにおいてリスクとは、（ソヴィエト・モデルで企図されていたように）ただ制限されたり否定されたりするものではなく、むしろ資源《リソース》へと変えられ分配されるものとなる。

　政治的には生産的だが費用についてはあまり効果的でないこのモデルに異議を唱え、構造改革を支持する者は、ウクライナはチェルノブイリの健康被害一覧に対しもっと「客観的」な態度で対応すべきだと主張している。チェルノブイリ事故の帰結について、ウクライナ政府は「不適切な処理」と「根深い感情論」を批判されてきた。「[がんを除く病気が]チェルノブイリの放射線に関連しているのかどうかを調べられる」、「比較的迅速かつ低コストで判断できる近代的な疫学的方法や信頼性のあるデータシステム」を利用していないと非難されてきた。そのせいで「現在、ほぼすべての病気がチェルノブイリのせいだとされており、これらの申請を認定したり、否定したりするにあたって標準的な疫学的基準に照らすことさえ一切なされていないのだ」（*Managing the Legacy* 1994：VII-6）。

他方、ウクライナの議員たちは、チェルノブイリ関連の放射線被曝による健康被害についての国家の公式ナラティブにおいて、不確実さを中心に据えてきた。ウクライナの科学者たちは、放射線による影響——特に低線量の場合——はとりわけ不確実なものだと主張している。生化学者のローマン・プロタスは、多数派の意見を代弁し、「低線量被曝の場合、線量対効果曲線は一対一対応とならない」と主張した。高線量の影響も同じように、線形のパターンを示さない。「一〇〇レムの放射線量を浴びてすぐに病気になる人もいるが、その隣人は二〇〇レムの放射線を浴びるまで同じ病気を発症しないという場合もある」（Marples 1988：95）。多くの議員たちが、すべての症状がわかる（またはすべての症状が完全に露呈される機会が訪れる）まで、放射線が誘発する病気の生物学的徴候を特定することはできないと主張している。放出された微粒子のなかには半減期がほぼ無限というものもあり、それを考慮すると、すべての生物学的徴候をリストアップすることなど不可能だ。そのため、チェルノブイリの人的コストを指数化する客観的な生物学などないと官僚たちは主張するのである。コストの計算と損傷の基準は本質的に、決まった答えのない問題なのである。(4)

このように現状を決まった答えのないものとして理解することから、研究者や臨床医は科学の進路を変えていった。がんの発生率など、生体への影響と放射線量のレベルを相関させる実験室的試行（一定の限界があるものの一般的に受け入れられている方法である。第二章参照）から、放射線研究を行う国立診察所の患者が示す病状を管理登録していく、より包括的な方法へとである。この累加的アプローチは、科学者が低線量の影響を概念として——「病理としてではなく、未病の状態として」——捉える方法と一致している。「水滴が石の上に落ち続けると、最終的に石は割れる」とプロタスは付記している。

ウクライナの科学者によるコストの計算は、因果関係だけでなく確率論にも依拠している。不規則性、不確実性、例外性などの要素が、チェルノブイリの健康被害の因果関係を査定するさい、法的要件と同じくらい重要なルールとなっている。このルールを選択することで科学的根拠の幅が広がり、やはりそのルールに投資する被災者集団の社会団体にも影響を及ぼしている。科学的不確実性という主張に乗ることで、人々は自らの生活の中にある要素（尺度、数値、症状）を、より大きなスパンで見た科学技術の管理の失敗につなげている。そうすることで、権利を享受する可能性が与えられる——少なくとも短期間は。

要約すると、ウクライナは費用対効果のモデルを拒否することで、被曝人口の規模や管理方法を決めるうえで、抽象的な指標（経済的、社会的、科学的）よりも国家の役割を特権化させた。ソヴィエト時代の前例に倣い、ウクライナも社会資源の提供者かつ受給者として、そして生命の担保者として家父長的《パターナリスティック》な役割を維持してきた。制度的な遺産、権力モデル、科学者トレーニングのモデルと経済危機との相互作用により、官僚に依存するスタイルが再生産されている。この相互作用により、人々も根本的に新しい役割を演じる方法を手に入れた。すなわち生物学的市民権である。

この章では、この役割が個人や集団の生活で果たす経験的・政治的側面をさらに検証していく。特に、チェルノブイリの被害を識別する新たな医学的分類法と障害者ステータスを振り分ける社会的プロセスとの関係について述べていく。社会主義のシステムでは、インフォーマルな関係やネットワークが浸透していた。国の分配制度で支給される公式の配給品や特権とは別に、どの労働者もブラット〔縁故〕のネットワークを通じて「取引」が可能となる特定のアクセス経路を持っていた（Ledeneva 1998）。診療所、診断書、資格へのアクセスは、この社会主義伝統のインフォーマルな手続きの影響を受け続けることとなった。多くの場合、そのアクセスはインフォーマルなネットワークを通じ、経験や資源に差がある人々のあいだで貸し借りされ、取引されていた。国の医療分類法と社会福祉物資の再配分との間には、どのような経験や社会的イニシアティヴが生まれたのだろうか。

ここでは、リタ、レヴ、キリルという三人のケースを紹介する。三人とも最初は国の補償を受給できる可能性はほぼなかったが、自分たちの生物学的状態を通じて政治的プロセスを開拓し、自らを再構築していった。彼らは、傷害の知識、科学のリテラシー、官僚の影響力を駆使しながら、程度は違えど、国家の保護を交渉して勝ち取っていった。彼らは自分の症状を管理するうえで、連携、影響力や無力さの度合い、健康・病気の習慣、そして医師や臨床知識と関わっていく特殊な方法を洗練させていった。彼らが、自分たちの状態を法的に枠づける医療官僚組織のなかで、どのような社会的アイデンティティを獲得してきたのか、また、社会主義後の政治体制のなかで国家によって利権と要求を承認された地位を維持していくために、どのような働きかけがなされてきたか明らかにしていく。

この章で、私は「環境」という言葉を二つの意味で使っていく。一つは、放射線の影響の不確実性や不可知性がルールとなっている科学の領域という意味で用いる。もう一つは、そのルールに従って知識が主張され社会的行為が起こるような政治的機会の構造として用いる。私の関心は、これらの環境がどのように個々の現実を作り、またその現実が社会の軌跡としてどのように語られ、反論され、生きられているかという点にある。ソヴィエト時代もソヴィエト崩壊後も、科学と政治の体制内ではこのような軌跡が国家による具体的な生物学概念によって固定化されており、その概念が社会統制や社会行為の様式に影響を与えていた。このような生社会的《バイオソーシャル》な相互作用は、社会的現実と生物学的プロセスを関連づける方法が多様化し、そのため、これらのプロセスが個別具体化されていることを示している(Aronowitz 1998, Lock 1993)。ソヴィエト式の科学は、ソヴィエト式の生活を形成するうえで重要な手段であった。生物学的プロセスを解釈するうえで、相互作用がどの程度まで個別化されているか、次の節で示していく。

大惨事の正常化

ソヴィエトのイデオローグは、生物学的プロセスの解釈を統制して社会をコントロールする手段としようとした(Gerovitch 1999)。ウクライナ出身のソヴィエトの農学者、トロフィム・ルイセンコは、この種の統制を行った典型的な学者であり、西側諸国やソヴィエトの批評家が「ソヴィエト生物学の不運」と呼ぶものを先導した(Graham 1993: 4)。一九三〇年代、西側では近代遺伝学に基づく農業革命が起こりつつあったが、ルイセンコは遺伝子の存在を否定し、「春化処理」と呼ばれるプロセスを通じて作物の生育と収穫を促進する方法を提唱した。ルイセンコの方法は、説得力のある経験的根拠に基づいておらず、最終的には失敗を招き、ソヴィエトの農業と遺伝学を大きく後退させた。しかし、ソヴィエトの科学史を専門とする歴史家ローレン・グラハムは、ルイセンコ主義は科学的には欠陥があっても、急激な変化のなかにあった社会では「心理的な価値」があったという。ルイセンコの科学的信条は、社会に大きな刺激を与えた。「ルイセンコが遺伝の存在を否定し、よって同時に近代遺伝学のすべてを無視していたという事実は、一般人にとってはどうでもよかった。それよりも、実際に彼の主唱するやり方でソヴィエトの小作農が畑で働き、作物が収穫されていたということのほうが重要であった」(Graham 1998: 21)。ルイセンコの事業に参加したすべての小作農は「偉大なるソヴィエトの実験に参画していた」とグラハムは主張している[20]。ルイセンコの奇妙な科学的実践には、社会変革を促進するという実用的な意図があった。それを通じ、すべての小作農が、新たに出現したソヴィエト体制の担い手《エージェント》として、またその中にいる人間として自らの居場所を見つけることができた。ソヴィエトの科学に対するルイセンコ主義の影響は一九六〇年代後半まで続き、社会主義社会の「規律の網」の一端を担った[5]。社会主義の「庇護」の下で数万人もの科学者が死亡したが(Graham 1987: 4)、その一方で、社会主義の活力は単に個々人の生命力からでなく、個人とその環境との間の複雑な相互作用から生み出されるものだという断定は生き続けることができた。ソヴィエトの人民は、「理念化された」自立的な生物学的真実により作られているのではなく、むしろ本質的に「客観的現実の考察」に順応し、それに社会的に条件づけられていると見なされていた。

同様に、大惨事の状況下でも、生物は環境に左右されるというイデオロギーを維持する試みがなされた。ルイセンコ主義者の影響は、ソヴィエトのチェルノブイリ事故処理に影響を与えたソヴィエトの放射線生物学の研究にも見られる。これらの研究は具体的な生物学的説明が一切ないというのが特徴である。例えば、「人体における放射線障害」という研究論文で、アンゲリーナ・グスコワは、放射線は有機体で「適応代償プロセス」を開始すると述べている。有機体は一連の「機能的な再調整」を行う。偽装、興奮、誘発、適応、代償、非代償などの機制である(Guskova 1971)。環境と有機体との関係の階層性を強固にするため、グスコワはビオストラタ〔バイオ地層〕(*biostrata*)という生物学的プロセスについて述べている。この捉えどころのないビオストラタの発現は抑制されている。それは、有機体が「自己回復能力を使い尽くし」、「有害作用が回復能力を超えた」時点で「覚醒」する。(ビオストラタとしての)

生物学的機能は、有機体が使い果たした回復能力の所産となっている。いわば、ビオストラタはただ自らの死をまっとうするためにある。傷害が独立した生物学的基準や指標で測定されることはない。

ソヴィエト国家は、チェルノブイリによる生体への影響を認めず、新しい環境の尺度を導入した。この尺度により、生物学的発現の「自律性」は軽減され、その現実性が外部の規範に左右されるものとなった。このルイセンコ風の実践は、グスコワが生物学的な限界線量を操作したことにも見られる。チェルノブイリ事故が起こる前、彼女は身体が放射線に反応する閾値《しきい》（「反応が出現する線量の値」）を〇・〇一〜一レムに設定していた（Guskova 1971：42）[6]。一九八六年に「急性放射線被害者の最大規模の単独集団」に直面したグスコワは、災害による健康被害者数を集約するなかで、放射線に生体が反応する閾値を二五〇レムという高い値にまで上げた。

このように外部の尺度が再調整されたことは、ソヴィエトの行政官が大惨事を「正常化する」政治的道具として、いかに環境を重要視していたかを物語っている。国民は「環境」によって「偉大なるソヴィエトの実験」に参画させられてきたが、生物学的なプロセスは、当局の政策の問題であるとして十分に吟味されることがなかった。次節では、この規範的な環境がどのようにライフストーリーや病歴に影響を与えてきたかを詳細に見ていく。個々の症状の体験とそれらを取り巻く規範的な環境の間に整合性がなかったために展開してきた連携や経験のタイプについて考察していく。

苦しみと医学的徴候

リタ・ドゥボワは五六歳だった。私が彼女と出会ったのは、彼女が放射線研究センターの急性放射線症（ARS）病棟に入院していた一九九六年頃である。彼女はウラル地方のある村で生まれた。最初はチェリャビンスク、その後はチェルノブイリと、二五年間原発業界で働いていた。彼女は二度の結婚歴があるが、今は離婚している。二人の前夫（KGBの士官と原発作業員だった）はどちらも、治療の見込みのないアルコール中毒だった。リタは一五年もウク

なる（第二章参照）。ある内分泌科医は、植物神経失調症を「外的要因に反応し、症状を発症させる血管の駆け引き」に喩えている。それは「正常状態と病理状態という生体の二つの機能状態の間にある不特定の未病状態」であり、将来的に病気が進行する「傾向」がある。

リタの症状は、特に白血球の数が低下していたことから、ARS患者の症状と容易に一致するはずだった。しかし、彼女の退院記録には、彼女の病状は器質性がうすい、つまり「器質的《オーガニック》な疾患の後遺症を背景とする植物神経失調症に基づく神経症」と診断されている。それ以降は病院を訪れるたびに彼女が放射線に被曝した証拠が消えていく（血液細胞は再生されるので、器質性だという証拠を消してしまう）。そして新しい外的症状が現れるも、それは「心理学的な」型に簡単にあてはめられてしまう。ある意味、環境の構造が共謀してリタの体内にある法医学的な痕跡を消してしまった。彼女の生物学的活動の「原因」は消去されたのである。彼女の症状は、心理学的な枠組みで再解釈されるようになった。心理学という言葉は、この文脈では厳密に精神の現象を意味しているのではない。それは物質的なものであり、官僚の介入や医療の実践、そして、彼女が将来どう病いを経験していくかを形作る判断の結果である。

リタは自分の医療記録をとても丁寧に整理していた。災害後の一〇年間、医学的にどう自分が説明されてきたか彼女は熟知していた。インフレーションが進み、個人の経済力が低下していくなか、正確な説明をすることが生き延びるためにますます必要不可欠となった。リタは、しばしば医療書類を取り上げ、自身の経験や症状、痛みの知識と診断が矛盾している箇所に私の注意を促した。彼女の書類から、私は国家の介入の「美学」について気づかされた。

彼女と関わっていたとき私は、彼女が自分の作業グループの全員が死亡したと断言したことに驚いた。キエフには、モスクワの行政官の統制とは別に、独自の報告体系があったのだろうか。研究センターの診療医は、事故現場で作業していた年配の病理学者を私に紹介してくれた。しかし残念ながら、私が初めて電話で連絡したとき、彼は、ソヴィエトが公式に認定した以外に「死亡者はいない」と言い張った。彼は、私と会うことに同意してくれたが、後に取材の予約をするために彼の秘書に電話すると、翌週まで「病気で休んでいる」と告げられた。翌週、再び電話をかけると、また「病気で休んでいる」と伝えられた。

次に、私は市内の死体公示所に紹介された――偶然にも、そこはナチスによる大量虐殺の現場として知られるバビ・ヤールと通りを一つ挟んだところにあった。死体公示所へ向かう道中、私はタクシーの運転手になぜその場所が平らではなく凹んだ形になっているのかと尋ねた。彼によると、第二次世界大戦の終結から数年経った一九五〇年代、この場所が沈下し始め、技師たちが砂や砂利で埋めて平らにする計画を立てたという。ドニエプル川の底から水路を引いて砂を運ぼうとしたが、突然水路が決壊し、大量の水が虐殺被害者の埋まった地へと流れ込み、町を浸水させた。この話は、戦時中に行われた大量虐殺の証拠があっというまに「消された」という話（第三章参照）を思い出させた。その後、その場所は記念公園を作るために整備され、無惨にやせ細った針葉樹がまばらに立っている。

＊＊＊

私が死体公示所で見つけたのは、美学的手法のもっと多くの証拠だった。検死官は、ある調査の資料を見せてくれた。その短期間の調査は、一九八六年七月、当時のウクライナの保健大臣が地域の司法科学局に実施を命じたものだった。その調査の理由というのはこうだ。ソヴィエトの保健省はウクライナの国立診療所に〔ARSに代わって〕植物神経失調症を使うように通達していたが、ウクライナの保健大臣は、通達を遵守することの妥当性に懸念があり、ARSと植物神経失調症の症状の類似性を確認したかったのだ（第二章参照）。

四二七人――男性、女性、子供を含む――という一見して幅広い症例を集めたこの調査の焦点は、その医療書類に基づいて症状を解釈することだった(8)。報告書には、これらの人物が誰なのか、どこから来たのか、または被曝した状況、仕事、健康状態など、他の情報は一切記載されていなかった。質問は、年齢集団ごとに放射線による損傷の徴候を分類することに集中していた。この人々に見られた内部被曝は、どのような種類の電離放射線によるものだったか。肌に損傷があるか。放射線に関連する肌の損傷はどのように現れているか。内部損傷はあるか。機械や熱など、他の要因がその損傷に及ぼした影響はどれだけ考えられるか。身体損傷の激しさの度合いをどのように特徴づけるべきか(9)。

短い調査期間ではあったが症状が精査された。その資料書類によると、ARSの臨床的徴候を示す患者が一四八人いたという。ARSと植物神経失調症を比較する正当性に対する懸念を裏づけるものだ。報告書は、「これら一四八件の症状は明確に定義されておらず、植物神経失調症の症状と同じように見える〔強調引用者〕。これらの症状は、血液指標の一時的な変動を伴っていた」という。[10]研究者たちは、変動さえおさまればARSは単純に植物神経失調症と診断される、と確認した。

災害直後の数年間（五年）、植物神経失調症は広範囲に使用された。しかし、症状を「人為的に秩序化」しても、症状はより無秩序になっていくだけだった。医師たちは、苦しみが何らかの形で広がっていることを知りながら、保健省の取り決めに反抗していると指差されることを恐れ、植物神経失調症を無差別に適用し始めた。あるウクライナの循環器専門医はソヴィエトの基準を頑なに支持し、チェルノブイリ関連の権利要求が事故後、蔓延していることを批判して、「［植物神経失調症が］胆石、骨軟化症、持続的損傷性感染症など、関連性の低い病気を説明するさいに用いられている」と記している（Khomaziuk 1993）。皮肉なことに、植物神経失調症を無差別に使用したことで、症状は〔チェルノブイリの痕跡を消そうとする〕環境に対抗するものとなり、ソヴィエトの災害管理の下、植物神経失調症と「偽装」され、認知されないままに「チェルノブイリ関連」の病気が蔓延した。植物神経失調症の患者たちは、ウクライナ行政の下では自分たちの症状が潜在的な補償の対象となり得ること、それゆえの社会的重要性に気づいていた。

リタは五か月後にはモスクワを離れ、ウクライナへ戻った。彼女が住んでいたプリピャチの街は、事故から一週間以内に強制退去が実施され、元住民の立ち入りが永久的に一切禁止されていた。彼女はアルバムや洋服をいくつか取りに行くために、一度だけ他の避難者とともにキエフからバスで戻るのを許可された（避難家族は、汚染された所持品を置きざりにしなければならず、それらは略奪の対象となった）。プリピャチの街は、チェルノブイリ原発の多民族からなる作業員が住む一種の飛び地で、リタはその外に社会的な結びつきをほとんど持たなかった。彼女の雇い主がキエフ縁辺にあるワンルームのアパートを見つけるまで、リタは息子と一緒にキエフに住んだり、病院に滞在したりしていた。

その後、病院を訪れるたびに診断が混乱していった。彼女は、キエフで主に内務省の作業員が通う病院で登録した。

後でわかったのだが、この病院はARSの追加患者を記載した未公開の登記を独自に保管していた。彼女は血液指標が悪化していたことから、再度、ARSと診断された。しかし、一九八七年に再び病院に戻ると（このときは肺炎を患っていた）、突如カルテからARSの診断が削除され、植物神経失調症が再出現した。彼女の医療記録には、「肺炎、無力性心気症症候群と難聴を伴う植物神経失調症」と記されている。彼女は高熱を発し、再入院した。その時の入院記録には、「無力 - 神経症症候群を伴う植物神経失調症」と診断されている。診察時、リタは、不整脈の徴候も示していた。

一九八七年一〇月、腸の疾患が悪化し、彼女は放射線研究センターの消化器科病棟に転院した。ここまでの病歴は、ARS症候群の進行を辿っている。しかし、彼女が退院したときの診断は、「植物神経失調症」であった。実際、リタは少なくとも二二〇レムの放射線を事故現場で体に取り込んだと主張している。「毎時三八〇レムの放射線が出ていました。もしその場に三五分間いれば、二二〇レム受けたことになります」。グスコワの見積もった閾値／限界線量は、リタが計算した線量よりもわずかながら高かった（一八四頁参照）。

一九八八年、病院を巡察していたある日本の医療訪問団の医師が、（彼女の質問に対して）こう彼女に告げたという。推定放射線量と広島で得られたデータを考慮すると「あなたの余命は五年もない」と。それは一九八八年のことだった（私たちのインタビューは一九九六年に行われた）。一九八九年には、リタは視力を失い始めた。心電図によると、彼女の心臓機能にはわずかな異常があった。一九九〇年の記録には、脳動脈硬化症と高血圧があるとされ、脳卒中の危険があった。

ウクライナ式神経学

一九九一年、ウクライナの保健省が、チェルノブイリ災害の医療的側面の管理を引き継ぐことになった。そして、新たな疾病学の手法が導入された。植物神経失調症と診断された患者は、新しい医療審査の対象となった。この診断の広範囲な適応をもたらしたウクライナ保健大臣が、チェルノブイリ医療労働中央委員会の会長となった(11)。新保健大臣は心理神経学を専門とする医師で、ウクライナの医療労働委員会に対し、植物神経失調症（およびそれに関連する諸症状）を国の補償対象として考慮するよう具体的な指示を出した。彼は次のように記している。

> 一九八六年から一九九一年の間に植物神経失調症として登録されたケースについては特に留意する必要がある。そう診断されているからといって、［医療労働委員会は］その徴候とチェルノブイリ事故の何らかの負の要因との関連を否定すべきでない。緊張亢進［高血圧］など身体的疾患の悪化が観察されれば、植物神経失調症を常に考慮に入れる必要がある。たとえ身体上に何の徴候も見られなくても、発作［痙攣やひきつけ］や急性発症《クリージ》（*krizi*）［外傷性の血圧上昇］の再発を伴う病気ならば、補償対象として認可される。これら急性的な発病には、てんかん、転化性ヒステリー、前提血管形など様々な形がある。（*Chornobyl'ska Katastrofa* 1995：459）(12)

神経性あるいは神経精神性の障害が、チェルノブイリ後の疾病分類学で顕著になり始めた。そして、疲労、めまい、意識の喪失やその他の病的状態が、表向きにはチェルノブイリの影響によるものとされたのだ(13)。一定数の被災者について「低線量被曝の診察」に関心が寄せられるようになった。そして、症状を隠して放置するのではなく、露見させて医療化するという新たな規範環境が生まれた（ibid.）。

放射線研究センターの医療労働委員会で神経・神経精神科を担当する責任者は、一九八六年から九六年の間に観察され「チェルノブイリ症候群」とウクライナの診療医のあいだで呼ばれるようになった生理学的反応パターンの概略を私に示した。この症候群は、自律神経系——腎臓、心臓、肝臓、胃腸管、神経系、脳——に起こる機能変化から成る。これらの機能変化により、器官構造の形態的変化と病変の両方またはどちらかが、特に脳に起きる。これらの段階的変化を画像化するには、診断装置——脳血流計（ＲＥＧ）、脳波計（ＥＥＧ）、エコー、コンピューター断層撮影（ＣＴスキャナー）——が、必要不可欠である。

一九八七～八九年の間、神経性、神経精神性の障害の発生率は一定していた。一九八九～九〇年の間に、これらの障害の発生率は倍増し、現在のように精神性、神経性、心循環器性、消化器性に細分化されるようになった。そのなかで、植物神経失調症の件数は一二倍という顕著な増加を示していた。一九九〇～九一年間も、神経性と神経精神性の症例が確認された。この年、植物神経失調症をのぞくすべての下位分類の発生率が、三倍、四倍、さらには五倍にまでなった（*Chornobyl'ska Katastrofa* 1995：174）。植物神経失調症の発生率上昇が突如止まったのには理由がある。ウクライナの医師たちは植物神経失調症を、過小診断された重度の急性放射性症（ＡＲＳ）や、それにまつわる多岐にわたる症候群が症状として顕れる「入口」にすぎないと捉えていた。一九九〇年までには、植物神経失調症は特定の身体的症状によって「正体を現す」と理解されるようになっていた。要約すると、過小診断を招いたソヴィエト式の医療は、チェルノブイリによる有害作用を判断する「ウクライナ式の神経医学」に取って替わられつつあったのである[14]。

行政官や外科医のなかには、これら新たな障害が広がり、正当化されていくことに公然と反対する者もいた。例えば、循環器専門医のインナ・ホマジュークは、植物神経失調症が見境なく使用されている点を批判した。ある学会で、彼女は医師たちに「真実と向き合うよう」懇願した（Khomaziuk 1994：46）。彼女は、特に「蔓延している」植物神経失調症の診断を取り上げた。この障害は、「心因性の要因と身体性の要因が相互に作用する悪循環」に由来すると解釈し、それを「識別できず、病気とは認められないような病気であることを隠す仮面」と呼んだ。「カメレオン病」、つまり「他の病気の仮面をつけた」病気であり、植物神経失調症が社会に広がっているのは本質的な欺瞞《ぎまん》だと特徴づけたのである。彼女はまた、「分析にあたり心因性の要因を過大評価しないよう」神経科医に警告を鳴らした。ホマジューク医師の主張によれば、植物神経失調症を病理として診断するのに信頼できる方法はただ一つ、器官の形態的変化を脳波図、超音波、ＣＴスキャンで証明するしかない。

＊＊＊

リタは、一九九二年までには「すべての専門家を訪ねるほどだった」と言う。彼女の病気は、他のチェルノブイリ人口が患っていた病気と同様のパターンをなぞっていた。しかし、症状と医療記録との齟齬《そご》はますます広がった。「カルテには患者の訴えを書く欄があるのですが、『頭痛』と書かれるようになったんです。頭痛なんて一度も言ったことないのに!」(15)

しかし、このときすでに、症状と診断との整合性が失われることで、新たな副作用が生まれていた。金銭的な私欲に駆られて、臨床時の指標や受給権の配分を左右する医師が出始めたのである。リタは賄賂《わいろ》に手を染めることを拒み、真実を訴え続けたという。彼女の症状は植物神経失調症ではなくARSによるものだと。次に述べるように、彼女はそれに固執したことで失ってしまったものに気づく。

一九九一年中頃、彼女は放射線研究センターに書類を持っていった。ウクライナ独立後にはARSの訴えが認定されるという誤った期待をいだいて、二度目のチャンスに賭けてみたのである。その年、彼女は医療検査のために二度入院した。その都度二回ずつ採血されたのだが、彼女は診断の結果について尋ねないまま退院してしまった。彼女は疑念をいだき始めた。彼女の説明によると、入院中、「細胞遺伝学者の部屋に入り、採血した患者の名字が書いてあるリストを盗み見したのです。マクシモヴィチ、ヴォロボフ、ドュボワ[彼女の名字]。研究所の技師は、彼女の名前に○をし、その後×で取り消していた。

リタの疑念は現実となった。彼女は、病室を共にしていた女性に災害現場での体験をすべて話しており、その女性はリタが急性疾患の患者だと知っていた。その女性は病院のベッドの下に大きなカバンを置いていた。「彼女が部屋を出たときに、その中身を見たんです。コーヒー、コニャック、チョコレート・キャンディーが入っていました」。ここから導き出せる結論は一つしかなかった。「彼らは、私の血液指標を他の人に移していたんです!」

翌日、彼女はARS病棟の副責任者であるスヴェータ・フィモヴァ医師の部屋まで行って抗議した。「[フィモヴァは]コニャックで酔っぱらい、アメリカ製のチョコレートを食べていました。彼女の横に座っていた神経病理科医が、自分のところへ相談に来るように、と言いました。彼は私が何者か知りたかったのです。精神科での診察はすでにもう済んでいます、と私は彼に伝えました」。すると、彼は恩着せがましくこう言った。「リタ、周りを見てみなさい。ここは医者が治療をするところで、我々は分け隔てなどしない。あなたがどんな診断を受けたか知りませんが、もし障害手当を維持したいならば、この診療所に毎年二回来て検査を受けなければならないんです」。

その医者は、もし彼女が目撃したことを他の誰かに告げれば、障害の更新が難しくなると脅したのである。「その後三年、私は診療所に戻りませんでした。他の誰にもこのことは言っていません。……今やお金ですべてが解決するのです」。

新たに独立した〔ウクライナの〕医療労働委員会は、リタの「中枢神経系の複合型器官障害、慢性的障害、脳血管障害症候群、骨軟化症」に基づいて、彼女と「チェルノブイリの結びつき」を再確認した。彼女の代償不全《デコンペンサツィヤ》（*dekompensatsiia*）——生理的な適応反応の損失を意味するソヴィエトの診療用語——は、委員会が定めた生理学的パラメータに従って補償されることになった。

一九九一年から九四年にかけてハイパーインフレーションが続いていた時期、リタの年金は目減りした。彼女はお金を失っていった。「急性の障害者は月に三二五ドルもらえます。私は月七五ドルです。あの女は、何をすべきかわかっていたのでしょう」。あの女性が賄賂を渡し、リタの血液を使って急性のカテゴリーに分類されたのだとリタは言う。

一九九四年、彼女はもう一度申請しようと決意し、センターに戻ってきた。一九九四年から九六年一〇月にかけ、リタは三回入院し、そのたびに三週間滞在していた。私が彼女に初めて出会ったのもそのときである。スヴェータ・フィモヴァは、ARSの病棟を管轄する医師の職をすでに解雇されており、より下位の病棟に左遷されていた。センターの管理者は、フィモヴァ医師に代えてドラガン医師を任命していた。彼女はチェルノブイリ関連の病気が蔓延していることを頑なに批判し、グスコワ医師の業績を断固として支持していた。ドラガンは、ARS患者の健康について論じた最近の著書のなかで、災害後のソヴィエトの医療措置を再評価し、公式の患者集団二三七名のほとんどがすでに回復していると示唆していた。それらの患者が現在患っているのは、元来は心理的に誘発された、もしくは精神神経性の障害だというのが彼女の見解である。ドラガンが任命されたことにより、ARSの訴えが聞き入れられる可能性は永久に消えつつあるとリタは察した。

＊　＊　＊

一九九五年、リタは周辺白血球分析（蛍光 in situ ハイブリダイゼーション、またはFISH法）の結果を取得した。細胞遺伝子学の研究所は、チェルノブイリ事故の急性被害者に施されるFISH法の精度をテストする目的で新しい機器の寄付を受けていたのである（アメリカの調査チームとの共同研究を通じて）。彼女の一九九五年時の染色体は、三二レムの放射線量を示しており、急性のカテゴリーに分類するには不十分だった。

同じ年、リタは直接保健省に訴えることで、ドラガン医師の権威を回避しようとした。白血球数と自ら集めた書類に基づいた被曝線量を手紙に書き、省内のチェルノブイリ問題を担当する部署の局長に送った。約一年間、何の知らせもなかった。局長は、ようやくセンターの副所長に手紙を送ったが、その副所長はその後、ドラガンに手紙を送った。ドラガンは、一九八六年と一九八七年に白血球数が四〇〇〇だったことを示す証拠が必要である、という手紙をリタに寄越した。ドラガンは、そのような証拠がないと決めこんで、「最終的な診断を発行」してリタの訴えを退けると伝えてきたのである。しかし、リタは基準に見合う白血球数を証明する医療書類をドラガンに提示した。ドラガンは急遽基準を変え、一九八六年五月と六月に白血球の数が二〇〇〇だったことを証明するようリタに命じた。

リタによると、この新たな基準に見合う経験的証拠など不可能だという。「私の白血球の数が二〇〇〇じゃないとだめだと言うんです。『もしそんな数ならば、私が今あなたの前に立っていると思いますか？』と言ってやりました。もう一〇年も経っているんですよ。白血球の数が二〇〇〇だった人がとうに死んでいることぐらいわかっています」。ソヴィエト的環境主義者の伝統に従い、ドラガンは外部の尺度を再調整したのである。そのような慣行により、リタの生物学的プロセスは精査されないままとなった。彼女は長い探求の旅の終わりを次のように語った。「私はこの診療所に殺されます」。リタは申請についてこれ以上の進展を見ることなく（彼女の作業グループの大半がそうだったように）死ぬ可能性がある。私がウクライナを出国する準備をしていたとき、リタは次のように私に告げた。「もし私がここにいなかったら、孫娘に何があったか尋ねてください」。

障害者のグループ

放射線研究センターは、チェルノブイリ専門病棟や医療労働委員会が設置されているウクライナ全土の病院や診療所とネットワークを結んでいる。医療ケアや診断の基準はところによって変わる。センターは、基準を設定し、他の場所で申請が拒否された患者に最終判断を下す任務を担っている。センターの医療労働委員会の決定が、他の医療労働委員会の決定を覆すこともある。

私は長い時間をかけて診療医や患者《インヴァリッド》との人脈を築き、この医療施設にアクセスできるようになった。リタの経験は苦難に満ちていたが、それでも、制度に関与していなかったり、人脈がなかったり、書類や診断書がなかったりする人々よりも一歩先にいた。この節では、私が一年間のフィールドワークを開始した一九九六年、最初に訪れた場所での出会いについて述べる。そこで、私は、この制度に関わることがどれほど難しいか、患者が国の社会保護の制度に参入するためにどのような人脈を築かなければいけないか、理解し始めることができた。

キエフ精神神経科病院には、複数の病棟があった。第一病棟は市内の重度の精神病患者を収監している。第二病棟では、アルコール依存症患者、中毒者、うつ病患者、家庭内暴力の加害者や被害者などが治療を受けている。第三病棟は一九九三年に追加され、市内のチェルノブイリ被災者に対し医療や感情面で必要な支援を行っている。そこで、私はレヴとキリルと出会った。この二人は、私が彼らの話を聴いていた間に、制度を通じてまったく異なる経緯を辿っていた。二人とも三級障害者に分類されていた。一九九一年に取得したそのステータスは、五年後の一九九六年に自動的に期限が切れることになっていた。レヴは、二級障害に格上げしようと固く決意しており、そうするにはどういうルートを辿ればいいか理解していた。キリルは、三級障害者のステータスをその後五年間延長した。

精神神経科病院はキエフ南部のフレヴァハという街にある。病院のある通りは、自律神経機能を研究した偉大な病態生理学者イワン・パヴロフにちなんで命名されていた。地元の人たちは、この病院をパヴロヴァと呼んでいた。第二病棟と第三病棟のドアは昼も夜も開放されている。重度障害の患者（精神病、てんかん）が、長期にわたる抗精神薬治療や理学療法を受ける閉鎖病棟とは対照的に、この第二、第三病棟は、神経症もしくはその境界にいる人々が入院しており、薬物治療を受けながら自由に出入りができる。被災者たちは、医師と親密で家族のような関係を作っていた。彼らは様々な理由でパヴロヴァに来ている。よくある理由としては、「医学治療《ピドリクヴァティシャ》（*pidlikuvatysia*）を受けにきた」というものである。あるいは、仕事がなくなり、障害者ステータスを得るために、医療査定と専門医の紹介状を入手する準備を始めたくてやってきた。パヴロヴァの技術的な強みはＣＴスキャナーがあることだった。患者は器質的な脳損傷の形跡がないか定期的にＣＴ検査を受けていた。障害申請をするさい、この検査による医学的証拠が非常に重要となった。

私がパヴロヴァを初めて訪れたとき（保健省の主任司法精神科医から必要な許可をもらっていた）、いまだソヴィエトの影響が色濃い文脈のなかで精神神経病というのが何を意味しているのか、あるいは意味し得るのか、ほとんど理解していなかった。これまで述べてきたように、それは災害後の被曝人口を管理するうえで行政的、規範的機能を果たしていた。植物神経失調症や放射線恐怖症という精神神経病の診断が、チェルノブイリに関連する補償申請の大半をふるい落とすために利用されていた。しかし、フィールドワークを開始した当初、私は実際の医学的分類法の規律的側面を理解しておらず、もっと単純な疑問をもっていた。それは例えば、災害のせいで発狂してしまった人がいるのだろうか、というものだ。この疑問は、当時としても極端に思えた。しかし、その疑問が極端だとして、それは何を意味するのだろうか。私は、信頼を置くある知り合いからアドバイスをもらった。彼女は、一九九二年までアルジェリアで、専門家として国境を越えたコスモポリタン的生活を楽しんでいた医師である。無職になってウクライナに戻ってからは、私が一九九四年の夏に住んでいた寮の床を掃除していた。その彼女が、もし、ウクライナ語で彼女のいうところの災害の「黄金の小さな中心《ゾロータ・セレディンカ》」（*zolota seredynka*）を知りたいなら、パヴロヴァに行くべきだと言ったのだ。

一九九六年二月。キエフ発の在来線ではよくあるように、フレヴァハ行きの電車もキエフでモノを売っては帰っていく農村部の女性や男性で混雑していた。フレヴァハ市へ向かう間、運搬に使う二輪の手押し車をよく見かけた。そのクラウチュチキー（*kravchuchky* 小さなクラウチューク）と呼ばれる手押し車は、ウクライナ独立後の初代大統領であり、かつての共産党信奉者レオニード・クラウチュークにちなんで名づけられた。彼の任期中に無秩序なインフレーションが起こり、多くの人々が自由市場の世界に自ら立ち向かうことを余儀なくされた。今日では、手押し車には魚の干物、ナッツ、果物、卵、肉、キャベツ、人参、乳製品、国産チーズなどがいっぱいに詰め込まれている。キエフを出発するときには、車の部品、塗装用のはけ、コート、ロープ、ハンマーなど都会でしか手に入らない必需品が運ばれる。電車は、物乞いや物売りに格好の場所でもあった。キエフの日刊新聞、犯罪や占星術などの専門紙、健康商品、そのなかでも特に、免疫システムの刺激に役立つとされ、ベトナムか中国から輸入されたハーブの強壮剤バリザミー（*bal'zamy*）の瓶などが売られていた。「もしあの物売りのバルザミーに効果があれば、私たち皆治るのにね！」と私の隣に座った女性が大声で言った。

二月中旬の朝の電車は寒く暗かった。窓の内側は凍っており、外側は煤《すす》で黒ずんでいた。座席は、厚手のベニヤ板の上に茶色や深緑の使い古されたビニールシートが被されているだけのものだった。他の座席はすべて破壊され、中にある硬い発泡材が引き裂かれていた。どの座席も油性ペンで大きく×印がつけられ、国家の財産を市民が盗まないよう警告していた。

乗客は電車の中の物売りについて冗談を言ったり、給料や年金を比べたり、薬、パン、服にどれくらい金を出せるか話したりしていた――このような社会的親密性は簡単に成立した。それは、この新しい経済状況における一種のリアリティ・チェックだった。女性たちは、古い洋服を裂いて、新しい（古い）服を縫わなくてはならないとかいう話をしていた。「両手がある限り、服だって縫えるわよ。身体障害者じゃないんだから！」

フレヴァハの駅で電車から降りると、ところどころ欠けているコンクリートのプラットフォームに迎えられる。（氷や半解けの雪で覆われた）金属製の階段を降りると、長いテーブルを並べた青空市場に入る。アメリカ、ポーランド、トルコで大量生産されたチョコレートのほか、カラフルな髪留め、靴、卵、地元の工場で焼かれたパンなどが売られている。ベビーカーが、揚げ物や手作りのソーセージの持ち運び用貯蔵庫がわりになっている。近くのヴァシルキウスキー地方には、チェルノブイリのゾーンから避難した人の村がある。

パヴロヴァに向かうには、歩行者用の横断歩道がない高速道路を注意して渡らなければならない。高速道路を越えると、五階建てのコンクリート製のアパート群を左に見ながら、鶏や野犬がうろつく長い田舎道を通っていく。病院の病棟群は、細く、高く、ほとんど真っ黒で葉のない木々が連なる畑の右奥にある。囲いの中に近づいていくと、悲しげな顔をした男性が、病棟二階のバルコニーから私を見つめていた。開けっ放しになっている扉のわきに、誰かが野良犬のために牛乳の入った器を置いていた。私は患者がいると思われる二階に上がっていった。私を見つめていた男性が、食事用の場所に座り、サヤエンドウのスープとパンを食べていた。あなたもどうか、とその男性は私に勧めてきた。結構です、と私は言った。私を外国人だと見るや、男性は「数日前にドイツ人が来て写真を撮り、写真を送ってくれると約束しました。でも、送ってきません」と語った。思わせぶりな人道支援についての話はいくらでもあった。

第三病棟で働く人情味ある精神科医ヴォロディーミル・フェドロヴィチが、私を彼のオフィスに案内してくれた。彼の上司は神経科医でロシア語を話し、フェドロヴィチは病棟に居ればいいだけの「気楽な仕事」だと言った。彼は他に、ドイツの製薬会社から仕入れた静脈注射用の製品を地元の病院に販売する民間の仕事もしている。この後、私は、かつて集団農場に属していた土地の一角に彼が自分のために建てた、宮殿そのものの豪邸を見学する羽目になった。彼は集団農場の労働者やチェルノブイリの避難者を大工、レンガ工、電気工として雇っていた。

フェドロヴィチは、どのような人物がこの病棟に来るか大まかに説明してくれた。避難者、指定区域内でシフトで働く労働者、その夫や妻、もしくは夫婦など、「様々な被曝量の人たち」がいるという。避難者全員に「心因性の反応が見られます」と彼は言った。「これらの反応はすぐにわかります。年齢に関係なく、被災者は症候学的な観点からいえば皆同じです。パニック、不安、注意力の欠如、虚弱、めまいなどが出ています。これらの症状は、脳障害、脳萎縮、痴呆など器質性の病理につながる傾向にあるものです」。フェドロヴィチは、「チェルノブイリ症候群」の分岐構造を強調すると同時に、器質性の変化も強調した。災害から一〇年経って、「脳の構造自体が変わってきます。今や老化や萎縮が、三十代、四十代、五十代で起こってきます」。

これらの脳の器質性の病理が、さらに一連の病理につながっていく。患者は仮想プリズムに入っていく。悪化の速度は各個人で異なる。「ある患者は、完全に体調が崩壊して《ロズヴァレニー》（*rozvalenyi*）います。彼は大型トラックやバスを運転していました。まだ四二歳なのですが、記憶力もなく、注意力も持続できず、運転しているときに意識を失うこともあります」。フェドロヴィチは、後述するキリルのことを話していた。

フェドロヴィチは、障害は健康と同じように社会経済的関係にある程度起因すると考えており、その意味ではソヴィエトの訓練を受けた典型的な医師であった。「病人は、病理の本質を理解する必要があります。社会的にどう病気と対処するか知るには、何の病気になったかを理解する必要があります」と彼は語った。病気を社会の算盤〔数字をはじき出す器械〕として解釈するこのような考え方は、それ自体ウクライナのものと呼べないわけではないが、障害者を社会に組み込むことを推進したソヴィエトの遺産でもある。傷病者、特に「社会的理由」――戦争や労災――で障害を負った人々は、国の生産関係においてある特定の役割を担っていた。フェドロヴィチが、患者は病理の本質を理解する必要があると語ったとき、彼がほのめかしていたのは、患者の病理体験は、自身が担う社会的に有効な役割への気づきをすでに取り込んだものであるべきであるということだ。

面会が終わったあと、私は看護婦に男性患者でいっぱいの一室に案内された。女性たちは――そのなかには第二次世界大戦の退役兵の全盲女性もいた――近くにある部屋から歩いてきていた。その部屋の空気は、ヘアトニックの匂いに満ちていた。チェッカーボード。うつ伏せになった体。様々な民族的背景の人々がそこにいた。ロシア人、ウクライナ人、バシキリア〔ロシア連邦を構成する共和国の一つ〕出身の男性、アゼルバイジャン人、ポーランド人。ある患者が腰掛けを出して、私のために部屋の中央に置いてくれた。

「何にもなしにお墓行きだ！」とある男性がいきなり言葉を発した。「あいつを雇いたい人間なんてもう誰もいないよ」と別の男性が、誰かについて話をしていた。彼らは、障害者ステータスを得るためにかかる費用や、賄賂《ヴズィアツカ》（vziatka）が必要なことについて文句を言っていた。彼らは互いの経験を確認し合っているのだ。「働けないんだ。養わないといけない家族もいるのに」。そして、給付金の権利配分の不公平さ、基準の恣意性について話をしていた。それは、私が後に放射線研究センターのオフィスで目にする現実であった。なかにはまだ原発で働いている者もいたが、ある男性は「たった数時間、ゾーンで働いただけで障害がもらえた人間がいるのに、私は障害がもらえない」と語った。一九八六年生まれの子供を持つ女性は、「息子は、放射性ヨウ素を摂取したせいで甲状腺が肥大し、生まれつき病気なんです」と語った。別の女性は、「お偉いさんの子供はキューバやイタリアで治療を受けているのに、私たちの子供には何もないのよ」と付け加えた。患者たちは、関節や筋肉の痛みを訴え、体が弱く、ときには意識も失うと話した。「嘘ついてるな。それだけさ。なにしろ病気だからね！」と誰かが言った。「病気」を自律した非人間的な作用と見なしているのだ。全員が睡眠薬を服用していた。

仕事を失ったことからくる抑うつや見当識障害も病気の一部であった。次に何をすればいいのかわからず方向を見失い、落ち着きを失った患者もいた。障害者ステータスをもつある男性は、仕事ができないために鬱になったという。経済状況と身体障害のせいで、彼は働くことができなかった。「上司は私をクビにし、医者は私を働かせてくれない」。

レヴとキリルは、それぞれ四八歳と四二歳だった。二人とも植物神経失調症という同じ診断から、制度の中の長い遍歴を開始した。二人ともキエフでタクシー運転手として働いていた。二人とも一度離婚し、その後再婚している。レヴの最初の妻は、彼の性的不能を理由に去っていった。レヴは、それを放射線に被曝したせいだとしている。キリルの場合、健康が悪化してからは禁酒しているものの、過度の飲酒が原因で最初の妻が出ていった。二人にとって、パヴロヴァは別宅のようなものだった。体調が悪いとき、血圧の異常を感じたとき、家族の問題があったとき、理由はどうであれ急死する危険を感じたときには（多くの患者にその不安があった）いつも、治療を受けに、または保健や障害申請の手続きについてフェドロヴィチの助言をもらうためにパヴロヴァに来た。帰りたければいつでも帰れるのだが、彼らは二週間から一か月滞在していた。

二人とも「病気の生活」を家庭生活から切り離していたが、それは異なる理由からだった。キリルの家族とは私も時を経るうちに知り合いになったが、キリルは、自分の病気や医療書類を二人の子供や二番目の家族から隠そうとしていた。といっても松葉杖を使っているので障害は明らかだったが。レヴは、家庭内の生活についてあまり打ち明けようとしなかった。実際、数か月間にわたり彼のことについて理解しようとしたが、彼は病人ということ以外、自分のことについてあまり話をしなかった。彼の祖父はキエフで有名な飴工場を経営していたが、「スターリンに盗まれた」と話していた。また病気の父親を自分のチェルノブイリ年金で養っているとも語った。彼の二番目の妻は、「自分が病気だと信じてくれない」ため、彼を苛つかせ、健康状態を悪化させているという。

レヴはある種の活動家だった。彼は制度を熟知しており、元保健大臣、診療所の理事、公共衛生省の役人など制度の中にいる重要人物全員を個人的に知っていると主張した。彼は、社会的、象徴的資源で自分の周りを囲めた。つまり、フェドロヴィチのように同情的な医師、ムドラク（センターの経営主任）のような権威ある官僚、そして私のような人類学者などである。後日、彼は市内にあるいわゆる「基金《フォンド》」（*fond*）に紹介してくれた。それは、被災者や障害者と国家や診療組織との相互関与を仲介する非政府市民団体だった（このタイプの基金については章の最後で論じる）。

レヴは仮想の世界を作りあげ、その中で自分のコネを他人に貸したり、制度をどのように利用するかについて他の患者を教育したりしていた。彼は、自分の社会的資源を提供する見返りに、つい最近、先述の基金に採用されることとなった――人類学者は重要な資源だったというわけである。彼は、どうすれば基金の政治的影響力を使って一生涯の障害者ステータスを保持できるか計算し、私は彼の戦略の一部となった。レヴが私の調査の対象になると言い張ったのは、このような理由からだった。

レヴはウクライナ語をとても流暢に操っていた。キエフの住民の大半は、せいぜいウクライナ語とロシア語が混ざった言葉スルジク（*surzhyk*）を話せるくらいだったから、彼は例外だった。まるで何もかも知っているかのようで、いつでも話をする準備ができていた。彼にせがまれてインタビューしたとき、テープに録音された最初の一言は、「さあ、アドリアナ、何について聞きたいんだい？」という台詞だった。

また彼は今の自分の医学的状態を見定める精神医学や神経医学の科学にも通じていた。彼は、自分の数々の病気を比較検討して、他の患者に発症し補償の対象となった症状と一致するものがないか注視していたという。病棟医のフェドロヴィチは、レヴの人格は「完全に正常。患者は空間や時間の見当識あり。精神性の病気の徴候はない。冷静に自分の病気について自覚し、自分の健康状態の経過を把握している、、、、、、、、、、、、、のが会話を通じてわかる［強調引用者］」と医療報告書に記していた。

レヴの病気のパターンは、「チェルノブイリ症候群」と合致していた。「脳障害、無気力性神経症の徴候」と彼の医療記録には記載されている。レヴはフェドロヴィチに「遺伝性の精神病の病歴はない」と診断の上部に太字で書かせた。この重要な特記事項があれば、レヴは遺伝性の精神病というレッテルを使って申請を拒否する官僚制度から、自分を守ることができる。こうして、彼は、そのようなレッテルが生む監視や差別を最小限に留め、自律した行為主体《エージェント》として国の科学や配給の現場に関与する権利を保っていた。

レヴは独特の政治的経歴をもっていた。陸軍の大将や官僚にもコネがあるという。彼は「一か月と五日間」ゾーンで働き、汚染された機材が廃棄される埋立地を見回る陸軍の大将の運転手をしていた。「私は連れて行かれたんですよ、いわゆる志願者という名目でね。今やその大将はARSと診断され一級障害を持っているが、私は三級障害です。いったい、どんな正義なんだ？」[16] 別の機会に彼と会ったとき、彼は不正が起きていると察知した経緯について説明してくれた。「ある人物は指令所に座っていて、線量計の数値を全部読んでいました。一日中そこにいたんだ。私は、一日、埋立地にいることも原子炉を回ることもあった。そして夜に帰ってくると、彼は私の被曝線量を指令所の中の数値にもとづいて登録する。彼にどこにいたか伝えても、『そこの放射線レベルはわかりませんから』と言われたよ。そして、指令所の中の測定値だけを書くわけです。彼が私にくれたのは全部で九レムですよ」。レヴは、医療カテゴリーの選択的使用という不正についても話した。「ARSと診断されるべき人がどれほど多くいたでしょうか。現場にいたのに、ARSの診断を受けられなかった者が大勢います。当時は法律があって、皆その内容を知っていました。もし二五レムの放射線を浴びたら、平均給与の一〇倍の金をもらう権利があるということです。九レムなんて何の意味もありません。この国には民主主義があるなんて言われています。現場にいた多くの人たちはすでに死んだのだから、それは無知な人間のためのお伽話でしかありません」。

一九八六年、レヴは、放射線研究センターに入院することになった。食欲がなく、ずっと眠っていたという。「物を取ろうと起き上がったら、左右にふらついてしまった。私の体温は上下していました。三六・六度だったのが、三〇分後に測ってみると三七・五度になり、次は三六・九度、その次は三七・二度、そして三六・〇度です。医者は、体温調節障害があると言いました。この症状から、自分がどれくらいの放射線を吸収したのかだいたいわかりました。そして、心臓が痛みだしたのです」。

彼の医療記録にはすぐに植物神経失調症と記載されたが、彼は、それが「何の価値もない」とわかっていた。「当時は、どんな病気に対しても一つの診断『植物神経失調症』を書いていた。私の身に起きたことはチェルノブイリとは関係ない、と言ったのです。医者は、遺伝性の病気があると言いました。私の病気は、祖父から父、そして私に遺伝したというのです。誰も私たちの病気をチェルノブイリに結びつけようとしなかった」。彼は、医者と口論したという。特に率直にものを言うホマジューク医師は、彼の心臓疾患と体温の変動をチェルノブイリ関連の症候群として診断しようとしなかった。彼女はレヴに検査一式を受けさせたが、彼の心臓の著しい形態的変化を示すものはなかった。

その同じ年、一九八六年に、レヴはキエフにあるタクシー会社（そこの運転手は、指定区域内で働いており、チェルノブイリの診察所に通っていた）でストライキを組織し始めた。他の運転手とともに、放射線研究センターでハンガーストライキを計画したのである。(17)

「私と一緒の部屋だったある男は、三五歳くらいの若者で、すでに障害者ステータスを受け取っていました。あのホマジュークが部屋に入ってきて、嫌らしいガチョウみたいに頭を上げたよ。彼女はいったい誰が彼に障害者ステータスを与えたのか問い詰めたのです。その男が医者に賄賂を渡して書類を受け取ったとでも言いたいようだった」。ホマジュークは、すでに蔓延していた診断と症状の不正取引というものから距離を置きたがっているようだった。男性の心臓疾患は立証できないので、彼のステータスを取り消すと彼女は脅した。「男はすごく興奮して『俺は闘ってやる。お前も乗るか?』と言ってきた」とレヴは語った。「私たちは病人たちを集め、その男に何が起こったか伝えました。ハンガーストライキを始め、患者たちには何が起きたかを証言する署名にサインさせました」。彼は診察所の反乱分子というアイデンティティを身につけた。「私はセンターで反抗的だと言われていました。たしかに、私は自分の権利を行使しましたよ。もう医者に頼るのは止めたのです。彼らが誠実だと思えなくなったからね。この問題を対処するために設立されたセンターなのに、ここの医者が何も認めようとしないのなら、行く意味がありますか。時間の無駄だとわかっていたので、もう誰かに頼るのを止めました。自分の力でなんとかしていなかったら、どこにも行き場がなくなっていたでしょう」。

一九九二年、ウクライナが独立し放射線研究機関が独立したころには、レヴの反乱は報われることになっていた。「何か新しいことが起きていた」と彼は言う。当局が、彼の訴えに耳を貸すようになったのである。前章で述べたイホール・デメシュコは、反抗的な患者に対する体制の姿勢全般に変化があったと認めた。「どのような手段を使ってでも[ゾーン作業員を]懐柔する」よう、彼は個人的に命令を受けていたと教えてくれた。医療化が、その手段となったのである。レヴは話を続けた。「突然、センターに来るよう電話を受けたんです。何の目的で?」ある理事が、どうして欲しいのか、率直に聞いてきた。レヴは、内臓の変化を調べる超音波検査も含め、あらゆる医療検査を受けた。彼の植物神経失調症の診断は削除され、大動脈の狭心症と動脈硬化に変更された。彼は障害者として制度に登録されたのである。

彼の医療記録によると、その後、彼は心臓関連、脳関連、胃腸関連の診断を受けた。彼の内耳の前庭機能は、「代償不全」の状態に悪化したと書かれている。私が医療記録に目を通している間、彼は詳細に説明し始めた。「前庭器官に異常があると医者が言ったのです。私は左右に振られてまともに歩けなかった。雲になったみたいで、自分の歩いている地面を感じなかったんです。……そして、循環器の専門医のところに行きました。今は眼科医にも診てもらっています。白内障になったのですが、医者は緑内障だと思っています。その次は、神経科医です」。彼はさらに続ける。「もし今私が患っているすべての病気を告げたら、あなたは信じられずに頭を抱えるでしょうね」。レヴは三〇以上もの診断を受けていた。彼はどうやって生きていられたのだろうか。

リタと同じく、レヴはチェルノブイリ被害の新しい医学的分類法の一部となり、障害者が得る権利の国家分配の行為主体《エージェント》となったのである。リタは生物学的真実を追い求める過程でごたごたに巻き込まれ妨害に遭ってしまった。レヴは、官僚的な観点から、真実を追い求めても無駄だとわかっていた。それよりも、彼は所与の科学や症候学について理解を深めた。この環境で、彼は自分の症状を算盤のように使ったのである。

法、医療、汚職

レヴの職場は、被災者の街といえるかもしれない。彼は代表者、革命家、仲介人、三流のブラットマイスター（*blatmeister*）（非公式のネットワークの中にブラットのコネをもつ人物を指す）の役割を自ら引き受けていた。キリルは、パヴロヴァにいたときにレヴから「初めて自分の権利について学んだ」と話した。レヴは大勢の患者に「書類を整理するよう」促していた。レヴは、「必要な書類を用意してくれる」街でトップクラスの循環器専門医をキリルに紹介した。代わりに、レヴはキリルが作った手製の釣りの仕掛けを数個要求した。

キリルは一九六九年から運転手として働いていた。最初の結婚で授かった一八歳の娘と二三歳の息子がいる。キリルの母親は数年前に亡くなり、父親は年金を受け取りながらチェルニーヒウ州の村で生活していた。二人とも集団農場の労働者だった。キリルは地元の砂糖工場か集団農場で働くと思われていた。しかし、一四歳のとき、彼は街に出て技術系の専門学校に通い、一五歳のときからキエフのタクシー会社で働きだした。

キリルのケースからは、チェルノブイリの行政機構で働く官僚や仲介人が、依然として自由に個人の生命を支配していることがよく理解できる。

キリルは人生の大半をキエフで過ごしてきたが、田舎の「野暮な野郎《フロップ》」（*khlop*）という感じが抜けきれていなかった。髪は太い茶色のモップのようだった。彼の青い目はほとんど瞬きをしなかった。自分が何を考えていたか思い出せないようなことが度々あった。長く伸びたあごひげと口ひげで、まるで民話に出てくる太っちょのおじさんとしか見えなかった。彼は集めたハーブを一〇段もある高い棚に貯めていた。キエフ周辺に設定された採集用の特別エリアで「秋には根っこ、春には芽を」採るのだと話した。彼は田舎特有のぶっきらぼうなウクライナ語で、文末に韻を踏んで話すことが多かった。ロシア語しか話さない妻のターニャとは、適当なロシア語を話していた。他の避難者やゾーン作業員と同様、新しく出来たチェルノブイリスカ通りにあるアパートの一室を与えられていた。それでも彼は、父親の近くに住めるよう、この一八階建てのコンクリート製アパートを離れ、生まれた村に戻りたがっていた。最近、彼は自分のチェルノブイリ・ステータスからは期待できないような手当をもらえるようになった——無償で取り付けられた電話、彼の初めての電話である。彼は、治療はパヴロヴァのような街の病院で、医療査定は運輸省専属の病院で受けていた。脳の血液循環を良くするためにノシュパ（Noshpa）と呼ばれる薬の注射が必要だった。足の痛みを和らげるためリラニウムが必要だった。一緒にゾーンで働いていた友人が、同じ団地のブロックに住み年金生活を送っているが、「もう死が近い」。「私たちはまったく一緒だよ、鏡みたいにね。他人の姿に自分が見える」。

一九八六年五月四日から三一日までの間、キリルは、原子炉の上に投下する黒鉛や泥を詰め込んだ袋を「ヘリコプターまで運んで」いた。彼は立入禁止区域から家族、馬、牛を「クリーンな区域へ」避難させるために、「一日おきに一家族」を車で運んでいた。そして、「気分が悪くなり、意識を失い始めた」と話した。意識を失うという意味のロシア語ペレクリュチェンニャ（*perekliuchennia*）は、文字通りにとると「スイッチ〔が切れる〕」という意味である。どの職場にも作業員の被曝量をモニターする線量測定士が配置されていたとキリルは言う。彼によると、「このモニタリングはほとんど行われてなかった」。作業日数を記録した「重要書類」は、「破かれたか、埋められたか、もしくは燃やされた。金を払わないでいいように日数を盗んだ」と確信していた。その結果、キリルは被曝量の計算を開始することすらできなかった。彼の医療書類は、被曝量を「不明」と記している。彼の履歴はレヴによく似ていた。

ある日のこと、最初の徴候の証拠を探すために、私たちは彼のアパートで医療書類に目を通していた。彼がゾーンに送られる前日、一九八六年五月三日の書類を見つけた。どうやらキリルは、徴用される前に簡単な医療検査を受けていたようである。診断はほとんど読めなかった。一部だけが解読可能だった。書類にある患者の主訴欄には、左半身の「感覚がない」とキリルが伝えたとある。徴用に対する恐怖感が体に現れていたのか、それとも徴用を逃れるために病気を装ったのかはわからない。彼は感覚麻痺がありながら、徴用されたというのが事実である。

一か月後にキエフに戻ると、彼は一か月間、病院に入院させられた。それ以降、仕事を失うことを怖れ、病院には寄り付かなかった。一九九〇年、彼は交通事故を起こして再度入院することになった。「意識を失って、体が麻痺したんだ」。体幹ギプスをはめて八か月過ごした。医者はただちにキリルを障害者として登録し、職場の所長は彼を解雇した。彼はこの解雇をひどい裏切りだと捉えていた。「二〇年間働いたのに、私の所長がだよ、復職させてくれなかったんだ」。ソヴィエトの労働法下であれば、上司は体の負担が少ない職にキリルを就かせることを義務づけられていた。しかし、経済的・政治的に混乱していた時期とあって、従来の規範義務は停止されていた。キリルは、以前の職場とつながりがなくなったことを嘆いていた。「すべてが壊され、あいつを法廷に訴えたくても弁護士を雇う金もなかった」。レヴが国家の保護を確保するために築き上げたような資源をキリルは持っていなかったのである。

キリルの経済的状況や家族の状態は一気に悪化していった。チェルノブイリ省が毎月支払う障害者年金は、二か月間も支払われず、彼は家賃を二か月分滞納した。数週間、彼は一八歳の娘がどこに「失踪した《プロパラ》」(*propala*)のかわからずにいた。娘がどうやって一人で暮らしていたのか検討もつかず、売春に手を染めているのではないかと心配していた。彼自身は、他人の家父長的振舞い《パターナリズム》の対象になっていた。彼がパヴロヴァを退院する頃には、仕事には一切戻らず「自分の身は自分で守る」必要があると、フェドロヴィチとレヴに説得されていたのだ。彼は「医者はもう治療の見込みがないと言う」と私に語った。それでもキリルは、災害や災害との関わりを受け入れて心の安定を得るようなことはしなかった。自分が働けなくなったことに、まだ動揺していたのである。

彼は、もっと高い障害者年金を受給するのに、どう必要な書類を集めればよいかわからず、混乱していると打ち明けた。正しい書類を集めることまで「手が回らなかった」のである。「もしちゃんと書類を整理していれば、もっと高い年金を受け取れた。りんご、ビタミン剤、パン、アパートを買える金もあったはず。アパートから追い出すなんてありえないよ。私は二〇年間も待っていたのに。あの細かい書類《ブマジュキ》(*bumazhky*)を整理しないと駄目だね。拷問だよ」。彼は、自分の人生を支配する細かい書類、閉じたドア、閉じた世界を次のように表現した。「その書類《ブマジュカ》をあそこに渡して、次は別のところに持っていきなさい。最初の書類《ブマジュカ》を渡して、次の書類《ブマジュカ》を持っていきなさい、そうすれば三番目の書類《ブマジュカ》をもらえますから。もう私には走る体力も残ってない。一つ目のドアをノックしなさい、その次は二つ目、三つ目、五つ目、そうすればあなたは別のところへ送られます。閉じた世界だ。私にははっきりしてる。けど、もう何を言えばいいのかわからないよ」。ある日、パヴロヴァから一緒に出ようとしたとき、看護婦が彼に丸薬を数個と吸着剤《ソルベンティ》(*sorbenty*)という炭を圧縮した錠剤――体内で放射線核種を吸着し、大便を通じて排泄させる薬――を一袋手渡した。彼は茶色のビニール袋をぶら下げていた。袋には「薬局《アプテチカ》」(*aptechka*)と白で印刷されており、「こうすれば、もし道端で意識を失ったり倒れたりしても、周りの人が酔っぱらいと思って無視することがない」という。最も怖いのは急激な変化や動きだと彼は言った。「体調が悪くて倒れそうになったら、自分で注射するか、代わりに誰かに注射してもらうようにしている」。常備剤一式のなかには、ブルガリアの製薬会社が作るトロセバジンという高血圧の薬やメレリル(チオリダジン)というノバルティス社製の向精神薬、そして「人道支援でもらった」期限切れの頭痛薬があった。

ある朝、私はキエフの地下鉄で、朝の群集でひしめく通路に置かれたベンチに腰掛けていた。右側にはエレベーターで地下トンネルに降りる人たち、左側には電車を降りてエレベーターで上る人たちがいた。偶然、アルミ製の杖を付きながら歩くキリルの姿を見つけた。彼は気丈にも群衆と一緒の速さで歩いていた。足の痛みに苦しみ、苛立ちながらも、彼は私に気づき、「歩いて、歩いて、歩いて、歩かないと駄目だ。生きていくには動くことが大事だ。この動きが必要なんだ」と言った。彼は、わずかに残った気力をふりしぼって、障害認定を得るための官僚的な手続きに踏み切ることにしたと語った。彼はCTスキャンの記録を取りにパヴロヴァに行く途中で、それをチェルノブイリの病人を扱う運輸省付属病院の研究所へ届ける予定だった。そこで、その病院の医療労働委員会の診査委員長と面談することを望んでいた。キリルが病院で診察を受けるには、この委員長の許可が必要なのである。

この数日後、キリルはこの面談を録音するためにマイクロカセット・レコーダーを使うことにした。キリルが自分の症状について自宅で日記を書けるよう、私が彼に貸していたものだ。主任検査官は、からかうようにキリルを扱い、この種の官僚的やりとりで日常的に見られる金銭的私欲をあからさまにしていた。検査官の伝統的役割は、労働者の権利を取り消すのではなく擁護するものであるべきなのだが、この診査官とのやり取りは、健康に対する責任感の崩壊を象徴するものだった。キリルは主任検査官に、チェルノブイリのステータスを得るための医療検査を受けたい旨を伝えた。すでに必要な書類を集めており、医療労働委員会の最終審査を受けるためにベッドを確保してもらえないか検査官に申し込んだのだ。二人の会話は以下のように続いた。

「CTスキャンを受けにパヴロヴァに行きましたか?」と検査官は尋ねる。

「はい、行きました」とキリルは答える。

「行ったのですか?」と、キリルの信用と確信を損ねようとするかのように検査官は繰り返した。

「行きました」

「あなたの紹介状を書けばいいのですか?」と検査官は尋ねる。

このように堂々巡りが繰り返される、キリルは堪りかねて検査官の慈悲を乞う。「ああ、神よ、頭が燃えているんです。立ち上がるのも難しく、背中が痛むのです」。

「パヴロヴァにはいつ入院したのですか?」と、慈悲を乞うキリルを無視して検査官は尋ねる。

「二月でした」

「あそこは馬鹿《ドゥラキ》(*duraky*)のための病棟ですよ!」と検査官は皮肉を込めて大声で言った。それは、まるでキリルに「馬鹿な精神神経病患者」というレッテルを貼り(レヴはこういうものから自分の身を守る術を学んでいた)、もう一度キリルを打ちのめそうとしているようであった。会話が堂々巡りしているのは、決して明示されることはないが、金が問題だということを表していた。

キリルは訴えを続ける。「チェルノブイリ病棟［パヴロヴァのこと］ですよ、それじゃダメなんですか。そこで横になって頭のCTスキャンを受けた――証拠はここにあります。目の前にある書類を見てください」とキリルは言う。医者は、キリルの医療記録に書かれている診断を声に出して読んだ。「植物神経失調症、心因性の傾向」。キリルは驚いた。彼が適切な診断用語を理解している様子を示すのを私は初めて聞いた。「その書類に書いてませんか、つまり、私の頭にある障害のことを。見てくれ、私の足は乾ききってる。あなたもそうなっているのが見えるでしょう。障害の診断を、あなた書いてくれませんか？」

「月曜日にまた来てください」と医師は答える。

録音のあいだ中、背後でドアが開いたり閉じたりする音が聞こえていた。途中、検査官が入室してきた若い女性にどのような職業に就いているのか聞いていた。「他の女の子たちが働いている」所だと女性は言う。キリルは録音を私に聴かせながら、自分もテープが捉えた周りの音に心を奪われていた。彼はテープを巻き戻し、特に「どんなふうに検査官がその患者と話しているか」、どんなふうに「検査官が金を求めているか」、そして「売春婦の話に耳を傾ける」よう私に促した。まさに、売春婦とは、被曝し、物々交換の対象となり、売られ、捨て去られる、それら身体にまつわるすべての不正取引を表現する哀しいメタファーだった。

数週間後、キリルは病院のベッドをあてがわれた。最後の検査を受けるためにベッドの上で待っていると、ある医師が彼に近づき、四〇〇ドル払えば障害レベルを三級から二級に格上げする「書類を準備できる」と伝えてきた。この医師は、さきの医療検査官との仲介役であり、キリルの金の一％をもらえることになっていた。障害レベルを上げるのにかかる費用は、キリルが毎月受給する年金の一〇倍だった。

キリルは三級障害のステータスを五年間延長することができた。毎月四〇ドルの三級者用の年金を受け取っている。レヴは自分の三級者用の年金は月一五三ドル分あり、まもなく二級に格上げされると言っていた。障害レベルは、障害の重さに従ってさらに細分化されている。キリルとレヴの年金の差は、レヴが医療記録に載せられる診断を買い集め、自分の健康状態を実際よりも悪く見せることができたためだと説明できる。この例は、受給資格を配分するさい日常的に起こる不平等を説明している。これらの不平等が残るのは、一つには官僚や汚職が、どのような安定した法制度にも屈しないまま残り続けるからである（Kornai 1992：47）。

健康の物質的基盤

官僚による妨害と汚職がどれほど蔓延しているか、地元紙に掲載された次のような記事から読み取ることができる。その記事は非政府市民団体（基金）連合体のメンバーの署名によるものだ。これらの基金は、チェルノブイリの病人や被災者たちの権利を擁護し、制度内の不平等を軽減する取り組みも行っていた。記事は「チェルノブイリの金――受給資格のある人々に！　国家の犯罪人――刑務所へ！」という題であった。そして、チェルノブイリ被災者が官僚や役人を監視する必要性を訴えていた。

善良なる市民よ、我慢しないで、騙されないでください！　地元の役人に、財源配分の報告書を公開するよう要求しましょう。賢明に振る舞い、彼らの汚職を明るみに出すのです。避難者用の新居が誰にあてがわれたのか尋ねてみなさい。その受給者が実際の避難者だったのか尋ねてみなさい。あなたは新居の費用を支払いましたか。サナトリウムに通うのは、被災者の子供たちなのか、それとも役人の子供たちなのでしょうか。あなたに与えられるべきはずの社会保護が、偽の「ゾーン作業員」に渡っていませんか。（Kommunist 1996：4）

三八歳のセルヒーは、チェルノブイリ障害者国際支援・慈善基金の精力的なメンバーであり、この記事の署名に名を連ねていた。彼は杖を使って歩き、記憶力の悪化を訴え、チェルノブイリで吸引した放射性高温粒子のせいで肺が「スイスチーズ」のようだと言った。それでも、彼は常に証拠となる事実をもって役人の汚職を暴露しようとしていた。証拠集めは、それ自体が一種の民主主義のスポーツのようになっていた。「昨年、人道支援のために輸送された二八トンの食料品と医療物資、そのうち一〇%が閣僚たちの財布を肥やすことになりました」と、あるとき彼は私に語った。

基金の実働メンバーとして、セルヒーは病院の料理の献立を記録し、チェルノブイリ被災者が、ビーツ、牛乳、鳥肉、人参、キャベツなどの、日々の栄養所要量を満たしているかを確認していた。基金のメンバーは診療所の患者による署名請願書を用意し、市長、保健省、国会へ送付していた。このような請願書の一つに、地方都市の病院の患者が署名したものがあった。「現在、国は病気になった事故処理作業員をこれ以上援助できなくなっています。専門診療所は、もはや医療と食料を供給できていません。我々、災害の被災者と病人は、次のような事実を公表します。診療所の食堂は、肉もパンも提供していない。医療物資と食料がないために、多くの入院患者は予定よりも早く退去するよう強いられる。週末には、ヒーターが止められ、医療関係者は、病人に帰宅するよう命令する」。

この基金は、ウクライナに五〇〇以上もある同様の団体の一つである。このような身体障害者のための市民団体は、当初、ウクライナの民主化のために重要な役割を果たした。チェルノブイリの基金は通常のNGOとは異なり、ソヴィエト崩壊後の危機的文脈で、国家が被災者に資金や医療物資を提供することができないという弱みを補完するために、国家が率先して設立を促してきた。国は、これらの基金に西側の小売市場から物資を輸入することを許し、何の規制もなくその物資を販売させていた。当初、これらの基金は国家に協力的で、異論を唱えることはなかった。基金は村や都市単位で設立された。基金のメンバーは地元の医療労働委員会の会議に議席を与えられた。彼らは自ら弁護士やビジネスの提携先を用意し、必要な社会福祉事業を所属するメンバーに提供してきた（例えば、小規模生産用の農地や身体障害者への資金援助の分配など）。

また、彼らはチェルノブイリ被災者の代弁と擁護を担い、医療に関する意思決定の結果にも影響を与えてきた。後に気づいたことだが、基金のメンバーは、社会的に代弁されていない、あるいは保護を受けていない人たちよりもまともな治療を病棟で受けていた。私が放射線研究センターでフィールドワークをしていたとき、様々な基金の代表が書き、署名した申し入れの手紙を目にすることがよくあった。それらの手紙は、所属メンバーが病院のベッドを与えられ、医療労働委員会で公平に扱われるよう訴えていた。これらの手紙は、患者の医療ファイルに入れられ、直接、各病棟の管理人や局長に宛てられていた。「どうか人情と慈愛を示し、この人を受け入れてください」と、ある手紙に書いてあった。また別の手紙には、「どうかこの人を入院させてください。支払いは後ほどいたします」と書かれていた。

基金の最も重要な役割の一つに、国際支援団体の人道支援物資の流入を促進することがある。人道支援による医療物資は、物資を闇市でさばいて利潤を得る裏取引にまわることが多くある。驚くことに、ある推計によると、身体障害者用の基金が激増したため、これらの基金が国の輸入業務の五一・六%を占めているという(Samborski 1996 : 12)。このようなインフォーマルな経済活動は、中央・東ヨーロッパで最大規模のインフォーマル経済をもつウクライナという国の経済にとって、必要不可欠な要素となっている。身体障害は、診断と症状の取引のなかで、他の点ではビジネスには相当不利な状況となっていたこの国で、市場経済との見事な適合性を見出したのである。

この最後の節では、セルヒーの所属する基金が、増え続ける資金を駆使して、どのようにウクライナの医療ケアを向上させてきたかを述べていく。この基金は、非課税の外国製品を国内で販売することで得た金でチェルノブイリ関連の医療ケアをまかなう、という案を内閣に提出した。提案は、その後審議を差し止められ、新法によりチェルノブイリの障害者と分類された人々の、物資販売への関与が制限された。

チェルノブイリ障害者国際支援・慈善基金は、キエフの都心部、国会議事堂から数ブロック離れた場所にあり、ところどころ空き室になったビルに事務所を構えていた。一九九六年の時点で、基金の所属メンバーはキエフ市内だけでも六〇〇名おり、専門家、一般人、避難者、チェルノブイリ作業員で構成されていた。ウクライナ全土の都市部に二〇以上の支部があり、アメリカ合衆国と西ヨーロッパに銀行口座を設けていた。基金は社会党の後援を受けており、社会党は、これら基金の資金援助に依存していた。基金のメンバーは社会党の会議に出席し、投票権もあった。

セルヒーは、年金受給者や退役軍人も含め、チェルノブイリの障害者はウクライナ全人口の四分の一(一四〇〇万人)を占めると私に指摘した。この人口は、年金や労働賃金の増額を公約に掲げて政治キャンペーンを行う社会党の大きな支持母体となっている。私が初めて基金を訪れたとき、『社会党プログラム』と題された段ボール色の小冊子が中央事務局の入口付近の壁に高く積み上げられているのが目についた。「彼らは今のところは、私たちが必要というわけです」とセルヒイは皮肉を交えて語り、長期的な思想的コミットメントではなく便宜に基づいた関係であることをほのめかしていた。

基金の代表であるレプキン氏は、NGOとビジネスが交錯しているような活動を展開した。彼は特に障害者を雇用している点を誇りにしていた。彼らは、チェルノブイリの特別ステータスのおかげで、西欧からウクライナまで物資を「定期便」に乗せ、ウクライナの税関を比較的容易に通すことができる。これらの若者は、タバコやアルコールをはじめ、ありとあらゆるものを輸送していた。一五ドルで買ったイタリア製のパーカーは、ウクライナの路上で五〇ドルで転売される。元はアメリカから輸入されたドイツの冷凍チキンやホットドッグの箱まであった[18]。これらの製品は、国内では生産がほぼ完全に中止されていたために、必要不可欠ではないものの輸入品の需要は大きかった。レプキンは、例えばアメリカ型のスーパーを始めようと考えている若手の起業家など、ビジネスマンと個人的に提携を結んでいた。また、チェルノブイリで伴侶を失い困窮する母親たちに日頃から金を渡していた。

しかし、「チェルノブイリ」という言葉が、別の言説や活動を引き寄せるようになったため、この団体は周辺に追いやられてしまう。例えば、チェルノブイリ・エキスポと銘打った医療製品の見本市が、基金の事務所近くの豪奢な展示場で開催されたことがあった。この見本市では、最先端のエコー診断機器、磁気共鳴画像診断機（MRI）、最新の薬品や病院備品などが展示されていた。

基金のメンバーは、これらチェルノブイリに触発された資本主義的ベンチャー企業を、自分たちがさらに政治的に排除され、経済権益を失う兆候として理解していた。彼らの参入要求は、強い国家の必要性を示唆していた。と同時に国家は、資源がないために、利潤の得られる取引を積極的に推進していた。この状況で、基金のメンバーは、国民《ネーション》の生物学的存在が脅かされているという事実を土台に、自分たちを〔政治や経済活動に〕参加させるよう要求したのである——彼らの用いる滅亡というレトリックは、グローバル経済下で彼らの運命がますます無意味化していくなか、その意味合いを強めていった（Sassen 1998）。

この基金は、プレスリリースで放射線を「人口統計のハサミ」と表現していた。彼らは人口遺伝学の用語を駆使し、「放射線が遺伝子プール《ジェノフォンド》（*genofond*）を粉砕している」という論拠にのっとり放射線医療制度を改善すべきだと論じた。一国の生物学的存在の命運は、国家が、少数の者にだけに利益をもたらす外国の民間資本や技術の斡旋者ではなく、「遺伝子プールの擁護者」になれるかどうかに懸かっていると主張していた。

他の旧ソヴィエト圏の地域同様、移行期のウクライナでは死亡率が急激に高まっていた[19]。特に男性のあいだで、突然死が死者数の大半を占めていた。一九八九年、国の統計省は九万三九一名の人口増加を報告している。しかし、一九九四年には二四万三一二四名減少した[20]。

基金の共同設立者でありエンジニアでもあるエドヴァルド・カッツは、チェルノブイリ作業員の死者数を独自に記録していた。一九九六年までに一二万五〇〇〇人がチェルノブイリ事故の結果死亡し、そのうち一〇万五〇〇〇人がここ三年間で亡くなったと見積もっている[21]。また、二七歳から四七歳までの作業員の死亡率は、この年齢集団の平均と比較して六・八倍も高いと報告した。カッツによると、これらの作業員は突然死する傾向にあり、年を経るにしたがいその傾向が高まっているという。この調査結果はメディアで取り上げられ、国会にも報告された。

レプキンが繰り返し私に伝えたように、「もはや時間がない」のだった。一九九六年の夏、レプキンとカッツは、ウクライナの放射線医療制度の「リハビリ」を提案した。官僚による汚職と妨害（例えば、キリルが遭遇した事例のように）が、人々の生命に甚大な弊害をもたらしていると彼らは感じていたし、また、もし医者の給料が定期的に支払われれば、汚職の大半が排除されるとわかっていた。

彼らは一九五七年に起きたクイシトゥイム核惨事（ウラル地方、マヤーク核技術施設で発生した原子力事故のこと）の被災人口をモデルに開発されたプログラムに倣い、「遺伝子保護」制度を提案した。基金のメンバーが「ＳＯＳ制度」と呼ぶこの制度は、ウクライナ全土のチェルノブイリ被災者が、「遺伝子を保護するための」食料、環境的にクリーンな種子、果物、肉、乳製品、診断、「医療‐遺伝パスポート」にアクセスできるよう立案された。提案は、基金の全収入の八〇％をこのプログラムの資金に充て、国の医療ケアへの依存を大幅に軽減できるようにするものだ。自前で医者の給料を支払い、病院にあるソヴィエト時代の旧式の設備に替えて新しいものを購入し、必要な薬品と食料を買い揃える――つまりは、自分たち自身を医療的に団体保障することを目論んだのである。

レプキンの基金は、地方支部との重要な会議の前に、国のチェルノブイリ機関の有力な保健行政官からこの提案について賛同を受けていた。私は彼に招待され、放射線研究センターの副所長[22]との会合に出席することができた。その副所長は提案を精査すると、自殺をチェルノブイリの健康被害の「リストに含めるべきだ」と主張した。チェルノブイリ作業員の自殺件数が、「国家が我々を殺している」という倫理的議論に重みを与えると言いたいようだった。その点に関して両者は合意しているようだった。

この放射線医療再建計画は、六月に基金の事務所近くにある大きな公会堂で開かれた会合で、一〇〇〇人以上の参加者から支持を受けた。当時、大統領選に出馬を予定していた社会党議員も参加するなど大盛況だった。放射線研究センターの副所長も、熱心に弁をふるい、この病人《インヴァリッド》たち自身による提案を支持した。

多くの代表者を集めることで、基金は政治的結束を誇示することができた。しかし、彼らの計画はそれ以上進まなかった。同じ月、これらの基金の資金や事業の自律性を縮小する新たな法案が通ったのである。この修正案は、基金が輸入できる物資の種類を制限し、非課税だった製品の多くを課税の対象にした。国家は、自らの家父長主義《パターナリズム》的態度を改めるつもりがないことを明らかにし、基金の経済的基盤を損なったのである。レプキンは、この敗北を自分たちへの個別攻撃の結果だと見なし、機会が閉じられたと感じていた。

その夏の終盤までに、レプキンの基金は、国家権力への態度を協調から対抗へと変えた。汚職に手を染める役人を監視し、有力議員に「健康の物質的基盤が脆弱になっている」と伝えることで、基金のメンバーは倫理的権威を行使し続けている。

第六章　現地の科学《ローカル・サイエンス》と生体的《オーガニック》プロセス

社会の再建

朝、放射線研究センターに通うため、私はレーシャ・ウクラインカ大通りからキエフのオペラハウスに近い地下鉄の駅まで、タクシーに乗ることにしていた。壮大なベッサラブスキー大市場の外周を巡る道路に沿って移動する。市場では、残っていた最後の国営レストランや食料品店に替わって新しいカジノや輸入食料品店、キオスクが建設されていた。市場の外壁に沿って、近郊からやってきた村人たちが卵、ハーブ、花、塩、果物を並べた段ボールをスタンドにして、その後ろに立っていた。なかには一つしか商品のない人々もいた——一切れのパンや、一瓶の自家製牛乳、干し魚など。市場は堂々とした風格のあるフレシチャーティク通りの東端に位置しており、第二次世界大戦後の瓦礫の中から再建され、スターリン様式社会主義リアリズム建築のモチーフによるものだ。道路をはさんで市場の反対側に、赤御影石のレーニン像が立っている。あまりに威厳ある美をたたえているため、九〇年代初頭にキエフ市の建築家連盟が市当局者たちにロビー活動をして、引き倒されないよう保護させたものだ。この像はフレシチャーティク通りと垂直に交わる道の起点となっている。並木の植わった歩道が交通を分断し、丘を上って大学や有名な聖ウラディーミル教会を過ぎ、地下鉄の駅へと向かっている。駅のエスカレーターを延々と下った後、私は地下鉄に乗り、市外にある終着駅まで向かった。通勤開始から一時間後、混み合った一台のバスに無理やり乗り込むか、もっと数の多い未登録のタクシーを拾うかするのが常だった。

　こうして何度となく乗ったタクシーの中で、日常生活の辛さや希望についての物語の数々を聞いた。語り手の多くは、タクシーの無認可営業でもしないかぎり職のない中年の男たちで、彼らには養わなければならない子供や、妻や、年老いた両親がいた。先ごろ父親の葬儀でひどい出費をしてしまい、それを賄うためにタクシーを運転している男性もいた。若い息子に私立の学校で英語を勉強させるためだという男性もいた。また別の男性は、自分が車を持っていることがいかに幸運かと話し、チェルノブイリ関連の官僚的手続きとの格闘にどっぷりはまってしまっている友人たちと自分自身を比較した。市販薬や薬草を売りさばいている運転手たちもいた。九〇年代初頭に技術教育を受けるためブルキナファソからキエフにやってきたアフリカ系の男性は、今ではフランス製のコニャックを街の行商人たちに売り歩いていた。彼は、帰化したこの国のあらゆる危機を爽やかなまでに達観していた。自国にいたらもっと悲惨な暮らしをしていただろうと言うのだ。ある男性は、チェルノブイリの指定区域から移住した自分の母親の運命を嘆いてすすり泣いた。その後で、彼はこんなジョークを教えてくれた。それは二人の友人――学者と「新しいウクライナ人」（ビジネスメン *biznesmen*）――の出会いについてのもので、急速に進む階級分化や犯罪の日常的暴力を浮き彫りにしていた。このような状況の下で、かつて友情だったものが、今では社会的絆の残骸となってしまっているのだ。

学者：元気かい？
ビジネスマン：それがね、また国境で税関の奴らに嫌な目に合わされたんだ。トラックを差し押さえられて、罰金を払わされたんだよ。それに、マフィア《レケット》（*reket*）から妻と子供たちを隠して二年になるよ。君は元気かい？
学者：それがね、仕事がなくて二週間食べていないんだ。この新しい社会再建《ペレブドヴァ》（*perebudova*）時代になってから、
　本当に万力に挟まれてるよ。
ビジネスマン：悠長なこと言ってちゃだめだよ。食べるようにしなくっちゃ！

新しい世界に順応することの圧力と矛盾が、万力という鬱屈したメタファーによって捉えられている。万力とは、ねじを回して動く二つの口金で物体を固定するための工具だ。ビジネスマンは、食べるよう勧めることによって友人の食っていく能力のなさを強調する。経済的状況が万力で、身体はそれに「締めつけられて」いるのだ。ここでのこぎりで切られたり、やすりをかけられたりしているのは、新しい階級に基づく道徳的秩序であり、この秩序は他者の困窮や絶望と限られた関わりしか持たないことによって成り立っている。

時にはこうした違法ドライバーたちは、彼らの数が多すぎることに抗議する正規のタクシー運転手たちに後ろからあおられることもあった。車は、公共墓地の入り口で毎朝花を売るために並んでいる老若の女たち、契約が更新されずに飛行機工場（その後、西側企業に身売りした）の外でブラブラしている男たちの前を通り過ぎた。それから、警官用の一段高くなった交通島があるロータリーを通り過ぎ、キエフのレクリエーション公園がある地域へ続く道を指し示している民俗調の木製標識を通り過ぎた。

放射線研究

センターはキエフの北約三〇キロに位置していた。そこからさらに三〇キロ北東に車で走ると、立入禁止区域の境界巡視ポイントの一番近いところに着く。読者はすでに、このセンターを私と訪れている。一度目はそこで権威ある医療労働委員会の働きを検討し、障害申請の増加をその経済的、社会的文脈の中に位置づけるために（第四章）。二度目は個人が補償を求めるさいに経験する法的苦難の詳細を検討するために（第五章）。本章は、センターの神経病理科で、この組織の医療労働委員会の神経科分科会のメンバーたちと働きながら行ったフィールド調査に依拠している。センターの科学者や医師の役割は、患者――そのほとんどが実際に被曝した放射線量を知らない――の症状を臨床的に観察すること、またチェルノブイリ関連の病いに対して医学的分類や、診断、様々な治療法を考案することだ。神経病理科で、私は医者、看護師、患者の間で交わされるやりとりを観察すること、補償申請に関わる決定が下される会議に同席すること、最新の臨床研究の様相を調査することを許された。研究者たちによれば、障害の申し立ての大半が、様々な神経系統の障害に基づき神経科病棟で作成されるとのことであった。しかし、これらの障害がこの国の逼迫《ひっぱく》した経済状況によって引き起こされる社会的ストレスに関連しているのか、チェルノブイリによる放射線被曝に関連しているのか、それともその二つの組み合わせによるものなのかは、はっきりしなかった。

こうした医学上の曖昧さによって、臨床医たちと被験者たちの関係は緊張したものとなった。臨床観察と研究のプロセスは、当該現代社会の矛盾を反映していた。それは、人々の生への介入であり、彼らの未来がどう展開していくかに影響を及ぼし得るものだった。ここで人体実験の対象になるという決断は、世界中の至る所でそうであるように、特定の社会経済的プレッシャーや要求と絡み合っている。(1) 研究者も医師も、一方では、人が自分たちの研究に参加するのは経済的、社会的ニーズに駆られてのことだと、承知している。しかし他方では、彼らは生きた放射線被曝人口集団ではほぼ間違いなく最大規模の被験者群《コホート》を相手に、放射線の生物学的影響について解明する様々な方法——彼ら自身は非常に重視しているけれども、国際的土俵では痛ましいほど過小評価されている研究だ——を試しているのだ。かくて彼らは二つの方向に傾くことになる。研究対象者群と正当な科学を生み出す必要がある一方で、同時に、病いをその肉体的、社会的、経済的、すべての局面から扱わざるを得ないのだ。被験者たち、とりわけ子供たちにとって、研究は諸刃の剣といっていい。それは病いの象徴的秩序から抜け出ることをより難しくし、また同時に、その秩序の中での居場所を保証する。このジレンマは本章の最後に提示するケース・スタディで明らかになる。そこでは、ゾーンで身ごもられた少年と、放射線と息子の体の不調との医学的関連を正式に確定しようと必死になっている彼の両親の苦境を追っていく。

放射線研究センターはウクライナ医療科学アカデミーと保健省の後援のもと機能しており、三つの下位部門から構成される。疫学部門は「たとえ取るに足りない量であっても」放射線被曝の裏づけのある人々の名前を登録・管理している（Marples 1988 : 38）。臨床放射線学部門はここでは病院、クリニカ（*Klinika*）と呼ばれており、この後の議論ですぐに取り上げる。実験放射線学部門は、立入禁止区域で集められたげっ歯類の動物から低線量被曝の影響を分析する。この部門のスタッフは、医療労働委員会のメンバーとともに、チェルノブイリで被災した人口集団、とりわけ事故処理作業員たちの労働能力、ストレス、意欲、行動のレベルを確認するために働いている。

ウクライナの一級の線量測定士であり、また放射線衛生学の専門家であるシモン・ラウロウ教授は、この地域への放射性下降物に関するコンピューター化モデルと、チェルノブイリの影響を受けたすべての地域・人口集団に関して放射線セシウムやその他の放射性核種の体内摂取量を計算するモデルとを開発した。これらのモデルから得られるデータが、個人の被曝線量を見積もるために臨床的に用いられる。ラウロウは実験室と現場における自らの経験から、電離放射線の照射はげっ歯類と人間とで異なる影響を与えると私に言った。「ラットでは、影響は九五％が生物学的なもので、おそらく五％がその他の、実験上のストレスといったものです。ところが人間では反対の結果となり、二〇％が生物学的なもの、残りがその他となります」。実験動物では、放射線によって引き起こされる行動上の影響が、観察可能な形で、また正確な量と反復可能なパターンを伴って現れる。これらの実験から導き出されるデータに基づいてラウロウは、疲労、意識喪失、一般的な労働不能など、よく見られる臨床的な訴えの生物学的重要性は甚だしく誇張されており、社会経済的状況に関連する抑うつや不安とより密接な相関関係にあると考えている。

しかし彼は、自分もこれらの心的状態を生物学に由来するものとして構築しようとする圧力と無縁でいられないことを認め、自分の「脆さ」の例を一つ挙げてくれた。彼が言うには、「母親が泣きながら私の研究室に来て、『ラウロウ教授、私の子供のどこが悪いのか教えてください』と聞いたら、私は被曝線量を割り当てて、それ以上何も言いません。できる限り倍増した数値を書くようにしてね」。線量測定士からの高線量という「贈り物」によって、その母親が「病気の」子供の代理として社会保護を得られる蓋然性が高まるわけですね、と私はまとめた。ラウロウはこの解釈を支持して、手短に応じた。「赤い線量、緑の線量、青と黄色〔ウクライナ国旗の色〕の線量があるわけです」。国旗の色――ソヴィエト人のものであれ、環境保護主義者のものであれ、ウクライナ人のものであれ――によって、特定の真実、線量の解釈、そして苦しみと病いの経過が認可される、というわけだ。重要なのは、知見がどのような政治的文脈の中に置かれるか、またデータがどのような価値を裏づけるために使われるのか、ということだ。ラウロウの構築主義的アプローチは文化人類学的にも満足のいくものである。しかし、電離放射線の影響に関して比較的確実に知られているものもあるという事実（第一章参照）に鑑みて、私のような観察者ですら、線量測定士の「すべては私たちの頭の中にあるんですよ」という説明には疑問を呈さざるを得なかった。彼のコメントからわかるのは、政府や科学の介入が、単にチェルノブイリ後の解決が見えないことの一因となっているだけでなく、新しい社会的緊張と絡み合い、さらには一定程度そうした緊張を創り出してしまっているということだ。ラウロウにとって、チェルノブイリがもたらしたものは一つの教訓を伝えているという。「私たちは、悲劇とは亡くなった人の数によって定義されるものではないと学んだのです」。彼が示唆していたのは、チェルノブイリの真実は、数字が語り得るものよりもずっと陰鬱なものであるということだ。[2] 実際、彼の仕事の流儀によって、彼自身や彼に被曝線量レベルを特定してもらった人々が、本来、目標とすることのできたはずの真実の追求において妥協を余儀なくされてしまっていた。

本章は、現地の科学者たちや臨床医たちが自分たちの科学的研究に対する倫理的立場と、彼らの実践を取り巻く社会的文脈について探究する。さらに、これらの立場をソヴィエトおよびポスト・ソヴィエトにおける科学の歩みという観点から、国際的な科学の及ぼす影響と関連づけて検討する。国際レベルにおける科学的・政治的プレッシャーは、チェルノブイリで放出された放射線が健康に及ぼす影響に関する現地の言説を制限し、またこうした影響についての生物学が科学的理解や調査において論議の的となるプロセスに影響を与える。現地の病院では、このような生物学的影響は、口語でオルガニカ（*organika*）と単数名詞で呼ばれる。オルガニカという概念は、生物医学的な定義・測定と、放射線の生物学的影響の判定を取り巻く社会的文脈とが混然一体となっている様を捉えている。オルガニカという言い方に含まれる生物学的な事実、言説、実践、技術の数々は、チェルノブイリ後における病いという経験の進路を形作ってきた合理‐技術的な介入の歴史の一部となっている。

この歴史は臨床研究の過程で具体的な形をもって現れる。そこでは、個人の経験や、家族や社会のドラマが、病い（illness）を疾病（disease）へと変容させる研究プロトコルと混然一体となっている。「病い」は、症状の主観的な意味や経験を指すのに対し、「疾病」は生物医学的に定義された病理を指す（Kleinman 1988, Turner 1987）。チェルノブイリの患者たちは、自分たちの経験を病いのステータスから疾病のステータスへと（放射線に関連する病因確定によって）変換してもらうために、様々な検査道具や技術に囲まれ、臨床観察・精密検査に身を委ねなければならない。このような介入は、疾病に客体としての形を与えるばかりではなく、苦しみが表現されコード化される基盤そのものを作り直すのだ。臨床研究のプロセスにおいて、体の不調と災害との繋がりは現実へと、つまり、生体《オーガニック》／器質的なものへと変えられる。そこでは、悲劇の身体性や悲劇を生きるという経験が、介入によって形作られ強化される様子が明らかになる。研究とは、客観的であると同時に間主観的な介入である。それは、一つの社会的・道徳的営みの一部であって、そこでは災害の規模が再定義されるとともに、さまざまな症状、個人の語り、錯誤の集団的歴史が生物学的市民権を行使するさいの合法的手段へと変換されている。

＊＊＊

センターの臨床放射線学部門（「クリニック」）は、四つのカテゴリーの患者を受け入れる。カルテにもそれに従ってマークがつけられる。「П《ペー》」は被災者《ポテルピリ》（*poterpili*）のマーク、「Е《イー》」は避難者《エヴァクヨヴァンニ》（*evakuyovanni*）、「Y《ウー》」はチェルノブイリの事故処理作業の参加者《ウチャスニキ・リクヴィダーツィー》（*uchasnyky likvidatsii*）、「С《エス》」はスラヴティチの住人である。スラヴティチは、チェルノブイリの発電所から約二〇キロ東にあり原子力発電所職員たちが住んでいる町だ。ゾーンの管理者たちとチェルノブイリ原子力発電所の経営陣との合意により、スラヴティチの住人と現在のチェルノブイリ作業員はクリニックで短期（五日間）の医療ケアとモニタリングを受けられることになっている[3]。他のカテゴリーに属する人々は、三週間入院することが義務づけられており、その間、彼らは臨床的に観察され、障害者ステータスを確認、または再確認してもらう。これらの患者たちは、さまざまな医療の専門家によるスクリーニングを受けることを義務づけられている。もし入院予定期間中に姿を見せなければ、患者たちは手当を失う危険を冒すことになる。個人的な計算ミスが生じる余地はない。

　クリニックの敷地には、木に覆われたエリアに囲まれて、スラブ材の複層階の建物が四ブロックに分かれて建っている。ここはかつて保養サナトリウムだったところだ。各ブロックをつなぐ回廊には、ソヴィエトのホテルによく見られたように緑のカーペットが中央に敷かれている。内壁の一部は木の羽目板で覆われている。覆われていない部分は、お役所的な水色で塗られている。一つのブロックには管理オフィス、講堂スペース、地下カフェテリアが入っている。また別のブロックには研究室やジムがあるが、ジムはほとんど使われていない。施設には、救急車や緊急病棟はない。中庭に足を踏み入れると、バルコニーに座ってタバコを吸う急性放射線症患者の姿がいつも何人か見えた。彼らが入院しているブロックには、診断設備（遺伝子型決定や細胞遺伝学のための機器、気管支鏡検査・超音波検査設備を含む）や医療人工頭脳学のラボ、人口統計学アーカイブ部門や医療労働委員会の代表者たちの執務室が入っている。その右手にあるブロックでは、その他の患者たちのための病棟として、五階分が割り当てられていた。

一九九六年七月の時点で、二四二名が次のような医療区分に従って収容されていた。消化器科二四名、循環器科三四名、セラピー治療三五名、内分泌科四九名、神経科四六名、血液科一九名、急性放射線症科三五名。センターには合計二五〇床のベッドがあり、神経科病棟と内分泌科病棟のベッド数は他病棟の二倍近くあった。それぞれの部屋《パラータ》（*palata*）に四人から六人が入院していた。患者たちは、診療に向かうのにもガウンとスリッパ、スウェットスーツといった出で立ちで歩き回っており、まるで自分のアパートにいるかのようだった。食事時間には、自分専用のカップや皿やスプーンを持ってカフェテリアに行った。概して、彼らはクリニックでは自分自身のことに専念していた。廊下は普通、会話が交わされる場所ではなかった。人々はお互いの問題に干渉することなく、それぞれの目的に向かって動いているようだった。以前、私と話をする約束をしていたのに姿を現さなかったことがある避難者に廊下でたまたま遭遇したことがあり、彼女はそのとき私にこう言った。「友人とは病気のことは話しませんよ。どうしてお互いのトラウマを刺激し合うんです？　薬？　多すぎて挙げてられませんよ」。そして彼女は歩き去った。このグループではトラウマは私的な領域に属する。ある人のトラウマが隣の人のそれとほとんど変わらないという事実が、かえってトラウマをいっそう私的なものにしていた。

この公共空間において、患者たちはまた、自分たちの素性を明かさないように、あるいは正しい方法でだけ明かすように、気をつかっていた。急性放射線病棟の副責任者であるニーナ・ドラガン医師とは話す機会が多かったが、彼女はこの種の自警行動を、彼女が「中くらいの人《セレドニャク》」（*sredniak*）と呼ぶ者たちに特徴的な振る舞いだと位置づけた。他のすべての科学者やほとんどの医師がウクライナ語を話すことを悪びれずに拒絶するなか、ドラガンはロシア語を話すことを悪びれずに拒絶し職場の流れに逆らっていた。自分のルーツはゾーン内にあるウクライナの村（彼女は一度そこを訪れたことがある）だというドラガンは、自分自身はソヴィエトの影響によって形作られたウクライナ人心理のインサイダーであり、批判者でもあると考えていた。彼女はセレドニャクの行為を監獄生活になぞらえる。そこでは「規律に従わせる技術の中に、自分だけ目立ったり、気に留められたりしないようにする能力を人々に植えつけることが含まれている」のだという。(4) 彼女は、ソヴィエトのウクライナ人たちが、匿名で受け身の対象として、また同時に生産機構の参加者として、いかにシステムと関わったかを、農業のメタファーを使って描写した。彼女は生産機構を小麦畑にたとえて言った。

セレドニャクでいたほうがよかったのですよ、小麦畑でのようにね。つまり、一番背が低い小麦でも高い小麦でもなく、中くらいの小麦でいたほうがね。なぜって、コンバインが私たちの頭上を通り過ぎるとき、高い小麦は刃で台無しになるし、低い小麦は刈りそびれてしまうけれど、中くらいの小麦は刈っていってくれる。そういうのが私たちの社会だったのです。小麦を刈ろう、すべて中くらいの、刈るのにちょうどいい小麦を、とね。

ドラガンの観察は単なる抵抗の欠如を示唆しているというよりも、彼女やその他の人々にとってパラドクスが身近なものであったことを示している。中くらいであるということは、人目につかない存在であると同時に、生産機構の一部でもあるということだ。刈り取られるのにちょうどいい存在であるということは、自己保存のために自らのアイデンティティをシステムとすばやく一体化させるということでもあった。自分の存在を消さなければならなかったのである。(5)

患者たちは、受け身であれ攻撃的であれ様々なやり方で、このような矛盾に満ちた配置を指し示し、またそれに抵抗していた。私はナースステーションに座っていた時、ドアの向こうの廊下にいた二人の男性の会話を漏れ聞いた。二人はセンターで病床を割り当てられるための努力について話していた。一人の男性がもう一人に、どの病棟に割り当てられたいかと尋ねた。「どこであれ、奴らが私を突っ込むところだよ（*Kudy mene usunut'*）」と彼は言い、ドアを拳でひどく殴った。男性の攻撃的な身ぶりは、障害のせいで国家とその新しい規律の網の目とを相手にしたやりとりに翻弄されることに対する彼の苛立ちを示していた。経済的に生き残る唯一の確かな方法として自分の病いに依存しなければならないということが、彼を不安にし、攻撃的にしていた。彼は突っ込む《ウスヌーティ》（*usunuty*）という言葉を選ぶことで、賄賂を指すウクライナ語の表現「金を突っ込む《ウスヌーティ・フローシ》」（*usunuty hroshi*）も想起させた。

患者と制度のあいだで繰り広げられる意志の戦いにおいて、声を上げるかどうかという判断自体が複雑な費用対効果分析の一部となっていた。[6] 私がこのプロセスについて学んだのは、他の患者たちと廊下の椅子に座っていた時だった。この患者たちはセンターの医療労働専門家イホール・デメシュコと自分たちの社会福祉案件をまとめるために待っていたのだが、小学校を二年で中退した一人の農村女性は、こうした官僚機構との対峙のさいには、「黙って、攻撃的に行動すること」が必要だと思う、と私に言った。沈黙による攻撃は、彼女の知識や自己プレゼンテーションのレベルが不十分であることによってもたらされ得る致命傷から、自分を守ってくれるというのだ。別の男性患者がさらなる洞察をもたらしてくれた。私が彼に心気症（ハンドラ（*khandra*）と呼ばれることもある）は法的に意味があると思うかと尋ねると、彼はその言葉についてしばらく考えてから、その言い方だと、「病気になったのは患者自身のせい」だと明らかにしてしまうことになる、と言った。心気症《ハンドラ》は、病いを「自己配置《サモ・ウロジェンニャ》」（*samo ulozhennia*）したことの証拠となってしまう、「そんなときこそ攻撃的に行動しなければならない」そうだ。彼の説明によれば、体調不良を描写するさいに「自分が責めを負わない」ようにするのが、成功するための道だという。彼の観察は、当該社会の生産構造に「食い込む」ために、意識的に行動を変化させた患者たちがいたことを浮き彫りにしている。

病変派と心理社会派の狭間で

神経病理科は二階にあり、白血病病棟の一つ下、消化器病棟の一つ上の階だった。私が「パヴロヴァ」と呼ばれる精神神経科病院でフィールドワークをしていた頃、「神経病理科で《ヴ・ネウロロヒー》」（*v nevrolohii*）ベッドを確保したいと話す多くの患者に会ったものだ。六〇歳の病棟責任者で神経病理学者のアンゲリーナ・セアヌ医師は、私を「前例のない訪問者」と呼び、彼女の病棟で民族誌的フィールド調査を行いたいという私の希望を受け入れてくれた。彼女はセンターの医療労働委員会の神経科分科会を率いており、ソヴィエト政権時代の神経疾患に関する医療労働調査の責任者でもあった。彼女の経験を通じて、チェルノブイリの被災者たちへの補償に関する法に示された生命科学や臨床上の基準がいかに変化したかを実感することができる。また、西側の生物医学カテゴリーが東側に輸入されたときに生じる緊張関係を把握し、災害という文脈の下で、このようなカテゴリーがいかに現地の知見に取り込まれ、適応され、拒絶されるのかを示すことができる。

セアヌの存在は、印象深いと同時に脅威でもあり、また同時に温かいものでもあった。独特の身のこなしのために、彼女は薄暗い院内でよく目立った。チェルノブイリの仕事をする前、セアヌは生まれ故郷モルダヴィア〔現モルドヴァ共和国〕のキシナウでソヴィエト医療科学アカデミーの医者・研究者として働いていた。彼女は開放性頭部損傷や、外傷性病変を負った患者の脳活動障害に対する臨床的・心理的代償メカニズムや、高血圧のアテローム性動脈硬化期における脳の「窩状状態」を研究した。チェルノブイリの後、彼女はセンターから声をかけられ、そこで電離放射線の長期被曝による神経系統や人間の脳機能の変化および神経疾患の研究へと向かった。

一九八七年以来、彼女のチームは四つの主な人口集団の病理を解析してきた。移住者たち、現在のゾーン作業員たち、汚染された街スラヴティチの住人たち、そして災害から三か月以内に事故現場で働いたゾーン作業員たちである。一九九〇年、彼女は国家医療労働委員会における労働基準および診断基準を再編し、当時の保健相代理とともに「国産神経学」を確立した。彼女はまた、患者たちが示すさまざまな症状の一覧を作成する作業にとりかかり、被曝量が登録されていないか、あるいは不明の場合の神経障害への「影響力」を調べ始めた。

セアヌの協力者である三一歳のアルテム・ボロウスキは、近年、科学分野の優れた業績に対して与えられる国家の名誉ある賞を受賞していた。賞は頭脳流出を防ぐとともに、認められた研究者たちにウクライナ内で価値ある科学の研究を続けてもらうことを意図していた。ボロウスキが一役買ったおかげで、センターは彼が海外への研究出張を通じて得た脳の画像化技術を取り入れ診断能力を向上させていた。こうした技術には、標準的なソヴィエトのCTスキャンに加えて、核磁気共鳴やPETスキャンが含まれた。

セアヌとボロウスキは、自分たちの仕事が、チェルノブイリの放射性降下物が神経系統に与えた影響をどのように解釈すべきかという問いに対する他の二つのアプローチと緊張関係にあると見ていた。これら他のアプローチは、「病変派」と「心理社会派」と呼ぶことができる。これらのアプローチは、リスクにさらされた人口集団をどう定義し、症状の因果関係をいかに解釈するかにおいて異なっており、また異なる診断基準に依っている。病変アプローチに関してセアヌは、キエフにある神経外科研究所のA・P・ロモダノウ率いるウクライナ人神経外科医のグループに批判的だった。彼女は、このグループによる放射線の脳への影響についての解釈は極端すぎると感じていた（Romodanov et al. 1994）。チェルノブイリの作業員たちがクリニックで不当な医療に抗議してハンガーストライキを決行していた最中の一九八八年に、ロモダノウが自分の病棟を訪ねたことがあると、彼女は私に教えてくれた。国家にとってお馴染みとなった戦術、作業員たちの懐柔とは、彼らの一部により重篤な診断――この作業員たちは自分たちがそれに値すると信じていた――を与えることを意味した。セアヌによれば、「この神経外科医たちには、実行すべき政治的プロジェクトがありました。作業員たちを懐柔するというプロジェクトです。彼らは、放射線を浴びた人は誰でも病変を被ると言いたがっていました。トラウマを病変という観点から解釈したかったわけです」[7]。

この神経外科医たちは、国際的に受け入れられた基準を拒否して、「電離放射線への被曝は［たとえ低線量であっても］神経学的徴候をもたらし得る」（Romodanov et al. 1994：61）と主張する。三〇〇人のチェルノブイリ事故処理作業員に対する長期スクリーニングと亡くなった作業員の検死解剖に基づき、この研究者たちは中枢神経系への器質的《オーガニック》損傷は大脳皮質、大脳皮質下部、脳幹において「進行する病変」の形態として現れると結論づけた。[8] その『放射線照射後の脳障害――実験的調査と臨床観』と題されたモノグラフで彼らは、「チェルノブイリの災害はチェルノブイリ病を生み」、それは「数十万人の人々を様々な形で襲った」と述べた。（かつての科学の公用語であり、現在も主に使われるロシア語ではなく）ウクライナ語を用いて、彼らは長期的な低線量被曝が「正真正銘の集団疾患」をもたらし、しかもそれは「今日すでに目に見えるものとなっており、一種類にとどまらないことがわかっている」（Romodanov et al. 1994：24）と主張している。そして、とりわけ汚染地域で長期にわたる被曝を経験している人口集団に対する懸念を表明し、新しい診断基準を既存の国家補償細則に取り入れるべきだとしているのである。

二回目に会ったとき、セアヌは彼女が端的に「西側」と呼ぶものについての意見を詳述してくれた。ソヴィエトの臨床研究モデルは長らく、厳密な除外・選定基準、ランダム化されたサンプリング、対照群の使用といった疫学的なアプローチの欠如に苦しんできた。[9] 彼女はこのようなアプローチを有用と見なしている（また、彼女の後輩たちは積極的にそれらを取り入れてもいる）が、自分の患者たちの経験の独自性を希釈してしまう「アメリカ式の判断基準」に影響されたものとも考えていた。彼女はこうした基準の押し付けを、優位に立っている国際的な放射線研究機関がチェルノブイリの状況を政治目的で利用するための手段の一つと見ていた。この真実の擁護者は、戦い疲れつつも、チェルノブイリの破壊的影響を、抽象化されない方法で――クリニックで長期的に、一人一人に即して、症状ごとに――特定することに今も全力を傾け続けていた。彼女は、「人権援助グループや外国の専門家たちは何度もゾーンを訪ね、そこに住んでいる人口集団の恐怖心をあおる」のだと主張した。「今日はドイツ人、明日は日本人、というふうにね」。「外国人たちはゾーンへやってきて、住人を見、彼らの甲状腺を測定して、何も言わずに帰っていきます。彼らは医療従事者ですが、甲状腺とその他の生理的な症状との複雑な相互依存関係を理解していないのです」。例えば、放射線によって引き起こされた甲状腺システムの機能不全は、とりわけ胎児期に被曝した子供たちでは、精神障害の発生において重要な生物学的機序を形成することが彼女の研究から示唆された。セアヌにとって、医療の競争力はまた社会的競争力をも示唆した。ここで彼女は日本の笹川財団を例として挙げた。「彼らは現地の医師たちにお金を払ったので、お任せすることにしたんです」。彼女は、自身の研究チームであっても、リサーチを行うためには、人道的援助をゾーン居住者に提供しなければならないと言った。「パンのトラックが週に一度必ず行くように手配します。人々にドイツ製の衣類も持って行きます。ドイツ製は古着でも質が落ちませんからね」。

現地で形成された病変アプローチと対照的に、心理社会的立場は国境を越えた専門家の言説に根ざしている。二つの立場の共約不可能性により、現地ではかえって研究と科学の交流の場がさらに生まれている。セアヌに病変派と社会心理派の立場についての考えを聞いたところ、彼女は「私たちは病変というトラウマと、傷などそもそも存在しないと考える立場の狭間で仕事をします」と答えた。

セアヌの存在は尊敬を勝ち取っていた。訪れる人々に彼女が示す共感は否定しがたいものであった。彼女のロシア語には訛りがなく、ウクライナ的になっていく周囲の環境になじんでいかなかった。彼女はしばしば自分の言語的不足は、必ずしも反ウクライナの態度を示すものではなく、個人的な適応不順の一種なのだとして笑い飛ばしていた。彼はロシア語を話したが、両親はウクライナ系だったのである。セアヌはゾーン内の科学研究機関に定期的に出張して保健相の報告書執筆（今ではウクライナ語で書くことを義務づけられていた）は、同僚のボロウスキに任せてあった。彼は、自分のスタッフの医療業務に対する支払いや給与の遅滞分回収を個人的に行っていた。この新しい時代は、もし「お金を探し求める」ことをいとわず、組織として「重要なこと」をしようとする自由な気持ちがあれば、面白いものだと彼女は考えていた。経済的な困難にもかかわらず、彼女はモルダヴィアの小さな村で何十年も前に感じた社会主義システムへの情熱について私に話してくれたこともあった。故郷の村に出現した新しい学校に「歩かず、走って」通っていた自分の姿を描写してくれたのである。

アンゲリーナという彼女の名前には一定の皮肉があり、時おり言及されることがあった。彼女は、ソヴィエトによる事故処理を担ったアンゲリーナ・グスコワ医師と同僚だった。どちらも軍の将校であり、ソヴィエト式の神経病理学のトレーニングを受けた。アンゲリーナ／アンゲリーナという語の重なり《ダブレット》は、チェルノブイリの人間への影響をめぐる二枚舌《ダブルスピーク》をよく捉えていた。「彼女はチェルノブイリのすべての問題を心理社会的なものに還元してしまいました」とセアヌは言った。「二三七人ではなく、「数十万の人々が急性放射線症を経験したのですよ」。私が二人に会って分かったことだが、どちらのアンゲリーナも、両者の見方の大きな隔たりにもかかわらず、互いの科学的業績を尊重していた。

チェルノブイリの精神衛生上の影響に関する国際学会の総会で、セアヌはチェルノブイリ災害の影響における「精神神経科的な傾向」に言及した。彼女は事故処理作業員や、移住した後に再びゾーンに戻った人々、事故のさいに子宮内にいた子供とその母親たちに焦点を当てた研究の必要性を訴えた。彼女は「精神神経科的不調は、被曝線量とそれが身体に及ぼす影響とが非線形的な関係にあることを示す」（Laganovsky and Yuriev 1995：31）と考えている。対照的に、グスコワは放射線関連病についての最近の主張、とりわけ成人に関するものについて、「心身症の発症」であるとする。同じ学会でグスコワは、住民（主に移住した人々）は放射線由来ではない社会的、心理的苦痛に苦しんでいると述べた。「とりわけ子供たちにとって重大な好ましくない要素には、両親、教師、医療従事者の非合理的な行動も含まれる」（23）と断定して、地元ウクライナの医療コミュニティを激怒させたのである。

グスコワの見解は、電離放射線と神経系統への影響の因果的関係を否定してきた国際的な専門家たちの見解と概ね重なる。原子力発電災害の心理社会的局面についての最初の評価は、スリーマイル島事故の研究に基づくものだった。これらの文献に依拠して、セルゲーエフ（Sergeev 1988）は、被災した人口集団において「情報の欠如」および「真実の情報の誤った解釈」によってストレスが発生したとした。ロバート・ジェイ・リフトンによる日本人被爆者のあいだに見られた「原爆神経症」分析に言及しつつ、保健相のロマネンコは「放射線恐怖症」という造語を用いて、やはり「情報に関する慢性的なストレス」に起因する、人口集団の無根拠な怖れとパニックを描写した。グスコワのソヴィエトにおける上司であったL・A・イリインは、後の刊行物のなかで、放射線恐怖症とは「病気ではなく、一つの状態であり、つまるところ放射線の生物学的影響に対する恐れである」（Marples 1988：49）と明確に述べた。[10]

後には、アメリカ、ロシア、オランダ、スイスなどの心理学者、リスク行動分析家、社会学者、精神科医、内科医といった人々が、心理社会的立場を主唱した。ハヴナールは、「日常的な症状が、放射線によって引き起こされる深刻な病気の潜在的な前触れとなってしまっている」（Havenaar et al. 1996：435）と示唆した。[11] 社会心理的／慢性的情報ストレス・モデルは、近年では世界保健機関（ＷＨＯ）によるチェルノブイリの後遺症についての結論部の要約においても触れられている。

汚染された領土に住む人口集団に対するインパクトがずば抜けて大きかったのは、放射線によって将来もたらされ得る健康被害への恐れによって引き起こされる精神的ストレスであった。事故直後に提供される情報が不足していたために多大なる恐怖と不信が生じた。こうした懸念から多くの心因性の健康障害が生じていたことは明らかである。（WHO 1996：429）

こうした心理社会的研究は、ソヴィエトとアメリカあるいはヨーロッパとの間の協働の条件に規定されていたため、その根拠となったデータは、汚染された地域に暮らす農村人口に戦略的に限定され、ゾーン作業員を除外している。[12] 心理社会的解釈では、国家の介入が大惨事の後に生きられた経験にどのような影響を与えたかを適切に説明できない。前章で私は、公的な説明責任の構造がソヴィエトによる管理下で出来上がったことを示した。放射線の生物への影響をめぐる因果関係の説明が心理社会的・心理学的枠組みで語られ、そのために、放射線への被曝によって損傷をかかえている、あるいは、将来損傷が判明するかもしれない多くの人口集団が、補償への権利を否定されることになった。このような介入は、かえって、新しい形態の苦しみと政治闘争を引き起こした。こうした政治的歴史を考えた場合、災害後の経験を非合理性やリスクの不適切な認識、恐怖といった問題に還元するのは、不公平かつ不正確である。このような病理的な影響のみに焦点を当てることは、苦しんでいる人だけに責めを負わせることになるばかりでなく、病理的影響が専門家あるいは政府による介入の唯一かつ正当なターゲットであるとする幻想を生む。さらに、このような焦点の当て方は、介入の歴史によって残された根本的かつ実務的な問題を回避してしまう。その問題とは、放射能のリスク増大という条件下で生きる人口集団の生物学的変化をいかにしてモニターし、対応していくのか、ということである。

国際的に優勢な見解をふまえてセアヌは、「話の筋道を正す」という社会正義と道義的緊急性の問題として自分の仕事を引き受けた。彼女が進める現地の科学《ローカル・サイエンス》では、被曝線量を病因に対する独立した寄与因子として特化して考え、線量ベースの評価方法の開発も行われていた。彼女のチームは、神経放射線生物学や神経生理学といった分野や、センターの実験放射線学部門の動物実験から自分たちの見解への裏付けを引き出した。すでに一八九〇年代に、放射線に対する人間の具体的な神経学的反応は知られていた。初期の反応には、行動の変化、麻痺やしびれ、発達の遅れ、神経線維の過敏、自律神経系の乱れ、レチナール反応、脳幹興奮、脳動脈への影響、ニューロンの形態学的変化、放射線由来の低血圧と神経過敏状態などが含まれていた。一九五〇年代半ばから一九八〇年代にかけて、核武装競争のさなか、低線量照射の神経生理学的側面は国際的な協同研究・調査の主題になった。アメリカ合衆国やソヴィエト連邦といった国々が、放射線で汚染された戦場で戦う兵士の生命と稼働能力を引き延ばすための治療に関心を持っていた（Hunt 1987）。ウクライナの放射線生物学者ヴァレツキーによれば、こうした研究は「まったく異なる枠組みで形成された。それはどうしたら兵士を延命し、彼が弾を撃ち続ける、あるいは何であれすべきことを続けられるようにできるかという問題だったのである。彼にその後何が起こるかという問題、この問題はまあ言ってみれば、ほとんど重要でなかったわけだ」。

ウクライナの放射線生物学者や臨床医たちは、放射線科学とりわけ神経生理学における知の生産の枠組みが政治的な偶然や利害によって形作られていることを強く意識している。アメリカのキメルドルフとハント（Kimeldorf and Hunt 1965）の研究は、放射線――たとえ低線量であっても――の中枢神経系統への影響について述べ、ロシア語に翻訳された。しかし、彼らのデータの重要性は現在の国際的基準においてはまだ無視されている（UNSCEAR 2000）。

数多くの研究や現地の科学者による協働作業によって、核被曝が人間にもたらす後遺症はさらに解明されてきた。セアヌは私に、「どんな生命体《オーガニズム》も、自らの破壊に対して受け身でいるなどということは考えられない」と言った。セアヌは哲学者ぶっていたのではなく、別の科学者を引用していたのである。それはソヴィエトの放射線生物学者コマロフで、彼は一九五〇年代後半のある実験で、眠っているラットがわずかな線量の電離放射線にさらされると、突かれなくても目を覚ますことを観察したのだった。彼女が挙げたこの例は、ソヴィエトで育まれたセアヌのアプローチ、生物学の活動を、独立した機能というより、生命体と環境の接点にあって「目覚めつつある」ものとして捉えようとする生物学アプローチの特異性を反映していた。放射線やストレスそれ自体ではなく、それら二つの組み合わせによって生物学的感受性の度合いが個別的に決まってくる。セアヌは神経生理学的影響への「放射線起源ではない」要因を認めはしたが、たとえばストレスといった因子が「放射線のネガティヴな生物学的効果を強める」と考えていた。要するに、動物の低線量被曝に関する放射線生物学の実験の結果、臨床観察と診断実践の焦点は、ただ人間への神経生理学的影響に放射線が関係しているのか、それ以外のものが関係しているのかを区別することだけでなくて、これらの影響がどこまで生物学に由来するかを突き止めていくことに向けられている。したがって問題なのは、個別の生物学を差異化することであった。放射線関連かそうでないかにかかわらず、この生物学は、生命体と環境の境目に起きる新しいチャレンジと順応の中から出てきたものである。

生体《バイオロジー》の仕組みを順応の能動的な行為主体《エージェント》としてみる考え方は、臨床診断にも密接な関わりをもつ。不確実性、偶然性、蓋然性が診断過程で高い価値をもつようになると、診断もこうした価値を表現するための独特の形で書かれるようになる。主として、診断は症状の名前とそのステージを示し、その考えられる原因と将来の傾向を示すフレーズが書き添えられる。たとえば、ある診断は「器質脳症候群、ステージ2」の横に「神経衰弱的」あるいは「心気症的」傾向、と書き添えられる。患者自身の能力が最終的な治癒をもたらすことが信じられているからこそ、これらの診断は、生物学的な、あるいはその他の単純化に抗い、むしろ、生物学的状態、環境的条件、人間の反応との関係の流動性を強化するものである(13)。

ソヴィエト時代の定義によれば、生体が健康に向かおうとする活動は常に、順応反応の成功や失敗が臨床的に観察され、したがって治療され得るような「最適条件」に関連して起こる（*Bol'shaia Medititsinskaia Entsiklopediia* 1956:

356)。センターの実験的放射線学部門に在籍する放射線生物学者は、生物学的活動の範囲《ディアパゾン》（*diapazon*）、つまり、このような最適条件が観察され得る幅に言及した。放射線生物学者のヴァレツキーは、放射線研究センターに勤める前は、地元の一般公共衛生研究機構で働いていた。彼はこの範囲《ディアパゾン》の論理をこのように説明した。「私たちがいつでも、より下位のレベルへと、つまり個々の細胞へ、個々の分子へと降りていけることはわかりますね？　でも、そうすることによって私たちは純粋な生物学的局面を見失ってしまうのです。下位レベルでの影響がより高いレベルでは何の帰結ももたらさないかもしれませんし、その逆も然りです。私たちが求めるのは最適条件、いわば黄金の中央地帯であって、そこでこそデータが理解可能なものとなります」。

＊＊＊

セアヌが研究の方向性を決めているとすれば、神経精神科医のボロウスキはそうした方向性を実現させる技術の専門家である。彼は「器質的《オーガニック》人格形成」の「放射線病因論」を、グスコワであれば低すぎていかなる生物学的重要性も持たないとみなすであろう放射線量の範囲で分析する。(14) 彼は〇・三グレイ（第一章の原注（33）を参照）という非常に低い線量を照射された人が「器質的な構造にまで跡を辿ることのできる脳の情報処理における混乱」を示すと述べる。病理的反応の論理を分析するにあたって、彼はしばしば、「法に従って」「規則的な」あるいは「自然な」を意味するザコノメルニー（*zakonomernyi*）という言葉を使った。彼の論理は彼が発表した数多くの、しばしば複雑なフローチャートにはほとんど反映されていないが、(15) 長崎大学原爆被災学術資料センターの研究者たちによってなされた先行研究によって強力に裏づけられている。この研究者たちは、アメリカによる原子力爆弾投下のさいに胎内被曝した子供たちの研究を通じて、放射線と脳（知能発育不全、てんかん、「内因性精神病」）との相関関係を示したのである。

　今日、セアヌは国際的な資金によるパイロット・プロジェクト、「子宮内での脳損傷」をウクライナで率いている。プロジェクトの目的は、子宮内で被曝した子供たちの知能発育不全やその他の脳の機能不全の症例を確認することである。一九八六年四月二六日から一九八七年二月二五日の間に生まれ、母親が汚染された地域にいた子供たちが調査の対象になる。彼女は、出生前に被曝した子供たちに、知能発育不全や境界性感情・行動障害の傾向があると指摘する。彼女の見解では、このような傾向は、こうした子供たちの追跡調査、また胎児一人ひとりの線量の復元といった別の調査の必要性を示しているという。この研究は本章の最後で示す臨床例を分析するうえで重要になるだろう。

要するに、セアヌとボロウスキは、放射線とその神経系統への影響は本来多様であるということを強調するアプローチによって心理社会的モデルを置き換えようとしているのだ。このようにオープンエンドであるところが、自分たちの科学的転回であると彼らは主張する。彼らの疾病論は、PTSD（心的外傷後ストレス障害）といった西側の新しい診断法とソヴィエト由来の既存の診断法とを組み合わせながら、進化している。彼らはチェルノブイリの被災者たち（公式にはそのように指定されていない人々まで含めて）をより大きな集団として捉えることができるように診断機器を精密化させつつあり、低線量被曝におけるオルガニカ（生物学的影響）という医学用語を定義しつつある。

このような研究は、「プロ放射線」的だとの批判を呼んだ。補償申請制度に関わるある政府関係者は、セアヌを「観念論者」と呼んだ。彼女が精神的な経験を正当なチェルノブイリの反応へと転換させ、患者たちを「チェルノブイリ化した」からだという。一方セアヌは私に、自分はロシア人や西ヨーロッパの同僚たちからの、国際疾病分類（ICD）のカテゴリーと一致しない診断を放棄するようにという圧力に逆らってきたのだと言った。

こうした緊張関係を指摘することで、私は国際的な分類システムが現地の診断実践に影響を与えることに注意を喚起すると同時に、こうした影響に抗うための基盤となる認識論的・政治的根拠を探求することをめざしている。私はまた、これらの現地の科学者たちの仕事が、承認と「包摂と排除に関する特定のルール」（Asad 1993: 8）をもつ世界の中に位置づけられていることに注意を促したい。これらの「現地の《ローカル》」科学者たちは自分たちの仕事には、国内的な、ポスト社会主義の、また資本主義の文脈の中で、一定の「実生活上の勢力範囲があることに気づいている。彼らの限られた手段《エージェンシー》の当面の目的は、「人間社会のより有利あるいは有益な総合的条件（分配、社会的動向など）を変えること」（ibid.）である。[16]

他の住民の多くがそうであるように、セアヌのチームはチェルノブイリ事故とウクライナ住民との関係の蓋然性を体系立てることに関心をもっている。そうすることで、チームは自分たちの被験者予備軍を形成する。チームのメンバーたちは、科学的資源や未来の科学的可能性を犠牲にすることのない知的所有の戦略に取り組む。セアヌとボロウスキは、原発事故の頃に生まれ、現時点で統合失調症の徴候を示しているかもしれない一〇歳児を見つけるために（この研究は広島の原爆被害者について日本の精神科医たちが行った調査と結びつくはずのものであった）、キエフに孤児院を「開く」計画を立てていた。セアヌのチームはまた、アフガン戦争に参加した退役軍人を対照群として使用し、チェルノブイリ作業員たちの「心的外傷後ストレス」をテストした（この研究は、心的外傷後ストレス障害診断に対する国際的な関心と使用の広がりに対応するものである）[17]。チームの資源《リソース》としては特にお金と最先端機器が不足していたが、彼らには未知を自分たちのものにすることの満足感があった。それこそが、未知というものが残酷なまでに回避し難いという事実を補う喜びだった。

新しい社会性

ある日、一人の男性がセアヌのオフィスに歩いて入ってきた。黒い革のコートをまとい、黒い書類入れを持っていた。彼は市内の大手建設会社の副局長だと自己紹介した。「完璧なウクライナ人が来ましたね」とセアヌは幾分おどけた感じで私に言った。「ミハイリチコとは、完璧にウクライナ的な名字ね」。彼女がミハイルの語尾についたイチコという音を強調し、小さく可愛らしい響きのある男性の名字に注意を促したのは、ウクライナが歴史的に周辺の大国に従属してきたこと、彼女が今ではウクライナ市民であるという考えに自分自身でも馴染めないでいることについての、ユーモアにあふれる嘲笑であった[18]。「このイチコさんが、石棺をゼロから建設したのよ」。

男性は巧みに割って入った。彼は「障害者ステータスに生じた問題の関係で」検査してもらう必要があると言った。曖昧な言い方ではあったが、彼は正式に障害申請したい（文字通りには「グループを作る《オフォルミティ・フルプ》（*oformyty hrupu*）」）のだと言った。彼の医療記録を見て、セアヌは言った。「ここでは薬と必需品が不足していることは知っていますね」。彼は診断と引き換えに何らかの人道的援助を提供しなければならないと理解したようだった。セアヌが「職場はどうですか。給料はもらっていますか?」と尋ねた。「ここ五か月もらえていません。ひどいスキャンダルですよ」と彼は答えた。セアヌと男性はお互いの仕事が「慈善」であることに気づいて共謀へと転じた。「いいでしょう」と彼女は言った。「診てあげますよ。あなたはすでに私たちのデータバンクに入ってますから、他のところに行くよりはここでやるほうが早いでしょう」。患者がチョコレートひと箱を渡すという標準的な贈呈式でその診察は終了した。

彼が去った後で、セアヌは言った。「彼は五〇レムを吸収したとして登録されています。私たちは通常、その値をだいたい五倍にします。彼は急性放射線症の症例となるべきでしょう? ソヴィエトで最初の被験者集団となった人たちみたいにね。でも彼の血液中には病態生理学的なプロセスがすぐには現れなくて……。すぐに変化が出た人たちは診断をもらえたのですが。そうでない人々をシステムははじいてしまいました。当時は彼らのオルガニズム(*organizm*)が代償していたのです」。セアヌは適応を意味するソヴィエトの標準的な生物医学的表現を使った。「彼の病いはこのステージにおいては隠されていました。でも今は様々な病理の徴候を示しています。代償不全が起こっているのです。めまいや、痛みといった症状があります。でも彼は働きたがっているし、そうしなければならない理由がある」。必要としている診断を受け取ったらしく、この男性が正式な検査を受けるために病棟に戻ってくることはなかった。

ボロウスキが診察室に入ってきて、新しい患者が来たことを告げた。チェルノブイリの発電所で一九七一年から働いていた女性で、クリニックに来るのは初めてだという。彼女は事故以来、医療ケアを受けようとしたこともなければ、いかなる医療監視や治療の対象になったこともなかった。彼女は慢性放射線症のあらゆる徴候を示しており、「眼球がぐるぐる動いている」ほどだとボロウスキは説明した。ペトロウスカは、チェルノブイリ発電所でエンジニアとして働いていた。彼女の登録線量は七〇レムで、臨床医の見積もりによる改訂では、三五〇レムほどということになる。ボロウスキは彼女が慢性放射線症の「純粋な症例」であると言った。彼女はよく訓練された職業人であり、「彼女の病気には社会的に構成された要素はありません。純粋に放射線なんです」と。ボロウスキが彼女に与えた診断は、器質性脳障害、および求心性神経系統への痛みを伴うダメージを示す医学用語である体感異常症《セネストパシア》（*senestopathia*）だった。彼女の脳波図は、「ゆっくりとしたデルタ波」を示しており、器質性脳障害が推定された。

ペトロウスカは私とのインタビューでほとんど何も言いたがらず、ただ一九八六年にプリピャチの街から避難した時からずっと、義務づけられた臨床モニタリングや診断を避けてきたとだけ語った。「あの時、私は病院を後にしました。労働者として役立たずだとされてしまうとわかっていたからです。そうなったら、どこに行けるというのでしょう」。彼女は自分の血液指標が落ち込んでいることは知っていたが、「あの医療記録は失くしてしまいました」。その間、彼女はハーブや、柑橘類・ベリー類の果物で自分自身をケアしてきた。「一緒に食べると、酸が放射線を体外に流してくれるんです」。また、パラフィンに漬けて「熱いプラスチックのように」なったガーゼを脊椎にあてる療法も行ったという。

彼女は仕事の手順を調整して自分の症状を隠し、医学的監視システムを避けた。製図業務の担当を増やして座っていられるようにし、突然意識を失った場合に備えた。ペトロウスカはぎりぎり最後の機会まで待って入院し、回復には期待していなかった。彼女の理屈によれば、彼女がクリニックにやってきたのはきっかり定刻、完全な補償を拒まれる可能性がほとんどなくなるほど病いが圧倒的に顕現化したまさにそのタイミングだったのである。

ペトロウスカの来院はボロウスキを憤慨させた。彼はＩＡＥＡと結びついた「国際的専門家」に対して激しい怒りを表した。彼らがチェルノブイリの健康被害を過小評価していると彼は考えていた（この見方は一般的なものだった）。実際、こうした専門家たちが（しばしば短期間の調査に基づいて）築き上げた「真実の体制」は、比較的無傷でこの文脈に出たり入ったりできる彼らにほとんど何の犠牲も強いることがない。一方でこの体制が、災害の検証に携わり続ける科学者や臨床医にもたらし得る道徳的影響は破滅的だ。これらの専門家による体制が現地の科学者のアクションを取り込み、制限する。彼らは自分たちの権威と技術的資源の支配を利用して、科学的知見を「公式の」言説対「非公式」の言説、「正当性のある」科学対「正当性のない」科学へと分類する。

ボロウスキは言った。「もし私が、急性放射線症の症例は二二三七名よりも多いと言えば、こうした専門家たちは私の頭がおかしいと言うでしょう。私たちの研究を援助するかどうか考慮さえしなくなるでしょうね。まあ、私を偏執狂と呼んでくれて結構です」。またボロウスキは、専門家たちによる「社会的」という語の濫用と彼がみなすものについても指摘した。「専門家たちの手にかかると、あらゆる健康問題が社会的なものに起因することになってしまいます」。西側の疾病分類学アプローチと矛盾するものすべてが社会的とされると彼は考えていた。つまり、それは一種の認識論的ゴミ捨て場なのだった。「西側は私たちのデータを信じません」と彼は言った。ボロウスキの見方によれば、このような過程は間接的に、市民たちを身体的な資源として搾取しながら、彼らに自分の病いを肉体的な限界まで隠し通すことを奨励していると彼の考える国家システムを正当化していた。これがまさにペトロウスカの状況だった。ボロウスキの患者たちは典型的な被験者ではなかった。彼らはシステムの罠に捕らわれた人々——社会的矛盾を、文字通りそれに殺されるまで、生きている人々であった。少なくとも、それが彼の感じていたことだった。彼やその周りの人々にとって、社会的健康のために苦闘する患者たちを助けつつ、良質な科学を実践することは、道徳的にも科学的にも責任ある任務だった。

しかしながらこうした献身は、臨床医たちが患者たちの社会補償の要求を盲目的に満たしてやっていたことを意味するものではなかった。セアヌは、被験者たちがあまりにもたくさん、準備も意思も万端で彼女の病棟にやってくるという事実に対する失望を日ごろから隠さなかった。このような集団的な積極性は、実際、新しいものだった。臨床医たちは一九九〇年代の前半には自分たちの研究に患者を募集するのがいかに難しかったかを回想した。この難しさは、社会主義時代の労働制度（第四章参照）に関連する抑制から来ていたと彼らは考えている。当時の制度は、とりわけ病いが心理的なものに関連すると解釈される場合に人々が医療的救済を求めることを阻止していた。

セアヌによれば、こうした新しい患者たちの被曝は概ね「低線量」であった。彼女は低線量被曝と神経学的影響の間につながりがあると主張する一方で、臨床治療と障害者ステータスに対する患者の需要が「社会的幼稚症」（彼女は私に、患者たちとのインタビューでこのテーマを探求するよう強く勧めた）によって加速しているとも考えていた。彼女は、ウクライナ人は「奴隷」根性を持っているとステレオタイプ化し、そうした根性のせいで、入院に過度に依存して社会的問題を解決しようしていると主張した——同様の観察は、西側の研究者たちがソヴィエトの医療制度全体の文脈の中で披歴したことがある（Field 1967）。彼女は、こうした依存を「病的な人格形成」に起因するものとするアンゲリーナ・グスコワに同意する。ソヴィエトの分類においては、こうした人格形成は「行動的な弱さや欠点」として言及された。それらは最も一般的には抑うつや、無力症、強迫症、心気性症候群——西側では典型的に神経症の症状として認識されたものである——といった形態で表れるとされた（*Bol'shaia Meditsinskaia Entsiklopediia* 1956：416）。ソヴィエトの流儀において、社会的環境は、個性を標準化したり、個性の弱点を臨床的に調停したりするための基盤としての機能を果たす。

このような「生来の」人間の弱さは、セアヌによれば、新しい経済的環境の下でより目立つようになったという。依存の形態は、よく引き合いに出されるレントニク（*rentnyk*）のステレオタイプに具現化された。この語は「借りる人」を意味し、国家に過度に依存し、したがって国家と病的な関係にある人を指す。臨床医たちのあいだでは、レントニク型は最も劣った最も「幼稚な」人格で、臨床医たちが「疲れ果てて屈服する」ほどのしつこい要求に取り憑かれているとされる。最も熟練している人々はほとんど自動的に臨床医を屈服させることができ、狼《ヴォウキ》（*vovky*）と呼ばれることもあった。ある患者は事実、システムを生き残るのは獣性を獲得した人々だと示唆した。「生き残った人たちは狼ですよ、奴隷ではなくてね」。人間性をもってしては、たとえその「最も低い」形態（奴隷）にまで貶められていたとしても、システムに太刀打ちできないというのだ。

毎週月曜日、セアヌは自分の教育業務の一環として、病室を回診することになっており、研修中の若い神経科医の一隊が後を付き従った。それぞれの医師に複数の受け持ち患者がいた。原則としてこの受け持ちは好みに基づくものではない。担当医たちは個々の患者について、その個人が病棟に入った医学的理由、彼または彼女がチェルノブイリで従事していた労働の種類、その患者の推定被曝線量、セラピーの進捗状況などを報告した。まず一人一人の患者と接触し、私の見るところ思いやりと不信、親密さと脅しのランダムな混合物をもって彼らを惹きつけるのが、セアヌの習いだった。彼女が示す情緒の予測不可能性は意図的なもので、患者たちに行動を喚起して彼らの心理的強さや弱さを測ることができるようにするためだった。彼女は、人々の主張が誠実かどうか、何が彼らの病いに影響しているのかを、彼らの応答や防御反応からよりよく識別することができた。

私が初めて巡回に参加したとき、私たちは三人の中年女性に出会った。一人は、活動が亢進した甲状腺を治療するための財政援助を待っていると言った。甲状腺の問題は大人の患者のあいだではよくあるものだった。また彼女は「もう精神科医の診察を受けた」と告げ、自分の障害にはいかなる精神的な要素もない、「クリアした」と自信をのぞかせた。二人目の女性はベッドに座って壁に背中をもたせかけ、青いスカーフを頭に巻いていた。彼女は抑うつ状態にあるようで、単調な弱々しい声で話した。彼女は電話オペレーターで、頭痛が一九八六年に始まったけれども「薬がそばになかった」と言った。だるそうに自分の不調を一つ一つ挙げていく間、彼女は窓の外をじっと見ていた。セアヌは彼女をしばらく観察し、病棟の担当医に向かって「彼女に心的外傷後ストレス障害（ＰＴＳＤ）［の診断］をあげてください。器質的というより神経症的なものです」と言った。私はセアヌが流行りの西側の精神科診断名をほとんどその語一色で塗りつぶすようにして用いたことに驚いた。「神経症的」という診断は、その女性がこれ以上申し立てを進めるためには常駐の医学-法的精神科医の診察を受けなければないということを意味していたが、それは同時に、彼女が病棟のＰＴＳＤ研究の予定候補者になれるということでもあった。

また別の回診で、私たちは皮膚発疹と自律神経障害を訴える男性に会った。彼は二つ目の症状は、この身体の病いが「最近獲得したもの」だと言った。別の中年男性が隣のベッドに横たわっていた。彼の主治医が「一九八六年にゾーンで雇われた人です」と言った。セアヌが仕事について説明してほしいと頼むと、男性は動物学研究所の生物学者だと答えた。彼はゾーンで病気の発生とげっ歯類（放射線関連の病気の徴候を真っ先に示す）の生理学的変化、また突然の人間の避難と伝染病の関係をモニターする仕事をした。セアヌは彼がゾーンで観察した生物学的変化についてもっと知りたがった。「人々が移住した後は、ちょうど戦争の後みたいでした」。彼は自分が放射線に直接さらされたことを強調した。「小動物たちの群れが現れました。私たちは防御服なしで作業していて、完全に被曝しました……。最初の一年は、動物たちの増殖以外、大きな変化は目にしませんでした。次の年に、生理学的な変化に気づき始めました。動物たちがずっと速く老いていくのです。以前は、最長で一年生きていました。それが三か月か四か月しか生きない。ずっと早い時期に生殖して、ずっと早く死んでいく」。男性が語り終えた時、キアヌがひと言、「私たちは同じ仕事をしていますね」と言った。彼女の言葉は、医師と患者双方が実験動物に対してもつ皮肉な一体感を浮き彫りにしていたが、それだけではなく、この生物学者がかつて動物たちを観察していたように、今は医師が彼を、いわば動物のように観察しているということも示唆していた。

生物学者の隣には、背の高い、痩せ気味の、いくらか興奮した男性が横たわっていた。一八歳で、プリピャチ市からの避難者だった。その若者は会話に聞き入っていた。彼の主治医が彼の症状を報告し、彼は避難したとき八歳だったと言った。両親と暮らしており、そのどちらもがチェルノブイリ関連の障害者ステータスを持っているという。母親は看護婦として働き、父親は事故処理作業員だった。居合わせた内科医が彼には自律神経障害があると報告した。その内科医は西側の生物学的精神医学の画像技術の訓練を受けていたこともあって、彼の脳派図が異常に大きな「デルタ・カーブ」と正常な「アルファ・リズム」を示していると付け加えた。セアヌは一見データを無視するように彼のベッドに身を乗り出し、ほとんど挑戦的な口調で尋ねた。「自分について言いたいことは?」不安そうに、そして明らかにやましそうな様子で、彼はクリニックに来るのはこれが初めてだと答えた。彼は自分の記憶力が悪く、数学の宿題ができないと言った。学校で英語を学ぶのも難しいという。「勉強しているつもりなんですが、本当はできていないんです。本を読んでもよくわからないし、しばらく経つと勉強したことが頭の中にちゃんと残っていないんです。学校のみんなは先へ進みましたが、僕は留年です」。「学生はみんな自分で自分に同情するのね!」とセアヌがぴしゃりと言った。それから彼女は主治医の方を向いて、少年の多数の診断名に「心気症」を加えるようにと言った。セアヌは患者の母親と知り合いで、彼の実際の欲望を知っていると言って脅かした。彼は徴兵されることを心底恐れていたのだ。セアヌの脅迫は、どちらかというと道徳的な叱責だった。それに耐えることは、次に彼女が与えた約束のためには小さな犠牲だっただろう。「あなたは軍隊に行くことにはなりません」。セアヌの約束は、病んだ人々の共同体の中に彼が代わりに居場所を与えられることを保証した。

私のフィールド調査には、病棟の患者たちへのインタビューが含まれていた。私は一部屋をあてがわれ、そこで個人的にこれらのインタビューを行った。部屋は神経学病棟の二階下にあり、人通りの多い廊下に面していた。部屋のドアの表示には「サイコセラピストのオフィス《カビネット・シホテラペウタ》（*kabinet psikhoterapevta*）」とあった。ただし、サイコセラピストのモロゾフ医師は二年前に去っていた。[19] 患者たちはサイコセラピストによる治療の「会合」や瞑想セッションには効き目があったと考えていたが、彼に代わる人を雇う努力はなされていなかった。看護師たちは、サイコセラピストの肉体的な魅力について話しており、彼がいなくなったのを残念がっていた。オフィスは使っていない、または使い古された機器やケーブル類（テレビのモニター、バイオフィードバック機器、電気刺激装置など）であふれていた。クッション付ヘッドレストのある椅子が壁に沿って並んでおり、さながらトランス状態で被験者に向かって両腕を差し伸べるモロゾフの記念写真も何枚か掛かっていた。彼は神経病理学と催眠学の訓練を受けており、ボロウスキとともに「精神的《サイキック》なカテゴリーを事故によるリスク一覧に」導入しようと動いていた。彼はゾーン作業員の脳の生体電気活動について調査を実施し、ゾーンから避難してきた女性の無オルガズム症および男性の性的不能の発症と治療について調査した。セアヌと協働して、神経系統機能の状態に対する心理的要因の影響を調査した。彼の不在が示していたのは、国家への社会的・政治的要求のすさまじい大きさに鑑みて、病棟に精神《サイキ》の余地はなくなったという事実だった。

　数日おきに私は患者のカルテを見直し、代表的なサンプルを集めようとした。私は名前のリストとミーティングの時間を書いたものを勤務中の看護師に渡していた。すると患者たちはだいたい「心理学者《サイコロジスト》の診察」を所定の時間に受けるように書かれたメモを看護師から受け取っていた。ある日患者が看護師からのメモを見せてくれるまで、私は看護師たちが私のことを心理学者と呼んでいることを知らなかった。

　男性患者たちはシステムと格闘しており、その一部となっていることについての不安を口にし、自分たちの病いを社会的・経済的生き残りのための必要条件として正当化した。家父長的《パターナリスティック》な国家との関係に組み込まれることで、彼らは父親や息子といった自分たちの最も私的な役割の文脈において自分自身が誰なのかということを考えるようにもなっていた。そのなかで、彼らの多くが病気と関連付けられたもの以外のやり方で自分を象徴化する方法を見つけようとしていると私は理解した。「人は自分自身から奴隷を取り去らなくてはならない。このプロセスには何世代もかかる」とある患者に言われたこともあった。この男性たちは自身の父親と強く一体化していた。同時に、彼ら自身は父親――すなわち、稼ぎ手であり保護者――ではあり得なかった。こうした男性たちは正規雇用されておらず、ソヴィエトの労働共同体への帰属も失ってしまっていた。こうした集団生産形態こそが、男性性と父性にまつわる強い概念像を支えていたものであった。このような世代をまたぐ不安定性に直面して、彼らは子供たちに何を伝えてやれるというのだろう。

医療記録によれば、ユーリー・タボールは「心気症」を伴う（心理－器質の）「混じった」症例であった。私が病室のドアを叩いたとき、彼は病床に横たわり、チェルノブイリの障害者の権利縮小に関して患者たちのあいだで回覧されていた新聞記事に目を通していた。彼は三八歳で、ウクライナの石炭産出地域の出身。両親はかつて集団農場で働いていた。彼は近くのベッドに寝ていたもう一人の患者の方を身振りで示し、この四六歳の隣人に代わって語り始めた。「この人を見てください。普通の男に見えるでしょう。ピリプコは妻子持ちです。見てください。ここで弱々しく横たわっています。もう少しだけ多く年金をもらうために、障害を必要としています。村にいる彼の父親に食わせてもらわなくてもいいようにね」。このコメントに対して、ピリプコ自身が応答した。彼は一瞬枕から頭をあげて、「私の歳で、息子が食べ物、着る物、お金を父親からもらうなんてことがあっていいでしょうか。父の年金は二二ドルで、それを私たちにも分けてくれるんですよ」。タボールが「私も同じふうにして暮らしているよ」と痛みを分け合った。ピリプコは背中の痛みを訴え、働くことができないと言った。「彼は正当に認定されて補償を受けるために、さらなる辱めを受けなければならないでしょうよ」とタボールは言った。

会話の途中で、ニーナ・ドラガンがドアをノックし、私に外に出てきてほしいと言った。例の有益なコンバインのメタファーをくれた医師である。彼女は私を探していたと言った。「本当に治った」と彼女が考える患者たちをもっと紹介したいというのだ。もっと早い時間に私を見つけられなかったことを残念がっていた。「とても健康な男性を退院させたところなのよ。元々の急性放射線症集団の一員だった人よ」。彼女は患者たちを二つのグループに分けていた――「働きたがっている」人々と、「病気になることで生き延びている」人々に。後者のグループを彼女はほとんど容赦しなかった。彼女にとって、オルガニカ〔生物学的影響〕を社会的問題を解決する手段とすることは道徳的に擁護できないものだった。廊下からタボールが同室者を熱心に慰めるのを漏れ聞いた彼女は、この患者たちは古典的なレントニクであると言い、私にこのような「大衆タイプ」に厳しい態度をとるよう助言した。

もし彼らが働けないと言ったら、なぜかと聞きなさい。どこが痛むのかとね。もし彼らが働かないなら、もし障害があるのなら、車は持っているのかと聞きなさい。どうやって一日を過ごしているのかとね。テレビの前で一日中座っているのか、奥さんは働いているのか、と尋ねるんです。もし彼らが薬が手に入らないと言うなら、病気の祖父母がいるかどうかと尋ねなさい。そしてもし彼らが両親のダーチャ〔菜園付セカンドハウス〕に行くというのなら、彼らが障害者なわけはないでしょう？　ダーチャに住むには、働かなくてはならないんだから！　それから彼らに、どれくらい土地を持っているか聞きなさい。もし彼らが一ソロクソトク（*soroksotok*）[20]を持っているというのなら、彼らは働いているはずなんですよ！

ドラガンはため息をついて言葉を結んだ。「世界でここ以外、病気でいるほうが健康でいるよりいいなんて状況はありませんよ」。

ピリプコは他の患者たちの大半と同様、神経学者や精神科医を含む様々な医師たちに診てもらうのに三週間の時間を与えられていた。二週間がすでに過ぎていたが、病室に来て彼を診察する医師は一人もいなかった。タボールは、この動きのなさは同室者の臨床社会的運命にとってよくない兆候だと解釈していた。またピリプコにとって不利だったのは、ブラット〔縁故〕のシステムの使い方をよくわかっておらず、また彼を政治的に擁護してくれる障害者支援基金とのコネクションも持っていなかったことである。彼はただ受け身の姿勢でそこに横たわり、他の病院でと同様、診療をただ期待していた。タボールと私がオフィスで会う約束をしていた日の朝、ピリプコは官僚制度の壁にぶつかった。診察を受ける前に追加の書類（彼がゾーンで働いていたことを証明するための）を故郷で再発行してもらう必要があると、看護師に言われたのだ。往復には四日かかったから、ピリプコには一就業日しか残されないことになってしまう。彼は病棟を去り、戻ってくることはなかった。長いこと待って獲得した医学‐法的検査のための二一日間を棒に振ることを余儀なくされたのだった(21)。

一方、タボールは闘争的で弁も立った。彼とその妻はかつて、もう一組の夫婦とともに共同住宅で結婚生活を始めた。二組の夫婦が三メートル四方の一部屋をシェアしていた。ゾーンでの仕事の後、彼は一九九〇年に多くのハンガーストライキが起こったことで知られるハリコフ市の病院で「診断をもらった」。ハンガーストライキが「政府に行動を起こさせた」のだ。一九九四年、彼は故郷の街のチェルノブイリ基金に加入し、野菜と果物を育てられる小さな私有地をもらった。

別のインタビューで彼は、自分の症状の詳細な目録、それらの進行についての知識、自分がそれにどう対応したかについての説明を披露してくれた。彼は放射線が体に与える気まぐれな影響や、それに対する自分の無力さ、影響の広汎さについて語った。「腕の感覚が麻痺して、しばらくして血がまた通うようになったときには、小さなたくさんの針で刺されるようです。しばらくしてまた腕が麻痺します、完全にね。腕があることを感じません。針で刺されても感じないぐらいです」。インタビューの別のところで、彼は意識を失うことについても描写した。「そうなった人にしかわからないでしょう。突然くるので、倒れてしまうんです。目の前が真っ暗になります。何もできません。しばらくスイッチが切れた《ペレクリュチェンニャ》（*perekliuchennia*）状態になります。私の神経だけが放射線で弱くなってしまったわけではなくて、誰の神経でも影響を受けるんです。ただ他の人には違う影響を及ぼします。色々な形で起こるんです」。タボールは自分の欠陥の数々を暴いてくる新しい社会的現実と批判的に向き合っていた。彼は自分の不調を、拡散した「小さな病いたち」と呼び、自分の症状を「女主人」と語った。この皮肉な言葉遣いが彼の無力感を伝えていた。

「何を失っていますか」と私は尋ねた。それまで症状を丁寧に説明していたタボールは、私の質問に文字通りに答え始めた。

私の息子は一六歳です。一一年生になります。妻は四月以降、国から何ももらっていません。私は以前のように働いています。もともと工場の現場監督でしたが、やめなければなりませんでした。チェルノブイリの後、働けなくなったのです。無理でした。仕事での身体的なプレッシャーを避けなければならなかったので、かわりに金属工になりました。体の状態のために職を変えなければならず、それでまた失うことになったのです。当時は、ある工場の現場監督になるところでした。月に一九〇ドル稼ぐはずだったんですよ。そして今は金属工の仕事を探しても、どこも、もらえるのは月一四〇ドルです。金属工になったことで、月五〇ドルを失っているわけです。最近、健康状態のためにランクも給与も低い職に就いています。それだと月たった九七ドルしかもらえません。私は給料を失っています。それに、現在のポジションも長くは続かないでしょう。自分の生物学的身体《オルガニズム》に適応せねばならず、しかしそうすると給料を失うことになります。

新しい資本主義の労働環境は、彼の適応の努力をさらに時代遅れのものとした。

それで、今みんながどんなふうに働いているかって？　何でもすばやく済ませるでしょう、もっと稼ぐためにね。私はそんなふうに働くこともできません。そして今、私は息子を学校にやらなければなりません。息子にブーツを買う、それで三五ドルです。それより安いものはありません。スニーカーで一〇ドル。スポーツウェアもいるって？　それで二四ドル。こんな調子です。

「抜け出る道は何でしょう？」と私はタボールに尋ねた。

「ちょっとした雑貨の商いをすることですね。物を買って、それから転売する。妻と私は菜園もやっています。ポテトとキャベツを植えているんです。この仕事は妻の仕事を増やすことになります。私は肉体労働ができませんからね。このことはジョークにしようと努めています」。

こうした「父親である患者たち」は、この社会で子供たちに何を遺してやれるのか、遺してやれないのかを、あれこれと考えあぐねていた。別の患者に一三歳の息子に何を教えられるかと尋ねると、彼はこう答えた。社会の状況が非常にすばやく変わっていくので「息子が適応しようとしても間に合いません。子供たちは大人、つまり私たちの年頃になり、それからさらに年をとっていかなければなりませんが、私は息子にどう行動したらいいか教えることができない。その能力がないんです」。もしこの男性たちが子供たちに何かを教えているとしたら、それは権力というシステムが彼らの社会的無能力にいかに寄与しているかということだった。このことに気づけば、子供たちは「自由に」なり、自分自身で行動することを学び得る。

こうした話から、人間の総合的条件がいかに最も親密な家族関係の再編とパラレルに変化しているかがうかがえる。また、ドラガンが言ったように、人が社会構造の一部となるために姿を消さなければならないような文脈における生の限界や可能性についての気づきもこれらの話から伝わってくる。

医師 - 患者関係

しかしながら臨床モニタリングは、決して匿名で非個性的な経験ではなかった。ソヴィエトの遺産である長期入院は、医師が患者を非常に親密に知ることができるという意味で、医師 - 患者の関係を変えた。以下では、ある精神科医の視点から、親密さと社会的コントロールの関係について、いかにそれが医者と患者のお互いに対する見方を構造づけているか、また国家にしがみついたり国家との良好な関係を確保したりするために、この二つのグループがいかに医療権力を操作しているかを考察する。

オレクサンドル・トルカーチはまるまると太った三八歳の法医学精神科医で、放射線研究センターの施設の地下、つまり医療労働委員会の事務室の二階下にオフィスを構えていた。彼は患者たち（他の医師たちから彼のところに送られてきた）を診察して、彼らの病いの理由が心因性のものなのか、器質的なものなのかを見定めていた。彼が診断した抑うつやその他の心理学的不調は、患者を退院させるさいの最終的な根拠になった。トルカーチは一九九三年まで、市内で重篤な精神病を患っている人々を収容するキエフ精神神経科病院第一病棟の法医学精神科委員会の一員として働いていた。彼の仕事には、罪を犯した人が精神異常を理由に無罪となるかどうかを判断することも含まれた。

トルカーチは、セアヌのグループのなかでも堅実で友好的なメンバーだった。友人であり同僚であるボロウスキと密接に仕事をしていた。トルカーチは自身の「対面式」アセスメントよりも、ボロウスキの機械に基づくアセスメントのほうが優れていると見なしており、それに従った。彼が地下のオフィスから神経病棟にやってくるといつでも、患者と苦しみをともにするというアプローチや、他のどの臨床医も持っていないような患者に対する親密さ、確実さ、さらには軽快さが伝わってきた。彼は「患者たちは私たちをキオスク店員に変えてしまう！」と冗談を言ったことがある。そのジョークは、患者たちが街の商人から診断を購入するイメージを喚起した。

彼の意見では、ソヴィエト時代の精神医学は、治療と観察（つまり「面倒を見ること《ウホド》」（*ukhod*））という二つの目的をもっていた。「患者が病院に入院してくると、原則として同じ一人の医師が彼の面倒を見ました」。精神科医の役割は、「病人が社会や、周りの環境や、労働共同体《コレクティヴ》（*kollectiv*）から落ちこぼれないように」保証することだった。多くの精神科病院は開放病棟だった。「我々の仕事は病人の社会との結びつき——彼の仕事や、家族や、隣人との——を維持することでした」。トルカーチによれば、「職場の誰も、病人が精神科病院で治療を受けているかどうか知る必要はなかったのです。その人が働き続けていれば、治療のことは彼のコレクティヴの誰にもわからないようになっていました」。社会的な結びつきを維持しようとする努力のなかで、精神科医と患者の間で、精神的に病んだ人の社会的な匿名性を守ろうという契約（相互依存）が形成された。

医師と患者の間で交わされる微小な交渉は、社会主義の掲げる特定の精神的健康のイメージを維持するのに一役買ったが、こうした医師と患者の結びつきには肯定的な面もあった。精神の病いを伏せておく体系ができあがっていたために、一般の市民が西側の市民のように偏見を抱きやすくなるということがなかった。私がセンターで働いていた間、チェルノブイリの経験との関連が考えられる血液障害と統合失調症、二つの診断名を同時に下された男性の入院を認めるかどうかについて議論があった。神経病棟の一階上の血液学者たちは、彼が他の患者たちのウェルビーイングを乱すだろうと主張して受け入れを拒んだ。彼らは辞職さえちらつかせたのである。副所長は、彼自身よく知られた血液学者で放射線の専門家でもあったが、エシェウスキ〔統合失調症の男性〕に病床を与えるべきでないという大方の要求に屈することを拒んだ。この副院長の関知する限り、エシェウスキはチェルノブイリの患者であった。神経病棟の医師たちは陰で、自分たちの上司はいまだレーニンの肖像画を堂々とオフィスに掛けている社会主義者だと嘲笑った。トルカーチによれば、副院長はあまりにも社会主義者で「精神疾患というものをそもそも認識さえできないんです」。

しかしながら、エシェウスキのチェルノブイリの経験がどのようなものであったのか、あるいは彼がそもそもゾーンに行ったことがあるのかどうかさえ、誰もはっきりとは知らなかった。彼はゾーンでジャーナリストとして働いていたとトルカーチに言ったが、誰も彼の主張を確かめることができなかった。ボロウスキは言った。「私たちは今では民主主義の国に住んでいます。精神状態の厳しい患者も、精神科に入れられたいかどうかを選ぶ権利をもっています。ここではエシェウスキは自由です」。第七章で、私はこの新たに発見された「公然と病気である」自由が家庭生活に及ぼす影響を検証する。

トルカーチは、エシェウスキが自分の社会的役割に乗じており、ある意味で先手をとったと示唆した。「あの患者は、いつでも医療を受けにこられること、病院に横たわっていれば、社会的・物質的問題が解決し、何らかの治療をしてもらえることがわかっていました。誰も彼を追い払おうとはしませんでした。そこは彼の空間だったんです。そこに二か月間横になって、普段の給料に加えて二か月分の年金をもらうことができました。そうすると、余分な衣類も買うことができた。病院にいる間、年金は必要ありませんでした。食べ物も着る物もここで与えられましたから[22]」。

ソヴィエトの精神科医たちは、精神疾患の診断をいつ下すべきかについて意見を異にすることがしばしばあった。彼らは通常、過小診断《ヒポディアグノスティカ》（*hypodiagnostika*）という医療実践に従事していた。「こういう診断を私たちは書きさえしませんでしたよ、何か別のことを書いていましたね」。そのために診断の社会的打撃が弱まり、精神疾患の匿名性が助長された。統合失調症者も普通に働き、社会の中で機能していた。社会主義システムは普遍的雇用を重要視していたので、精神科医が「欠陥（defect）」を認めることは、現実的な離反（defection）の一形態、すなわち社会から撤退し雇用される義務から逃避するという認めがたい行為と同義であった。居心地の悪さと懸念がこの種のラベリングにつきまとったのは、それが潜在的に患者と医師の双方を社会の制裁にさらすことになったからである。

トルカーチは、同僚たちが「精神疾患に対して責任をとりたがらなかった」と感じていた。精神科医たちは、どの種の行動が「欠陥」というラベルに値するかということに関してさえ、意見の一致を見なかった。そこでラベリングの実践を手引きするルールがあったわけだが、それらの一部がチェルノブイリ後の文脈でも再び使われたことが見て取れる。「患者たちは自分の病いの初舞台を踏んだわけですが」とトルカーチは演劇用語を使い、「だからといって、彼らに欠陥があるということにはまだなりませんでした」。病いを上演するということは、システムに内在する実践だと彼は考えていた。人々はそのやり方をすでに学んでいた。ひとたび欠陥が権威づけられる（つまり成功裏に上演される）と、新しい一連の医学‐法学的介入および精神科医と患者との間の新しい契約が形成されなければならなかった。

もう誰も何も隠していない

トルカーチは、診断を受けるために自分のところに送られてくる症例のほとんどが「神経症的な性質のもの」だと感じていた。私がまた別の機会に彼のオフィスを訪ねたとき、彼はドイツ精神分析の教科書のロシア語訳一九六〇年版を手に取った。彼は原書も持っていて、その目次を指しながら、翻訳版と比べた。「ソヴィエトの精神医学はフロイトを捨て去りました。見てください。他のすべての章が翻訳版でも保持されていますが、フロイトの理論的著作に関する章だけが除外されています。この部分以外のすべてが翻訳されているのです」。

こうした翻訳されなかったテクストのかわりに、イワン・パヴロフによる機械論的神経生理学が無意識と神経系統の変化についてのソヴィエトの理解の主流となり、フロイトの神経症理論に取って替わった。パヴロフは実験主義者の観点から無意識に関心を持っており、自分の実験室で彼が「実験的神経症」と呼んだものを作りだした。犬についての研究のなかで、パヴロフは神経症の鍵となっていた抵抗の問題を避けるため被験動物の胃に「人口瘻管《ろうかん》」を植め込んだ。この装置が神経系統の無意識の活動の機能を覗く「窓」を提供した（Wells 1960：40）。彼はこの瘻管を導管につなぎ、試験管を取り付けた。パヴロフは消化腺の活動を外部刺激によって活性化し、試験管に流れてくる胃液の分泌量を測った。このおぞましい実験のポイントは、無意識の活動の事実と法則を明らかにすることだった。同時に、パヴロフは「動物」生理学を築いた。そこでは、研究の被験者の抵抗は、取り除くように設計することができた。生命の内側が、完全に見ること・測ることのできるもの、つまり、実験のコントロールにいつでもさらされ、それに従属するものとされたのだ。パヴロフと彼の分泌犬は、「人間の行動を説明し、ことによってはコントロールさえする実験的生物学の力のシンボルとなった」（Todes 1997：947）。

トルカーチはこのような全体化する力を持つ実験はもはや存在しないと示唆していたようだが、実験主義者としての、また文化的なアイコンとしてのパヴロフの地位は残っていると考えていた。「人間行動の科学でパヴロフを超えた者はいません」と彼は言った[24]。フロイトがソヴィエトの精神医学から追放されたことについてトルカーチが語っていたとき、普段は私とトルカーチの会話の間じっと黙っている耳鼻咽喉科の専門家が急に叫んだ。「あの頃は犬みたいに暮らしていたが、抑圧されてはいなかったんだ！」

トルカーチは神経症について、チェルノブイリ後の処理を念頭に置きつつさらに考察した。パヴロフの理論は、「実際の神経症について説明しませんでした。社会主義下では、神経症が形成される社会的な前提がありませんでした。神経症が現れたのは、もっぱら資本主義の地においてです。したがって、アルコール中毒、神経症、薬物中毒、そして売買春さえ含めていいかもしれませんが――こうしたものの社会的前提について語るといっても、そんなものは存在していなかったのです！　まあ、神経症はありましたが、その社会的理由については、決して考慮されることはありませんでした。……私たちにあったのはオルガニカ、社会的に捻じ曲げられていない純粋なオルガニカでした」。

彼はそれから、放射線とその影響のソヴィエトによる処理が、こうしたお膳立てにどうなじむか説明した。彼は一九八六年のパヴロヴァ〔神経精神科病院〕の状況を描写するところから始めた。「爆発の後、当局はもちろん高レベルの放射線についての情報を隠しました。彼らは放射線は存在していないと言ったんです。新しい用語が使われるようになりました。お見せしたどの教科書にも載っていませんがね。それは放射線恐怖症と呼ばれました。もし誰かがやってきて被曝したと主張し、私にどうすべきか尋ねたら？　どうすべきも何もありません！　その人は放射線恐怖症だということになりました。放射線恐怖症は、新たに出現したあらゆる社会問題を解決するのに使われました。……誰もチェルノブイリの結果発生した病いがあると公然と言うことの責任を負いたくなかったのです」。皮肉なパラドックスによって、体制は潜在的な〔器質的〕病気の広がりを抑える方法として、社会的〔神経症的〕症例を使うことを積極的に許した。「ここ数年で、国際会議が二回ここで開かれていますが、患者の病の精神神経的経過についての論文もありました。……今日では、もう誰も何も隠してはいないのです」。トルカーチの発言は、精神疾患の構築においてソヴィエトの遺産のもつ重要性を浮き彫りにする。彼の論理によれば、人々は「自分たちの神経症」を「与えられ」、それを幅広い戦術を通じていかに使うかを学ぶことができた。同時に、こうした戦術を規制する解釈の装置もまた変わりつつある。

ここからは、トルカーチが日常的に患者に対して行っている診察の観察記録に基づいて記述する。そのうえで特定の臨床ケースに移り、病いを「上演する」というプロセスがいかに研究のプロセスに影響を与え、病いを権威づけるか論じていく。

セアヌの月曜の回診の最中、単調な弱々しい声で話していた青いスカーフの女性が、義務づけられたスクリーニングの一環としてトルカーチを訪ねてきた。彼女は「第4区域」の住人だった。その夏〔一九九六年七月〕、政府は第4区域の住民に対する補償を段階的に廃止しようとしていた。彼女は制度に入り込んで、巡礼の旅を始める必要があった。彼女は抑うつを訴え、「脳症、けいれん、その他、前庭の障害」という器質的疾患の診断を一九九一年に受けていると主張した。トルカーチは器質的な要素があるかないかを確かめるために、脳造影図をもう一度撮ってもらうよう彼女に頼んだ。彼女は必要な検査はすでに済ませていると主張した。「でも結果は見てないんですよ」とトルカーチは言った。彼女は彼の注意をそらせようと、自分の幼い子供が病院にいると言った。「私の子供は太陽の下にいると、顔が真っ白になって唇が真っ黒くなってしまうんです」。自分は精神安定剤と睡眠薬を服用しているが「何も役に立たない」と言った。その前の晩には「朝まで眠れませんでした」。「ひと晩中ドアをノックする音と風の音」が聞こえるという。こうした脱線はトルカーチの疑いをいっそう深めた。「何を恐れているんです?」と彼は尋ねた。女性は恐怖について話を続けた。トルカーチは「誰もいないのにどうして怖がるんです? ただ眠ればいいんですよ」と言った。彼の考えでは、恐怖はチェルノブイリの被災者たちの社会的経験においてそれほど決定的なものではなかった。自分の症状はチェルノブイリ関連のものなのだとトルカーチを説得しようと女性は最後のぎりぎりまで努力し、「こんなこと、以前はなかったことなんです」と言った。

この女性のような患者たちは、さまざまな感覚や症状を報告した。頭痛、めまい、吐き気、健忘、高血圧、不眠、心臓や胃腸の痛み、心気症、不安、聴力や視力の低下、幻聴、「慢性的な内的警戒」と理解される不安症、腕や顔や足のしびれなどであった。会話は通常、薬のことを中心に展開した。トルカーチは抗うつ・抗不安剤や、脳の血行を良くするための施術および自己注射を処方した。

それからトルカーチは女性に薬は何を使っているのかと尋ねた。すると彼女は、国内で出まわっている抗不安剤に加え、ドイツで処方された抗不安剤のサンプルをある医者から提供してもらったと言った。「それが一番効くのですが、ここでは手に入れることができません」。彼女は他にもいくつか薬の名前——そのほとんどが精神安定剤だった——を挙げ、トルカーチの処方を求めた。彼女が出て行った後、トルカーチは、精神安定剤中毒だと私に言った。「でも、彼女が怖がっているという点についてはどうですか?」と私は彼に尋ねた。「彼女は夜よく眠れていると思いますよ。もちろん、心配事はありますが。未来という、ね」。彼の次の言葉は私を驚かせた。彼はその女性の「欠陥」について、まるでそれが彼女とは別の実体であるかのように話し、しかも自分はそれを維持することに関わるつもりはないと言った。「欠陥が彼女の中から出ていくかもしれないし、出て行かないかもしれない。彼女はこうしたクリニックから自分自身で這い出ることはないでしょう。彼女は欠陥を実によく描写しますよ」。トルカーチの「積極的な描写」についてのコメントは、患者が病いを得るにはまずそれを知らなければいけないということを示唆していた。「彼女は遅かれ早かれ資格を得るでしょう。単なる時間の問題です。……次に来るのは精神 - 器質的な症候群、器質的な損傷でしょう。ありとあらゆる妄想を伴ってね。彼女は何のためにこのすべてを必要としているのでしょう」。この女性の欠陥――彼女が「望んだ」もの――から、彼女が社会的コントロールの関係性を壊し、懸命に本物だと主張する病いのまわりに新しい関係性を築くために、どこまでやるつもりでいるのかがうかがえた。

この第4区域の住人が去った後で、一人の避難民が部屋に入ってきた。彼女はプリピャチ市から逃げてきた人で、甲状腺を手術で摘出したことを示す、見慣れたU字型の傷が喉のところにあった。私はこうした手術が放射性ヨウ素131に被曝した結果甲状腺がんを発症した子供たちだけでなく、大人たちのあいだでも一般的であることを知った。トルカーチはすぐに彼女の問題は何かと尋ねた。「頭痛とめまいです」。彼女は六〇歳ぐらいに見えた。「年金生活者ですか?」とトルカーチが尋ねた。「いいえ、チェルノブイリのせいでここに来ています。私は四〇歳です」。トルカーチは、自分が彼女の症例を検討するためには、まずその前にボロウスキのところへ行って、脳造影図を撮ってもらわなければならないと言った。それから、彼女の夫が何をしているか尋ね、彼女の経済的状況を見極めようとした。「わかりません」と彼女は言った。「夫が何をして生計を立てているかわからないとは、どういう意味ですか?」とトルカーチは応じた。「会社で働いていることは知っています。いくらかお金を家に入れてくれていることも」。彼女は自分の暮らしについてできるだけわずかな事実しか伝えなかった。「物事の半分」しか言わないことによって、自分が半分いかれた、病んだ人間に見えるようにしていたのだ。

杖をついた男性がオフィスに入ってきた――公式に三九レムの線量登録をされている一九八六年当時の事故処理作業員だ。彼は自分の医療記録をトルカーチの木製デスクの上に投げ出した。彼はバスを運転して人々をゾーンから退避させていて、一九八九年から障害者となった。トルカーチは、彼が何を根拠に障害者として登録されたのか尋ねた。「覚えてないね。全部そこに書いてある」と彼は言って、記録を指さした。トルカーチは「どうして杖を?」と尋ねた。「壊疽《えそ》で切断して」と男性は答えた。トルカーチは彼に「脳造影図の結果は持っていますか?」と尋ねた。「昨日、彼らが撮ったよ」。

「どんなお悩みが?」とトルカーチは尋ねた。「どこから始めようか」と男性が答えた。「そちらの仕事の興味に沿って言うなら」と彼は続けた。「汗が出る。眠れない。横になると、すべてが回転しだす。ベランダに引き寄せられる。飛び降りたくなる。五階に住んでいるが、地面がたった半メートル先に思える。歩きまわり続ける」。するとトルカーチが尋ねた。「チェルノブイリの障害の結びつきは持っていますか。有効期間はどのくらい? 生涯にわたって効力がありますか?」

トルカーチは「何に基づいて障害者ステータスを得たのですか?」と尋ねた。男性はその質問は聞かなかったかのように話した。「彼らは私のバスをゾーンに埋めたんだ。あまりにも汚染されていたからね」。「精神科医にはかかっていますか」とトルカーチが続けた。「村にはいないんでね。ここにはいっぱいいるが。薬草茶と、ノートロピル、カヴェントンを飲んでいる。うちはいつも恥ずかしいことを抱えている。私は自分の病いで家族を傷つけているんだ」。と男性は答えた。彼はすすり泣き始め、言った。「私が泣いているんじゃない、涙が勝手に出るんだ」。何か自動的なものが表出しているというのだ。トルカーチは睡眠と不安のための薬をさらに処方した。男性はトルカーチのプロフェッショナルな態度に感銘を受けなかったようだ。杖をつかむと、椅子から立ち上がって言った。「別の場所で自分の健康を探しますよ、どうも」。そして彼は部屋を出て行った。

トルカーチは反応しなかった。部屋を出ていくときの男性の身ぶりは、彼が多くの痛み、家族の衝突、官僚機構による待遇の誤りに苦しんできたことを示していた。もはや父親でも、夫でも、男でもない。絶望し、たった一人で、彼は健康という不可能なものを探し求めていた。

数日後、私はバスで家に帰る途中、第4区域から来た青いスカーフの女性が仲間の患者に大きな声で話をしているのに気づいた。障害者ステータスを確立するための書類をどうやって手に入れるかアドバイスしているのだ。彼女は障害者ステータスが授けられるさいの恣意性についてひどく憤慨しており、審査過程を「ペテン」と呼んだ。彼女の戦術はうまく行っていなかった。

私は混み合ったバスの前方に立っていた。突然、田舎から来た女性の麻袋からリンゴがこぼれてバス中に散らばった。バスが走り続けるなか、彼女は必死にリンゴを拾い集めた。拾いながら、彼女はバスの運転手に次のバス停で降ろしてくれるよう頼んだ。彼のためにリンゴとプラムを綿の袖口で磨いて差し出しさえした。そして、「次のバス停はもう存在しないんだ」と言いながら、バス停を走りすぎた。バスを待っていた人々は抗議して手を振り、運転手を咎めたが、彼はそれをひねくれた態度で楽しんでいるようだった。「バス停は存在してないと言ったと思いますが！」と私は叫んだ。「存在してるさ！」と彼は言った。「でも、あのおばあさんに存在していないと言ったじゃありませんか」と私は言った。「存在しているが、存在していない。だから何だというんだ。ジョークだったんだよ。まったく、感じのいい同胞たちだよ」。

かつて巨大なレーニンの銅像が立っていた広場に向かってバスが進む間、私は権力と攻撃性が社会のあらゆるレベルで利用されていることについて考えた。無法であることが時代の秩序になってしまったかのようだった。至る所に、他者を支配する機会を持ち主のわからないちっぽけな財産に飛びつくように捉える者がおり、そのたびに奴隷がまた一人生まれる。ちっぽけな生が、ちっぽけなやり方で崩壊させられている。ドラガン医師は自分たちの社会の道徳的構造をこのように診断した。「ここでは、人のことをそんなに批判できません。チャンスがあれば、すぐさまそれをつかめるようにしておかないと。狡くならなければなりません。そういう意味では、私たちはみな罪人なのです」。

病人の役割を演じようという戦術が痛ましいほどうまく行っていない青いスカーフの女性、障害者ステータスを獲得あるいは維持したり、無職の可能性と向き合ったりするために、それぞれの方法で必死に努力している神経学病棟の男性たち、軍隊に入るよりは病人の共同体に加わるほうをはるかに好んだ少年、悲惨な健康状態にもかかわらずゾーンで働き続けたエンジニアの女性――こうした市民たちが繰り広げる政治は、障害という観点で未来を捉える枠組みと、損傷、生物医療、政策決定とのあいだの複雑な関係の網の目を明らかにする。病いという個人的な経験は、肉体的なものであれ精神的なものであれ、科学的・官僚主義的分類のより一般的な枠組みに合致するよう、あらゆる関係者たちによって再編成される。生物学は、媒介された個人的苦しみ、制度的機転、生物医療的知識とともに、蓋然性の劇における小道具となった。その劇中では、誰もが好機を探している。

実験のただ中で

九歳の少年が神経学病棟の脳マッピング室の椅子に座っている。子供の頭は一九の電極で覆われ、「脳検査機」と呼ばれる分析機につながっている。小児神経学者のレーナ・ブラソヴァは、子供の脳の体性感覚誘発電位（ＳＳＥＰ）のスペクトル分析を行う。少年の頭の左側で、ブラソヴァは脳の生体電位の振幅と潜伏期を示すコンピューター画面を見ている[25]。

小児神経学者はイヴァンに脳波計（ＥＥＧ）の側の椅子に移るように言う。この二つ目の検査で、彼女はゴム製の黒いストラップを縫い合わせ柔らかいヘルメットのようになったものを彼の頭蓋にぴったりと被せる。（後頭部から中心小葉にかけて）脳の異常なエネルギー密度が電極に記録される。検査の間、ブラソヴァは少年に目を見開き、その後閉じて「リラックスする」ように頼む。スクリーンに表れたデルタ域およびベータ域の異常な活動は、器質性脳障害を反映しているものと考えられる。脳波計測によって得られる神経生理学的結論に対して唱えられる異議に、そのようなものは「筋肉アーティファクトの寄与が分からないため」診断できないというものがある。「筋原性の信号」がデータに「妨害」をきたす、というわけだ[26]。

イヴァンは左足を引きずっており、彼の両親の言葉を借りれば、「いつも泣いて、頭痛について文句ばかり言っています。とても神経質で、眠りが浅く、非常によく動きます。私たちにはこの子を止めることができません。扱いづらい子です。普通に歩いていたかと思うと、忘れてまた足を引きずります」[27]。彼は、立入禁止区域〔ゾーン〕のいわゆる死の街、プリピャチで科学関係の仕事に就いていたオレグとエレーナの子供である。エレーナは地元の病院で小児整形外科医として、オレグは石棺《サルコファグ》の構造的安定性をモニターする調査機関の広報として働いている。二人は別々の街から職を求めて移住し、一九八八年にゾーンで出会った[28]。ソヴィエトの政策決定者たちはゾーンの住民を避難させた後、国内移住の機会を作り、ゾーンでよりよい稼ぎを求めて働きたいと望む技術的あるいは医学的な資格のあるソヴィエト市民は誰でも応募可能とした。ソヴィエトの新聞は、ゾーンで働くと決めたエレーナのような人々の博愛主義を称賛した。一九八九年、国家は安全な放射線量の最大値を公式に三五レムと定めた[29]。この限界線量を超える地域に住む人々は、別の場所で医療・住居手当を受ける資格を得た。オレグとエレーナはゾーンに残り、職業上のリスク増加を理由に自分たちの平均的な給与の三倍の額を受け取った。その同じ年に、彼らは子供を授かったのだった。

チェルノブイリ事故以前、エレーナはシベリアの東端にあるクラスノヤルスクに住んでいた[30]。彼女は私になぜウクライナに移住してきたのか説明した。ウクライナ系の父方の祖父は、第二次大戦後に兵役を解除された。戦後すぐの住宅不足のために、彼は生まれ故郷のハリコフに戻ることができなかった。当局は彼に住居と地元クラスノヤルスクのレンガ工場での仕事を割り当てた。エレーナは家族がウクライナに住むことを切望していたのだと語った。「色々なことが一つに重なってこうなったのです。つまり、長年の間、私たちはウクライナに住むことを夢見ていました、だって祖先は皆、ここウクライナに住んでいたのですから。母も、祖母も、曾祖母も、それから父方の祖先もね。事故の後で、私たちはここに移ってくるチャンスに恵まれたのです」。彼女は個人的アイデンティティと生得権をつなぐ鎹《かすがい》として民族《エスニシティ》を用いた。

オレグとエレーナは、センターの神経学病棟に息子を連れてきて、親として出生前の被曝によって引き起こされたと考える神経障害に結びつく診断を得ようとした。息子が足を引きずっていることの説明としてチェルノブイリとの結びつきを得られれば、両親はイヴァンの症状に対する補償を受け取り、また少年の治療継続や、金銭的利益、教育資源《リソース》へのアクセスを確保することができるだろう。彼らはすでに全員、法的に指定された被災者として余分な手当を受け取っていたのだが。

研究者たちも私も、この症例の妥当性を完全には信じていなかった。主に成人をモニターしているこの病棟では稀なケースだった。研究者たちは、父親がセンターの高位の幹部とコネをもっていたためにこの少年の症例が処理されたという事実に気づいていた。彼らはイヴァンの症例はおそらく「ブラット・ケース」であり、したがって「より政治的」であること、また自分たちが「センター幹部のために仕事をしている」ことを認めた。実際、イヴァンの生社会的《バイオソーシャル》ステータスは、強力な三角測量によって決められつつあった。イヴァンは、受胎の状況に鑑みて、科学的調査にとって潜在的な価値を持っていた。研究者たちは、彼が胎内被曝したと想定されることと彼の神経精神医学的状態との連関を探求することに関心があった。イヴァンの両親は研究対象としての息子の価値を上げることを望んでおり、研究プロセスに「力を貸す」ために、息子の出生の状況についての説明を細心の注意を払って書き上げ、提供していた。彼らの語り《ナラティヴ》は重要な研究データとなった。被験者群《コホート》が創られると同時に、運命もまた創られつつあった——両親と、臨床医と、センター上層部が、皆それぞれ多様な立場と利害から、この子供に授ける運命が。ウクライナ、ゾーン、官僚制度、そして科学と、あまり偶然ともいえない道筋を辿りながら、イヴァンの両親は彼の病いを疾病へと変えるためにあらゆる手段を用いた。彼らはそうすることで、この子供が健康であると感じられる可能性を締め出しながら、国家の補償機構における不動の場所を彼に与えてやっている。

両親は私に、すでにイヴァンをモスクワの生物物理学研究所に連れていっており、そこでアンゲリーナ・グスコワに会ったと語った。グスコワの診断は、彼らの法的主張を立証するには不十分なものだったという。私はセンターで働いていた間、成人の患者たちがロシアまで旅をして同じような拒絶にあったと話しているのを聞いたことがある。この拒絶についての語り自体が、障害申し立てのアセスメントを都合のいい方向に持っていくための資源になっていたのではないかと怪しまざるを得なかった。グスコワの〔ソヴィエトの〕機関で拒絶されたことは、ウクライナで自動的に受け入れられる可能性をかなり高めることになっただろう。ウクライナ人の線量測定士ラウロウの言葉を借りれば、赤い線量もあれば、青と黄色の線量もある、ということだ。オレグとエレーナは、自分たちの主張を正当化するのにより有利なキエフに戻ってきたのだ。

イヴァンは放射線研究、国家の疫学研究、患者病歴の観点から、研究対象として過剰に規定されていた。科学論文『原爆被爆児における周産期死亡と神経学的異常――広島と長崎への再訪　１９４９～１９８９年』（Yamazaki and Schull 1990）の中で、著者である日本人のヤマザキとアメリカ人のシャルは、広島と長崎に一九四五年に落とされた原爆の胎児に対する影響を調べた初期の研究とより最近の研究を比較した。初期の研究では爆心地からの母親の距離が決定的な要素となると示唆されたのに対し、最近の研究では重度の知能発育不全といった影響が爆弾投下時の胎児の在胎月齢とより高度に関連していることがわかったという。著者たちによれば、爆弾投下時の在胎月齢の異なる胎児を観察することで、電離放射線に対する脳の発育の脆弱性に関する重要なデータが手に入ったという。後の研究によって、さらに脆弱性が最大となる時期は妊娠八週目から一五週目であることが確かめられた。これは、ニューロン（脳の細胞）が最も急速に増大し、胎児の脳の中で適切な位置を占めるべく移動する時期である（Yamazaki and Schull 1990）。

ウクライナ保健省の医療統計センターによれば、立入禁止区域の子供たちの神経系統と感覚器官の疾病の発生は、一九八八年（事故の二年後）から一九九五年の間に倍増した。[31] 立入禁止区域のキエフ州《オブラスト》[32]に属する地域では、こうした疾病の有病率は一九八八年に一〇〇〇人の子供につき六六人だったのが、一九九五年には一〇〇〇人中一二二人にまで増加したというのだ。同じ地域で、精神疾患の有病率はずっと低いが、同時期にやはり倍増し、一九八八年に一〇〇〇人の子供につき一二人から、一九九五年に二四人へと推移している。同じ地域の成人に関しては、神経・感覚器官障害の有病率は一定しており、一九八八年と一九九五年の間、ほぼ一〇〇〇人に一二〇人の割合だった。[33] 成人の精神障害の有病率は少し低下し、一〇〇〇人中、一九九三年には五九人だったのが、一九九五年には五四・五人となっている（*Indicators of Health* 1995：173）。神経・感覚器官および精神障害の有病率が立入禁止区域の子供たちのあいだで（成人に比べて）高くなったのは、広島や長崎の被爆者や放射線生物学の実験でもすでに証明されたこと――すなわち、人間も動物も、胎児のほうが放射線に対する脆弱性が高いということ――がウクライナの人口集団にも反映された結果であると考えられている。

したがって出生前段階というのが、立入禁止区域で生まれた、あるいはそこから退避してきた子供たちの神経学的、神経精神医学的かく乱に関する科学的探究の一つの現場となっている。(34) しかし、このような研究は複雑なものである。母体の生物学《バイオロジー》と胎児の生物学《バイオロジー》は相互依存している。研究の過程でまず出生前の生体構造を個別の科学的客体として「純化」し、それを研究の自立した座位としていかなくてはならない。(35) これは難しい課題だ。研究者たちは、脳の発育の脆弱性が最も高まる時期の前、その間、その後に胎児が放射線に被曝したかどうかを見極めるのに母親の語りに頼らなければならない。このような情報に基づいて、放射線が子供の症状における重要な病因要素なのかどうかということが確定される。実際、エレーナは妊娠二〇週までゾーンにとどまっていたと証言した。

子宮内の研究

イヴァンの検査を手配した研究者はブラソヴァとボロウスキだった。二人ともカナダの生物学的精神医学の研究所で訓練を受け、脳マッピングの技術を磨き、自分たちの研究プログラムを実行してきた。脳マッピング室は少年の両親が待っている部屋の隣にあった。妻〔ブラソヴァ〕が脳マッピングを行っている間、ボロウスキは診断機器を使う利点について説明してくれた。「ここの精神科医たちによれば、ＥＥＧを測定することは多くの障害、単に神経的なものだけでなく、心因性の〔精神的な《メンタル》〕ものも含めて診断するのに非常に便利だということです。統合失調症スペクトラム障害を示す異常活動の局在診断は左脳と関わっています。抑うつや情動障害は右脳と関連づけられます」。器質的なものと心因的なものとは、それらに付与される社会的な価値に関してもはっきりと異なっており、そのことはボロウスキも痛感していた。

少年の検査は、母親の検査によって補われた。研究者たちはエレーナの知能指数（ＩＱ）を測定するために、ウェクスラー知能テストの言語性下位検査を実施した。父親のＩＱは測られなかった。（事実、オレグはほとんどずっと押し黙っていた。）研究者たちは、障害とされているイヴァンの症状の病因において放射線がどれほど重要な役割を占めているかをさらに見極めるために、エレーナの検査から得られたデータを使った。エレーナのＩＱは正常だった。染色体異常試験と推定甲状腺線量から、彼女の吸収線量は非常に低い三・七レム（〇・〇三七グレイ、第一章の注（33）を参照）だった。この結果が示唆するのは、息子の健康状態に対する母親の寄与は最小限であるということで、ボロウスキの言葉を借りれば、「政府に責任がある、つまり放射線要因のせいである」蓋然性が高まった——もちろん、診断検査で少年の脳障害の証拠が実際に示されれば、ということだが。母親は妊娠二〇週までゾーンで働いたと主張していたので、放射線が要因として引き続き強く考慮された。こうした結果は、母親の語りとあいまって、イヴァンの神経学的障害と子宮内での放射線被曝とを結びつける可能性をさらに研究していく口実となった。研究の結果は、放射線関連の影響か、それ以外の影響かという区別によって枠づけられるのではなく、「ネガティヴな生物学的効果」の生産に果たし得たあらゆる影響の蓋然性という観点から考察される。そして、そこから「出産前の照射がこの総合的にネガティヴな効果に寄与したという蓋然性を排除できない」このような蓋然性さえ確立できれば、彼はまず順応できないだろうという医学的決定に基づいて、少年はチェルノブイリ関連の障害者ステータスを与えられる。このいまだにソヴィエト的な生社会的論理に基づいて、個人の順応能力のなさが社会的原因によるものと示されれば、国家による補償がそうした順応不能を埋め合わせることになっている。

研究者たちは慎重にも、「子宮内での脳損傷」プログラムにおいてスポンサーから別の質問票を使うよう提案があったことを私に思い出させた。質問票は、母親の精神衛生状態を評価するもので、子宮内での脳損傷が疑われる症例において、母親の精神状態が子供の精神衛生に有害な影響を及ぼしたという何らかの証拠を発見しやすくなるように設計されていた。(36)「残念ながら、この種の心理学的アセスメントは我々の日常的な臨床現場では滅多に行われません」。ボロウスキの所見から、今だに当該研究の文脈においては、心理学的インデックスが望ましくないものと見なされていることがうかがわれた。

私は他の子供たちを対象とした同様の検査の記録を調べた。母親が及ぼす影響を臨床医たちが認めようとしないのが日常的となっていることがわかった。しかし一方で母親の証言は、出生前の被曝の時期を確定し、子供の個別の不調を特定するうえで要となっていた。父親たちの聞き取りは行われなかった。子供たちの聞き取りも然り。科学研究において、母親による代理は追究されないままに根本的なものとなってしまっている。

アメリカ人の精神科医エヴリン・ブロメットと同僚たちは、事故のさいに子宮内にいたか乳幼児だった、または汚染地域に住んだことのあるキエフの一〇歳から一二歳の子供三〇〇人と、汚染地域に住んだことのない子供たちを比較した（Bromet et al. 2000 : 563）。一連の標準化された質問票と身体検査の結果、彼らは二つのグループの間で、心理学的機能障害のレベルに重大な差がないことを発見した。ブロメットらは、母親側の身体化障害とストレスが子供たちの自己評価における最も重要なリスク因子であると特定した。[37] この研究は、子宮内被曝の生物学的影響に関する広島・長崎のデータのみならず、線量測定データさえ無視しており著しく偏っている。ブロメットたちが重要な生物学的データを無視しているのに対し、ボロウスキは母親の心理学《サイコロジー》的状態を無視している。どちらの立場も、病いの構築において社会的文脈が果たす仲介的性質に言及することを避けている。さらにいえば、どちらもこの分野の災害後研究における単純化の危険性を描き出している。この危険性は、医学的であると同時に、倫理的な性質のものでもある。

脳マッピングの後で、看護師の手を握り、脚をひきずりながら、イヴァンはエレーナが検査を受けている部屋を通り過ぎた。看護師は彼を別の部屋に通し、そこで彼は知能テストを（「人物画知能検査」[38] に基づいて）受けることになっていた。看護師が男の人を描くように言うと、イヴァンはまっすぐに立って両手で自分の体をつかんでいる男の姿を描いた。男は炭鉱作業員が使うようなランプのついたヘルメットをかぶっていた。首は細長く、左の方へ傾いていた。彼は微笑んでいたが、その微笑みは顔の中心を外れていた。重要なのは少年が、体のパーツや顔の造作同士（口と鼻、鼻と目など）をどのように結びつけたかということだと、看護師が私に教えてくれた。

イヴァンがこの非言語性知能テストを受けた後、私は彼にいくつか質問をした。

「どこから来たの？」

「ヴォーセル」

「どうしてここにいるの？」

「自分を治すために《リクユーシ》（*likuius'*）」

「なぜ？」

「こっちの足がうまく歩かないから」。彼は自分とは別の自律的なものとして左足に言及した。

「どちらの足かしら。こっち？　それともあっち？」

「こっちです」

「どんな遊びをするのが好き？」

「さあ……男の子たちとは、マシンで」

「女の子たちとは？」

「かくれんぼ」

「男の人の絵を看護師さんに描いてあげたよね。あれは誰？」

「何を描いたかな。炭鉱夫だよ。あそこで、炭鉱で働いているんだよ」

「その人たちは何を見てるの？」

「地面を見てる。そしてその下を歩くんだよ」

「大きくなったら何をしたい？」

「警察官になりたい」

「警察官は何をするの？」

「誰かが誰かを殺したら、逮捕する。殺人者を捕まえるんだよ」

「あなたは誰を逮捕するの？」

「子供を殺す人たち」

少年の言ったことにあまりに多くを読み込みすぎるのは不適切だろうが、この研究プロセスには彼にとっても何か大事なものが賭けられていると私は感じた。なぜここにいるのかと私が尋ねたとき、彼は「足のため」だとか、「うまく歩けないから」だとか、「お父さんとお母さんがここに連れてきたから」だといったふうには答えなかった。彼がそこにいたのは、彼の言い方によれば、「自分を治している」からなのであった。彼は個人的満足の手段としての「治療」を受けるために、自分の足に頼っていることを感じており、それを表現した。ひょっとすると彼は自分の障害を受け入れること、さらには演じさえすることが、検査の後で両親に再び会うための必要条件だと理解していたのかもしれない。少年は自分の欠陥を体現していたが、しかし「それ」について自分とは別のもの（あるいは別に歩くもの）として話をした。それはいわば、もう一人の彼自身であり、母親の語りや、彼の新しい役割・社会的親密性（少年と臨床医たちの間の、両親と研究者の間の、また両親と国家の間の）を組織する科学的証拠とともに、研究プロセスを通じて発動された存在だった。

描画テストを受けた後、看護師がイヴァンを別の部屋に連れていき、彼の脳の機能的能力をレオエンセファログラフィー（REG）で測った。看護師が検査をしながら言った。「目を閉じて、開けないでね。静かに、手をここにおいてく。目は開けないで！　大きく息をして、それから息をしないで……息をして！　今度は大きく息を吸って、吐いて！　息をして！　はい、今度は静かに、目をあまり動かさないように、寝ているときみたいにして……」。こうした指示に彼が従う様子から、彼が意味をなさないルールの世界を棄権したような感覚が伝わってきた。

イヴァンの受胎

息子の誕生に関するエレーナの語りと、イヴァンを明らかに病気の子供として語る彼女の説明の中で、災害の政治的・合理-技術的処理の痕跡は、現れたり、消えたり、再び現れたりを繰り返す。彼女は妊娠中にゾーンで働くことに伴うリスクを認識していたかどうか尋ねられると、例によって簡潔な調子で答えた。「原則的には、そうですね、そのことは知っていました。でも生きることはまた別です。私たちには仕事が必要でした」。物質的な懸念が胎児への懸念を上まわったということになる。「いろんな物事が重なってこうなったのです」。そして彼女はこう付け加えた。「子供が必要だった、それだけです。より良い生活が送れるようになると思っていました」。彼女は物質的な生活の向上に対する欲望が、子供をもうけるという自分の選択に影響を与えたことをかなり直截に示唆した。

エレーナはゾーンに「約二〇週」にわたり留まった後、キエフで別の仕事をするためにそこを去った。彼女はイヴァンを出産したときの様子を描写した。「お産は大変でした。早産でした。三五週で彼を産みました」。ここで示唆されているのは、妊娠過程に内在する何かによって正常な分娩よりも早められたということだった。エレーナは、奇妙なほど諸々の症状だらけの新生児の第一印象をこう語った。「彼はとても小さくて、体重は二キロしかありませんでした。ほとんど息をしておらず、泣き声をあげもしませんでした。普通の子供ではなかったんです」。イヴァンの誕生についてのエレーナの描写は、出産に立ち会った医師たちに対する相反する感情を伝えていた。彼女は最初、彼らを共感してくれる仲間として、混乱した感覚から守ってくれ、自分の恐れを正当化してくれる存在として言及した。「医者たちはあの子に刺激を与え、蘇生してくれました。私は息子とすぐには対面しませんでした。医者たちが見せてくれなかったのです。そうなんです、彼らはこういう子供たちを母親に見せないのです。あの子は恐ろしかった、真っ青で。何もかもがあるべき姿をしていませんでした」。しかし、医師たちをイヴァンの症状の原因についての情報を隠した敵として描くこともあった。「すべてわかっていたのに、何か別の診断を書きました」。と彼女は言い、トルカーチが先に詳述した過小診断《ヒポディアグノスティカ》について言及した。

誕生から二か月後、イヴァンは発作を起こした。エレーナは、事故後に確立されたソヴィエトの医療ネットワークがチェルノブイリの出生前被曝についての複雑な状況と取り組むことを拒否したと不満を述べた。「彼らは息子を真剣にモニターしたがりませんでした」と彼女は言った。子供は確固たる診断を受けることなく、健康補助のコースを受けることになった。「これは根本治療ではありません」とエレーナは指摘した。「私には理由がわかっています。何らかの脳の病気なのです。今、息子はうまく歩くことができません。足を少し引きずっています。これは生まれて三年後に起こりました。下半身の筋肉にたくさんの萎縮があります。左足のほうが細くなっています。左腕も弱いです。でも少しずつ、発作の頻度は減りました」。エレーナは説明しながら、息子の病気と思われる状態に対してソヴィエトの医療システムに責めを負わせ、陳情《スカルハ》（*skarha*）をする自分の能力を高める方向にもっていった。自分の経験を、過ちや管理の失敗やリスクをめぐる政治や官僚機構のより広い歴史と結びつけたのである。

エレーナの夫オレグは、静かに座っていたが、妻が息子を病気だと言い張ることにうんざりしている様子だった。彼はイヴァンの人生にとって病いは障害ではないと主張した。オレグは自分の役割は、息子が自分自身を普通だと見なせるよう「しっかりと手を打つ」ことだと考えていた。「息子を普通の子供のように育てています。彼には特に何の制約もありません。走り、スキップし、転び、どんなことでも普通の人たちのようにやりますよ。もし私にとって何か目標のようなものがあるとしたら、彼を心理的に普通の人間に育てることです。病いのせいでコンプレックスを持つことがないように、自分を普通だと見なすようにね」。

その次の週、研究者たちはイヴァンの検査からわかったことを総括した。少年が分娩時の外傷によって脳に損傷を受けた可能性については深く考慮されなかった。イヴァンの病因の描写は、胎内被曝児集団全体のものと似通っていた。子供たちが正確にどれほどの線量を吸収したかは、最終評価にとって二次的なものだった。診断によって、左半身の片側不全麻痺、発作症候群、多動障害など、出生前に負った中枢神経系ダメージに起因する軽度の脳性麻痺が確認された。予後診断では、進行性ではないが慢性的な器質的脳損傷の後遺症が指摘された。少年のＩＱは正常だったが、彼は「神経学的に不完全」であった。少年の症状はこれ以降、治癒の見込みはほぼないものと考えられた。「彼の行動・感情における不全障害は社会的な制約へとつながる可能性がある」。医学的な結論は、彼の父親の目標を支持していた。

イヴァンの臨床検査を辿ることで、個人の歴史と家族のドラマが、臨床研究プログラムと混然一体となって病気の経験と解釈を形作っていく様が見えてくる。臨床研究は、単に病気の観察と特定に関わるだけではなく、「誘導的な」性質ももつのだ。臨床的・科学的・間主観的なプロセスを通じて、研究者たちは出生前の生体構造における放射線の生物学的影響を——一方でそれをまさに組み立てながら——確認した。研究のプロセスは、出生前の生体構造を科学的客体として純粋化し、それを独立した研究の場として位置づけた。この研究を通じて、生物学的な運命が生産され、割り当てられる様もまた見えてくる。子供の個性は締め出され、彼の社会的将来は医療によって保証されるものとなる。

四年後の二〇〇〇年八月、私はイヴァンの社会的将来がどのように展開したのか見るために戻ってきた。研究者たちは、一九九六年の検査を最後に彼と会っていないと言った。移住があまりにも多いせいで追跡調査がほとんどできないと、彼らはこぼした。もらった住所を基に、私はタクシーをチャーターし、一時間ほどキエフの市外へ走って農村地帯に着いた。私は小さな空っぽのレンガの家を見つけた。ババ・ハニアと名乗る隣人が、家族は数か月前に別の国へ引っ越していったと教えてくれた。私がババ・ハニアに少年の状態について尋ねると、障害を思わせる様子などまったくなかったと言い、そのかわりに、エレーナが妊娠期間中ずっと煙草を吸い続けていたと回想した。彼女は少年にはいかなる健康上の問題もなかった、少なくとも自分が気づいた問題は一つもなかったと言った。もしかすると、別の国では、イヴァンは健康でいるのかもしれない。

第七章　自己アイデンティティと社会的アイデンティティの変化

アントンとハリア

私は放射線研究センターで、家族と国家、親と子ども、そして現在と未来との関係が、病いの申し立てによって痛ましいほど決定的に組み替えられてしまう様を観察してきた。研究のプロセスは病気の「真実」を形作り、さらにその「真実」が他者の身体へと乗り移っていくよう促していた。研究の場では、技術的、政治的、主観的なプロセスが混然となって、個々人の生社会的《バイオソーシャル》状況と未来のあり方を作り上げた。イヴァンはウクライナを去ったが、そうすることで、両親が用意し、社会的にも政治的にも認められていた病気の脚本を捨て去ったのかもしれない。しかし、チェルノブイリの無情な社会論理が展開していくなか、そこに身体と未来と閉じ込められたままの人々はさらに多かった。

自己認識の状況が変化したことで、ソヴィエト連邦崩壊前に形成された家庭生活や婚姻契約にどのような影響が及んだのだろうか。私の取材した患者たちが、自分たちの将来の姿のようだと言って、ある男性を紹介してくれた。その男性、アントンは、稼ぎ手という文化的、社会的役割をもはや果たすことができなくなっていた。彼の人生は道徳秩序の変化を如実に体現していた。つまり、ある行政官によれば国家、企業、家族との間の「不協和音」が原因だという（第四章参照）放射線関連の病気の止めようのない進路を歩まされる主体《サブジェクト》となったのである。チェルノブイリ後の官僚主義や法のあり方とその落とし穴を背景に、過酷な市場経済への移行に伴う社会の行き詰まりによって生み出された小さな悲劇が、アントンの人生に映し出されていた。アントンが独特だったのは、病気、汚職、経済や道徳の衰退の「止めようのない進路」がいかに彼の人生、声、そして「魂《ドウシャ》」(*dusha*)を奪い去ったか、その代償について――片言ながらも――語ることができたからだ。初めて会ったとき、彼は「俺の魂はもうここにない」と話した。彼の語り《ナラティヴ》から、個人の現実と社会の現実とがどのように交錯し、そしてそれらが社会の軌跡としてどのように組織され、争われ、生きられているのか、垣間見ることができた。

軍隊にいたアントンは、チェルノブイリ原子炉の現場で六か月間働いた。彼は酸化鉛、砂、砂利が詰まった袋を、原子炉の手前まで車で運搬した。他の作業員がヘリコプターでそれらの袋を持ち上げ、燃え盛る原子炉に上空から放り込んだ(彼らの多くが作業後まもなく死亡した)。彼は自分がどれくらいの量の放射線を吸収したか知らない。日常的に臨床システムをたらい回しにされ、他の病人予備軍と同じくモニタリングを受けていた。時間が経つにつれ、彼の症状は進行していった。彼の医療記録には、慢性的頭痛、短期記憶の喪失、「反社会的行動」、発話障害の進行、発作と性的不能をはじめとした多くの症状が記載されていた。しかし、長い間、彼の診断は進展していなかった。彼の状態は異常とするほどではなかった。私たちが最初に出会ったとき、金銭的にも感情的にも破綻した自分の状況について、発話に困難をきたした以下のような話し方で語ってくれた。「国が人生を奪っていった。俺を切り裂いて、逃げた。何か喜べることがあるとでも? 誉高い男はもう生きていけないんだ。何のために? いったい、何のために? 昔は生活があった。バターがあった。牛乳もあった。今やアイロンすら買えないんだ。昔は五〇台だって買えた。金があったんだ。今じゃ、カミさんの給料はアイロン一台より安いんだ」。

アントンはかつてトラックの運転手として働いていた。そして、その仕事をどれほど愛していたか懸命に説明してくれた。しかし、ある日彼は運転中に意識を失って事故を起こし、急に職を失うことになった。人生で初めて起こしたこの事故のせいで、彼は運転免許証も剥奪されてしまった。妻のハリアは公務員だった。他の多くの公務員と同様、彼女の安月給も過去六か月支払われていなかった。アントンとハリアは、孫(彼女の名前もハリアだったので)小さなハリアと呼ばれていた)と一緒に狭いワンルームのアパートに住んでいた。彼らはアントンが元作業員として受け取る月五二ドルの年金でなんとか暮らしていた。彼のステータスは「被災者」だったので、わずかながらも年金が増額されていた。彼は何度も私に「モノのやり取りの仕方がわからない」、すなわち、市場でちょっとした品物を売る方法がわからない、と語った。こうした不能もしくは意欲のなさと、安い年金しか受け取れないこととがあいまって、彼には選択肢がほとんど残っていなかった。チェルノブイリの補償制度の中で病気を基に稼ぎを得るか、被曝の事実に背を向けて困窮生活を送るか、この屈辱的な二択しかなかったのである。当初、彼の妻は、前者の選択肢をとる、つまり病気になるよう彼に迫っているように私には思えた。

チェルノブイリの官僚的、政治的諸相は、彼ら夫婦のささいな日常にまで影を落としていた。不安定な親子関係と夫婦仲、予期不可能な身体的症状と感情的ストレス、繰り返される入院、失業、お役所対応、これらに掻き回された生活の複雑さが、彼らの話からうかがえる。

私は、エスノグラファーという立場から、またこのニモフ家が直面する未知の困難を尊重したいという気持ちから、最初は限られた関わりしか持たず、必要ならば放射線研究センターの診療医を紹介する程度の援助しかしなかった。しかし、アントンとハリアは私をアパートに招き、自らの窮状を正直に打ち明けることに何のためらいもないようだった。彼らの日常生活を垣間見ることで、それまで調査してきた組織や行為者、すなわち国家官僚、障害を負った集団労働者、チェルノブイリにまつわる科学、そして臨床モニタリング制度などが、あれやこれやの姿で彼らのアパートで見てとれることに気づいた。ハリアとアントンが、アパート、病院、国の機関、活動家団体などを行き来する行程に私も加わった。そして、様々な出来事が不運な方向に転回し、後には警察署にまで一緒に出向くことになった。苦難と混乱に満ちた彼らの生き様は、大規模な社会変革のせいでばらばらになった大きなジグソーパズルの小さなピースでしかなかった。この夫婦の日常、そして彼らが感情と苦悩に向き合う（または向き合えない）有様は、彼らもまた他の人々も、かつては集団主義に基づいていた社会を今は個人として生きていくことになった状況における一つの傾向を示している。

夫婦の生活に影響を及ぼした社会的、個人的ダイナミクスを解明するヒントを与えてくれるのが、リチノスチ

（*lichnost'*）という概念だ。ハルホルディン（Kharkhordin 1999）は、この個人の自己感覚という意味のリチノスチにまつわるソヴィエトの諸実践が、ホモ・ソヴィエティカスを日常的に作りあげるうえで重要だったことを示した。スターリンの第一期五か年計画の残忍な「生活集団化」は、急速な工業化と飢饉という二面的な現象を引き起こしたが、続いてソヴィエトの労働共同体《コレクティヴィ》（*kollektivi*）は、ソヴィエト市民全体の社会心理的特徴としてリチノスチを奨励した。地域の指導者たちは綿密に作られた教育論を流布し、ソヴィエト化された新たな主体と労働共同体との関係を繰り返し教えた。その関係は、規律《ディシプリン》のテクニック、人前での告白、自己分析や自分語りの方法、「水平的な相互監視」により強化されたのである。このような諸実践は、コレクティヴの支配を強化し、市民の不忠を抑圧したが、他方で、ソヴィエト市民たちになぜ、またどのように自らの行動を隠す必要があるか自覚させた。「公の生活」の場において教えられたこれらの実践は、「公共の領域と親密な領域との分断を調整する」よう用いられた（Kharkhordin 1999：278）。社会を生き抜く術として偽りの行動が浸透し、ソヴィエト市民の人間性を特徴づけるものとなった。「顔を使い分ける術が体得されていった」（ibid.）のである。

このような全体主義で培われた仮面や人間性は、もはや生存条件として人々を縛るものではなくなった。その背景には、新たな集団主義が出現していることが挙げられる。ハリアとアントンを通じて、私は慣れ親しんだリチノスチという概念が「何層もからなる仮面」（Mauss 1985：12）によってどのように駆逐されていったか理解するようになった。そして、個々人が症状を理解し、倫理的選択を選び、市場主義を志向する新たな世界に適応しながらも服従しないよう闘うなかで、新しい形の自分語りのテクニックや形式が現れていることに気づかせてもらった。少ない国家の資源《リソース》を奪い合う世界のなかで、アントンにとっての根本的な問題は、どれだけ誰か別の人間の「振り」をしていられるかということだった。彼の課題は、政治や社会の一員としての資格を得る機会を更新することだった。すなわち、「何が原因で病気になっているか知るのは、それをどう社会で活かすか知るため」だったのである。これらの実践やそれを支える物質的環境が、新しいあり方で彼を人たらしめていた。アントンが生物学的市民権を実現するうえで、自らの痛み、真実、本能、行動が重要な要素となったのだ。

私は五か月にわたって、ハリアとアントンと会い続けた。その間、二人の関係は、身体の統一感や道徳的価値と連動して急速に組み替えられていった。放射線関連の病いの申請にまつわる法と医療の枠組み、慢性的な困窮、不確かさのなかで、アントンの自己は押しつぶされ、変容されていった。「チェルノブイリが起こる前は、アントンは一度も病気にならなかったのよ。将来の計画も立てていたし、何かしようと意気揚々だったのに……もう彼はすっかり別人になってしまった」。ハリアはそう私に語った。

家族を超えて――クヴァルティーラと公共の声

私が初めてアントンのことを聞いたのは、国際チェルノブイリ障害者支援・慈善基金のメンバーになったレヴを通じてだった。ある日、私が基金を訪れると、レヴは基金のメンバーと私にテーブルを囲んで座るよう促した。彼は私が貸したテープレコーダを使い、数名の障害者の声を記録していたのである。彼は、その場にいた一〇名に、あるインタビューを聞かせようとしていた。基金のメンバーは個人的にアントンと知り合いではなかったが、自分を重ね合わせることができたのは確かだった。「アントン、チェルノブイリに関わったのは何年だったか教えてくれないか?」アントンは、ほとんどまともに話せなかった。「は、は、は、はちじゅうろくねん」。レヴは質問を続ける。「君はどれくらいの間チェルノブイリにいた?」アントンは質問に答えようとする。「しょ、しょ、しょるいをとって。そ、そ、それを見ればわかるから」。

アントンの声は途切れがちだった。脈略のない言葉や文を発していたが、レヴの質問には誠実に答えようとしているようだった。アントンは自らを「一流の運転手」と呼んだが、今は「突然の発作《プリストゥピ》」(*prystupy*)に悩まされていると話した。彼の口調にはいくらかためらいがあった。最初は自分の話をすることにとまどっているようだった。おそらく録音が赤の他人のあいだで回し聞きされることを知っていたのだろう。レヴがアントンになぜ泣いているのか尋ねると、アントンは泣いているのは自分ではなく「俺の魂だ」と答えた。「変な考えが起こるんだ」とアントンは続けた。「どんな考え？」とレヴは尋ねた。「話してみなよ。魂が泣いていると感じるとき、どうしたいんだ」。アントンは観念してため息を吐き、「生きるのを止めたいんだ」と答えた。

レヴはいったんテープを止め、あたかも私たちを教え諭すかのように、この案件がどれほど深刻か考えてほしい、と促した。彼はアントンにストレートに質問をぶつけ始め、障害や自我の崩壊という話だけでなく、最も内密な私生活の話まで、なんのためらいもなく聞いていた。どの角度から質問されても、アントンはレヴの質問に答える準備が出来ているようだった。アントンが自分のことをもっと打ち明けるよう、レヴはさらに探りを入れていく。「失礼なことを聞くとあらかめ断っておくけど、家庭内はどうなの？」沈黙がしばらく続く。「教えてほしい。奥さんが君を精神病院に送り込んだとき、彼女は君のために少しでも苦しんだんだろうか？」レヴは矢継ぎ早に質問することで、アントンの人生に蓄積し、彼の性質の変化を来たるべき世界の見世物にしてしまった客観的な社会的条件をあぶりだそうとしていた。レヴは、アントンの妻は意図的ではないにせよ、新しい反道徳的な秩序に加担することで彼を狂わせてしまった、とでも言いたいようだった。

妻のハリアはその年の二月にアントンに殴られ、警察に通報したという。そしてアントンはキエフ近郊の精神神経科の病院、パヴロヴァの第一病棟に監禁され、一週間拘留された。夫が拘留されている間、ハリアは離婚手続きを進めるため、医学的・法的証拠を集めようとしていた。しかし、それからたった五か月後には、自分の必死の行動のせいで夫が障害者ステータスを得るチャンスを潰してしまったと、後悔していた。彼が精神障害者と認定されれば、ヒステリーという心因性の診断に確証を与えることになり、法的に不利になるだけであった。

妻に関するレヴの質問にアントンは答え続けた。「いや、それはない。俺を捨てて、新しい暮らしを始めようとしてたんだ。俺の病気は悪くなった。でもハリアはそれをわかろうとしない」。アントンは、自分の暴力行為を「病気」のせいにしようとした。レヴはテープを止め、自らの使命を明らかにした。「我々がすべきことは、アントンの「ヒステリーという」診断を取り除くことです。彼は決して自ら病いを招いたわけではありません。この診断は屈辱的です」。この診断をめぐる政治に賭けられていたのは、一人の男が、家族、社会経済、市民の尊厳を取り戻せるかどうかということに他ならなかった。

障害者のあいだでは、通常ならば内密にしておきたいようなこと、例えば、性的不能、夫婦関係の悪化、家庭内暴力などの話題をオープンに話すことがよくあった。彼らは病理こそが互いを結びつける絆だと考えていた。このような病理の感覚は、よくある男同士の絆とも密接に関連していた。同じテープを自宅でもう一度聞いたとき、私はレヴが自分を捨てた最初の妻への屈辱感を投影しているのをはっきりと感じ取った。会議に参加していたメンバーのうち、基金の理事長であるレプキン氏とエンジニア兼統計学者でもあるカッツ氏を除くのこりの八名全員が離婚しているか、結婚生活に何かしらの問題をかかえていた。あるメンバーは、性的不能が原因で妻に捨てられた、と私に打ち明けていた。彼は「国に従順すぎる」と妻に責められたそうだ。「チェルノブイリに身を捧げたおかげで、今じゃあんたはもう私にとっては価値のない男なのよ！」と彼女の言い放った台詞を彼は繰り返した。このような屈辱的な経験について述べるとき多くの人が、自分の息子には、「何を守ろうとしているのか理解していないかぎり」決して軍に入隊させないだろう、と語った。

アントンのインタビューは私のために特別にしてくれたものだった。会話は続く。「子供は？」とレヴが尋ねる。「娘二人と孫娘一人」。「国は？」「助けてくれない」。「薬は？」「もらえない」。「年金は？」「月九六〇万〔約五〇ドル〕」。「どんな薬を飲んでる？」「力がなくなる錠剤と眠らせる錠剤〔バリウム〕」。「毎月どれくらいかかる？」「三五〇万」。それからレヴはテープに次のような言葉を吹き込んでいた。「アドリアナ、この人には妻も土地も健康も金も国もないんだ。彼はもう生きたくないそうだ」。

アントンの窮状は、その場にいた男たちの同情を引いていた。彼らはアントンと比べれば補償の請求に成功していた。テーブルの向かい側に座っていたカッツ氏は、アントンは「典型的なケース」だとコメントした。広報の専門であり、基金の補佐役として働いていたセルヒーは「彼のような事例はいくらでもある」と語った。録音からは、自殺を思いとどまるよう、レヴがアントンに諭しているのが聞こえた。「ああ、医者にもそう言われてるよ」とアントンはため息混じりに語った。レヴはどのような権利があるかアントンに教え、もっと積極的に政治に関わるよう促していたが、その時点で会話は終わっていた。

一週間後、レヴはその男性に私を会わせてくれた。彼のアパートは、首都中心部から五キロほど離れた、電車やバスの主要路線の終点近くにあった。その地区は、社会主義時代に大量生産された典型的な集合住宅地区《ミクロラヨニ》（*microraiony*）だった。地区の住民が通う地元の病院や屋内市場は、駅から歩いて行ける距離にあった。近くの集合住宅の一階には派出所が付設されていた。バス停からは、そびえ立つ集合住宅の隙間に「洞窟の修道院」と呼ばれるバロック式修道院の鐘塔が見えた。アントンはよく八階にある自室のバルコニーに座り、片手にタバコ、片手に双眼鏡を持ちながら、金色に輝く修道院のドームを眺めていた。バス停近くには緑の生い茂る公園があり、その後数か月間、ハリアと私はよくそこで話をすることになった。

集合住宅の内側はボロボロだった。母親たちがアパートの外に座って、狭い駐車場で遊ぶ子供たちを眺めていることもあった。共用エレベーターと居住空間につながる廊下とを隔てるドアのガラスは粉々に割れていた。アントンが大人になってからずっと運転していたトラックの写真が、アパートの玄関のちょうど向かい側の壁に飾られていた。私が写真を見ているのに気づくと、彼は「そのトラックはもうない」と言った。私はすぐにトラックのバックミラーがトイレのドアノブにぶら下げられているのを見つけた。それは奇妙な角度でトイレを向いていた。

台所は、コーティングの合成樹脂がところどころ剝げた四人掛けの小さな木製テーブルに占拠されていた。寝室には、小さなベッド、本でいっぱいの本棚、読書兼作業用の机が置かれていた。ソヴィエト時代の人気作家ショーロホフが書いた『人間の運命』（*Sud'ba Cheloveka*）が、アントンの枕に伏せられていた。彼はそのベッドで寝ていたが、小さなハリアとハリアは隣室のリビングのソファ《ディーヴァン》（*divan*）で寝ていた。リビングには、すでに亡くなったハリアの母親の写真が木製ウォールキャビネットの中に飾られていた。写真の上には黒いリボンが結ばれていた。「母は、飢饉、戦争、そして戦後にまた起きた飢饉を生き延びたのよ」とハリアは語っていた。集団農場で働いていたこの女性はショックを受けたような表情をしていたが、カメラのフラッシュに反応しただけだったのかもしれない。アントンは石油研究所が実施した長期の移動調査に加わったことがあり、そのとき家族のために買ってきた人形などの土産物も飾られていた。まだ家庭内が平和で無傷のように見えた。彼らが自分たちの文化的な生活態度や所有物を誇りにできた時代の物だった。アントンはテレビが大嫌いだと言っていた。

一九五二年、アントンはロシアのウラル山脈の村で五人兄弟の長男として生まれた。彼は父親と同じくトラクターの運転手になるよう期待されていたが、一九六八年に家族のもとを離れてトルクメニスタンに移住した。彼の母親は一九九六年の時点でまだ存命で、集団農場で働いていた。一九七〇年から一九七二年の間、アントンは兵役につき、東ドイツとウクライナに駐留した。彼がハリアと出会ったのは、ハリアの住んでいたヴィーンヌィツャ州中央地区のホーリツャの村からテンサイを運搬していたときだった。どのようにして二人が出会ったか尋ねると、アントンはハリアの妹が見せてくれた写真でハリアのことを知ったと答えてくれた。逆にハリアは、彼と会う前日に夢で男性の姿を「シルエットで」見たそうだ。彼らは一週間も結婚式が続いたことを誇りにしていた。「昔は昔」とハリアは言い、今となっては、そんなお祝いを挙げる時間もお金もない、と言いたげだった。

ハリアも集団農場の農民の家庭に生まれた。彼女はアントンよりも自分の育ってきた環境を大切にしていた。母方の祖父、彼の五人の兄弟と一人の姉は、一九三二年から三三年にかけて起きた飢饉で餓死したという。写真に写っている彼女の母親は、脳卒中で死亡した。「集団農場の過酷な労働のせいで、彼女の内蔵は一つとしてまともに機能していなかったのよ」とハリアは語った。彼女は過去に憤りを感じているわけではなかった。むしろ、田舎で厳しい生活を送ったおかげで、強い仲間意識が育まれたと考えていた。都会で暮らすようになった今でも、彼女はその絆を頼りにしている。

彼女は、村民のために近隣住民が協力して家を建てる、トローカ（*toloka*）と呼ばれる共働作業について、喜んで話してくれた。「集団農場で昼の仕事を終えた後、夜は母親が森で木を切るのを手伝っていたの。祖母の家を建てるためよ」。父親は過去に富農《クラーク》の一家の一員として迫害されたことでトラウマを抱え、「ほとんど何もしなかった」そうだ。「いつもただベンチに座って、家の土台に使う石を割っていたわね」。ハリアは石を割るという意味でウクライナ語「モロータティ・カミンニャミ」（*molotaty kaminniamy*）を使った。モロータティとは、現地では「わけのわからないことを話す」という意味も含む軽蔑的な言葉だった。ハリアの過去の中で、彼女の父親は現在の夫と同じように「わけのわからないことを話していた」。彼女の態度には、農村部でステレオタイプとなっている母系社会のルールの痕跡が見てとれた。働く意欲を失ったひ弱な夫の穴を埋めるために、妻たちが切り盛りしていたのである。彼女たちは勤労に励み、共同体の絆を育むことで道徳的活力を得ていた。夫に頼らずに家族の安定を守るため、ハリアはこのような価値観と絆を育み続けていた。

ハリアの母親は後年、健康問題が表面化しだすと、神経科の治療を受けるためにパヴロワに入院した。パブロワには同じホーリツャ村出身のイヴァナという神経科医が働いていたため、三年間彼女の治療を受けることになった。ハリアはイヴァナのことを「同じ土地の人間《ロディチカ》」(*rodychka*)と呼んでいた。この土地というコネが、ハリアが(無駄に終わったものの)アントンと離婚するための法的・医学的証拠を固めるうえで重要な資源となった。

ハリアはキエフで高等専門技術教育を受け、実地調査官として働くことになった。ウクライナ共和国周辺の歴史的な旧市街、古い工場や学校の現場を調査・撮影するハリアの作業グループを、アントンは彼らを車で運んでいた。ハリアは誇りをもって自分のことを土曜ボランティア《スボトニク》(*subbotnyk*)と呼んでいた。赤い腕章を腕に巻き、彼女は他のボランティアと一緒に団地周辺の落ち葉を掃き、市街路のゴミを拾い、壁を塗装し、公園に花を植えたりしていた。スボトニクとなることで、彼女は社会的信頼を得ていると感じていた。また、ボランティア活動は、彼女がクヴァルティーラ(アパート)での家庭の重圧から解放される貴重な時間だった。「もう誰も公園の世話なんかする暇がないわね」と彼女は言っていた。社会主義社会が生み出し、確固たるものになっていたもう一つの世界はすでに消えてしまった。ハリアのような個人は、古きリチノスチの価値を蘇らせるために、あるいはそれに代わる新たな集団生活のために、クヴァルティーラの枠を越えて新しい空間を見つけ出す必要があった。病院や市民団体の基金が、そうした代替空間として重要なものとなった。

ハリアとアントンは一九七三年に結婚し、一九八〇年まで都市部のアパートで暮らしていた。住宅の待機リストに登録した後、一九八一年には寝室付きのアパートを購入することができた。サーシャとイリーナ(小さなハリアの母親）という二人の娘を授かり、徐々に家具も揃えられるようになった。アントンは家具を揃える喜びを次のように語った。「一年目にソファを買った。二年目には木製のキャビネットを買った。土曜日になるといつも家具屋で物色していたので、店員が『まだご希望なのですか』と聞いてきたので、そうだ、と答えたもんだ」。

一六歳のサーシャは婚約者の母親と一緒に暮らしていた。二〇歳のイリーナは夫の両親が住むアパートの小さな一室で暮らしていた。イリーナは小さなハリアを、ハリアとアントンのもとに預けていた。小さなハリアは祖母のことを「お母さん」と呼んでいた。しかし、アントンのことは「デド」（*Did*）、つまりおじいちゃんと呼んでいた。このように家族の役割、名称、アイデンティティがバラバラになった状態は、不安定な経済状況から生まれたより大きな社会の解体現象を映し出していた。このような状況では、若い成人の親への依存が高くなるほかない。例えば、アントンとハリアは、まだ最低限の年金を受け取ることができ、アパートも所有していた。また社会的な結びつきを通じて、小規模の畑作ができる私有地を使うこともできた。ハリアはアントンの年金を、小さなハリア、まだ若くて仕事のない次女とその夫、そして自分たち夫婦の間で分割していた。彼女とアントンは、孫の世話までする状況に追い込まれ、その過程でアントンの症状と奇行は悪化していった。

彼ら夫婦は私生活の苦しみを、病気という新たに公認された資源に変えようとし始めていた。彼らは何度も夕食会を開いた。あるときハリアとレヴと私が、たっぷりと食事が並んだテーブルを囲みながら座っていると、アントンは何度も不安そうに部屋を出たり入ったりしていた。彼は意味もなく動き回り、ほとんど会話に参加することがなかった。まるで自分の声が聞こえないかのように大声で病気の痛みについて語るだけだった。ハリアはレヴに向かって「彼にも以前は将来の計画があったのです」と語った。「車を買ったり、キエフ近郊に避暑用の別荘を買ったり。そして、病気が発症しました。医者や精神科医は彼を怖がり避けようとします」と彼女は言った。「彼は家族を殺して自分も死ぬ、と脅してきます」。レヴも、アントンの病気は「二月以降、急に悪化した」と同調した。アントンの病気が深刻だということは、レヴもハリアも同意するところだった。

しかし、（レヴのいないときに）二人だけになると、ハリアはアントンがどれほどいい性格だったか私に語ってくれた。彼のような好人物が成功し、正直なやり方で生計を立てていける世界がはるか昔に遠のいてしまったことを嘆いているようだった。「アントンは頼り甲斐があったわ。運転履歴には何の汚点もなかった。車を運転していた二五年間、一度も事故を起こさなかったのよ。働いていた輸送共同体から表彰されたこともあったわ。石油研究所の所長は、アントンを研究所の駐車場《アウトバザ》（*avtobaza*）の管理人に抜てきしようとしていたのよ」。しかし、ハリアは、夫にその仕事を断るよう勧めたという。昇進したところで給料が良くなるわけでもなく、逆に他人から常に世話を頼まれるようになる、と彼女は主張した。「嫌気がさすわよ」と彼女は夫に忠告していた。後日、アントンも同じような話をしてくれた。ある有力な大臣に、研究所の予算から金を出すからお抱え運転手にならないか、と打診されたことがあったそうだ。「ガソリンがないんです、と言ったよ」。

この世代のソヴィエトの家庭は、誠実さ、勤勉さ、リチノスチ、使命感――アントンにはそのすべてが備わっていた――を通じて、新たな文明の高みを経験することができた。ニモフ家のアパートには、他のアパートと同様にゴテゴテと飾り立てられていた。メダル、資格の賞状、写真、プラスチックのカバーで覆われた家具、コンクリートの壁にかけられた装飾用の赤い絨毯、暗い室内、休暇先で買ってきた無数のお土産、これらの品々が誇らしげに溜めこまれ、一種の生きた博物館を形作っていた。このようにブリコラージュされた生活がいかに重要であったかは、相対的な個人的・文化的教育レベルを指すクリトゥルノスチ（*kul'turnost'*）つまり「教養」という概念で説明される。アントンはクヴァルティーラに暮らしていたが、切り離されて漂う地塊に押し込められているかのようだった。そこは、もはや彼が作り出し慣れ親しんだ、文化的な継ぎ接ぎの王国ではなかった。

文学研究者のヴェラ・ダンハムは、クリトゥルノスチという言葉が、スターリン主義の文明化プロセスが日常レベルでもたらした社会的・個人的影響を典型的に示していると論じた。それは、一九三〇年代に都市部へ移動した農民が、文化的な中流都市住民、またソヴィエト市民となることを期待され、学んでいった言葉である（Dunham 1976）。ソヴィエトの体制はスターリン政権と中流階級が契約を結ぶことで、その再生能力と安定性を維持できたとダンハムは主張している。中流階級は、忠誠と効率性を捧げることと引き換えに、その価値観が政権にも認められていった。

一九四〇年代後半までには、「闘争的革命家の禁欲主義や公的行為のための滅私奉公という価値観から、個人の消費、豊かな私生活、文化的な品行という価値観」へと明確に移行していった（Volkov 2000：214）。都市住民たちは政府や大衆向けの刊行物を読むことで、いかにして衣服や身体の衛生を向上させるかを学び、同時に能率的な労働者へと変わっていった。「自己の規律化と監視としての教養は、産業システムと一体化していった。すなわち、文化的な個人は、能率的な労働者、商品を消費し、官僚エリートが関与する活動に参加する中流階級と同一視されていったのである」（ibid.：291）。ソヴィエトのアパートは、愛着に満ちた私的な空間となり、クルトゥルノスチの記号であふれるようになった。クリトゥルノスチに関わるモノやイメージは、公共の場だけでなく、個人の内的世界や、家庭内の洗練という感覚にも浸透していった。

リチノスチやクリトゥルノスチという概念は、マルセル・モースが「精神の一カテゴリー」と呼ぶもののソヴィエト版である（Mauss 1985）。ソヴィエトの個々の人民は、これらの概念は「意識の奥底で明確に規定されており、そこに由来する道徳という基礎を完全に備えている」ものとして受け入れていた（Mauss 1985：1）。アントンとハリアは、このような基礎の上に喜びや向上心を育み、お互いを認め合う関係を築いていたため、その礎の崩壊は苦痛を伴うものだった。もはや文化的な生活を維持するのに十分な資金が彼らにはなかった。過去の世界で、モノや人や感情をつなぎ留めていた社会のメカニズムは崩壊してしまった。アントンは嘆いた。「娘はすでに二回結婚した。今の夫は働いていない。稼ぎがないんだ。小さいハリアは泣いている。俺たちがこの子の面倒を見ている。俺は正直だ。俺の魂はそんなふうなんだ。もう家族に食べさせるものもない。金がないんだ。俺は人生を全うすることもできないだろう。こんなふうには生きたくない」。

ニモフ家にとって、公民の道徳や義務感はもはやほとんど意味をなさなかった。アントンは一度私に語ってくれたことがあった。「言うなれば……泥棒や卑劣な人間には何でも手に入る。メルセデス・ベンツ、別荘、米ドル、何でもだよ。でも今や正直な人間は何も持っていない。俺は自分が情けない。バザーで売るものすらない。明日どうなっているかもわからない。明日は肉が買えるだろうか？　そんなことは明日にならないとわからない。こちら側の世界にいるのが嫌でしかたないんだ」。

ハリアも、あちら側の世界にどうやって行けるのかわからずにいた。彼女は品物を買って高値で転売することに自分の時間を費やすくらいなら、社会保障年金の支払いがめったにないという事実にじっと耐えた。彼女は自分自身と自分の品行に誇りをもち、孫娘にできる限り最高の教育を受けさせてやりたいと考えていた。しかし、意欲ある子供たちのための特別学校に小さなハリアを通わせるには、アントンの年金を毎月二五ドル増額させなければならなかった。

ハリアは、以前は自らの身を守るために夫を精神病棟に監禁させたが、今では彼の年金を増額させるために、つまりある意味では、彼がより重度の病人になる手助けをしていた。この点に関し、夫婦の私的な空間は、社会主義崩壊後の環境で生まれた価値や道徳観を受け入れることに向かって開かれていた。それでも二人とも、アントンの「弱さ」は彼が自ら変わらなかったところにあると悟っていた。変化に抵抗する彼の態度は、ただ意固地になったり、仮病を使ったりしているというわけではなく、むしろ彼を取り巻く社会環境に密接に関連し、さらには容認すらされている方法で表出した混乱から生じていると私は解釈している。変化を拒むことで、生きることが不可能にならなかったとしたら、それは病いを通して可能になったからだ。アントンにとって、医療化されるということは「悪賢くずるく」なること——彼は後日レヴのことをそう表現していた——を意味し、したがって、それは男らしくもなかったし、アントンが考える自身の姿でもなかった。しかし、新しい常識の構造に関わらざるを得ないなか（Geertz 1983）、このような道徳的な自己認識も修正を迫られていた。

一度、彼は「自分の精神は崩壊している」と思うと、ベランダで私に打ち明けたことがあった。彼はこのような心理学的な言い方することで、新しい社会的アイデンティティが得られるか、試し始めているようでもあった。しかし、それは一体どのようなアイデンティティだったのだろうか。アントンは、自分のことを精神病とは思っていないようだった。彼はソヴィエト時代の社会性をあまりにも強く植えつけられていたので、そのような自己定義を受け入れることができなかった。同じ会話の中で、彼は二月にハリアを殴りつけたことを認めたが、すぐに次のように補足した。

「俺はチェルノブイリの人間（*Chernobylets*）だから」。過去には否定していた「被災者」というステータスを使い、アントンが暴力行為を隠そうとはしないまでも正当化するのを聞いたのは、それが初めてだった。

医療化された自己

アントンが被災者という新興の集団に加わったのは、ソヴィエト連邦が行政単位として消滅した年である。一九九〇年にトラック運転中に事故を起こしたとき、彼の気絶がチェルノブイリの被曝に関連するものとして認証された。その背景には、ウクライナの医師が医学的解釈を行うさいに政府の意向や制約を気にする必要がなくなったことがある。アントンの記憶によれば、採血中、医師が「チェルノブイリの血液があった」と告げたそうだ。放射線に被曝した事故処理作業員だったため、被曝量はわからないものの原因不明の気絶を起こすアントンは、「はっきりしない症状」をもつという患者像に当てはまった。統計によれば、明確に定義できない症状で登録された患者の数は一九九〇年に急増している（第一章参照）。ある意味で、アントンは新ウクライナ――災害と法や医療の官僚組織の拡大を通じて政府が自らの正当性を作り上げていった国――の生物医学的主体の第一陣だったといえる。アントンはそのような医療の標的となったのか、それとも、そのような国家装置の中に自分の居場所を見つけ出す心理学的傾向があったのか、判断しがたい。しかし、彼の物語は、国が管轄する被災者集団に医療を通じて「徴集された」他の非常に多くの人々の話と合致している。

私は、その当時撮ったと彼が言っているCTスキャンの画像を見せてくれるよう、何度かお願いしたことがあった。その画像は放射線により引き起こされた脳器官の損傷の形跡を示しているはずだった。しかし、それは無駄だった。彼はいつも「後で」と答えた。ハリアによると、作業員の多くは、診断により仕事を失う可能性を「怖れていた」ために、医学的な検査を拒んだという（第四章参照）。放射線研究センターの神経科の研究者たちも、作業員たちが受診を当初拒否していた点を認めていた。

事故を起こして治療を受けた後、アントンは病人と見なされ、運転手として雇用されなくなった。彼は被災者として最低限の手当を国から受けていた。しかし、この束の間の安定は、一九九四年に娘のイリーナが離婚し、二歳の娘を連れてシベリアから戻ってきたことで乱されてしまった。彼は新たな家族を支えていくのは不可能だとすぐに悟った。障害者として認定され追加年金を得るための闘いは彼次第であった。ちょうどそのとき、アントンは新たな医療検査を受けていたのだが、認定制度はより閉鎖的で審査が厳しくなっていた。彼は自らの苦しみを効率よく運用する術を学んでいなかった。結果として、医療化された特徴ないしは役割を獲得できなかった。

ハリアによると、アントンは一九九六年の二月には絶望的になり、自らの死に取り憑かれるようになった。あるとき彼が石油研究所を訪れると、チェルノブイリへ送られた同僚のうち、すでに数名が死んでいたことを知った。このことは、彼に痛ましい心理的影響をもたらした。彼は妄想をいだくようになり、ハリアに「自分の衣服をアパートから持ち出して、霊柩車に詰めろ」などと言うようになった。一九六八年以来会っていない母親や親戚に「さよならを言う」ために電話をかけた。葬式や埋葬時に着るための礼服を揃えさえもした。「死んだ後に、誰かほかの人が自分の金を巻き上げたり、自分を利用したりしてほしくない」と妻に告げた。アントンはハリアに自分のスーツの後ろ側にハサミで切れ目を入れるよう命じさえもした。「そうすれば、墓泥棒が来ても、俺の服だけ盗んで、体には手を付けないだろう」。

妄想に囚われたアントンの行動や想像をどう理解すればよいだろうか（夫婦は、微妙なユーモアを交えて伝えていたが）。そもそも、彼の病気が器質性の病因によるものかどうか、証明されてはいなかったが、否定もされていない。心理学的な解釈をすれば、アントンの妄想を彼が過去に出会った数々の女性、父親としてかかえた困難、性的不能、失業などと関連づけて考えることができるかもしれない。妄想の内容から、アントンが死を嘆いていることも推察された——死とは、かつて彼が一人の人間であるという感覚を得ることのできた社会の死であった。また、彼は、社会に蔓延し、絶えず彼につきまとい、彼を無防備で肉体的に弱ったままにする倫理と医療のシステムを露わにしている。アントンの妄想は、原発の悲劇、失われた社会的支援、家庭の不安定さが交差して生み出される新たな疾患を表している。この時点で、ソヴィエトが長年にわたって培ってきた心理的な教訓が暴力的な本能に取って替わられてしまった。それと同時に、アントンは妄想を通じ、どのような犠牲を払ってでも以前の暮らしを取り戻そうと声を上げていた。

一九九六年二月、アントンは感情を抑えきれずに、ハリアに身体的危害を加えた。アントンがパヴロヴァの第一病棟に入院してから一週間経ったとき、病院の介護士が彼の経歴に気づき、チェルノブイリ病棟に彼を移管した。彼はそこでレヴと出会い、被災者として享受できる特権について気づき始めた。精神病患者としてよりも被災者としてのほうが、より多くの特権を得ることができるとわかったのである。彼は「血管に由来する脳の器質的損傷、うつ、知能の低下」という診断を持ってパヴロヴァの第三病棟を退院した。レヴは、アントンを放射線研究センターに紹介し、彼が専門的な医療診査を受けられるよう手配した。〔診療録を見ると、〕入所の当初、彼は次のような体の症状を訴えていた。「感情のプレッシャーに応じ、特に頭の左半分の痛みが悪化する。めまい、記憶力の低下、苛立ち、心臓の痛み、全身の痛み」。しかし、ここでアントンの混乱が始まった。センターで、彼は神経学者に「緊張亢進、胃十二指腸炎、局所貧血」と診断されていた。堅物の法医学精神科医として知られていたトルカーチは、「心気症の症候群とヒステリー（誘導的反応《ウヌシェ・レアクツィー》（*vnushenni reaktsii*）によるもの）」と付け加えた。アントンは法的に不利な立場に追い込まれてしまった。精神科医の診断は、彼の病気が真正の器質性の疾患に由来しているのではなく、心理的に「自ら招いたもの」と示したのである。

私がニモフ家に紹介されたのはちょうどこの時期だった。アントンは放射線研究センターの厳しい審査の末、次回の年次検査ではチェルノブイリのステータスをすべて失ってしまうのではないかと危惧していた。基金のメンバーは、チェルノブイリ被災者が徐々に周縁に追いやられていく典型的な事例としてアントンの状況を捉えていた。このような社会的力学は、ナンシー・シェパーヒューズが「感情の政治経済」や「相互作用の茶番」と呼ぶもの、すなわち、周縁に追いやられた人物が権力者との密接な個人的関係から抜け出せないような状況を作り上げていた（Scheper-Hughes 1992: 126）。かつては忠実な労働者だったアントンは、体制やそれによって作り上げられた自身の表象に依存するだけでなく、そこから罰を受けるまでになってしまった。彼の心理学的な人物像は、国家の法的枠組みの中で作られた。彼は受動的になりながらも、慈善のメカニズムと戦っていた。そのプロセスを通じて、「彼は、人間らしかった以前の自分の人生を少しずつ取り戻すしかなかった」(Scheper-Hughes 1992：127)。

私は、ニモフ氏のことについて話すために、センターの精神科医トルカーチ医師に会いに行った。トルカーチはアントンのカルテに「神経性言語障害」と追加記載していた。それは「トラウマにより生じる発話障害」の一種だと彼は説明したが、「アントンは普通に話すことができます」と付け加え、彼の詐病をほのめかした。「彼は騒ぎを起こしますが、その後は落ち着いて静かになれる場所を探します。本当の躁病者《マニア》だったら、騒ぎ立てて止まることがありません」。私はトルカーチに「彼が自殺しようと考えている点はどう思いますか?」と尋ねた。「自殺はしないでしょう。自殺すると言いだしてもう二年になります。絶対にあり得ませんよ。その代わり、今後も騒ぎ続けるでしょう」。アントンには人格障害があるとトルカーチは言い張り、「こういう人々には一切同情してはいけません。彼らはまるでフォースの暗黒面のように、自分たちの問題にあなたを引きずり込みますよ。医者を騙そうとするように、あなたも騙そうとしてきますよ」と私に忠告した。私には彼の心配が理解できた。しかし、私にはアントンが思う新しい障害を正しく説明できる医学的なカテゴリーはまだ存在しないようにも思えた。アントンの症状は、一般的なチェルノブイリの症候群に合致していたが、彼は当初、官僚的な物の考えができないがゆえに、より重度の障害者ステータスが認定されなかった。トルカーチが理解していなかったのは、アントンがようやく利用し始めるようになったその社会的役割を、彼自身がいかに軽蔑していたという点である。

七月、アントンとハリアは二度目の豪勢な夕食会を開いた。今回、夫婦は集合住宅地区《ミクロラヨン》(*microraion*)内にある地元の病院で働く神経科の職員兼神経科医、ヴァディム・ネズドロウを招待していた。アントンは自分の象徴資本を増すために、この神経科医に対して私を「自分について本を書いている人」と紹介した。アントンとハリアは、夕食会の結果、ネズドロウがアントンの障害申請を援護する診断や手紙を書く気になってくれるものと期待していた。まもなくしてレヴもやってきた。彼は、私の目には一種の医療ポトラッチ、すなわち「闘争型の全体的給付」(Mauss 1990：7)に発展しつつあると映ったものをつなぐ中心人物となっていた。アントンは、個人的に知り合いの神経科医をレヴに紹介することで、以前にレヴから受けた恩を返そうとしていた。レヴもこの専門家と近づきたがっていた。彼の知識は利用価値が高いだろうと思われたからだ（ネズドロウはその後、彼にプロザックを渡す約束をした）。

その場で交換されていたモノやサービスの量は、私にははっきりと把握できそうもなかった。そのような交換で、アパート内の興奮が収まるとは思えなかった。これらのサービスはむしろ、貯蓄のように機能し、将来必要なときに使える約束、コネ、知識、社会的結びつきとして理解したほうがよかった。この交換の制度は、国家と並行して機能し、診断、症状、医療へのアクセスが取引されるインフォーマルな経済の一部であった。こうした取引の結果、自己は変容し医療化されてしまう。

ハリアが台所で夕食の準備をしている間、アントンはどれほど不眠症に苦しんでいるか話していた。夜は「拷問を受けているみたいだ」と彼は語った。まるで足が勝手に体から分離してしまったように「足が動かず」、「腕も麻痺している」と訴えていた。私には、彼が周囲の期待通りに病人の役割を演じ始めたように見えた。勝手に動く手足のように、病人としての自己も、アントンからほとんど分離したような存在であり、彼はその自己と格闘し、折り合いをつけようとしていた。おそらく、折り合いは決してつかない。彼の病気に対する向き合い方は混乱していたが、同時に標準的でもあった。周りの人々もこの標準的な混乱に加担し、彼が別のやり方で社会に関わろうとする道を絶えずさえぎっていた。

会話は薬物治療の話になった。「もう錠剤から逃げない」とアントンは言った。「でも錠剤だけ、注射はなし。注射は大嫌いだ」。そう言って彼は薬の入った棚に向かった。「もうこれを買える金はないけど、これが一番効くんだ」と脳血管を拡張させるアンプル剤（Nootropil）を指さしながら言った。「まえは薬局でもらえたのに、今では書類があっても自分で金を払って買わないといけないんだ」。他の人たちが話している間、彼はテレビの近くにある小さなテーブルに私を招いた。そして、家族のアルバムを取り出し、そこに挟まれていた写真を眺め始めた。アントンは数枚の写真を指さした。それは、彼とハリアが旅行中に撮影したもので、二人はお洒落な服を着て、言葉を交わさずとも視線で愛情を確かめ合っていた。そして、彼はアルバムのページをめくり、チェルノブイリのゾーンから戻ってきた一九八六年に撮影された写真を見せた。スーツを着て食卓につき、肉の塊を突き刺したフォークを右手で持った彼の姿が写っていた。背景には、「今年は暗闇の年だった。そして一九八七年はどうだろう」と書かれていた。ハリアに私たちの会話が聞こえたようだった。彼女は、かつては酒が入っていたキャビネットを開けると、「スターリンの最高の酒の代わりに、今じゃアントンの薬があるわ」と言った。

かつては家族がいた食卓に、今では新たな形の共同体が生まれようとしていた。夕食は苦心して準備されたものだった。その御馳走は彼らの予算を上回っていた。ネズドロウは、ずっと会話の中心にいた。兵役に就いていた頃にシベリアにある極秘の核施設に送られたのだが、そこで核爆発を見てトラウマになったという話をしていた。彼は晩餐会に磁気治療の本を持ってきており、私の舌の色を見て、腎臓に問題があると信じ込ませようとしていた。彼は風変わりな診断を下して周りの人間を惑わすことのが常だった。その後、ネズドロウは皆に向かって、アントンの性格が変わったのは器質性の脳障害によるものだ、と語った。

ハリアはローストした豚のすね肉をテーブルの真ん中に置いた。凧糸で縛り上げ、ディルとパセリで風味づけしたものだ。彼女は故郷の伝統的なレシピに従って料理したと言った。しかし、驚いたことに誰もその肉には手をつけなかった。ただ飲みながら、前菜をつまんでいるだけだった。その代わりに消費されていたのは、言葉、知識、将来の便宜、症状、薬だった。食事の途中、アントンは小さなハリアと遊びだした。彼は酒用のキャビネットから白い錠剤を取り出した。じらすように、欲しいかいと尋ねた。誰もがそれを薬だと思った。すると、少女はそれを手に取り、口の中に入れた。それは彼女が覚えた祖父との遊び方だったのだ（「錠剤」はラムネのチック・タックだった。）。

実際、この幼い少女は「お医者さんごっこ」がとても上手だった。ある日、彼女はリビングに飛び込んできて、「検診の時間ですよ」と祖父に声をかけた。それを合図に、ハリアが薬のキャビネットの中からガラス製のピペットや小さな針を探し出し、アントンはソファに横になった。アントンは苦しそうに悶えながら、どの部位を孫娘に診てもらうか決めていた。たいていは腕や膝だったが、このときは足の裏を見せていた。彼女は綿玉で足をふくと、ハリアが満足げに見てくれているか確かめてから、無造作に突いた。「ママ、デドに注射してるのよ！」ある日、アントンが救急車でアパートから担ぎ出されたことがあったが、彼女は救急隊員に命令を出していたそうだ。そして彼らを侮蔑的な言葉で、ヴラチーハ（ロシア語ではヴラーチ（*vrach*）は医者、ヴラチーハ（*vrachikha*）は魔女という意味）と呼んでいた。彼女は医療化された環境を内面化し、それを遊びに変えていたのだった。

台所でハリアと会話していて、彼女も健康問題をかかえていることを知った。毎日決まった時間に地元の病院に行き、慢性的な背中の痛みを和らげるためにマッサージを受けていた――その苦痛は、クヴァルティーラを離れて落ち着きのない夫から解放され、新しい友人と会うための口実でもあった。「知らない人のほうが親友になれるのよ」と彼女は言っていた。今や偶然人と出会うことが、彼女の生活と生存戦略の重要な一部となっていた。彼女は、そのようにして偶然出会ったある女性のことを話してくれた。その女性は、街から四時間かかる所有地の一画で、ハリアたち夫婦がちょっとした農作業ができるよう誘ってくれたという。アントンとハリアは毎年小さなハリアと一緒にそこを訪れ、冬に備えて野菜や果物を収穫していた。

夕食が終わると、ネズドロウはドアの外に出てハリアに食事のお礼を伝え、アントンは右手を振った。左腕は麻痺で動かないように装っていた。

日常の暴力

アントンは何者になろうとしていたのだろうか。八月中旬、彼は私に電話をかけてきたのだが、ひどく狼狽していた。ハリアの父親が、村の隣人に発見されるまで「麻痺で動けず、床の上で三日間倒れたままだった」という。ハリアと娘のサーシャは、すぐに次の電車でホーリツャに向かった。アントンは「ありえないほど高い」葬式代が払えないのではないかと心配していた（ハリアの父は死んでいなかったが）。その夜は睡眠薬を飲むつもりだが、「義父の葬式に参列すると考えるだけで耐えられない」と言っていた。彼は義父の死と自分を非常に強く重ね合わせていた――彼の不安のいくらかは、この世界で父親としての役割を取り戻そうとしていた点に関連していたから。

その二週間後、私はハリアから電話を受け、彼女とアントンと一緒に午後に開かれるボートのクルージングに参加しないかと誘われた。アントンが働いていた石油研究所が「油田、ガス田、精油産業で働く労働者の日」を祝うために記念行事を開催していたのだ。アントンは最近、月二五ドル相当の年金の増額を受けたが、それはこの石油研究所の所長による慈善行為としてなされたものだった（その代わりに、所長は免税措置を受けていた）。

私はドニエプル川のほとりにある乗り場で夫婦と落ち合った。娘のイリーナと彼女の夫は車を借りて、冬用の食料を届けるために朝に祖父の村へ向けて出発した、とハリアは言った。ハリアとアントンはヴォリンから戻ってきたばかりだという。ハリアが病院で知り合った友達と一緒にそこで野菜を収穫したそうだ。小さなハリアに不整脈が出るようになって心配だとハリアは言った。少女は胸の痛みを訴えることが何度かあった。二人の苦しい生活のせいで少女の健康が蝕まれているとハリアは思っていた。「あの子はすべてを感じ取っているのよ」。

その日、私はハリアとアントンの両方から別々に同じ話を聞かされた。それは旅行中の出来事で、小さなハリアと死んだ鳥にまつわる話だった。彼らの解釈から、現実においても空想においても死に対して深い個人的な強迫観念を抱いているのがうかがえた。アントンがボートの乗り場でぶらついている間、ハリアは、小さなハリアが木から落ちて死んだスズメを見た話をしてくれた。「あの子が何でスズメが死んだのか聞いてきたので、私は『死ぬ鳥もいれば、生きる鳥もいるのよ。ほら、あの木にはまだ生きてる鳥がいるでしょ』と答えたの」。少女はスズメを土に埋めるよう祖母にお願いした。彼女たちは何かいい容れ物がないか探し、空になったアントンのタバコの箱を見つけた。そしてその中に鳥の亡骸を入れ、埋葬した。「小さなハリアに、鳥は夜のうちに飛んでいくからもう戻って来ないわよって言ったの」と彼女は語った。ハリアは、孫娘がすぐに鳥のことは忘れると思っていた。しかし、その後三日間、少女は毎朝五時に起きて、箱を掘り出し、鳥が飛んでいったか確かめていた。その後、アントンも同じ話を断片的に語ってくれたが、彼は小さなハリアが死んだ鳥を見つけたときの悲しみを強調した。「あの子はずっと泣いてたよ」。驚いたことに、アントンは彼女が泣いていた理由を、死んだ鳥の姿を繰り返し目にしたことではなく、「彼女には父親がいない」という事実に帰した。「父親は家を出た――あの子はたった八か月だった。あの子には父親がいないんだ」。そして咳払いして、「でも小さなハリアはそれを言葉にできないんだ」と付け加えた。アントンが娘のイリーナの離婚、不甲斐ない里親という自分の新たな役割をめぐる辛い人生の巡り合わせについて語ったことは、このとき以外にもよくあった。

＊　＊　＊

クルージングに参加していた労働者たちは皆、身だしなみが良く生き生きとしていた。産油はウクライナの巨大産業になっていた。中央アジアのパイプラインの利用権、パイプラインの経路決定、ウクライナの港湾建設をめぐり、グローバルな戦いが新たに起こっていた。カリスマがあり、尊敬されていた石油研究所のフェリックス・ダヴィドヴィチ所長は、そのクルージングの費用を自腹で払った。アントンの毎月の年金も自腹で増額すると約束したそうだ。ハリアと私は、船のトップデッキの縁に並べられたテーブルに腰掛けた。皆、お酒を飲んでいた。アントンはアルコールが薬の作用に影響すると知っていたので、賢明にも酒を控えていた。彼はデッキにいた同僚に混じり、皆と挨拶を交わしていた。以前の同僚は、最初は彼に同情的だったが、やがて彼の大袈裟な振る舞いをただ我慢しているといったふうになった。アントンは私のカメラを奪って、皆の写真を撮り始めた。勝手にダンスの輪の中に入り込み、あたかも手練れの操り人形師であるかのようにダンスの相手を替えていった。

誰も私たちのテーブルには近寄らなかった。ハリアとアントンは礼儀として招かれたにすぎず、私は参与観察者として連れてこられたようだった。アントンの大声が響きわたるなか、ハリアはこっそりと「アントンは病人扱いされているのに気づいてないのよ。彼は病気のことを言われると、とても乱暴になるの」と私に伝えた。

ハリアは夫を落ち着かせ、彼の衝動を抑える自分の方法を説明してくれた。彼が痛みを訴えだしたら、痛みの原因は環境的なものだと説得するのだ。「アントン、あなたは病気を患っているわけじゃないのよ。気圧が高くなったから頭痛がしているだけよ。気温が高くなると、心臓に負担がかかるのよ。それは病気とは言えないわ」というふうに。アントンは病気を患っているとか、痛む箇所があるということを、ほとんど口にしなかった。むしろ、「もう首を吊って死ぬ」など、もっと生々しい宣言をし、周りにいる人はただ頷くだけなのだった。ある意味、ハリアや他の人たちは、自分の運命をコントロールすることができない幼児化した病人として彼を扱っていた。

キエフで撮影された『故人の友』（一九九七）という陰鬱な映画は、こうしたコントロールを失った状況、ソヴィエトの男たちが新しい倫理と経済が支配する凶暴な世界に溶け込んで「消えて」いく様をまさに描いている。その映画は、私がこの本ですでに述べてきたこと（特にアントンの事例に見られる）、体制の変化に伴う人的代償、新しい社会的論理への順応の難しさを驚くほど詳細に描いていた。映画の主人公アナトリーは、翻訳者兼文献学者として生計を立てることに窮していた。他方、彼の妻は文献学者から広告会社の取締役へと見事にキャリア転換を果たし、浮気を始めた。彼女が付き合っていた男は、新興中流階級の富のシンボルであるフォードの車を所有していた。一文なしのアナトリーは打ちひしがれ、大学時代の同僚と接触する。かつての同僚は今はキオスクのオーナーになっており犯罪地下組織と繋がりをもっていた。アナトリーは綿密な計画を立て、殺し屋と契約を結んで妻の新しい恋人を殺すように依頼する。しかし、途中で気が変わり、殺し屋に自分を殺すように仕向けた。アナトリーは殺し屋に自分の写真、謝礼金、自分を見つけて殺せる公共の場所の住所を送る。計画では殺される日が近づくが、アナトリーはある売春婦と出会って恋に落ちてしまい、計画を変更しようとする。しかし、殺しの契約を破棄するには、他の殺し屋を雇い、最初の殺し屋がアナトリーを待ち伏せしている間に彼を殺すしか方法がなかった。計画はうまく行き、アナトリーは自ら計画した契約殺人から逃れることができた。その間、彼が知り合った売春婦は金持ちの客に殴られる。マフィアは友人のキオスクを爆破した。

主人公はまたもや平穏を失い、苦悶する日々を送ることになる。映画の最後で、彼は自ら仕組んで殺した最初の殺し屋の妻と連絡をとる。アナトリーは「故人の友人」と自分のことを紹介する。この結末は、不気味な効果を醸し出していた——新しく結ばれた二人は、口には出さないものの、それまでに起こったことをすべて「知っている」ようだった。彼らはただ一緒にいることで、新たな存在秩序を正当化していた。彼らの選択は恐ろしくもあり、救いのあるものでもあった。最終シーンで、揺りかごをアナトリーがのぞきこむと、死んだ殺し屋の息子が彼を見つめて「パパ」と呼ぶ。この最後のシーンは、彼が父親になるという、まずありえないとしても不安な先行きを描いていた。この陰鬱な誤認のシーンにおいて、アナトリーは自らの運命を受け入れる。悲劇は和解で終わるものの、その和解とは、そこに辿り着くまでの暴力を断ち切るのではなく、むしろ露わにするようなものであった。この映画は、ニモフ家が別の彼ら自身の方法でお互いと和解し、また新たな社会秩序と折り合っていこうとする姿と重なっていた。

＊＊＊

ボートは川の中にある島に接岸し、そこで数時間停泊することになった。工業排水で汚れた川に浮かぶその島には、若い松の木が数本立っており、長く柔らかい草で覆われていた。ウクライナの民族音楽を演奏する楽団が一行を待ち受けていた。研究所の所長は何人かの女性といちゃついていた。アントンはテーブルに戻り、「アスピリンが欲しい」とハリアに伝えた。ハリアがカバンの中を探していると、アントンはガラスの瓶をつかみ上げ川に投げ捨てた。「何で捨てたの」と私は尋ねた。彼は「思い出を捨てたのさ」と答えた。

クルージングの二日後、アントンは私に電話してきたのだが、ひどく混乱しているようだった。「ひどいことになった」。彼の頭の中は二月の事件に戻っていた。「ハリアが警察を呼んだ。警察は俺を特別車に押し込み、キチガイ病棟（馬鹿の診療科《オッデレンニャ・ドゥラカ》（*otdelennia duraka*）と彼は言った）に連れていきやがった」。彼はそこの生活環境を詳細に説明した。「キチガイがパンを奪い合ってるんだ。水道の蛇口は止められている。用務員たちが人を引っ張って、壁に押し当て殴るんだ。キチガイがズボンもはかずにうろついている。用務員は血が出るまで奴らを殴り続ける。キチガイはタバコを一本吸いたがったがために死ぬ」。そして、彼はハリアにまた暴力を振るったことを認めた。

その日、私はサーシャと話をした。アントンの野蛮な行為を引き起こしたのは一見何でもないようなことだったと彼女は言う。イリーナ（小さなハリアの母）は家族が親しくしていた友人から車を借りていたのだが、祖父の家から戻ってもその車を返さなかったそうだ。アントンが酒を飲んでいるときに、ハリアは迂闊にもそのことを伝えてしまった。彼は怒りを爆発させ、娘は「性根が腐っている」と罵った。サーシャによると、ハリアは、アントンが私に認めたように頭と顔だけでなく、「腎臓も殴られた」のだ。

翌日、私は地元の病院の神経科病棟三階にいたハリアを見舞いに行った。そこは彼女が背中の痛みを治療するために日頃から通っていた病棟だった。ハリアは打撲傷だけでなく、脊髄と腎臓にも損傷を負っていた。彼女の左目は青黒くなっていた。傍らにアミトリプチリン（抗不安剤）を置いていた。当初、彼女は事件について話すのを避け、「母の墓参りに行きたかった。今日は母の誕生日なのよ」と言っていた。

しかし、苛立ちを隠せなくなり、彼女は自分の状況について語りだした。「私には何の権利もない。アントンにはすべての権利がある」。ウクライナでは妻への暴力が増加していた。女性をかくまうシェルターがキエフに初めて出来たのも一九九六年のことだった。主に経済的な理由からアントンのもとを離れるのは難しいと彼女は語った。しかも、今や警察がこの崩壊した夫婦関係の仲裁に関与していた。しかし、警察も他の公共機関と同じように腐敗していた――ハリアはもう自らの身を守る場所がないと悟っていた。「アントンがたった数ドルでも手渡せば、地元警察は手を出そうとしないわ」。以前と比べると、警察がアントンを拘留するのははるかに難しい状況になっていた。また、虐待の痕跡を証明する法医学的報告書を書いてもらうのも簡単ではなかった。二月のときは、イヴァナ（ハリアと同郷の神経科医であり友人でもあった）が報告書を書き、警察を出動させた。しかし、今回、イヴァナは同様の報告書を提出するのに乗り気ではなかった。自分の職場に影響するのを恐れ、これ以上ニモフ家と関わるのを嫌がっていたのだ。パヴロヴァでは、アントンがすでに「ただの」精神病患者ではないと誰もが知っていた。彼は社会的に認定された被害者だったのである。

クヴァルティーラから病院まで――この病気をめぐる語りの登場人物が殴られたハリアの体のまわりに集まってきた。無神経な精神科医ネズドロウは同じ地元の病院に勤めており、ハリアが入院していることをすでにアントンから聞いていた。数日後、私がハリアのもとを訪れると、彼女はネズドロウと口論している最中だった。彼女は法医学報告書を書いてほしいと彼に訴えていた。しかし、彼は職場での立場が危うくなるのを怖れており、また、しぶとく残る女性差別とも相まって、医療の権力バランスはアントンの都合がいいように傾いていた。ネズドロウはアントンの社会的ステータスが損なわれるような報告書は書きたくないときっぱりと伝えていた。ハリアは彼に懇願した。「ヴァディム、私の体を見て。そのうえでどうか正しい行いをしてください」。彼女は家で毎晩怯えながら眠っているという。「服を着て鍵を握ったまま寝ているんですよ。アントンとはもう一緒に暮らせません。私の父のことを価値のない老いぼれ《カリカ》（*kalika*）と言っているのを聞くのが耐えられません。自分であのカリカを葬ってやりたいと言うのです」。ハリアは家族という道徳的権威に訴えながら、彼女がいかにその中で囚われの身となってしまったか陳情していた。「彼は私の母親の写真に向かって汚い言葉を投げつけます。……研究所では家庭内に何も問題をかかえていないようなふりをしていますが、実際には『お前の心も体もぶち殺してやる』と言ってくるんです」。ネズドロウは耳を傾け、「器質性の脳障害のせいですよ」と言った。ハリアは泣きだした。「アントンは自分の人生がいかに酷いか伝えて、誰からも同情を買おうとします。私の神経はボロボロにされました。魂が病み、私は抜け殻になっています。鎮静剤はもう効きません。私は彼に殴られながら、『テーブルに食物が並んでないことがあった？　部屋が片付いてないことがあった?』と言い返していました」。

娘のサーシャが、注射器と錠剤の入った袋を手にして病室に入ってきた（病院はもはや基本的な医療品を提供していなかった）。ハリアは、どのようにアントンに殴られたか、私たち全員に説明していた。ネズドロウを見つめながら「彼はどう殴ればいいか知っています。自分が怪我しないように、手のひらの横を使って殴るんです」と言った。彼女は殴られた部分――頭、こめかみ、顔、腎臓――を見せた。ネズドロウは彼女に耳を貸しながら、ＣＴスキャンで脳を検査する必要があると伝えた。また、六〇ドルの費用がかかるが――彼女が困窮しているのを考えれば、ありえない金額だった――診察を代行する民間会社に紹介できると言った。

二日後、私は地元のカフェでサンドウィッチを食べながらネズドロウ医師と話をした。彼は地元の医療労働委員会の委員長にコネがある、と自慢げに話していた。私はアントンの病状を明確にできないか、彼に尋ねてみた。彼は断った。その代わり、彼はアントンとレヴがどういう関係なのか聞きたがった。より重度の障害者ステータス（二級）をネズドロウなら工面できる、とアントンはレヴに約束していた。ネズドロウは隠すそぶりもなく、彼らと関わることで金を受け取っているとほのめかした。どうやってレヴはあれほど多くの診断を得ることができたのかと私が聞くと、彼は医者を買収している、とネズドロウは答えた。しかし、彼はアントンもレヴも「器質性脳症候群がある」と言って譲らなかった。

九月中旬、アントンがまた電話をかけてきた。今回は娘のイリーナが彼の金を盗んだという。彼はハリアがどこにいるか私に聞いてきた。私は教えなかったが、彼は彼女の居場所を知っていたはずだ。アントンは、ハリアを殴った理由をさらに正当化しようとしていた。今回は自分の暴力を金の問題につなげ、娘とその夫に「金を盗まれた」からと言っていた。アントンによると、彼がハリアを殴った日に二人がアパートに来ていたそうだ。「あいつらのせいだ」と彼は言った。「俺たちの貯金と、イリーナの誕生日に渡すために何か月もとっておいた皮のコートを奴らが盗んでいったんだ」。アントンは泣きだした。「キチガイなのはハリアだ」と彼は言った。「もう死んでやる。どうなってもいいさ。俺の居場所なんてどこにもなかったのだから」。彼は自分の居場所がないと伝えるのに、現在形を使わなかった。そして、彼の無意識すらもキチガイに支配されていると語った。「キチガイの夢を見るんだ。奴らは俺の夢にまで侵入してくる」。

二週間後、ハリアは病院の公衆電話から私に電話してきた。アミトリプチリンが必要だが、娘が公営の薬局で探しても見つからなかったという。私が民営のドラッグストアに行ってみると、一般用医薬品コーナーで売っているのが簡単に見つかった。彼女はどれほどアントンのもとを去るのが難しいか、繰り返し語っていた。彼女によると、アントンと離婚できる見込みはほとんどないと「ある経験者」に言われたそうだ。「私がアントンの精神病を証明しないといけない」からだという。この時点でそれはほぼ不可能になっていた。

アントンがまた電話をかけてきた。娘のサーシャの電話番号を知っているか聞いてきた。そして、放射線研究センターのベッドに空きがあるかと尋ねてきた。再検査を受けるためにセンターに行きたいのだという。また、私がセンターでレヴに会ったかどうかも聞いてきた。アントンは、センターの医療労働委員会が新たな医療審査を実施することを知っているようだった――それは症例が審査にかけられ、却下、延長、または格上げされる可能性があるということだった。私はその日、病院の記録を調べてみた。レヴは病院の五〇二号室にいることになっていたが、看護師が言うには、そのような名前の人物は部屋にいないということだった。

私はレヴと一か月半も会っていなかった。彼はただ消えてしまったようだった。後に知ったのだが、基金のメンバーは彼のことで非常に憤っていた。二級障害を手に入れるために、「彼は許可もなく勝手に基金の代表と偽っていた」というのである。あるメンバーが辛辣な言葉を添えて教えてくれたのだが、レヴはセンターの経営主任であるムドラクに、一生涯の障害者ステータスを保証することと引き換えに、ガスやその他の資源を供給すると約束したという。私が最後にレヴを見かけたのは、イホール・デメシュコ（医療労働委員会の代表）のオフィスから出てきた彼と、廊下で鉢合わせたときだった。彼はあからさまに勝ち誇った顔をして、これから健康サナトリウムに行くところだと語った。一方、アントンはもう一度ひと通り審査を受け、翌年に再挑戦するしかなかった。

一生涯

ハリアは一か月半入院していた。その間、ハリアも娘のサーシャも、クヴァルティーラに彼女の荷物を取りに行くことは一度もなかった。小さなハリアはイリーナと暮らしていた。イリーナはこの大変な時期に一度も母親に連絡してこなかった。ある日、ハリアは自分のものをアパートに取りに行くのに付き添ってもらえないか尋ねてきた。私は少しためらったが同意し、翌日、彼女と病院で待ち合わせた。私たちはまずアパート近くにある派出所に向かった。そして当番だった警官が私たちと一緒に来てくれることになった。彼は背が低く頑丈な体つきだったが、ハリアに同情しながらも警戒していた。そして制服を脱いで私服に着替えた。アパートに向かう道中、ハリアは警官に何があったか説明し始めた。しかし、彼はすでにニモフ家の事件について知っていた。ハリアに向かって「今回、警察が彼を捕まえることは一切できません」ときっぱり伝え、次のように忠告した。「私たちの力が及ばないと、アントンが知ってしまったのが悪かったですね」。権力のバランスは、明らかにアントンの側に傾いていた。

幸いなことにアントンはアパートにいなかった。しかし、彼の錯乱した様子を示す証拠は至るところにあった。玄関の右側にある大きな鏡は割れていた。床には粉々になったガラスが血と混じりながら散らばっていた。警官はソファに座り、私は玄関の近くに立っていた。彼女は服の山をかき分けながら、必要なものをプラスチックのゴミ袋に入れていった。突然、彼女は服の山の中で金属製のものに触れた。それは重い金属の底のついたアイロンだった。取手の部分は布で巻かれていた。ハリアはそれを持ち上げて警官に見せ、「彼は指紋が残らないように巻いておいたんです。これで殴られていたかもしれません」と言った。警官はハリアにそれも持っていくよう伝えた。しかし、彼女はそれを服の山の中に戻した。そのアイロンを見ながら、私はアントンが数か月前に話したことを思い出した。「昔は暮らしがあった。バターもあった。牛乳もあった。今やアイロンすら買えやしない。昔なら五〇台買えた。金があったんだ。今じゃ、カミさんの給料は、アイロン一台より安いんだ」。

部屋の中は破壊と崩壊の印で満ち溢れていた。アントンは、イリーナとその夫の持ち物を紐で縛り、彼らのものはもはやこの家のものではないと見せつけていた。袋が一杯になると、果てしなく思える時間をかけて、ハリアは身分証明カードと医療台帳が入った白い封筒を探しだした。それは彼女が入院していた日数を登録するために必要だったのだ。彼女を担当していた医師が日数を登録してくれるはずで、登録されれば入院していた日数分の日当を受け取ることができた（台帳はハリアが殴られたことを示す証拠にもなった）。しかし、彼女にとって衝撃だったのは、見つけた封筒が空だったことだ。彼女は封筒を掲げてみせ、「アントンがどれだけ賢いかわかるでしょ」と語った。

部屋を出ると、ハリアは重い袋を運ぶのを手伝ってくれないかと警官に頼んだ。彼は申し訳なさそうに断った。「もし私が袋を運んでいる姿を旦那が見たら、彼の物を盗んだと非難されるかもしれない」からだという。警官は派出所に戻り、代わりに私が袋を運ぶのを手伝った。「一〇年前だったら、私が警察の厄介になるわけがなかった」とハリアは私に言った。「彼らの世界と私の世界が重なることなんて一切なかった。でも今じゃ私はあの警官の名前を覚え、彼に保護してもらわないといけないのよ」。

ハリアは道端で近所の知り合いを見つけた。彼女はハリアの身に何が起こったのか知っているようだった。「あいつにアパートを飛び降りるなり、首を吊るなり、手首を切るなりさせとけばいいのよ。なんで、いつも他の人を殺すと脅しておいて、自分は死なないの！」会話が終わると、私たちは再び駅に向かった。突如、彼女は街灯の蛍光灯の下で立ち止まった。不安による突然の震えに襲われたのだ。腕と首の震えが特にひどくなっていた。私たちはサーシャのアパートに向かい、そこに荷物を預けた。もう病院は閉まっていたので、ハリアはそこで一晩過ごすことにした。

数週間後、ハリアはイヴァナの家から私に電話をかけてきた。彼女は、病院で受けた治療と薬のせいで、体が非常に弱っていると伝えた。彼女はパヴロヴァでCTスキャンを受け、脳を検査した。検査で彼女は大脳に傷を負っているのがわかった。もうすぐ私がウクライナを去るのを知っていたので、最後の別れを伝えたかったのだという。彼女はアパートに戻って、またアントンと暮らし始めることになると語った。「結局何も変わらず、元のさやに戻るだけ。アントンはお酒びたりでだめになった。この状況から逃れる道はないの」。

夫婦で共有していたアパートの一室のほかに、彼女はどこに行けただろうか――その住まいは、彼らが長年待ち望んだ末に手に入れ、小さなハリアを保護できる場所でもあった。「相変らずです」。その後、彼女が私に送ってくれた何通かの手紙には、いつもそう書かれていた。最後にアントンと話したとき、彼はあの精神科医が心臓発作で急死したと教えてくれた。彼は開口一番に、「一生涯のステータスをもらえたよ」と言った。

第八章　結　論

チェルノブイリの余波は、混乱に満ちた移行期の政治経済、科学、法律、社会の状況を反映、包含、再構成するプリズムである。立法者、放射線学者、医療従事者、被災者集団は、みなそれぞれが、知識の生産、権力、倫理感覚、自己開示でつながる関係性のなかで異なる位置にいた。科学者や臨床医はチェルノブイリの惨事を常に捉え直そうと試み、放射線を現実的かつ具現化された被害として局在化させようとしてきたが、そのような取り組みは、国の保護を求める国民の試みと混ざり合い、非人間的で権威を増幅していく、またはそのように見えるように作られた、社会のメカニズムをもたらしていった。その影響は、個々の語り《ナラティヴ》では、身体的な障害として語られていた。患者がその影響に言及するさいは、症状の原因（「まるで何かに取り憑かれたように足が動きません」）、口の聞けない状態（「声が引っ張られてる」）、感情的苦悩（「私が泣いているのではありません。涙が勝手に出るのです」）として表現していた。官僚たちがそれに言及するのは、診療や研究の構造に病気の申し立てを解読する権威を植えつけるためだった（「私たちは病気を止めることはできません。国家全体が病気に組み込まれてしまっています」）。もはや健康を取り戻すことは不可能な目標となっているように思えた――技術的に問題外だったのである。しかし、放射線による病気には痛々しい確実性があった。病気は社会関係やアイデンティティや症状を自ら生み出し、その上に積み重なり、あるいはそれに襲いかかりながら、それらの中に新たなニッチを見出していた。

この研究により明らかになった驚くべき点は、あらゆる段階で、この非人間的な力が形成されていたことである。

チェルノブイリ事故の物理的現実とその圧倒的な規模は、当初、情報の脱落、技術的戦略、失策、半経験的モデル、概算、国際協力、制限付き介入という一連の所作により、形を変えられ、屈折していった。これらの実践がすべて組み合わさり、当初はあたかも既知のものであり、囲い込まれ、管理可能な生物学的現実という構図が作られた。その後、これらの生物学的影響は、政治の産物として見られるようになった。技術的に未知数なものは、ウクライナの独立後、新たな生政治的体制の中に組み込まれていった。知識、体系化された症状、医療アクセスの格差、次々と下される診断、「チェルノブイリとの結びつき」、これらがインフォーマルな経済領域の下で動員され、国家の公式な法社会的保護制度と並行する制度として機能し始めた。こうした新たな資源《リソース》は、掛け金の前借りのようなものであり、現状の先行きが不透明な人々にとり、不確かな将来に対する社会的保護を保証するものであった。臨床研究のプロセスを通じ、身体の病気が「社会衛生」の問題として自明化していった。病気が個々の生命・生活に深く浸食していくことで、管理可能な領域の境界線を越えるような暴力が助長されていった。これらの不自然かつテクニカルな圧力から身を守ることができる自然免疫力が得られる場所はどこにもなかった。実際には、免疫力は完全に崩壊したのである。身を守る術がまったくないという状態が基準線となり、人々は、現在自分たちが生きている生政治体制に保護される人間として、自らを（そして自らの身体を）再構築していた。

本書で述べてきた内容は、どこまで他の状況と類似性があり、どこまでこの特定の時間と場所に特有のものなのか、またその理由は何なのか。ある意味で、このエスノグラフィーは、チェルノブイリと他の大規模な科学技術災害との類似性を記述してきた。他の人類学者が明らかにしてきたように、ユニオンカーバイド社がインドのボパールで起こした化学工場事故や広島・長崎の原爆投下の社会的な余波は、社会、経済、政治的文脈や、国家内部の官僚制度を正当化し、再建しようとする政策を遂行する諸機関に影響を受けている。こうした大規模な科学技術災害の被災者の多くは、長期にわたって官僚制度の負のスパイラルに巻き込まれ、法、福祉、医療の制度的文脈の下で正当な被害者と見なされないというリスクをかかえながら身体的な被害を証明するという重荷を負っている（Das 1995, Todeschini 1999）。これらの事例で今なお続いているとされる苦しみは、その苦しみを扱う法や国家構造の論理をある程度反映している。

チェルノブイリと他の災害との違いは、放出されたいわば有害な（この場合は放射性の）微粒子の数、物質的可変性、持続期間に関わる。チェルノブイリ災害の特徴は、その生物学的な影響が終息しないことだ。それはすなわち、健康被害の波及をコントロールし、モニタリングすることが困難ということであり、そのため、そのプロセスに介在する社会的複雑さもあって、災害の〝その後〟の終息が何を意味するのか、概念が簡単ではない。本書で見てきたように、確立されたのは終息ではなく一連の封じ込めである。様々な国家、政治・経済的利害、科学によってこれらの封じ込めのプロセスが導入され、そのために倫理的責任や犠牲者の数も変動した。このような可変性自体が、科学の本質における極度の政治性を示すだけでなく、まさに科学と政治により構築された災害の影響が、生きられた経験にどれほどの影響を及ぼすかを示している。これまで述べてきたように、これらのプロセスが自ら連鎖作用を引き起こして、家族の暮らしを破壊し、不正と不安の感覚を生み出し、個々の前途や個人間の政治的な取引を形作っていった。その作用は深く定着し、人間の健康をめぐる構造——健康を守る、または害する諸相や、健康の価値や責任を形成する倫理的コミットメント——を定義するまでになった。

大災害後の政治的正当化の必要性を、救済への公正なアプローチという観点で切り取る方法はないだろうか。外部の機関が、これらのプロセスの本質に影響を及ぼすような正当な役割を担えないだろうか、それとも、これらのプロセスは国際的な経済・科学機関の特定の利害関係に影響を受け続けるのだろうか。将来、社会経済的文脈が補償制度や苦しみの分類の正当性に影響するような形で変化した場合、私たちはそうした変化をどのように評価すればよいだろうか。そのような制度や分類は段階的に廃止されるべき、などと誰に、何を根拠に言えるだろうか。そして、最終的に、チェルノブイリによる生体への影響に終息が見えないという現実にあって、このような難問をどのように検討すればよいだろうか。これらの難問すべては、被災人口の運命を左右する新たな倫理的問題であり、それを理解するには、科学的・民族誌的な関与を継続する必要がある。

被災した人口集団の暮らしは、ソヴィエト連邦の崩壊やその後に続いた政治経済の再編という、より大きな歴史的出来事に密接に関連し、決定づけられている。これらが合わさって及ぼす影響は、簡単に心理学的なレッテルを貼るだけで理解されるものではない。また、個人の認識の問題や社会的適応の方法といった個別の現象の評価に還元することもできない。私は被災した人口集団の経験が社会的、科学的、政治的に構築される様子を示すことで、彼らが政治的、倫理的、生物医学的環境の変化に対応しようと努力するなかで時間とともに獲得していった様々な主体的位置を描いてきた。

この過程のダイナミズムは、二〇〇〇年、私が最後に放射線研究センターの病棟を訪れたときに、鮮明になった。当時、ちょうどロシアの潜水艦クルスクがバレンツ海で沈没し、私はその事故がテレビで放送されるのを患者と一緒に見ていたのだが、彼らは当局が事故や救助・回復活動の遅れに対する責任を一切否定することに注意を向けていた。彼らのような視聴者は、このクルスクの話を、ある程度までとはいえ、チェルノブイリの再現のように受け止めていた。神経科病棟に入院する患者の意見を集めたところ、マーサ・ミノウが南アフリカの民主化の後を追って調査したように、彼ら患者自身もその一部となっている今日の補償のプロセスが、最も直近の社会的不公正の問題となっている新たな格差のパターンと深く関係していることがわかった（Minow 1998：157）。今や「損傷」の枠組み自体が、国家や市場の変化と新たに広がる格差につながる社会的および健康上の代償を必要としている。

社会的・政治的状況により、どれほど新たな健康上の代償が生まれているか、多くの人類学者が示してきた。また、こうした健康上の代償は、厄介な費用対効果の計算との関係で、彼ら患者たちによっても言及されている。チェルノブイリでエンジニアとして働いていた中年男性は、年末には発電所を閉鎖するよう国際的な圧力がかかっていることを考えると、高給を得られるこの仕事を続けられる見込みはないと予測していた。ついに甲状腺の疾患を隠すのを止め、障害者として登録すべき時が来たのである。また、ある中年女性は、心臓に問題を抱えているにもかかわらず、ゾーンで働き続けることを望んでいた。その稼ぎで息子が通う法科大学院の学費を支払うことができるからである。これらの事例から明らかなのは、補償と市場の状況が問題を孕みながらも密接に関連し、健康の悪化と病気を望むインセンティヴを生み出しているということだ。しかし、そのようなインセンティヴがあるからといって、補償制度自体を廃止すべきという主張をしているのではない。彼ら作業員は、他の選択肢が限られている社会的状況にいるからこそ、より大きな個人的代償を支払わせられるにもかかわらず、唯一残った選択肢を望ましいと思ってしまうのである。もはや補償は、ただ単に過去に被ったダメージを償う方法ではなく、生命を与えるか奪い去るかという、相反する力の間で平衡を保ち、中和化する試みとなってしまった。

健康に対する経済の影響は、市民権の性質や条件を変えつつある。市民権がここで特に重要なテーマとなるのは、市民権が伝統的に、福祉や医療へのアクセス――こうした恩恵は過去の社会主義体制の下では終身雇用で保証されていた――を増やすことで個々が生き延びるチャンスを作り上げる役割を果たしてきたからだけではない。市民権という考えそのものが、今や生存という重荷を過大に負わされているからでもある。このプロセスは、古典的な市民権の根底にある原則の、おそらく逆行といっていい転換を示している。それらの原則が、政治生活の前提となる人口集団の基本的な生物学的生存を保証できなくなっているのだ。当たり前の論点に見えるかもしれないが、これは破滅的なものでもある。生物学的市民権を通じた集団／個々の生存戦略からは、社会制度の複雑な絡まりと、国際的な政治経済による決定にさらされた人口集団の極度の脆弱性とが浮かび上がってくる。またそれは、ポスト社会主義国家における民主化と新統治構造という、より大きな物語の一部でもある。これらの国家では、民主化の形態が独特の社会的包摂と排除のパターンとともに立ち現われ、そこでは権利が実現することがあったとしても、その範囲は限られたものとなっている。こうしたダイナミクスが一体となって、チェルノブイリに特有の状況だけでなく、統治や生命の政治のより一般的な傾向を示す（抗いきれないほどではないものの相当に）苛酷な緊張関係の隠蔽と露呈を繰り返している。

予防可能な疾病や病気が統計上増加していることから確認されるように、発展途上国やポスト社会主義の国々は、政治の崩壊、経済の構造再編、また、以前からの、あるいは新たに出現してきた貧困によって、社会的、健康的代償を負わされている（Desjarlais et al. 1995）。本書で示してきたように、このプロセスと並行して、市民の生体が政治的プロセスの一部となり、統治の媒体となりつつある。「健康転換」の庇護の下で、平均寿命が伸び、死亡率が減少した地域で、人の一生が実際にはより短くなり、飢えや病気がより蔓延し、より無防備になることは、多くの証拠によって示されている（Chen et al. 1994）。すでに弱体化した人命に対して介入が行われる場合には、人的資本の査定や費用対効果や健康効用の分析という形をとることが多くなった。こうした選別的なギブ・アンド・テイクに対する批判的な意識は、アフリカでも見られる。アフリカでは、国際的な製薬会社が医療費を軽減する努力を先延ばしにしたことから、間接的にエイズによる死亡率を増加させたとして、今や補償を求める声が上がっているのだ。また近年、チェコ共和国では、アメリカのたばこメーカーがたばこの減税を目論み、喫煙者が早死にすることで国は数百万ドルもの医療費を浮かせることができるという議論を展開したことで、何が失われていいもの《エクスペンダビリティ》なのかをめぐる政治経済が注目を浴びた。原子力産業は最近、様々な社会経済的状況を鑑みたうえでの「合理的な実現可能性」に基づき、原発作業員に対し一律の保護を与えないことを正当化する国際基準を採用した。

　これらの事例からも示唆されるように、民主的国家の創設と市場の形成が同時に進む旧ソヴィエト連邦地域において、既存の不平等が新しい政治的・技術的な方法で自明化し、統治されている。実際、これらの不平等は、政策、科学的基準や規制、また社会保護や医療制度への選別的アクセスを通じて――「補償」という言葉の意味を絶えず拡大しながら――住民《ポピュレーション》の生活に刻み込まれている。民主化のプロセスと並行して、社会経済的な差異が自然化、資本化されているという点は、旧ソヴィエト連邦で民族誌的調査を行う研究者が注視すべき最も逆説的かつ問題含みの現象の一つである。これらの地域では、多くの人々が生きていくために支払わなければならない代償と格闘し、自分たちの置かれた社会経済・政治世界の中で（最近ではそれも減ってきているが）労働に励んでいる。彼らは、科学、国家建設、市場の発展が絡み合い、社会や体制の新しい形態によって市民権や倫理観の境界が試されている新たな実験的アリーナで生きている。このような文脈におけるエスノグラフィーの役割は、人々の人生をかき乱し、不安定にする要素をつぶさに書き記し、人間存在に起こり得る不測の事態に対して予見的な感覚を維持することである。そうすることで、この観察の学問《ディシプリン》におけるエスノグラフィーという形式の存在意義は見出される。

謝辞

非常に困難な状況下で、私に自分の考えを聞かせてくれ、ともに暮らしてくれた人々にまずお礼を言いたい。彼らが私を参与観察者として受け入れてくれたおかげで、本書でとりあげた現代の困難なジレンマを目撃し、そしてそれについて考えるための前例なき空間が開かれた。また、医師、議員、公務員などの立場にある人々は、絶えず寛大に時間を割いてくれた。当時のチェルノブイリ省の初代大臣である故ヘオルヒー・ホトウシツにお礼を申し上げたい。故人の与えてくれた組織的な支持と指示なしには、本研究を成し遂げることはできなかったであろう。ウクライナ国会のチェルノブイリ委員会および人権委員会のメンバー、Ivan Los と Angelina Nyagu、また故 Valentyna Ferents と Kindzelskyi 教授にもお礼申し上げる。彼らを含め多くの科学者や行政関係者による省察が、本書で主要な問題を明らかにするうえで有益であった。また、ウクライナにいた間、温かく迎え入れてくれた個人や家族に私は深い感謝の気持ちを抱いている。彼らから多くのことを学んだ。本研究は、数名の優れた教師の存在なしには成し遂げられなかっただろう。Paul Rabinau は本研究を実現するために惜しげなく指導し、さまざまな手段を提供してくれた。Nancy Sheper-Hughes は当初から批判的洞察と指示を与えてくれた。カリフォルニア大学バークレー校の諸先生方（Dell Upton, Stefania Pandolfo, Laurence Cohen, Yuri Slezkine, Anthony Dubovsky）に対しても、在籍期間を通じて関わってくれたことに感謝している。Rayna Rapp と Mark von Hagen が本書の草稿を丁寧に読み直し、コメントや批判をくれたことは、草稿に最終的に手を入れるさい非常に意義深かった。技術的、倫理的問題に関して明確にするうえで、多くの人々（Ronald Jensen, James Ellis, Tom Sullivan, Frank Von Hippel, Burt Singer, Naomar de Almeida-Filho, Valerii Tereshchenko, Guilherme Streb, Maria Pilinskaya, Zhanna Minchenko, Aloke Chatterjee, Leon Trilling, Volodymyr Husatenko, Natalia Baranovska, Mark Petryna, Marilyn Pogensee, Andrew Bazarko）が協力してくれた。ハーバード大学社会医学部における知的コミュニティに感謝する。とりわけ、光栄にもともに働くことを得た Arthur Kleinman、そして Joan Kleinman に。私はまた Byron Good と Mary-Jo Good にも非常に感謝している。マサチューセッツ工科大の科学・技術・社会プログラムにおける Michael Fischer とその同僚たち、なかでも Joseph Dumit、

Hannah Landecker、Chris Kelty、Kaushik Sunder Rajan、Aslihan Sanal は意義ある洞察を本研究にもたらしてくれた。他にも友人や同僚たち（Greg Castillo, Natasha Schull, Corinne Hayden, Marianne DeLaet, Joseph Masco, Mariana Ferreira, Ricardo Ventura Santos, Clara Han, Kathy Mooney, David Eaton, Michele Rivkin-Fish）が私に大きな恩恵を与えてくれた。また草稿をすべて読み、重要なコメントや批判を寄せてくれた Bruce Grant と Cathy Wanner にとりわけ感謝している。また、ニュー・スクールとラング・カレッジの文化人類学および政治科学大学院の同僚たち、そしてラング・カレッジの科学・技術・社会プログラムの学部生たちのサポートに感謝する。カリフォルニア大学アーバイン校で本研究に関わってくれた同僚たちにも感謝する。大学院や学部での科学文化人類学および医療文化人類学のセミナーを受講した学生（Maurizio Albahari, Amanda Moore, Simanti Dasgupta, Sarah Orndorff ら）が提供してくれたテクストの読みは参考になった。本書の全体あるいはその一部分はしばらくの間、私と一緒に学会へ、講義として教室へ、あるいはワークショップへと旅を続けてきた。とりわけ自分の考えを磨くうえで有益であったいくつかのイベント、カリフォルニア大学サンディエゴでの「虐殺のディスコース」カンファレンス、ベルリン高等研究所での「旅・事実・メディア」ワークショップ、カリフォルニア工科大学での「科学と医療の人類学」セミナー、プリンストン大学人口集団調査オフィスでのノートスタイン・セミナー、シカゴ大学での科学研究と人類学ワークショップの主催者と参加者に感謝したい。

以下の組織・機関が、大学院生としてのトレーニングからフィールド・リサーチ、博士論文の執筆、そして本書の執筆へと続いた私の歩みをサポートしてくれた。The Joint Committee on the Soviet Union and Its Successor States of the Social Science Research Council (SSRC), Graduate Training Fellowship; the MacArthur Interdisciplinary Group, Breadth Fellowship; International Researches and Exchanges Board (IREX), Individual Advanced Research Opportunities; Fulbright-Hays Doctoral Dissertation Research Abroad Program (DDRA); Social Science Research Council, Eurasia Program Dissertation Fellowship; and the John D. and Catherine T. MacArthur Program on Global Security and Sustainability Research and Writing Grant.

私はまた、本書を完成まで導いてくれた編集者 Mary Murrell の明晰さと寛容さに感謝したい。他にもプリンストン出版の人々（Fred Appel と Paul Olchvary）は本書に活発に関わり支援してくれた。思慮深い編集と示唆に対して Lauren Lepow に特別の感謝を申し上げる。本書の二つの章には、既発表の以下の論文の一部が含まれる。“Sarcophagus: Measures of Chernobyl in Historical Light,” *Cultural Anthropology* 10, no. 2 (May 1995): 96-221 および “A Technical Error: Measures of

Life after Chernobyl," *Social Identities* 4, no. 1 (1998) : 73-92.

また、親切にもロジスティック・サポートを提供してくれた Tania Petryna、本書の最後の書き直しが可能になるよう支援を続けてくれた次の人たちとその家族にも特別にお礼を言いたい。Noemia Biehl, Michael Petryna, Luba Veverka, Ruben and Margarida Kirschner, Fausto and Eliade Biehl, Marina Edilson Ferraes ; Natalia, Oleh, Oksana, Danylo また、フィールドの状況を明らかにしてくれた次の人たちに対しても感謝したい。Susann Wilkinson、故 Mary Lou Fitzgerald、Torben Eskerod、João Gilberto Noll、Bob and Lorna Kimball そして何よりも、私は João Biehl に感謝する。彼の倫理、洞察力、そして気遣いは、本書の執筆にとって欠くべからざるものだった。私たちの息子 Andre とともに生きる私たちの生は、私が最も大切にしているものだ。

解説　チェルノブイリとフクシマの生物学的市民権

粥川準二（社会学、生命倫理、科学技術批評）

本書の意義とは？

本書は、Adriana Peryna, *Life Exposed: Biological Citizens after Chernobyl, With a new introduction by the author*, Princeton University Press, 2013 の全訳である。

筆者がこの本、正確にはその「二〇〇二年版」の存在を知ったのは、おそらく二〇〇七年、加藤秀一教授の大学院ゼミで、イギリスの社会学者ニコラス・ローズの *The Politics of Life Itself: Biomedicine, Power, and Subjectivity in the Twenty-First Century*, Princeton University Press, 2007 を輪読していたときである(1)。そのときには、同書にいくつも出てくる個性的なキーワードの一つ「生物学的市民権（biological citizenship）」に強い魅力を感じ、それがチェルノブイリ原発事故後のウクライナでのフィールドワークをまとめた研究に由来する、という事実を記憶の片隅に残しただけであった。その著者であるアドリアナ・ペトリーナという人類学者が、創薬のグローバル化（臨床試験の第三世界での実施）などについての論客と同一人物であることは、もう少し後になってから気づいた(2)。

そして二〇一一年三月一一日、地震・津波・原発事故の同時発生という世界史的にも例を見ない大災害である東日本大震災が発生し、筆者もサイエンスライターとして、あるいは社会学者としてこの歴史的大事態にかかわらざるを得なくなり、取材や執筆に追われることになった。福島県を含む被災地への訪問は、細々とではあるが現在も続けている。

その過程で、*The Politics of Life Itself* で言及されていた「生物学的市民権」という概念、そして *Life Exposed* という書物の存在を思い出し、ネット書店で注文して入手できたのが、同書の二〇〇二年版であった。筆者は前述の *The Politics of Life Itself* や *Life Exposed* 二〇〇二年度版などを参考にして、いくつかの震災・原発事故論を書いた。そのうち一つが拙著『バイオ化する社会』（青土社、二〇一二年）である。

その *Life Exposed* に福島第一原子力発電所事故を踏まえた序文が追加され、二〇一三年度版が出版されたことを筆者が知ったのは、二〇一五年になってからである。本書はその二〇一三年版を底本としている。

以下、本書における最重要キーワードである「生物学的市民権」について解説し、そのことを通じて本書の意義を明らかにする。

医療化、生物医療化、生物学化

本書では、「生物学的市民権」とは「生物学的損傷を認知し補償するための医学的・科学的・法的基準に基づいて遂行される社会福祉の一形態に対する巨大な要求であり、またそれに対する選別的なアクセス」と定義されている(3)。本書で描かれることから推察して、より簡潔にいってしまえば、「生物学的な条件にもとづいて補償を要求する権利」ということであろう。

また本書には「生物学的市民」という言葉もわずかだが登場する。辞書的な定義を念のため述べておけば、「市民」とは「近代社会を構成する自立的個人で、政治参加の主体となる者」（『大辞泉』）のことであり、「市民権」とは「国民・市民としての行動・思想・財産の自由が保障され、国政に参加することのできる権利」（同）のことである。「市民権」は「citizenship」の訳語であるが、この概念には「権利」だけでなく「義務」も含まれているので、「市民性」と訳されたり(4)、「シチズンシップ」とカタカナ表記されたりすることもある(5)。本書では訳者らの判断で「市民権」と訳されているが、市民が国家や社会に求めるものとしての単なる権利というよりも、義務も含めたある種の態度であると理解したほうがいいだろう。

筆者としては、後述するように「生物学的市民権」を「生物学化《バイオ》した市民権」と、「生物学的市民」を「生物学化《バイオ》した市民」と定義づけたいところだが、先を急ぎすぎないようにする。

「生物学的市民権」や「生物学的市民」という本書の重要概念は、主に二つの先行する議論を背景として登場したように思われる。一つは、医療社会学や医療人類学の伝統的な概念である「医療化」論であり、もう一つは、二〇世紀後半の最重要思想家の一人ミシェル・フーコーに由来する「生権力・生政治」論である。

周知の通り、医療社会学や医療人類学では、かつて医療の管轄ではなかった物事がその管轄に入るという現象や社会変容、いわば医療の管轄範囲の拡大を「医療化（medicalization）」と呼ぶ。たとえば医療社会学者ピーター・コンラッドは医療化を「非医療的問題が医療的問題（多くの場合、病いや疾患）として定義される過程」と定義した⑥。医療社会学者アデレ・クラークはその議論をさらに推し進め、一九八〇年代半ば以降のバイオ医療技術の劇的な進展を踏まえて、医療化を「生物《バイオ》医療化（biomedicalization）」と呼び直している⑦。

私たちは、生物医療化の「生物《バイオ》」（という接頭語）によって、人間および非人間の変容を示している。その変容は、分子生物学、バイオテクノロジー、ゲノム化、移植医療といった新しい医療技術のテクノ科学的な技術革新によって可能となったものだ。つまり生物医療化は力強く、しかし新しくて複雑なものであり、多くの場合、テクノ科学的に網をかけられた道筋なのである⑧。

この生物医療化という現象もしくは社会変容には、医療化という側面だけでなく「脱医療化」と呼んでもよさそうな側面がある。典型的なのは、前述した拙著でも論じたように、体外受精など不妊治療としての生殖補助医療技術である。生殖補助医療技術は「不妊治療」と呼ばれるものの、不妊当事者を「治療」するわけではない。あくまで生殖（再生産）を補助するだけであり、これを「医療」と呼んでよいかどうかは微妙である。生殖補助医療技術を含めて、患者やその予備軍は、治療の対象となっているというより、単にマーケティング（市場化）やコントロール（管理）の対象となっているだけのように見えることがある。また、拙著でも体外受精や抗うつ薬を事例として挙げたように、バイオ医療技術はしばしば失敗している。筆者はあえてそれらの点を重視し、「生物医療化」から「医療」を取り除いて（日本語では「学」を付け足して）、「生物学化《バイオ》」という言葉を使うことを考案した。(9)

医療社会学や医療人類学における「医療化」の古典的定義を踏まえるならば、「生物学化」とは、かつて生物学の管轄ではなかった物事がその管轄に入るという現象や社会変容、いわば生物学の管轄範囲の拡大、ということになる。とはいっても、「生物学化（biologization）」という言葉を使ったのは筆者が初めてではない。すでに英語圏の論客たちは、バイオテクノロジーを、フーコーの生権力・生政治論を踏まえながら議論するさいにこの言葉を使ってきた。

たとえば前述のニコラス・ローズは、

〔……〕生物学的な信念が十九世紀と二十世紀の政治や歴史によってもつ重要性については、数多くの議論があった。しかし、政治の生物学化が市民権という観点から探求されることはほとんどなかった。それでも、人種や〔生物的な〕退化や優生学という思考の歴史、女性や母性や家族にまつわる思考や政策の歴史、そして人口統計学と人口調査の歴史は、いかに数多くの市民権計画が、生物学的な観点――人種、血筋、家系、知能など――によって枠づけられていたのかを示している。(10)（訳文一部変更）

と述べている。

また、科学哲学者ユージーン・タッカーは、

生政治の誕生は、一種の〝政治の生物学化〟を意味する。フーコーが記したように、生政治の誕生は「人間が生きているものである限りにおいて、人間に対する権力の獲得」を意味する。そこでは生物学的なものが国家の管

理下に入る。[11]

と述べている。

本書では、この言葉は動詞や形容詞としても使われている。

人種や民族など、以前からある生物学化されたカテゴリーは今では信用に値しないとされるが、過去には様々な政治的プログラムを強化し、現在も世界中で医療アクセスの不平等や社会的不公正を助長してきた。[12]

事故後のデータを生み出す事業に、放射線生物学、保健物理学、分子生物学、神経学、神経精神医学、社会心理学といった多様な分野が貢献している。これら諸科学は定義づけ、資格づけ、心理学化し、生物学化し、遺伝学化する。[13]

精神病の生物学化は、生物学的主張の形成を基礎づける科学的調査のパターンに基づいている。[14]

いずれの文章も、これまで生物学の範疇でなかった物事が生物学の範疇に入ってくる現象を表現している。ただしここでの生物学とは、放射線医学など狭義の生物学には収まらない範囲のものを意味することもある。

生権力・生政治

前述のアデレ・クラークらは「生物医療化」という概念の考案において「ミシェル・フーコーの仕事にインスパイアされている」と述べている。[15]ローズやタッカーがフーコーを意識していることも明らかだ。

周知の通りフーコーは、権力形態の変遷を検討するなかで、古い「死に対する途方もない権力」＝君主型の権力が衰え、それに代わって、新しい「生権力」が台頭してきた、と『性の歴史Ｉ　知への意志』で述べた。かつて専制君主国家で作用していた権力、国王殺害を企てたダミアンに下された「身体刑」をもたらすような権力、「死に対する権利」、「死に対する途方もない権力」は、近代においては、「生命を経営・管理する権力」、「生命に対して積極的に働きかける権力、生命を経営・管理し、増大させ、増殖させ、生命に対して厳密な管理統制と全体的な調整とを及ぼそうと企てる権力」の補完物にすぎないものになった、[16]とフーコーは主張する。

本書の著者ペトリーナもまた、フーコーの生権力・生政治論を踏まえ、『性の歴史』におけるその議論を次のようにまとめている。

生権力は生命に対するコントロールを意味し、「生とそのメカニズムを明示的な計算の領域へと持ち込み、知-権力を人間の生の変容をもたらす媒介にした」ものを指す（Foucault 1980b）。このような変容は二つのレベルにおいて起きるといわれる。規律・監視の客体としての人間の身体のレベルと、規制・コントロール・福祉の客体としての人口集団のレベルである。[17]

すなわち現代社会の市民権もまた、身体レベルと人口集団レベルで行使される「生命に対するコントロール」によって形成されているのだ。[18]生権力の浸透した社会としての生政治の誕生は、「生物学的市民権」の誕生でもある。そして生物学的市民権を「生物学《バイオ》化した市民権」という意味で解釈することも十分に可能である。

遺伝学的市民権から生物学的市民権へ

また、生物学的市民権は、それに先行して医療社会学者デボラ・ヒースらによって提唱された「遺伝学的市民権《ジェネティック・シティズンシップ》」[19]を拡張した概念でもある。

遺伝子解析技術や組換えＤＮＡ技術など遺伝学的技術の進展にともなって、遺伝性疾患の患者支援団体が科学研究コミュニティと手と手を結ぶようになってきたことが知られている。そうした現象そのものが「遺伝学的市民権」と呼ばれることがある。遺伝学的市民権は、インターネットなどを活用した患者やその家族相互の支え合いである「ピア・サポート」を基本とし、当事者ならではの経験や知識を活用しつつ、ときには生活の改善を求めて医療や科学の専門家コミュニティ、行政、議会などへ働きかけることなども含む。なかには科学者らと対等なパートナーシップを結ぼうとする当事者らもいて、その結果、研究がより推進され、原因遺伝子が特定された事例さえある。

しかしながら、患者やその家族がパートナーシップを結ぼうとしている相手は「遺伝学者」だけに限らないことなどに、前述のニコラス・ローズ（とその共同研究者カルロス・ノヴァス）は着目し、遺伝学的市民権をより拡張した新しい概念として「生物学的市民権」を使うことを提唱したのである。[20]つまりローズは、ヒースらが提唱した遺伝学的市民権を拡張したうえで、それにペトリーナが提唱した生物学的市民権というキーワードを重ね合わせたのである。

なお日本でも、治療の困難な病気や障害の患者やその家族が生命科学者たちとある種の緊張をも含むパートナーシップを組み始めていることが伝えられている。[21]

フクシマの生物学的市民権

ローズらが引き合いに出した遺伝病患者たちと、ペトリーナが参与観察し続けたウクライナ国民――ウクライナの「市民」――たちとの間で共通するのは、ただただ恐ろしい遺伝病や放射線に怯え、翻弄される「受動的対象」というよりも、そうした困難に彼らなりに立ち向かう「能動的主体」とも呼ぶことができそうな態度である（もっとも「能動的主体」といっても、立ち向かい方には差異があり、必ずしもその語感から連想されるような気高いものばかりではないのだが）。

そしてペトリーナがチェルノブイリで目撃したものを、二〇一一年三月一一日以降、私たちは「フクシマ」で目撃しているのかもしれない。

原発事故に直面した福島県民たちは、放射性物質やそれにかかわる「風評被害」に、ただ怯え、翻弄されるだけの

「受動的対象」なのだろうか。すべてとはいわないが、一部のメディアや市民運動関係者たちは福島の人々を、原発事故のあわれな被害者としての「受動的対象」として理解し、表現しがちのようにも見える。

しかし筆者としては、そうとは言い切れないと考えている。

とりわけ筆者が注目しているのは、福島県の農業生産者たちの態度である。確かに、福島県の生産者たちが、自分たちの農作物に含まれる放射性物質や、それにかかわる「風評被害」に怯えてきたとしてもおかしくない。しかし筆者が福島県で会った生産者たちは、それらに怯えている様子はあまりなく、むしろ正面から立ち向かう態度を保ち続けている。ここで詳しく述べることはできないが、震災直後、彼らが家族の安全確認の次に始めたことは、勉強と情報収集、そして自分たちがつくった作物の放射線物質を測定し、その結果を開示することだった[22]。

彼らの態度は、遺伝病に立ち向かって専門家とパートナーシップを組む患者団体を彷彿させる。短時間で放射線に関する知識を吸収し、場合によっては専門家や行政ともパートナーシップを組み、多面的な対策を講じる姿は、「受動的対象」というよりも「能動的主体」といったほうがふさわしい。

彼らの「市民」としての姿勢は、政治的・社会的な存在としての人間だけでなく、生物学的な存在としてのヒトにも即したものである。その姿勢を「生物学的市民権」――あるいは「放射線生物学的市民権《ラディオバイオロジカル・シチズンシップ》」――と呼ぶことは、少し躊躇がないわけではないが、それほど間違ってはいないはずだ。彼らは、ただ単に生物学的に反応しているのではなく、人間の生物学的側面に応じた、きわめて合理的な態度を取っているのだから。

ただしその一方で、福島県民といってももちろん多様であり、彼らとは対照的な態度を見せる福島県民（原発被災者）もいる。そのなかでも筆者が気になっているのは、一部の原発被災者の補償をめぐる態度である。筆者は、たとえば、

「○○市では人手が足りていないのですが、原発被災者のなかには働こうとしない人もいますよ。たとえば五人家族だと、精神的損害賠償金を月に五〇万円ももらっていますからね」（五〇代の女性、浜通りの某市）

「被災した家族の中学生や高校生のなかには、月に三万円もお小遣いをもらっている子もいます。彼らは自分たち

がいるおかげで親がたくさんの賠償金を受け取ることができるのを知っているんですね」（五〇代の男性、中通りの某市）

「（生活保護家庭の子供たちを支援してきた経験からいうと）親が働かないのを見て育ってしまうと、子供たちが働く意義を見出せなくなるとか、彼らの将来にもたぶん影響があるんですよね」（三〇代の男性、中通りの某市）

といった断片的な証言しか得ていない。インターネットの検索エンジンを「精神的損害賠償金」、あるいは「モンスター被災者」というキーワードで検索してみれば、原発被災者への同情が失せるような実態を伝える記事や投稿が数多く見つかる。だが、断片的だったり一面的だったり間接的だったり露悪的だったりするものがほとんどで、それらを根拠にいえることは少ないだろう。

確かな情報は多くないながらも、彼らの態度は、本書で描かれているような、生物学的な条件を根拠に障害者認定や補償を求めるウクライナ国民たちの態度とある程度共通する。ただし違いもある。ウクライナでは個々の被災者への補償が足りていないことが背景にあることに対して、福島では同様の補償が足りすぎている、もしくはいびつなかたちで補償金が配分されているように思われる。

そしてそのような福島県民の態度もまた、「生物学的市民」の一側面ではあるのだろう。

生を死に曝す道筋

だが、本書『曝された生』の魅力は、本稿でこれまで解説してきたような理論的な考察だけではない。それよりむしろ、ウクライナ語にもロシア語にも堪能らしい著者が、粘り強いフィールドワークによって描いたエスノグラフィーにある。なかでもストロカット家の物語（第三章）や障害者認定を求めて放射線研究センターを訪れる人々の描写（第四章）などがその白眉であろう。筆者としては、以下のような記述に、著者が膨大なフィールドワークと深い考察の結果としてたどりついた、チェルノブイリ事故後のウクライナとその市民たちの姿が凝縮されているように思われる。

生政治的《バイオポリティカル》変化の震源たる放射線研究センターで働くある一人の診療医は、現状を端的にこうまとめた。「ここで最悪なのは、健康でいることです」。彼女の言葉が示すのは、この政治的、経済的危機の時代、個々人にとって、「健康」な市民でいる権利と責任よりも、病気にまつわる社会組織からの物質的利益のほうが重要ということである。社会主義の社会では、最低限の生活水準を誰もが享受できることを保証しようとした。そこでは、国による無償の教育、医療制度、年金給付、食料補助金の恩恵を受けて生活費を抑えることができた。かつてのソヴィエトの保健部門は、今や極度に財源が削減されたか、民営化されたかのどちらかであり、重大な医療問題は放置されたままである。さきの診療医の皮肉な見解は、今日「健康」であることは国に見捨てられた孤児になるということであり、何の社会的支援もないまま市場にさらされるということを示唆している。「病い」は、失業や社会の混乱により生じる予測不可能な状況から身を守る手段を与えてくれる。人々は見捨てられないよう必死になって国との繋がりを維持し、ソヴィエト型市民から生物学的市民（biological citizen）へと自ら転向しているのである。[23]

ここでは、ウクライナ国民がチェルノブイリ原発事故だけでなく、期せずしてそれと同時期に生じた社会主義国家（ソ連）の崩壊に直面し、市場経済に放り込まれた結果、「健康」であることよりも「病い」であることを選ばざるをえない、という倒錯した状況が要約されている。

福島県では原発事故は起きたが、当然のことながら、社会的事情は、ポスト社会主義の混乱に見舞われたウクライナとは大きく異なる。しかしながら、福島県に限らないことだが、震災以前から進行していた経済的格差の拡大、とりわけ都市と地方とのあいだでの格差の拡大、それにともなう地方の少子高齢化・過疎化は、震災・原発事故やそれに伴う大規模な住民避難による悪影響を後押ししている。ここで詳述する余裕はないのだが、そのような後押しされた悪影響は、溺死など津波被害の地域差をはじめ、福島県では津波による直接死を超えてしまった震災関連死、そして少数ながら孤独死、孤立死、餓死、自殺などのかたちで表面化しつつある[24]——放射線障害はまだ明らかではないが、あるとしてもおそらくは限定的であろう。[25] 原発事故が人々の生を死に曝す道筋として、放射線ばかりを強調することは、端的にいって間違いである。

フクシマの「曝された生」は、チェルノブイリの「曝された生」と、共通することはあっても決して同じではない。

文理横断的な考察のために

とはいっても、そのことは本書を読む意義を削ぐものではない。その理由はフクシマとチェルノブイリには共通することもあるという事実だけではない。本書は、大規模災害後の社会変容を緻密なエスノグラフィーとして描いた傑作であり、その姿勢は、今後の災害研究の手本となるであろう。また本書における理論的考察の部分は、原発事故だけでなく、生命科学の進展、とりわけバイオテクノロジーの人間への応用（体外受精、ES細胞、iPS細胞、出生前診断などバイオ医療技術）を考察するうえでも有益である。ニコラス・ローズが本書をヒントに「生物学的市民」という概念の応用範囲を広げたことは前述の通りだ。

原発事故を含む災害、バイオ医療技術の進展やその社会的影響などを考察するためには、原子力工学や放射線医学、分子生物学、遺伝学など自然科学（いわゆる理系）的な知見だけでは不十分であり、社会学や人類学、哲学など人文社会科学（いわゆる文系）的な知識も必要である。いい換えれば、文理横断的な視野こそが求められるのである。本書の著者アドリアナ・ペトリーナは人類学者だが、物理学や生物学の知識もきわめて豊富で、そのうえで高い語学力とフィールドワークのスキルをも持っている才人である。誰もが彼女の真似をできるわけではないだろう。だが、その広い視野を通じて書かれた本書は、今後も起きるであろう大災害やバイオ医療技術の展開を見据え、広く深くそれらを考えるために、間違いなく必読書である。

注

（1）同書は翻訳され、『生そのものの政治学——二十一世紀の生物医学、権力、主体性』という邦題で、二〇一四年、檜垣立哉監訳で法政大学出版局から日本語版が出版された。

（2）たとえば、Adriana Peryna, et al., *Global Pharmaceuticals : Ethics, Markets, Practices*, Duke University Press, 2006 など。

（3）本書三七頁。

（4）小松田儀貞「バイオテクノロジーと生政治《バイオポリティクス》の未来　生命科学／技術と現代社会のゆくえ」、北川隆吉ほか編『科学・技術革新・人間』日本経済評論社、二〇一三年、七三頁。なお東日本大震災にさいして、筆者に「生物学的市民権」について思い出させたのは、ソーシャルメディア上での小松田の一言であった。

（5）前掲『生そのものの政治学』四六頁など。

（6）Peter Conrad, *The Medicalization of Society*, The Johns Hopkins University Press, 2007, p. 4.

（7）Adele E. Clerke, et al., "Biomedicalization : A Theoretical and substantive introduction," in A.E. Clerke et al., *Biomedicalization : Technoscience, health, and illness in the U.S*, Duke University Press, 2010, p. 1-44.

（8）*Ibid*., p. 47.

（9）粥川準二「バイオ化する社会」、『現代思想』第三九巻二号（二月号）、一四九〜一六一頁、二〇一一年。この論考を加筆・修正したものが拙著『バイオ化する社会』（青土社、二〇一二年）第四章。拙稿や拙著では「バイオ化」とカタカナ表記しているが、本稿では本文に合わせて「生物学化」と漢字表記する。

（10）前掲『生そのものの政治学』二四八〜二四九頁。

（11）Eugene Thacker, *The Global Genome*, The Mit Press, 2006, p. 233.

（12）本書四八頁。

（13）本書六二頁。

（14）本書一六五頁。

（15）*Op. cit*., "Biomedicalization : A Theoretical and substantive introduction," p. 4.

（16）ミシェル・フーコー『性の歴史Ⅰ　知への意志』渡辺守章訳、新潮社、一九八六年、原著一九七六年、一七三頁。

（17）本書四六頁。

(18)「生命に対するコントロール」がどのように市民に対して行使されるのか、そのメカニズムについて筆者なりの考えは、前掲『バイオ化する社会』、とくに「はじめに」を参照のこと。

(19) デボラ・ヒースほか「ジェネティック・シチズンシップとは何か」仙波由加里訳、『現代思想』第三二巻一四号(一一月号)、一七三〜一八九頁、二〇〇四年。

(20) 前掲『生そのものの政治学』第五章。

(21) たとえば、坂井めぐみは脊椎損傷患者たちが再生医療の臨床試験計画にどのように関与しているかを研究している。『Core Ethics』一〇号、二〇一四年、九七〜一〇八頁など。

(22) たとえば粥川準二「放射性物質と風評被害に立ち向かう生産者たち」、渋井哲也ほか編『震災以降』三一書房、二〇一四年、など。

(23) 本書一三八頁。

(24) 筆者は、明治学院大学社会学部で二〇一五年度から開講されている講義「技術と人間B」で、それらを詳細に例示している。

(25) 福島第一原発事故による福島県民(一般市民)の被曝は、内部被曝も外部被曝もあまり高くない、というのが、専門家たちの現状認識である。調査結果は多数あるが、たとえば以下などを参照。Hayano R. et al., "Whole-body counter survey results 4 months after the Fukushima Dai-ichi NPP accident in Minamisoma City, Fukushima," *Journal of Radiological Protection* 34 (4), pp. 157-163; Tsubokura M. et al., "Assessment of the Annual Additional Effective Doses amongst Minamisoma Children during the Second Year after the Fukushima Daiichi Nuclear Power Plant Disaster," *PLoS One* 10 (6): e0129114. doi: 10.1371/journal.pone.0129114.

訳者あとがき

この翻訳プロジェクトは、二〇一一年三月一一日の東日本大震災の中で起きた福島第一原発事故後の日本でぜひとも読まれるべき本であるということで、共訳者である若松文貴氏が版元である人文書院に原著の二〇〇二年版の翻訳を提案したところから始まった。同時期、(やはり3・11を受けてのことと推察されるが)プリンストン大学出版社が著者による新しい序文を加えた新版の出版計画を進めていたことから、その新版(二〇一三年版)を底本として全訳を試みることとなった。途中、若松氏から森本が作業を引き継ぐかたちで翻訳を完成させたが、科学・医療の方面はもちろんのこと、翻訳全般にわたって粥川準二氏の貴重かつ欠くべからざるアドバイスをいただいた。人文書院(現在はフリーの編集者)の伊藤桃子氏は、原著の文体と格闘する訳者に様々な知恵を授け、共に日本語の訳文を練り上げ、またアルファベット表記された現地語をいったん原語表記に復元したうえで意味を確認する作業まで担当いただくなど、本書のために惜しみなく労力を捧げてくださった。また、著者のアドリアナ・ペトリーナ氏は、私たちの細かい疑問にメールで快く回答してくださった。この場をお借りして御三方に深くお礼申し上げる。

なお本書は、「生物学的市民権」という、特定の地理的空間を越えて広く人類の現在を考えるためのキーワード/視点を提供するが、一方で、人類学のプロジェクトらしく、現地語で交わされる会話に耳を傾け、人々が自らの経験を理解するうえでよりどころとする現地語の用語を丁寧に拾っているところにその魅力のひとつがあるだろう。現地語の取り扱いに関しては、(著者の冒頭の説明にあるように、キエフでもロシア語が優勢であったり、ロシア語によるインタビューが多かったという事情があるとはいえ)ウクライナ式の地名表記を採用した原著の方針に準じ、人名、地名については、ロシア人、ベラルーシ人であることが明らかな場合を除いて、ウクライナで標準的な発音に沿うかたちの日本語表記を心がけた。ただし、当人がロシア語話者かウクライナ語話者か、文面から明らかでない場合があり、実際の発音とは違う可能性がある。また日本においてウクライナ語の標準的表記法はなく、カタカナに起こすにあたって恣意的に判断せざるを得なかった面もある。その他のアルファベットに翻字された現地語の用語については、なるべく原語に復元して発音を確認し、日本語に起こした。表記にあたってアドバイスをいただいたティムール・サンドロヴィッチ氏に感謝したい。

二〇一五年一二月

森本麻衣子

索　引

(fig は図，n は注，t は表をあらわす)

か　行

参考文献

二〇一三年版への序

ARCH (Agenda for Research on Chernobyl Health). N.d. Technical report. 〈http://arch.iarc.fr/documents/ARCH_TechnicalReport.pdf.〉

Baker, Robert J., and Jeffrey K. Wickliffe. 2011. "Wildlife and Chernobyl : The Scientific Evidence for Minimal Impacts." *Bulletin of the Atomic Scientists*, April 14. Web Edition. 〈http://www.thebulletin.org/web-edition/features/wildlife-and-chernobyl-the-scientific-evidence-minimal-impacts.〉

Baverstock, Keith, and Dillwyn Williams. 2006. "The Chernobyl Accident 20 Years On : An Assessment of the Health Consequences and the International Response." *Environmental Health Perspectives* 11, no. 9 : 1312-1317.

Bradsher, Keith, and Hiroko Tabuchi. 2011. "Last Defense at Troubled Reactors : 50 Japanese Workers." *New York Times*, March 15.

Brumfiel, Geoff. 2012. "Fukushima's Doses Tallied." *Nature* 485, no. 7399 : 423-424.

Butler, Declan. 2011. "Future of Chernobyl Health Studies in Doubt."*Nature*, September 30. http://www.nature.com/news/2011/300911/full/news.2011.565.html.

Cardis, E. 2007. "Current Status and Epidemiological Research Needs for Achieving a Better Understanding of the Consequences of the Chernobyl Accident." *Health Physics* 93, no. 5 : 542-546.

Chernobyl Forum 2003-2005. *Chernobyl's Legacy : Health, Environmental and Socio- Economic Impacts and Recommendations to the Governments of Belarus, the Russian Federation and Ukraine.* http://www.iaea.org/Publications/Booklets/Chernobyl/chernobyl.pdf.

Chesser, R. K., and R. J. Baker. 2006. "Growing Up with Chernobyl." *American Scientist* 94, no. 6 : 542-549.

Fairlie, Ian, and David Sumner. 2006. *The Other Report on Chernobyl (TORCH) : An Independent Scientific Evaluation of Health and Environmental Effects 20 Years after the Nuclear Disaster Providing Critical Analysis of a Recent Report by the International Atomic Energy Agency (IAEA) and the World Health Organisation (WHO).* http://www.chernobylreport.org/torch.pdf.

Gale, Robert P., and Alexander Baranov. 2011. "If the Unlikely Becomes Likely : Medical Response to Nuclear Accidents." *Bulletin of the Atomic Scientists* 67, no. 2 : 10-18.

Geertz, Clifford. 2005. "Very Bad News." *New York Review of Books*, March 24.

Geras'kin, S. A., S. V. Fesenko, and R. M. Alexakhin. 2008. "Effects of Nonhuman Species Irradiation after the Chernobyl NPP Accident." *Environment International* 34, no. 6 : 880-897.

Guterl, Fred. 2012. *The Fate of the Species : Why the Human Race May Cause Its Own Extinction and How We Can Stop It.* New York : Bloomsbury USA（フレッド・グテル『人類が絶滅する６のシナリオ――もはや空想ではない終焉の科学』夏目大訳，河出書房新社，2013年）.

Human Consequences of the Chernobyl Nuclear Accident, A Strategy for Recovery : A Report Commissioned by UNDP and UNICEF with the support of UN-OCHA and WHO. 2002. http://chernobyl.undp.org/english/docs/strategy_for_recovery.pdf.

IAEA (International Atomic Energy Agency). 1991. *The International Chernobyl Project : Assessment of Radiological Consequences and Evaluation of Protective Measures.* Report by an International

Advisory Committee. Vienna.
Jasanoff, Sheila. 2003. "Technologies of Humility : Citizen Participation in Governing Science." *Minerva* 41 : 223-244.
Jobin, Paul. 2012. "Fukushima One Year On : Nuclear Workers and Citizens at Risk." *Asia-Pacific Journal* 10, issue 13, no. 2.
Lubchenco, Jane. 2012. "Creative Solutions at the Interface of Science and Policy." Taplin Environmental Lecture. Princeton Environmental Institute, Princeton University.
Meyer, Cordula. 2011. "Fukushima Workers Risk Radiation to Feed Families." *Spiegel Online.* http://www.spiegel.de/international/world/.
Mousseau, Timothy A., and Anders P. Moller. 2011. "Landscape Portrait : A Look at the Impacts of Radioactive Contaminants on Chernobyl's Wildlife." *Bulletin of the Atomic Scientists* 67, no. 2 : 38-46.
Mousseau, Timothy A., Neal Nelson, and V. Shestopalov. 2005. "Don't Underestimate the Death Rate from Chernobyl."*Nature* 437 : 1089.
Shimizu, Y., H. Kato, W. J. Schull, and D. G. Hoel. 1992. "Studies of the Mortality of A-bomb Survivors." *Radiation Research* 130 (2) : 249-266.
Socolow, Robert. 2011. "High-Consequence Outcomes and Internal Disagreements : Tell Us More, Please." *Climatic Change* 108 : 775-790.
Tetlock, Philip, and Barbara Mellers. 2011. "Intelligent Management of Intelligence Agencies : Beyond Accountability Ping- pong." *American Psychologist* 66, no. 6 : 542-554.
Wada, K., T. Yoshikawa, T. Hayashi, and Y. Aizawa. 2012. "Emergency Response Technical Work at Fukushima Dai-ichi Nuclear Power Plant : Occupational Health Challenges Posed by the Nuclear Disaster." *Occupational and Environmental Medicine* 69, no. 8 : 599-602.
Williams, Dillwyn, and Keith Baverstock. 2006. "Chernobyl and the Future : Too Soon for a Final Diagnosis."*Nature* 440, no. 7087 : 993-994.
World Health Organization. 2005. "Chernobyl : The True Scale of the Accident. 20 Years Later a UN Report Provides Definitive Answers and Ways to Repair Lives." *Press release.* http://www.un.org/News/Press/docs/2005/dev2539.doc.htm.
World Health Organization. 2006. *Health Effects of the Chernobyl Accident and Special Health Care Programmes.* Geneva : WHO.

Ackerman, Galia. 2000. "Belarus : Facing the Disaster Alone." *UNESCO Courier*, October, 14-20.
Agamben, Giorgio. 1998. *Homo Sacer : Sovereign Power and Bare Life.* Translated by D. Heller-Roazen. Stanford : Stanford University Press（ジョルジョ・アガンベン『ホモ・サケル――主権権力と剥き出しの生』高桑和巳訳，以文社，2003年）.
Ahl, Richard. 1999. "Society and Transition in Post-Soviet Russia." *Communist and Post-Communist* Studies 32, no. 2 : 175-182.
Anspaugh, L. R., et al. 1988. "The Global Impact of the Chernobyl Reactor Accident." *Science* 242 : 1513-1519.
Arendt, Hannah. 1989. The Human Condition. Chicago : University of Chicago Press（ハンナ・アレント『人間の条件』志水速雄訳，中央公論社，1973年，ちくま学芸文庫，1994年）.
Aronowitz, Robert. 1998. *Making Sense of Illness : Science, Society, and Disease.* Cambridge : Cambridge University Press.
Asad, Talal. 1993. *Genealogies of Religion : Discipline and Reasons of Power in Christianity and Islam.*

Baltimore : Johns Hopkins University Press（タラル・アサド『宗教の系譜――キリスト教とイスラムにおける権力の根拠と訓練』中村圭志訳，岩波書店，2004年）.

――. 1994. "Ethnographic Representation, Statistics, and Modern Power." *Social Research* 61, no. 1 : 55-89.

Ashwin, Sarah. 1999. "Redefining the Collective : Russian Mineworkers in Transition." In *Uncertain Transition : Ethnographies of Change in the Postsocialist World*, edited by Michael Burawoy and Katherine Verdery, 245-273. Lanham, MD : Rowman & Littlefield.

Baranov, A., et al. 1989. "Bone Marrow Transplantation after the Chernobyl Nuclear Accident." *New England Journal of Medicine* 321, no. 4 : 205-212.

Barthes, Roland. 1981. *Camera Lucida : Reflections on Photography*. Translated by R. Howard. New York : Hill and Wang（ロラン・バルト『明るい部屋――写真についての覚書』花輪光訳，新装版，みすず書房，1997年）.

Beck, Ulrich. 1987. "The Anthropological Shock : Chernobyl and the Contours of the Risk Society." *Berkeley Journal of Sociology* 32 : 153-165.

――. 1992. Risk Society : Towards a New Modernity. London : Sage（ウルリヒ・ベック『危険社会――新しい近代への道（Risikogesellschaft, 1986)』東廉・伊藤美登里訳，法政大学出版局，1998年）.

――. 1999. *World Risk Society*. Cambridge : Polity Press ; Malden, MA : Blackwell（ウルリッヒ・ベック『世界リスク社会』山本啓訳，法政大学出版局，2014年）.

Bergson, Henri. 1991. *Matter and Memory*. Translated by N. M. Paul and W. S. Palmer. New York : Zone Books（アンリ・ベルグソン『物質と記憶』田島節夫訳，白水社，1999年）.

Berkovitz, Don. 1989. "Price-Anderson Act : Model Compensation Legislation ?－The Sixty-Three Million Dollar Question." *Harvard Environmental Law Review* 13, no. 11 : 1-49.

Biehl, João. 1999. "Other Life : AIDS, Biopolitics, and Subjectivity in Brazil's Zones of Social Abandonment." Ph.D. diss., University of California, Berkeley.

――. 2001. "Technology and Affect : HIV/AIDS Testing in Brazil." *Culture, Medicine, and Psychiatry* 25 : 87-129.

Blumenberg, Hans. 1983. *The Legitimacy of the Modern Age*. Translated by R. Wallace. Cambridge : MIT Press（ハンス・ブルーメンベルク『近代の正統性』１～３，斎藤義彦・忽那敬三・村井則夫訳，法政大学出版局，1998-2002年）.

Bobileva, Natalia. 1994a. *Issues of Radiation Psychiatry*. Kyiv : Institute of Forensic Psychiatry and the Ministry of Chernobyl of Ukraine.

――. 1994b. Methodological Recommendations of the Ministry of Health and NAMS of 'Express-Evaluation' of Psychiatric Status. Kyiv : Ministry of Health of Ukraine.

Bohatiuk, Yurii. 1986. "The Chornobyl Disaster." *Ukrainian Quarterly* 42, no. 1-2 : 5-21.

Bol'shaia *Meditsinskaia Entsiklopediia*. 1956. Edited by A. N. Bakulev. Moscow : Gosudarstvennyi Izdatel'stvo Meditsinskoi Literaturi.

Bondar, A. Y., et al. 1996. "Spectrum of Chromosomal Aberrations in Peripheral Lymphocytes of Workers of the Zone of Exclusion." Draft manuscript, Scientific Center of Radiation Medicine.

Borneman, John. 1997. *Settling Accounts : Violence, Justice, and Accountability in Post-Socialist Europe*. Princeton : Princeton University Press.

Brandt, Allan. 1997. "Behavior, Disease, and Health in the Twentieth-Century United States : The Moral Valence of Individual Risk." In *Morality and Health*, edited by A. Brandt and P. Rozin, 53-78. New York : Routledge.

Bromet, Evelyn, et al. 2000. "Children's Well-being Eleven Years after the Chornobyl Catastrophe." *Archives of General Psychiatry* 57 : 563-571.

Brown, Lesley, ed. 1993. *The New Shorter Oxford English Dictionary on Historical Principles.* 2 vols. Oxford : Clarendon Press.

Brown, Wendy. 1995. *States of Injury : Power and Freedom in Late Modernity.* Princeton : Princeton University Press.

Bullard, Robert. 2000. *Dumping in Dixie : Race, Class, and Environmental Quality.* Boulder, CO : Westview Press.

Burawoy, Michael, and Katherine Verdery, eds. 1999. *Uncertain Transition : Ethnographies of Change in the Postsocialist World.* Lanham, MD : Rowman & Littlefield.

Burchell, Graham, Colin Gordon, and Peter Miller, eds. 1991. *The Foucault Effect : Studies in Governmentality.* Chicago : University of Chicago Press.

Cabinet of Ministers of Ukraine. 1996. "Results of the Liquidation of the Consequences of the Chornobyl' Catastrophe after Ten Years." Address. *Dzerkalo Nedeli*, April 27-May 6, 1. 240.

Callahan, Daniel. 1999. "The Social Sciences and the Task of Bioethics." *Daedalus* 128, no. 4 : 275-294.

Calloway, Paul. 1991. *Russian/Soviet and Western Psychiatry : A Contemporary Comparative Study.* New York : Wiley.

Canguilhem, Georges. 1989. "A New Concept of Pathology : Error." In *The Normal and the Pathological*, 275-288. New York : Urzone（ジョルジュ・カンギレム『正常と病理』滝沢武久訳，法政大学出版局，1987年）.

——. 1994. "Concept of Life." In *A Vital Rationalist : Selected Writings of Georges Canguilhem*, edited by F. Delaporte. New York : Urzone（ジョルジュ・カンギレム「概念と生命」，『科学史・科学哲学研究』金森修監訳，法政大学出版局，1991年，新装版2012年）.

Chatterjee, A., and W. Holley. 1994. "Computer Simulation of Initial Events in the Biochemical Mechanisms of DNA Damage." In *Advances in Radiation Biology, awvol. 1*, edited by J. Lett and W. Sinclair, 181-225. Washington, DC : Academic Press.

Chen, Lincoln, Arthur Kleinman,and Norma Ware, eds. 1994. *Health and Social Change in International Perspective.* Cambridge : Harvard University Press.

"Chernobyl's Legacy to Science." 1996.*Nature* 380 : 653.

Chernousenko, Vladimir. 1991. *Chernobyl : Insight from the Inside. awBerlin, New York : Springer-Verlag.*

Chornobyl' : Problemy Zdorov'ia Naselennia. Vol. 1. 1995. Kyiv : Academy of Science of Ukraine and the Institute of History.

Chornobyl' : The Ten Year Battle. 1996. Kyiv : Ministry of Chernobyl of Ukraine. Chornobyl'ska Katastrofa. 1995. Kyiv : Naukova Dumka.

Chornobyl'ska Tragediia : Dokumenty I Materialy. 1996. Kyiv : Naukova Dumka.

Churchill, Larry. 1999. "Are We Professionals ? A Critical Look at the Social Role of Bioethicists." *Daedalus* 128, no. 4 : 253-274.

Cirlot, J. E. 1971. *A Dictionary of Symbols.* Translated by J. Sage. New York : Philosophical Library.

Cohen, Lawrence. 1999. "Where It Hurts : Indian Material for an Ethics of Organ Transplantation." *Daedalus* 128, no. 4 : 135-166.

Conquest, Robert. 1986. *The Harvest of Sorrow : Soviet Collectivization and the Terror-Famine.* New York : Oxford University Press（ロバート・コンクエスト『悲しみの収穫——ウクライナ大飢饉-スターリンの農業集団化と飢饉テロ』白石治朗訳，恵雅堂出版，2007年）.

Cook, Linda. 1996. *The Soviet Social Contract and Why It Failed : Welfare Policy and Workers' Politics from Brezhnev to Yeltsin.* Cambridge : Harvard University Press.

Crossette, Barbara. 1995. "Chernobyl Trust Fund Depleted as Problems of Victims Grow." *New York Times,* November 29, A11.

Das, Veena. 1995. *Critical Events : An Anthropological Perspective on Contemporary India.* Delhi and New York : Oxford University Press.

——. 1998. "Wittgenstein and Anthropology." *Annual Review of Anthropology* 27 : 171-195.

Dawson, Jane. 1996. *Eco-Nationalism : Anti-Nuclear Activism and National Identity in Russia, Lithuania, and Ukraine.* Durham, NC : Duke University Press.

Demohraphichnyi Istochnyk Naselennia Ukrainy. 1994. Kyiv : Ministry of Statistics of Ukraine.

Department of Energy. 1993. *DNA Damage by Radon Particles and Molecular Mechanisms of Its Repair in Human Cells.* Washington, DC.

Desjarlais R., et al. 1995. *World Mental Health : Problems, and Priorities in Low-Income Countries.* New York : Oxford University Press.

Dobbs, Michael. 1992. "Chernobyl's 'Shameless Lies.'" *Washington Post,* April 27, A12.

Donahue, R. E., et al. 1986. "Stimulation of Haematopoiesis in Primates by Continuous Infusion of Recombinant Human GM-CSF."*Nature* 321 : 872-875.

Drottz-Sjoberg, B. M. 1995. "Risk Perception Research and Disaster." In *Mental Health Consequences of the Chernobyl Disaster : Current State and Future Prospects,* edited by K. Loganovsky and K. Yuriev, 25. Kyiv : Physicians of Chernobyl.

Dubrova, Y. E., et al. 1996. "Human Mini-Satellite Mutation Rate after the Chernobyl Accident."*Nature* 380 : 683-686.

Dumit, Joseph. 1995. "Mindful Images : PET Scans and Personhood in Biomedical America." Ph.D. diss., University of California, Santa Cruz.

——. 2000. "When Explanations Rest : 'Good Enough' Brain Science and the New Biomental Disorders." In *Living and Working with the New Medical Technologies : Intersections of Inquiry,* edited by Margaret Lock, Alan Young, and Alberto Cambrosio, 209-232. Cambridge : Cambridge University Press.

Dunham, Vera. 1976. *In Stalin's Time : Middle-Class Values in Soviet Fiction.* Cambridge : Cambridge University Press.

Estroff, Sue. 1993. "Identity, Disability, and Schizophrenia : The Problem of Chronicity." In *Knowledge, Power, and Practice : The Anthropology of Medicine and Everyday Life,* edited by S. Lindenbaum and M. Lock, 247-286. Berkeley and Los Angeles : University of California Press.

Estroff, Sue, et al. 1997. "'No Other Way to Go' : Pathways to Disability Income Application among Persons with Severe Persistent Mental Illness." In *Mental Disorder, Work Disability, and the Law,* edited by R. Bonnie and J. Monahan, 55-104. Chicago : University of Chicago Press.

Farmer, Paul. 1999. *Infections and Inequalities : The Modern Plagues.* Berkeley and Los Angeles : University of California Press.

Favor, J. 1989. "Risk Estimation Based on Germ-Cell Mutations in Animals." *Genome* 31 : 844-849.

Feshbach, Murray, and Alfred Friendly. 1989. *Ecocide in the USSR : Health andNature* under Siege. New York : Basic Books.

Field, Mark. 1957. *Doctor and Patient in Soviet Russia.* Cambridge : Harvard University Press.

——. 1967. *Soviet Socialized Medicine : An Introduction.* New York : Free Press.

Fitzpatrick, Sheila. 1999. *Everyday Stalinism : Ordinary Life in Extraordinary Times : Soviet Russia*

in the 1930s. New York : Oxford University Press.
Flor-Henry, Pierre. 1979. "Neurophysiological Studies of Schizophrenia, Mania, and Depression." In *Hemisphere Asymmetries of Function in Psychopathology*, edited by J. Gruzelier and P. Flor-Henry. Amsterdam and New York : Elsevier/North Holland Biomedical Press.
Foucault, Michel. 1973. *Birth of the Clinic : An Archaeology of Medical Perception.* London : Sheridan（ミシェル・フーコー『臨床医学の誕生』神谷美恵子訳，みすず書房，1969年，2011年）.
——. 1980a. *The History of Sexuality.* Vol. 1. New York : Vintage（『性の歴史 1　知への意志』渡辺守章訳，新潮社，1986年）.
——. 1980b. *Power/Knowledge : Selected Interviews and Other Writings, 1972-1977.* Edited by Colin Gordon. Brighton, Sussex : Harvester.
——. 1984. *The Foucault Reader.* Edited by P. Rabinow. New York : Pantheon Books.
Freud, Sigmund. 1950. *Totem and Taboo.* Translated by J. Strachey. New York : W. W. Norton（フロイト「トーテムとタブー」西田越郎訳，『フロイト著作集 3　文化・芸術論』人文書院，1969年，「トーテムとタブー」門脇健訳，『フロイト全集12　トーテムとタブー　1912-13』須藤訓任監修，岩波書店，2009年）.
Garb, Paula. 1994. "Sociocultural Responses to Radiation Contamination in Russia and Some Comparisons with the United States." Paper presented at the annual meeting of the American Anthropological Association. Washington, DC.
Geertz, Clifford. 1983. *Local Knowledge : Further Essays in Interpretive Anthropology.* New York : Basic Books（クリフォード・ギアーツ『ローカル・ノレッジ――解釈人類学論集』梶原景昭ほか訳，岩波書店，1999年）.
Gerovitch, Slava. 1999. "Speaking Cybernetically : The Soviet Remaking of an American Science." Ph.D. diss., Massachusetts Institute of Technology.
Gledhill, John. 2000. *Power and Its Disguises : Anthropological Perspectives on Politics.* 2d ed. London : Pluto Press.
Gofman, John. 1981. *Radiation and Human Health.* San Francisco : Sierra Club Books（ジョン・W・ゴフマン『人間と放射線――医療用X線から原発まで』今中哲二ほか訳，社会思想社，1991年，明石書店，2011年）.
Gordon, Colin. 1991. "Government Rationality : An Introduction." In *The Foucault Effect : Studies in Governmentality*, edited by G. Burchell, C. Gordon, and P. Miller, 1-52. Chicago : University of Chicago Press.
Gould, Jay. 1993. "Chernobyl– The Hidden Tragedy." *Nation*, March 15, 31-34.
Graham, Loren. 1987. *Science, Philosophy, and Human Behavior in the Soviet Union.* New York : Columbia University Press.
——. 1993. *Science in Russia and the Soviet Union : A Short History.* Cambridge : Cambridge University Press.
——. 1998. *What Have We Learned about Science and Technology from the Russian Experience ?* Stanford : Stanford University Press.
Grant, Bruce. 1995. *In the Soviet House of Culture : A Century of Perestroikas.* Princeton : Princeton University Press.
Green, Peter. 2001. "Czechs Debate Benefits of Smokers' Dying Prematurely." *New York Times*, July 21, B2.
Greenberg, Daniel. 2000. "Slow Progress towards Protecting People in US Clinical Trials." *Lancet* 355, no. 9214 : 1527.

Groys, Boris. 1992. *The Total Art of Stalinism: Avant-Garde, Aesthetic Dictatorship, and Beyond.* Translated by C. Rougle. Princeton: Princeton University Press（ボリス・グロイス『全体芸術様式スターリン』亀山郁夫・古賀義顕訳，現代思潮新社，2000年）.

Guskova, Angelina. 1995. "Radiation and the Brain." In *Mental Health Consequences of the Chernobyl Disaster: Current State and Future Prospects*, edited by K. Loganovsky and K. Yuriev, 22. Kyiv: Physicians of Chernobyl.

——. 1997. "Current Issues in Clinical Radiobiology and Ways of Resolving Them Experimentally." *Radiatsionnaia Biologiia, Radioecologiia* 37, no. 4: 604-612.

Guskova, A., and G. Baysogolov. 1971. *Radiation Sickness in Man: Outlines.* Moscow: Meditsina.

Hacking, Ian. 1990. *Taming of Chance.* Cambridge: Cambridge University Press（イアン・ハッキング『偶然を飼いならす——統計学と第二次科学革命』石原英樹・重田園江訳，木鐸社，1999年）.

——. 1991. "How Should We Do a History of Statistics?" In *The Foucault Effect: Studies in Governmentality*, edited by G. Burchell, C. Gordon, and P. Miller, 181-197. Chicago: University of Chicago Press.

Hamilton, James, and Kip Viscusi. 1997. "The Benefits and Costs of Regulatory Reforms for Superfund." *Stanford Environmental Law Journal* 16, no. 159: 159-197.

Havenaar, J. M., et al. 1996. "Psychological Consequences of the Chernobyl Disaster." In *The Radiological Consequences of the Chernobyl Accident*, 435-453. Brussels: European Commission.

Heldt, Barbara. 1989. "Gynoglasnost: Writing the Feminine." In *Perestroika and Soviet Women, edited by M. Buckley*, 160-175. Cambridge: Cambridge University Press.

Hiroshima and Nagasaki: The Physical, Medical, and Social Effects of the Atomic Bombings. 1981. Translated by Eisei Ishikawa and David L. Swain. New York: Basic Books（『広島・長崎の原爆災害』広島市・長崎市原爆災害誌編集委員会編，岩波書店，1979年）.

Humphrey, Caroline. 1999. "Traders, Disorder, and Citizenship Regimes in Provincial Russia." In *Uncertain Transition: Ethnographies of Change in the Postsocialist World*, edited by Michael Burawoy and Katherine Verdery, 19-52. Lanham, MD: Rowman & Littlefield.

Hunt, W. A. 1987. "Effects of Ionizing Radiation in Behavior." In *Military Radiobiology*, edited by J. J. Conklin and E. I. Walker, 321-330. San Diego: Academic Press.

IAEA (International Atomic Energy Agency). 1986. *Soviet State Committee on the Utilization of Atomic Energy*, Report to the IAEA. Vienna.

——. 1991a. *The International Chernobyl Project: Assessment of Radiological Consequences and Evaluation of Protective Measures.* Report by an International Advisory Committee. Vienna.

——. 1991b. *The International Chernobyl Project: Proceedings of an International Conference Held in Vienna.*

Index of Illnesses through Which a Connection with Ionizing Radiation and Other Negative Factors Can Be Established in the Adult Population Which Suffered as a Result of the Chernobyl Nuclear Disaster. 1996. Kyiv: Ministry of Health of Ukraine.

Indicators of Health and Assistance among Sufferers of the Chornobyl Nuclear Power Plant Disaster. 1998. Kyiv: Ministry of Health of Ukraine.

Indicators of Health among Sufferers of the Chornobyl Nuclear Power Plant Disaster (1987-1995). 1995. Kyiv: Ministry of Chernobyl and Ministry of Health of Ukraine.

Ingstad, Benedicte, and Susan Reynolds Whyte, eds. 1995. *Disability and Culture.* Berkeley and Los Angeles: University of California Press（ベネディクト・イングスタッド，スーザン・レイノルズ・ホワイト編『障害と文化——非欧米世界からの障害観の問いなおし』中村満紀男・山口惠里

子監訳，明石書店，2006年）.

Inkeles, Alex, and Raymond Bauer. 1959. The Soviet Citizen : Daily Life in a Totalitarian Society. Cambridge : Harvard University Press（アレックス・インケレス，レイモンド・A・バァウァー『ソヴェトの市民――全体主義社会における日常生活』生田正輝訳，慶応義塾大学法学研究会，1963年）.

International Classification of Diseases, 9th revision. Washington, DC : U.S. Department of Health and Human Services, 1991（cf. 厚生労働省「疾病，傷害及び死因の統計分類（ICD-10（2003年版）準拠）」http://www.mhlw.go.jp/toukei/sippei/).

International Nuclear Safety Advisory Group. 1986. *Summary Report on the Post-Accident Review Meeting on the Chernobyl Accident.*

Ionizing Radiation : Sources and Biological Effects : Report to the General Assembly. aw1982. United Nations, New York.

IPHECA Pilot Project. 1991. Brain Damage In-Utero. Geneva : World Health Organization.

Jacob, Francois. 1988. *The Statue Within.* New York : Basic Books（フランソワ・ジャコブ『内なる肖像――一生物学者のオデュッセイア』辻由美訳，みすず書房，1989年）.

Jasanoff, Sheila. 1997. "NGO's and the Environment : From Knowledge to Action." *Third World Quarterly* 18, no. 3 : 579-594.

Jensen, R., et al. 1994. "Molecular Cytogenetic Approaches to the Development of Biomarkers." In *Biomarkers for Worker Health Monitoring*, 100-120. Washington, DC : Department of Energy.

――. 1995. "Elevated Frequency of Glycophorin A Mutations in Erythrocytes from Chernobyl Accident Victims." *Radiation Research* 141, no. 2 : 129-135.

Keller, Evelyn Fox. 1989. *Secrets of Life, Secrets of Death.* New York : Routledge.

Khaliavka, Irina. 1996. *State of Health of Individuals with Acute Radiation Sickness during the Chernobyl Catastrophe and Avenues toward Treatment.* Kyiv : Academy of Medical Sciences of Ukraine.

Kharkhordin, Oleg. 1999. *The Collective and the Individual in Russia : A Study of Practices.* Berkeley and Los Angeles : University of California Press.

Khomaziuk, Inna. 1994. *Functional Changes in the Circulatory System Have Psychogenic Etiologies in Sufferers of the Chernobyl Catastrophe : Conceptions, Disputed Issues, and Errors in Diagnostics.* Kyiv : Ministry of Health of Ukraine.

Kimeldorf, D. J., and E. L. Hunt. 1965. *Ionizing Radiation : Neural Function and Behavior.* New York : Academic Press.

Kleinman, Arthur. 1986. *Social Origins of Distress and Disease.* New Haven : Yale University Press.

――. 1988. *The Illness Narratives : Suffering, Healing, and the Human Condition.* New York : Basic Books（アーサー・クラインマン『病いの語り――慢性の病いをめぐる臨床人類学』江口重幸ほか訳，誠信書房，1996年）.

――. 1999. "Moral Experience and Ethical Reflection : Can Ethnography Reconcile Them ? A Quandary for 'The New Bioethics.'" *Daedalus* 128, no. 4 : 69-99.

Kleinman, Arthur, Veena Das, and Margaret Lock. 1996. "Introduction." *Daedalus* 125, no. 1 : xi-xx（アーサー・クラインマン，ヴィーナ・ダス，マーガレット・ロック「序論」，A・クラインマンほか『他者の苦しみへの責任――ソーシャル・サファリングを知る』坂川雅子訳，みすず書房，2011年）.

Kleinman, Arthur, and Joan Kleinman. 1996. "The Appeal of Experience, the Dismay of Images : Cultural Appropriations of Suffering in Our Times." *Daedalus* 125, no. 1 : 1-24（アーサー・クラ

インマン，ジョーン・クラインマン「苦しむ人々・衝撃的な映像——現代における苦しみの文化的流用」，A・クラインマンほか『他者の苦しみへの責任——ソーシャル・サファリングを知る』坂川雅子訳，みすず書房，2011年）.

Kleinman, Arthur, and Adriana Petryna. 2001. "Health : Anthropological Perspectives." In *International Encyclopedia of the Social and Behavioral Sciences*. London : Elsevier Science.

Kohler, Robert. 2001. "The Particularity of Biology in the Field." Manuscript, Princeton Workshop in the History of Science. "Model Systems, Cases, and Exemplary Narratives." Princeton University.

Kommunist. 1996. 36, no. 129 : 4.

Kornai, Janos. 1992. *The Socialist System : The Political Economy of Socialism*. Princeton : Princeton University Press.

Kostenko, Lina. 1996. "Dahlias along the Chernobyl Path." *Zhyva Voda*, April, 5.

Kovalchuk, Vasyl. 1995. "Ukraine : A Ministry That Started with a Bang." *DHA News* (Department of Humanitarian Affairs, United Nations), no. 16 (September/ October) : 4.

Krawchenko, Bohdan. 1985. *Social Change and National Consciousness in Twentith-Century Ukraine*. Basingstoke, Hampshire : Macmillan.

Kristeva, Julia. 1989. *Black Sun : Depression and Melancholia*. Translated by L. S. Roudiez. New York : Columbia University Press（ジュリア・クリステヴァ『黒い太陽——抑鬱とメランコリー』西川直子訳，せりか書房，1994年）.

Kuzmin, Y. S. 1963. "On the Content of Soviet Psychology." *Voprosi Psikhologii* 9, no. 1 : 142-145.

Lacan, Jacques. 1977. *Ecrits : A Selection*. Translated by A. Sheridan. New York : Norton（ジャック・ラカン『エクリ』Ⅰ〜Ⅲ，宮本忠雄ほか訳，弘文堂，1972-81年）.

——. 1978, "Tuche and Automaton." In *The Four Fundamental Concepts of Psycho-Analysis*, edited by J.-A. Miller, translated by A. Sheridan, 53-67. New York : W. W. Norton（ジャック・ラカン「テュケーとオートマトン」，『精神分析の四基本概念』ジャック＝アラン・ミレール編，小出浩之ほか訳，岩波書店，2000年）.

Laplanche, J. and J. B. Pontalis. 1973. *The Language of Psychoanalysis*. Translated by D. Nicholson-Smith. New York : Norton（J・ラプランシュ，J=B・ポンタリス『精神分析用語辞典』村上仁監訳，みすず書房，1977年）.

Latour, Bruno, and Steve Woolgar. 1986. *Laboratory Life : The Construction of Scientific Facts*. Princeton : Princeton University Press.

Lazjuk, G. I., D. I. Nikolaev, and R. D. Khmel. 2000. "Epidemiology of Congenital Malformations in Belarus and the Chernobyl Accident." *American Journal of Human Genetics* 67, no. 4 : 214.

Ledeneva, Alena. 1998. *Russia's Economy of Favours : Blat, Networking, and Informal Exchange*. Cambridge : Cambridge University Press.

Lévi-Strauss, Claude. 1963. "The Effectiveness of Symbols." In *Structural Anthropology*, 186-205. New York : Basic Books（クロード・レヴィ＝ストロース「象徴の有効性」，『構造人類学』荒川幾男・生松敬三ほか訳，みすず書房，1972年）.

Lewontin, Richard. 1992. *Biology as Ideology : The Doctrine of DNA*. New York : Harper Perennial（リチャード・レウォンティン『遺伝子という神話』川口啓明・菊地昌子訳，大月書店，1998年）.

Lifton, Robert. 1967. *Death in Life : Survivors in Hiroshima*. New York : Random House（ロバート・J・リフトン『死の内の生命——ヒロシマの生存者』湯浅信之・越智道雄・松田誠思訳，朝日新聞社，1971年，『ヒロシマを生き抜く——精神史的考察』上・下，岩波現代文庫，2009年）.

Lindee, Susan. 1994. *Suffering Made Real : American Science and the Survivors at Hiroshima*.

Chicago : University of Chicago Press.

Lock, Margaret. 1993. *Encounters with Aging : Mythologies of Menopause in Japan and North America.* Berkeley and Los Angeles : University of California Press（マーガレット・ロック『更年期――日本女性が語るローカル・バイオロジー』江口重幸・山村宜子・北中淳子訳，みすず書房，2005年）.

Loganovsky, K. and K. Yuriev, eds. 1995. *Mental Health Consequences of the Chernobyl Disaster : Current State and Future Prospects.* Kyiv : Physicians of Chernobyl.

Long-Term Health Consequences of the Chernobyl Disaster. 1998. Proceedings of the second International Conference, June 1-6. Kyiv : Chernobylinterinform.

Managing the Legacy of Chernobyl. 1994. Washington, DC : World Bank.

Marples, David. 1988. *The Social Impact of the Chernobyl Disaster.* New York : St. Martin's Press.

――. 1989. *Ukraine under Perestroika : Ecology, Economics, and the Worker's Revolt.* New York : St. Martin's Press.

Martin, Emily. 1994. *Flexible Bodies : Tracking Immunity in American Culture from the Days of Polio to the Age of AIDS.* Boston : Beacon Press（エミリー・マーチン『免疫複合――流動化する身体と社会』菅靖彦訳，青土社，1996年）.

Maurer, K., and T. Dierks. 1991. *Atlas of Brain Mapping : Topographic Mapping of EEG and Evoked Potentials.* Berlin : Springer-Verlag.

Mauss, Marcel. 1985. "A Category of the Human Mind : The Notion of Person ; the Notion of Self." In *The Category of the Person,* edited by M. Carrithers, S. Collins, and S. Lukes, translated by W. D. Halls. Cambridge : Cambridge University Press（マルセル・モース「人間精神の一カテゴリー――人格（パーソン）の概念および自我の概念」,『人というカテゴリー』マイクル・カリザス，スティーヴン・ルークス，スティーヴン・コリンズ編，厚東洋輔・中村牧子・中島道男訳，紀伊国屋書店，1995年）.

――. 1990. *The Gift : The Form and Reason for Exchange in Archaic Societies.* New York : Norton（マルセル・モース『贈与論』有地亨訳，勁草書房，1962年，新装版2008年）.

Medvedev, Zhores. 1990. *The Legacy of Chernobyl.* New York : W. W. Norton（ジョレス・メドヴェジェフ『チェルノブイリの遺産』吉本晋一郎訳，みすず書房，1992年).

Merridale, Catherine. 2000. *Night of Stone : Death and Memory in Russia.* London : Granta.

Minow, Martha. 1998. *Between Vengeance and Forgiveness : Facing History after Genocide and Mass Violence.* Boston : Beacon Press（マーサ・ミノウ『復讐と赦しのあいだ――ジェノサイドと大規模暴力の後で歴史と向き合う』荒木教夫・駒村圭吾訳，信山社出版，2003年）.

Monroy R. L., et al. 1986. "The Effect of Recombinant GM-CSF on the Recovery of Monkeys Transplanted with Autologous Bone Marrow." *Blood* 70, no. 5 : 1696-1699.

Nyagu, Angelina, et al. 1995a. "Psychoneurological Characteristics of Persons with Acute Radiation Sickness." In *Mental Health Consequences of the Chernobyl Disaster : Current State and Future Prospects,* edited by K. Lohanovsky and K. Yuriev, 115. Kyiv : Physicians of Chernobyl.

――. 1995b. "Remote Psychoneurological Consequences of Chernobyl NPP : Results and Priority Directions." In *Mental Health Consequences of the Chernobyl Disaster : Current State and Future Prospects,* edited by K. Lohanovsky and K. Yuriev, 31. Kyiv : Physicians of Chernobyl.

Nyagu, A., et al. 1996. "Mental Health of Prenatally Irradiated Children : A Psychophysiological Study." *Social and Clinical Psychiatry* (in Russian) 6, no. 1 : 23-36.

Nyagu, A., and Loganovsky, K. 1998. *Neuropsychiatric Effects of Ionizing Radiation.* Kyiv : Physicians of Chernobyl.

Nyagu, A., K. N. Loganovsky, and T. K. Loganovskaja. 1998. "Psychophysiological Aftereffects of Prenatal Irradiation." *International Journal of Psychophysiology* 30, no. 3 : 303-311.

——. 2000. "Intelligence and Brain Damage Following Prenatal Irradiation." Draft manuscript. Scientific Center of Radiation Medicine, Kyiv, Ukraine.

One Decade after Chernobyl : Summing Up the Consequences of the Accident, Proceedings of an International Conference. 1996. Vienna : International Atomic Energy Agency.

Palsson, Gisli, and Paul Rabinow. 1999. "Iceland : The Case of a National Human Genome Project." *Anthropology Today* 15, no. 5 : 14-18.

Parsons, Talcott. 1991. *The Social System.* London : Routledge（タルコット・パーソンズ『社会体系論』佐藤勉訳，青木書店，1974年）.

Pass, B., et al. 1997. "Collective Dosimetry as a Dosimetric Gold-Standard : A Study of Three Radiation Accidents." *Health Physics* 72, no. 3 : 390-396.

Pearce, Fred. 2000. "Chernobyl : The Political Fall-out Continues." *UNESCO Courier*, October, 10.

Petryna, Adriana. 1998. "A Technical Error : Measures of Life after Chernobyl." *Social Identities* 4, no. 1 : 73-92.

——. 1999. "Chernobyl Effects : Social Identity and the Politics of Life in Post-Socialist Ukraine." Ph.D. diss., University of California, Berkeley.

——. 2002. "The Human Subjects Research Industry." Manuscript. W.H.R. Rivers Workshop. "Global Pharmaceuticals : Ethics, Markets, Practice." Harvard University.

Petryna, Adriana, and João Biehl. 1999. "O Estado Clinico : A Constituicao de uma Crianca Invalida." *Revista da Associação Psicanalitica de Porto Alegre* (Porto Alegre, Brazil) 7, no. 13.

Petryna, Adriana, and Kleinman, Arthur. 2001. "La Mondialisation des catégories : la Dépression à l'épreuve de l'universel." *L'Autre Cliniques, Cultures et Sociétés* 2, no. 3 : 467-480.

Pierce, D. A., et al. 1996. "Studies of the Mortality of Atomic Bomb Survivors." Report 23, Part 1. Cancer : 1950-1990. *Radiation Research* 146 : 1-27.

Pilinskaya, M. A. 1999. "Cytogenetic Effects in Somatic Cells of Chernobyl Accident Survivors as Bio-Marker of Low Radiation Doses Exposure." *International Journal of Radiation Medicine* 2, no. 2 : 83-95.

Pilinskaya, M. A., and C. C. Dibskyi. 2000. "The Frequency of Chromosome Exchanges in Critical Groups of Chernobyl Accident Victims." *International Journal of Radiation Medicine* 1, no. 5 : 83-95.

"President Governs by Decree." 1998. *Ukrainian Weekly*, July 6, 1.

Proctor, Robert. 1988. *Racial Hygiene : Medicine under the Nazis.* Cambridge : Harvard University Press, 1988.

——. 1995. *Cancer Wars : How Politics Shapes What We Know and Don't Know about Cancer.* New York : Basic Books（ロバート・N・プロクター『がんをつくる社会』平澤正夫訳。共同通信社，2000年）.

Prysyazhnyuk, A. Y., et al. 1999. "Epidemiological Study of Cancer in Population Affected After the Chernobyl Accident, Results, Problems, Perspectives." *International Journal of Radiation Medicine* 2, no. 2 : 42-50.

Rabinow, Paul. 1996a. *Essays on the Anthropology of Reason.* Princeton : Princeton University Press.

——. 1996b. *Making PCR : A Story of Biotechnology.* Chicago : University of Chicago Press（ポール・ラビノウ『PCR の誕生——バイオテクノロジーのエスノグラフィー』渡辺政隆訳，みすず書房，1998年）.

——. 1999. *French DNA: Trouble in Purgatory.* Chicago: University of Chicago Press.

Rapp, Rayna. 1999. *Testing Women, Testing the Fetus: The Social Impact of Amniocentesis in America.* New York: Routledge.

Raven, J. C. 1951. *Controlled Projection for Children.* London: H. K. Lewis.

Reich, W. 1999. "Psychiatric Diagnosis as an Ethical Problem." In *Psychiatric Ethics*, 3d ed., edited by S. Bloch, P. Chodoff, and S. A. Green, 81-104. Oxford: Oxford University Press.

Rheinberger, Hans-Jorg. 1995. "From Experimental Systems to Cultures of Experimentation." In *Concepts, Theories, and Rationality in the Biological Sciences: The Second Pittsburgh-Konstanz Colloquium in the Philosophy of Science*, edited by G. Wolters, J. Lennox, and P. McLaughlin, 107-122. Pittsburgh: University of Pittsburgh Press.

Ries, Nancy. 1997. *Russian Talk: Culture and Conversation during Perestroika.* Ithaca: Cornell University Press.

Romodanov, A. P., et al. 1994. *Post-Radiation Encephalopathy: Experimental Research and Clinical Observations.* Kyiv: Nauka.

Rumiantseva, G. M., et al. 1996. "Dynamics of Social-Psychological Consequences Ten Years after Chernobyl." In *The Radiological Consequences of the Chernobyl Accident*, 529-535. Brussels: European Commission.

Samborski, Zoltan. 1996. "Tax Privileges Are Eating Away at the Budget Planners' Salaries." *Halytski Kontrakty* 46, no. 96: 12.

Sassen, Saskia. 1998. *Globalization and Its Discontents: Essays on the New Mobility of People and Money.* New York: New Press（サスキア・サッセン『グローバル空間の政治経済学——都市・移民・情報化（抄訳）』田淵太一・原田太津男・尹春志訳，岩波書店，2004年）.

Scheper-Hughes, Nancy. 1979. *Saints, Scholars, and Schizophrenics: Mental Illness in Rural Ireland.* Berkeley and Los Angeles: University of California Press.

——. 1992. *Death without Weeping: The Violence of Everyday Life in Brazil.* Berkeley and Los Angeles: University of California Press.

——. 1993. "The Primacy of the Ethical." *Current Anthropology* 36, no. 3: 409-420.

Schnapper, Dominique. 1997. "The European Debate on Citizenship." *Daedalus* 126, no. 3: 199-223.

Schroeder, P. 1986. "Rights against Risks." *Columbia Law Review* 86, no. 495.

Schweitzer, Glenn. 1989. *Techno-diplomacy: US-Soviet Confrontations in Science and Technology.* New York: Plenum Press.

Sergeev, G. V. 1988. "Mediko-Sanitarnye Meropriiatiia po Likvidatsii Posledstvii Avarii na Chernobyl'skoi Atomnoi Elektrostantsii." In *Meditsinskii Aspekti Avarii na Chernobyl'skoi AES*, 15-26. Kyiv: Zdorov'ia.

Shapin, Steven. 1994. *A Social History of Truth: Civility and Science in Seventeenth-Century England.* Chicago: University of Chicago Press.

Shapin, Steven, and Simon Schaffer. 1985. *Leviathan and the Air-Pump: Hobbes, Boyle, and the Experimental Life.* Princeton: Princeton University Press.

Shcherbak, Yuri. 1992. "Strategy for Survival: Problems of Legislative and Executive Power in the Field of Environmental Protection in the Ukraine." *Boston College Environmental Law Review* 19, no. 3: 505-509.

——. 1996. "Ten Years of the Chernobyl Era." *Scientific American*, April, 45-49.

Sich, Alexander. 1993. "The Chernobyl Accident Revisited: Source Term Analysis and Reconstruction of Events during the Active Phase." Ph.D. diss., Massachusetts Institute of Technology.

——. 1996. "The Denial Syndrome." *Bulletin of Atomic Scientists* 52, no. 3 : 38-40.

Slezkine, Yuri. 1994. "The USSR as a Communal Apartment, or How a Socialist State Promoted Ethnic Particularism." *Slavic Review* 53, no. 2 : 414-452.

Slobin, Dan, ed. 1966. *Soviet Psychology and Psychiatry* 4, nos. 3-4.

Solchanyk, Roman. 1992. *Introduction to Ukraine : From Chernobyl to Sovereignty*, edited by R. Solchanyk, i-xiii. New York : St. Martin's Press.

"Some Material for a Campaign in Support of Radiation Sciences." 1996. *Radiation Research* 145, nos. 1-2 : 1.

Steele, Jenny. 1995. "Remedies and Remediation : Foundational Issues in Environmental Liability." *Modern Law Review* 58, no. 5 : 615-636.

Stone, Richard. 2001. "Living in the Shadow of Chernobyl." *Science* 292, no. 5376 : 420-424.

Strathern, Marilyn. 1993. "Environments Within : An Ethnographic Commentary on Scale." In *The Linacre Lectures* : 1-23. Linacre College, Oxford.

Straume, T., et al. 1993. "Validation Studies for Monitoring of Workers Using Molecular Cytogenetics." In *Biomarkers and Occupational Health : Progress and Perspectives*, edited by M. Mendelsohn, J. Peeter, and M. Normandy, 174- 193. Washington DC : Academic Press.

Subtelny, Orest. 1988. *Ukraine : A History*. Toronto : University of Toronto Press.

——. 1994. *Russocentrism, Regionalism, and the Political Culture of Ukraine*. Washington, DC, and College Park, MD : University of Maryland at College Park.

Taussig, Michael. 1987. *Shamanism, Colonialism, and the Wild Man : A Study in Terror and Healing*. Chicago : University of Chicago Press.

——. 1993. "The Public Secret." Lecture, February. University of California at Berkeley.

——. 1999. *Defacement : Public Secrecy and the Labor of the Negative*. Stanford : Stanford University Press.

Teague, Elizabeth. 1988. *Solidarity and the Soviet Worker*. London : Croom Helm.

Todes, Daniel. 1997. "From the Machine to the Ghost Within : Pavlov's Transition from Digestive Physiology to Conditional Reflexes." *American Psychologist* 52, no. 9 : 947-955.

Todeschini, Maya. 1999. "Illegitimate Sufferers : A-Bomb Victims, Medical Science, and the Government." *Daedalus* 128, no. 2 : 67-101.

Torbakov, Igor. 2001. "Ukraine : Vagaries of the Post-Soviet Transition," *Demokratizatsiya* 8, no. 4 : 461-470.

Trosko, J. 1993. "Biomarkers for Low-Level Exposure Causing Epigenetic Responses in Stem Cells." *Stem Cells* 13 : 231-239.

Turner, Bryan. 1987. *Medical Power and Social Knowledge*. London : Sage.

Ukraine Human Development Report. 1995. Kyiv : Blitz-Inform Press.

Ukrainskyi Blahodiinyi Soyuz Spilok Sotstiial'noho Zakhystu Invalidiv Chornobylia. 1994. "Analiz, Sotsiial'no-Ekonomichnykh Ta Pravovykh Aspektiv Stanovyshcha Invalidiv— Likvidatoriv Chornobyl'skoi Katastrofy." Draft manuscript, Kyiv.

UNESCO. 1996. *Living in a Contaminated Area*. Geneva : Chernobyl Programme.

UNSCEAR (United Nations Scientific Committee on the Effects of Atomic Radiation). 2000. *UNSCEAR 2000 Report to the General Assembly with Scientific Annexes*. New York.

USSR State Committee on the Utilization of Atomic Energy. 1986. *The Accident at Chernobyl Nuclear Power Plant and Its Consequences*. Information compiled for the IAEA Experts' Meeting, August 25-29, 1986, Vienna. Working Document for the Post-Accident Review Meeting.

Verdery, Katherine. 1996. *What Was Socialism, and What Comes Next?* Princeton : Princeton University Press.

Volkov, Vadim. 2000. "The Concept of Kul'turnost' : Notes on the Stalinist Civilizing Process." In *Stalinism : New Directions*, edited by Sheila Fitzpatrick, 210-230. London : Routledge.

Von Hippel, Frank. 1991. *Citizen Scientist.* New York : American Institute of Physics.

——. 2000. " 'Radiation Risk and Ethics' : Health Hazards, Prevention Costs, and Radiophobia." *Physics Today*, April, 11.

Vynnychenko, Volodymyr. 1920. *Vidrodzhennia Natsii*, 1 : 258. Vienna.

Wagemaker, E., et al. 1996. "Clinically Observed Effects." *IAEA Bulletin* 3 : 29-33.

Wanner, Catherine. 1998. *Burden of Dreams : History and Identity in Post-Soviet Ukraine.* Pennsylvania State University Press.

Ware, Norma. 1998. "Sociosomatics and Illness Course in Chronic Fatigue Syndrome." *Psychosomatic Medicine* 60 : 394-402.

Weber, Max. 1946. "Science as a Vocation." In *From Max Weber : Essays in Sociology*, translated, edited, and with an introduction by H. H. Gerth and C. Wright Mills, 129-156. New York : Oxford University Press（マックス・ウェーバー『職業としての学問』尾高邦雄訳，岩波文庫，1952年，1980年）.

Wells, Harry. 1960. *Sigmund Freud : A Pavlovian Critique.* New York : International Publishers（H. K. ウェルズ『パヴロフとフロイト』第二部，中田実・堀内敏訳，黎明書房，1966年）.

White, Hayden. 1973. *Metahistory : The Historical Imagination in Nineteenth-Century Europe.* Baltimore : Johns Hopkins University Press.

Whitehead, Alfred North. 1926. *Science and the Modern World.* New York : Pelican（ホワイトヘッド『科学と近代世界』上田泰治訳，ホワイトヘッド著作集第 6 巻，松籟社，1983年）.

WHO (World Health Organization). 1996. *Health Consequences of the Chernobyl Accident.* Results of the IPHECA Pilot Projects and Related National Programmes. Geneva.

World Bank. 1993. *Ukraine : The Social Sectors in Transition.* Washington, DC.

——. 1996. *Poverty in Ukraine.* Report No. 15602-UA, Kyiv.

Yalow, R. 1993. "Concern with Low-Level Ionizing Radiation." *Mayo Clinic Proceedings* 69 : 436-440.

Yamazaki, James N., and William J. Schull. 1990. "Perinatal Loss and Neurological Abnormalities among Children of the Atomic Bomb : Nagasaki and Hiroshima Revisited, 1949 to 1989." *Journal of the American Medical Association* 264, no. 5 : 605-610.

Young, Allan. 1995. *The Harmony of Illusions : Inventing Post-Traumatic Stress Disorder.* Princeton : Princeton University Press（アラン・ヤング『PTSD の医療人類学』中井久夫ほか訳，みすず書房，2001年）.

Zenkov, L. P., and M. A. Roikin. 1991. *Funktsional'naia Diagnostika Nervnikh Boleznei.* Moscow : Meditsina.

原　注

序

（1）　Baverstock and Williams 2006; Williams and Baverstock 2006.　この場を借りて，プリンストン大学出版のフレッド・アッペル，そして2012年6月に本研究について考察する機会を与えてくれいたパリのコイレ・センター，特にジャン＝ポール・ゴーディイェール，ドミニク・ペストル，セジン・トプスに感謝したい。このエッセーについて会話をし，機知に富むフィードバックを頂いたジャネット・モンジュ，ベス・ハラウェル，ブリット・ダールバーグにも感謝する。

（2）　国連の組織である国際原子力機関（IAEA），世界保健機関（WHO），原子放射線の影響に関する国連科学委員会（UNSCEAR）が，チェルノブイリの健康被害に関わる情報の主な発信源である。これらの組織が，チェルノブイリの科学体制を築き，災害による死亡者数について権威的な立場を持っている。

（3）　World Health Organization 2005.

（4）　World Health Organization 2005 を参照。この WHO の公式見解は，2003年から2005年にかけて開催されたチェルノブイリ・フォーラムでの議論に基づいている。WHO のプレスリリース（World Health Organization 2005）によると，「保健分野に関し，フォーラムの報告書は，急性放射線症候群（ARS）から回復した患者や，高レベルの放射線に被曝した非常要員の被曝量の綿密な検査を継続することを勧告する。また本報告書は，放射性ヨウ素に被曝し，甲状腺がんを患った子供や，甲状腺がんにはならずとも高レベルの放射線に被曝した事故処理作業員に対象をしぼった集団検診を実施するよう勧告する。ただし，検査対象となる人口が歳をとるにつれて，自然発生の甲状腺がんのケースが大幅に増加することから，既存の集団検診プログラムは費用対効果の観点から査定すべきである。また，がん患者を登録する質の高い制度は政府の援助を受け続ける必要がある」。

（5）　World Health Organization 2006.

（6）　World Health Organization 2005.

（7）　IAEA 1991: 6.

（8）　Human Consequences 2002: 2.

（9）　チェルノブイリ・フォーラム（2003～2005年）の研究成果に関する批判的検討については以下を参照のこと。Fairlie and Sumner 2006; Williams and Baverstock 2006; Cardis 2007; Geras'kin, Fesenko, and Alexakhin 2008; Mousseau, Nelson, and Shestopalov 2005 など。ここで最後に挙げた論文で言及されている手紙の全文は以下の URL で見られる。http://cricket.biol.sc.edu/chernobyl/nature/letter.pdf.

（10）　Williams and Baverstock 2006: 993, quoting Shimizu et al. 1992.

（11）　Baverstock and Williams 2006: 1312.

（12）　World Health Organization 2006: 107.

（13）　こうしたアプローチの批判については Geertz 2005 を参照のこと。

（14）　Tetlock and Mellers 2011: 552.

（15）　Human Consequences 2002: 2.

（16）　寿命に関するこの重要な集団調査については ARCH n. d. を参照。

（17）　Butler 2011.

（18）　Butler 2011.　本書執筆の時点で，欧州委員会はこのような研究の必要性に鑑みて過去の決定

を再考しているかもしれない。余命調査はアメリカ合衆国と日本を加えた三者から資金提供を受けるかもしれない。

(19) Chesser and Baker 2006 : 546. この二人は1996年に『ネイチャー』誌に発表した研究で，チェルノブイリのゾーンに生息するハタネズミで遺伝子変異の割合が高まったと述べていた。自動化された遺伝子シーケンサーを使って遺伝子を再配列したところ，先の結果を再現できないとわかったという。

(20) チェルノブイリの「野生生物」に関する主張について Baker and Wickliffe 2011 を参照し，Mousseau and Møller 2011 の研究成果と比較のこと。

(21) 長年にわたって WHO の放射線・公共衛生部門を統括したキース・ベーバーストックのインタビューから引用した。http://www.ippnw-students.org/chernobyl/baverstock.html.

(22) Gale and Baranov 2011 : 17 を参照。

(23) Meyer 2011. 1万8000という数字は2011年10月現在のものである。Wada et al. 2012 を参照。フクシマで働く人々の命運に関する批判的考察は Jobin 2012 を参照。

(24) John Boice, quoted in Bradsher and Tabuchi 2011.

(25) 作業員一人当たりの最大被曝量は670.4ミリシーベルトと見積もられている（Wada et al. 2012 : 599 を参照）。ミリシーベルト（mSv）は電離放射線の吸収量を示す単位である。

(26) Brumfiel 2012 を参照。

(27) シェイラ・ジャサノフのエッセー（Jasanoff 2003）が参考になる。

(28) Lubchenco 2012.

(29) 転換点に関しては，Guterl 2012を参照。甚大な被害とそれをどう提示するかに関する内部の意見の不一致に関しては Socolow 2011 を参照。

第一章

(1) 「実験の目的は，電源喪失の際，必要な電力量を維持するために，蒸気供給から切り離されたタービン発電機のローターの力学的エネルギーを用いることができるかどうか試すことであった」(USSR State Committee on the Utilization of Atomic Energy 1986 : 16)。

(2) Sich 1996 参照。こうしたことを含めて様々な複合的な要素があることから，「チェルノブイリ事故の長期的な健康への影響は，おおよその規模についてさえ，はっきりと見積もることができない」(Von Hippel 1991 : 235)。

(3) 1986年5月2日には，いくつかの地元紙で簡単な報道はなされていた。

(4) 被災地域の1万3000人の子供たちが，原子力作業従事者に1年間で許容される最大被曝線量の2倍の放射線量を甲状腺に取り込んだ。Shcherbak 1996 参照。

(5) ヨウ素錠剤は血中のヨウ素量を上昇させ，甲状腺がそれ以上ヨウ素を取り込むことがないようにする。被曝した人の体内に入った放射性ヨウ素は尿から排出される。

(6) 見積もりは60万人から80万人と幅がある。これらの作業員は，ソヴィエト連邦全土から動員された。しかし，ウクライナ系およびロシア系の人口集団から最も多くの労働要員が集められた。

(7) カルボヴァーネツ（Krb）は，1992年から1996年までウクライナの法定通貨だった。1米ドル当たりの交換レートは1992年から1993年の間に急落した。1992年3月，為替レートは1米ドル640 Krb だったが，1993年3月には，1万2610 Krb まで下落した。それ以降の対米ドル為替レートは以下の通り。1994年—10万4200，1995年—17万9900，1996年—18万8700。1996年9月にフリヴニャ（HRN）がカルボヴァーネツに代わって導入され，1 HRN が10万 Krb となった。対ドル為替レートは以下の通り。1997年—1.84，1998年—2.04，1999年—4.13，2000年—5.44。

(8) こうした価値は作業員たちが貯めこんだ「レム消費量（rem-expenditure）」に基づいて計算さ

れる。その額は国際的な基準によって規制される。このような基準が存在するにもかかわらず，作業員の被曝に関する規範は，それぞれの地域において，より少ない賃金でより高いリスクに作業員をさらすことで彼らの生を「過小評価する」地域経済の制約の下で決定されている。

(9) 社会的な苦しみは「政治的・経済的・制度的権力が人々に対して行うことに起因し，また同時に，こうした形態の権力そのものが社会的問題に対する応答に及ぼす影響にも起因する」(Kleinman, Das, and Lock 1996 : i)。

(10) ソヴィエト時代とは1986年から1991年の間を指す。ポスト・ソヴィエト時代とは1991年以降を指す。

(11) 被災者と障害者の違いについては第四章で取り扱う。

(12) 非常事態省（チェルノブイリ部門国際関係課）での個人的な聞き取りによる。ロシアでは，被災したと見なされ補償の対象となる人々の数は最小限に抑えられたまま，まったく変わっていない（その数約35万人で，そのうち30万人がゾーン作業員，5万人が非汚染地域に移住した人々である）。

(13) 事実，ベラルーシ政府は，自国民，および新たに策定されたロシア国境の外に住むロシア人（主に中央アジアとコーカサスで，この地域では戦争が進行中である）に対して，住居，雇用，在留資格を提供し，汚染地域に住むよう奨励してきた。Ackerman 2000 参照。

(14) 1999年時点で，人口の50％が貧困ライン以下の暮らしをしている。インフレ率は20％である。国内総生産（GDP）は独立以来60％下落した。しかしこの数字は，産出量の下落を誇張している。というのも，インフォーマル経済は拡大しているからである（Country Brief, World Bank, 1999)。

(15) しかしこれと相反する所見もまたベラルーシ国内において見られる。ミンスクの放射線医学・内分泌学臨床研究所の所長は「爆発後最初の数年で最も驚異だったことはおそらく，日本の原爆被害者の研究から予測された白血病の大量発生が一度も現れなかったことである」と述べている。Stone 2001 参照。

(16) ここで私はシェイピンとシャファーに触発されている。「知の問題への解決策は社会秩序の問題への実際的な解決策の内側に組み込まれており……社会的秩序の問題への実際的な解決法が異なれば，知の問題への解決方法もまた異なってくる」(Shapin and Schaffer 1985 : 15)。

(17) フランク・フォン・ヒッペル（Frank Von Hippel 2000）が述べているように，その値よりも低ければ放射線が害を及ぼさないような閾値が存在するかどうかについての議論は，原子力発電の規制を主戦場としている。

(18) フーコーにとって，原子力時代は生権力のクライマックスを示すものだった。「原子力エネルギーが人口集団をいまだかつてない種類のリスクと死の可能性にさらすものであるとすれば，それは個人と人口集団を生物学的に統治することによって生を生みだす権力の裏の顔でもある」(Foucault 1980a : 137)。

(19) アメリカ合衆国エネルギー省は，チェルノブイリの事故が起きた年にヒトゲノム計画を開始した。Cook-Deegan 1994 などを参照のこと。

(20) 「将来，新しい遺伝学は近代社会の生物学的メタファーであることをやめ，そのかわりに，アイデンティティの条件や制限遺伝子座が流通する回路となる。その回路を通じて，真に新しいタイプの自動生産が立ち現われるであろう。これを私は『生社会性』と呼ぶ」(Rabinow 1996a : 99)。

(21) ヴィーナ・ダスは痛みと苦しみが国家のメカニズムと被災した社会の中で合理化されていく様相を描写した。インドのボパール化学工場の事故の場合，国の医療専門家や官僚たちは，化学物質にさらされたことの帰結を検証する方法として，被害者たちの自己申告に代えて客観的な方法を導入しなければならないと主張して，被害者たちの苦しみの真正性を否定した。同様のことが

ソヴィエト当局によるチェルノブイリ事故処理においても見られた。結果として，痛みと苦しみは「社会秩序そのものによって積極的に作りだされ，分配される経験でもあろう」(Das 1995：138)。Das 1995 所収の “Suffering, Legitimacy, and Healing：The Bhopal Case” を参照。

(22)　チェルノブイリ事故の帰結は，ベックが「製造された不確定要素」とよぶものの重要な一例である。Beck 1999 を参照のこと。

(23)　この名称は仮名である。本書を通じて「放射線研究センター」ないしは「センター」として言及する。

(24)　情動と認識が符号に還元されてしまう暴力の文脈における言葉の力について，文芸評論家のジョージ・スタイナーが語っていた。スタイナーによれば，ロシアの作家ボリス・パステルナークは1930年後半の追放処分中，講堂に招かれ，そこで大勢の聴衆を前に公開尋問を受けることになっていた。尋問が始まる前，取調官が彼に自己弁護のために許されるのはひと言だと告げたところ，パステルナークはただ，25番，と口にした。そのとき聴衆は最も痛烈な反抗の行動に出た。立ち上がり，シェイクスピアのソネット25番を暗唱し始めたのだ。ソネット25番は，パステルナークがロシア語に翻訳したものだったのである（マサチューセッツ工科大学人文学部で1998年3月6日に行われた講義より）。

(25)　この国の現在の人口増加率はマイナス0.83％である。人口は4915万3027人。

(25)　この数字は，歴史学者ロバート・コンケストによる，飢饉の歴史に関する重要ではあるが異議も提出されている研究において示された見積もりに基づいている。Conquest 1986 参照。

(27)　歴史学者たちは，パウロー・スコロパーヅィクィイ〔ロシア革命後に建国されたウクライナ国の元首を務めた〕の政府も，セメーン・ペトリューラ〔反ソヴィエト主義者でウクライナ人民共和国の長を務めた〕の政府同様，半主権国家であったと論じるかもしれない。

(28)　この国の統計省に登録されている主な民族《エスニシティ》グループは，ウクライナ，ロシア，ユダヤ，アルメニアである。ウクライナは核兵器備蓄を放棄した世界で初めての国であった。市民権，宗教的信仰の表現および言論の権利が，民族・宗教帰属を問わずすべての住民に与えられた。1996年には，キエフで移民集団に対して警察による暴力行為があったこと（特にアフリカ系移民やモスリムに対して）が広く報道された。

(29)　実際，1990年から1991年の間に公的社会支出は倍増し，国内総生産（GDP）の25％から44.1％へと跳ね上がっている。

(30)　シュナペールによれば，こうした請求の権利は「仕事をする権利，物質的なウェルビーイングや教育や休暇への権利といった，国家からサービスを受け取る」市民の権利を特徴づける。自由権と対照的に，「これらの権利は，個人に恩恵を与えるための国家の介入を示唆する」(Schnapper 1997：202)。ソヴィエトの市民権概念に関する優れた報告として，Wanner 1998 所収の “Nationality in Soviet and Post-Soviet Ukraine” 参照。

(31)　最初の五か年計画は，ウクライナやカザフスタン，ロシアの一部で個人農夫の所有する農場の完全な集団化を要求した。農夫による生産される穀物はすべて徴収され，工業化の資金調達のため売却された。穀物を隠してこのような徴収に抵抗した人々は，しばしば銃殺による処刑にあった。ワナーが指摘するように，「飢饉の条件は，いかなる特定の年の収穫量による以上に，体制側が穀物や種を徴収する要求が膨れ上がったことによって生み出された」(Wanner 1998：43)。飢饉に至る出来事の詳細な描写については，Krawchenko 1985 と Subtelny 1994 を参照。飢饉は，都市住民か農村住民かを問わず，またウクライナ系かロシア系かユダヤ系かを問わず，すべてのウクライナ市民に影響を及ぼした。

(32)　ウクライナには20以上の政党がある。左派に共産党，社会党，社会党 - 農民党の連立，中道派にフロマダ，緑の党，民主党，民族主義派にルフと人民戦線党，極右派にUNA など。短命に終わった連立に関する説明は，Torbakov 2000 を参照。比較的短命だった環境保護運動と独立の政

治の関係については，Dawson 1996 を参照。

(33) 本書で私はレム，グレイ（Gy），ミリシーベルト（mSv）といった単位に言及する。レムは生物学的ダメージに対応する等値線量の単位である。このような単位は他にシーベルト（Sv）があり，1シーベルト＝100レムである。グレイは吸収線量の単位である。破損した原子炉跡で数年にわたって働いている科学者たちのグループは，0.5から13グレイ（約500から13000シーベルト，または50から1300レム）の線量を蓄積している可能性がある。

(34) アナトリー・ロマネンコは，災害の規模を覆い隠そうとするソヴィエトのキャンペーンにおいて，自国民を「放射線恐怖症」に罹っていると見なすうえで決定的な役割を果たしたことで広く知られている。彼はキエフで放射線レベルがピークに達した5月1日に，全市民に参加を義務づけたメーデーのパレードを主催した。その日，彼は健康被害警告を発しなかった。

(35) クザーヌスの自由な思索は後期中世において強調された神の遍在という考え方に反対し，そのために反教会的な疑わしい思想とみなされた。

(36)「理論的な態度にとって，不正確さとは決してその対象の究極的な正確をあらわすものでありえず，天体に関して想像される『単純性』が持っているはずの正確さと，各天球の周期性に関する将来のより複雑な正確さとの間に介入する中間段階にすぎない。／……不正確さは，思弁的に予想された必然の事態ではなく，まずもってスキャンダラスな不測の事実なのである」（Blumenberg 1983：504）。

第二章

（1） ドミトロは，障害者として毎月150ドル受け取っていた。彼の妻は公務員で，毎月40ドルの収入を得ていた。もし半額を医療費に充てずにすむのであれば，彼の年金は適正な額だったろう。彼は，労働能力の80％以上を損失したと認定される障害2級を欲しがっていた。昇級すれば，年金は毎月300ドルまで倍増される。

（2） 報道統制の期間，事故状況をコントロールするためにとられた応急処置について「技術的な詳細」は一切公開されなかった。メドヴェージェフは，応急処置を以下のように定義している。「当局が報道統制に保護されながら活動していた最初の10日間にとられた事故の初期対応のこと。当該地域の汚染除去作業，原子炉を周辺環境から隔離するための『石棺』の建設，原発用地の水理学的隔離，食品の効果的な線量管理の確立，などがその作業に含まれる」（Medvedev 1990：41）。

（3） プルームの発生源に関するソヴィエトのデータが皆無だったため，サリバンと彼のチームは，アメリカ空軍が提供した天気図をもとに推測した。

（4） 地図の製作は，4月28日から29日にかけて行われた。サリバンによると，アメリカ合衆国原子力規制委員会と国際原子力機関と提携する別のチームも同じ作業に取り組み，お互いのデータを照合していたという。

（5） ルテニウムの溶解温度は，摂氏2250度である。プルームの軌跡にルテニウムが存在したということは，炉心融解（メルトダウン）が起こったことを意味していた。核燃料を覆うために使われるジルコニウムは摂氏1852度で溶ける。

（6） サリバンによると，「私たちは，大量のデータが必要だと突然気づきました。空間や時間の規模を考慮すると，私たちの処理できるデータの量ではありませんでした。例えば，通常のモデル計算ならば，5つの空中点と15から30程度の表面点に限定されます。しかし，今や何百という空中点と何千もの表面点に対処しなければならないのです」。

（7） チェルノブイリ後，サリバンのチームは，火山灰による火災やクウェートの石油火災などをリアルタイムでモデル化することを始めた。

（8） ソヴィエトには，放射線観測ポイントの巨大なネットワークがあった。

(9) 1986年8月，ソヴィエトがIAEAに当初提出した報告書には，「チェルノブイリでは，環境観測機器，個人線量計やバッジ，熱蛍光線量計などの有用性は限定的である」と記されている。USSR State Committee on the Utilization of Atomic Energy 1986. *The Accident at Chernobyl Nuclear Power Plant and Its Consequences.* Information compiled for the IAEA Experts' Meeting, August 25-29, 1986, Vienna. Working Document for the Post-Accident Review Meeting.

(10) その湖は干上がり，危険レベルにある放射性の土埃が残されたままになっている。

(11) 核兵器実験や，ウラル高原で1950年代に起きたような他の原子力事故などで，彼らは放射線に被曝していた。

(12) 彼女は，放射線生物学と臨床医療とを組み合わせた功績で有名である。Guskova 1997 を参照のこと。

(13) メドヴェージェフによると，「これらの推定を行ううえで，合意された適切な科学的方法はソヴィエト連邦内にない。専門家たちはそれぞれ異なる手法を用いている」(Medvedev 1990：130)。

(14) こうした当初の医学的関心はモスクワでグスコワが治療にあたった作業員グループに集まったが，事故から数日のうちにキエフの放射線研究センターと提携するソヴィエトの生物学者や細胞遺伝学者，生物学者が多数，ゾーンに派遣された。彼らは大人や子供から血液のサンプルを採取し，血液中のマーカー，染色体，遺伝子構成（HLA マーカー）の変化を記録した。

(15) 原発事故による有害作用の分布は，肌，骨髄，その他の部位の三つの身体的領域の侵食によると考えられている。事故ごとに，各領域の損傷の程度が異なるため，「すべての事故に対処できる特定の医療計画を考案したり，一つの事故から異なる医療措置の有用性について結論を下したりすることは，不可能である」(Baranov et al. 1989：206)。

(16) 彼は，ARS と診断された者に支払われるウクライナの公的給付金をすべて受け取っている。

(17) *Chornobyl'ska Tragediia* 1996 を参照のこと。

(18) ソヴィエトの医学分類法の中で学んだある専門家によると「我々が環境と呼ぶすべて」のことだ。植物神経失調症とは，自律神経系統の障害を表すための用語である。アメリカでいうところの，身体性障害，特に身体的な症状が出る不安障害などの類に近い。植物神経失調症は診断ではなく，国際疾病分類にも表記されていない。また，それは何か特定の病理を示すわけでもない。植物神経失調症は前病の状態であり，植物神経失調症を患っている人は，病的状態に徐々に発展する「傾向」を示す。明確でない状態，つまり「正常態と病態という，生体の二つの機能的状態の合間」を指す説明のことである。

(19) 「電離放射線に被曝した個人の病気診断について」1986年5月21日（*Chornobyl': Problemy Zdorov'ia Naselennia* 1995：144)。

(20) このウクライナ保健大臣の通達から〔ソヴィエト当局に放射線関連の診断のリストをわたすよう〕要請をしていたことがうかがえる。「今に至るまで，ソヴィエトの保健省は，電離放射線の活動に関連する診断のリストを我々に提供していない」。「ウクライナ保健省からウクライナ共産党中央委員会へわたされた，避難区域で働く作業員の労働能力を診断する難しさに関する情報」1986年12月29日（*Chornobyl': Problemy Zdorov'ia Naselennia* 1995：67)。

(21) 血液中のマーカー検査は，ほとんどされなかった。放射線の影響，少なくとも血液中に追跡できるものは（自然な生理学的プロセスの機能として）失われてしまう。血液中のリンパ球は頻繁に再形成されるため，被曝の原証拠となる染色体の損傷そのものが時間の経過とともに失われる。したがって，生体への影響は，実際には起こらなかったものとして排除される。

(22) 5名のチームが，1986年5月6日に到着した。国際骨髄移植登録機構を率いるゲイル医師は，実業家であり博愛主義者としても知られるアーマンド・ハマー氏の支援の下，入国が許可された。

(23) ゴルバチョフ書記長は1986年6月9日の演説で，「ソヴィエトは，IAEA が独自の原子力プロ

グラムを促進しようとする決意に敬意を表し，IAEA の指導を期待をもって受け入れたい」と表明した。「安全や保証の問題についての国際間協力を加速させ，また次世代の原子炉を設計する基盤として IAEA を活用する」ことを望んだ（Economist Intelligence Unit 1986：13）。

(24)　資金援助は，国立がん研究所（助成金番号 CA23175），国立保健研究所，サンド製薬，オクシデンタル・ペトロリウム社，バクスター・ヘルスケア，スミスクライン・ベックマンほか，一連のアメリカの機関から提供された。

(25)　遺伝子組み換えヒト顆粒球マクロファージコロニー刺激因子（Recombinant human granulocyte macrophage colony-stimulating factors）。

(26)　ゲイルによると，この分子の実験はアメリカ連邦当局の許可を得ているという。

(27)　Donahue et al. 1986；Monroy et al. 1986.

(28)　V・D・リゾヴィー，チェルノブイリ国会委員会，ウクライナ，キエフ，1993年 6 月。国際放射線防護委員会が設定した現在の基準によると，一般の人々が年間受けることのできる最大許容放射線量は，0.5レム（75歳の平均寿命内で35レム）。自然環境での年間平均放射線量は，0.1レム（75歳の平均余命範囲だと 7 レム）。Medvedev 1990 より。

(29)　このように，現存する原子力サイトの費用対効果の分析は，世界中で標準的に実践されている。その分析は，高まる原発リスクに対する地域の反応や寛容性にも影響を及ぼし，チェルノブイリ原発などの原発立地点の汚染除去作業のための国際的資金の獲得交渉などでも重要な役割を果たしている。

(30)　IAEA 1991a, 1991b を参照。

(31)　キエフにある放射線腫瘍学研究所のキンデルスキー教授は，例えば，どのように35レムの限度が推定されたか説明してくれた。北米の研究によると，「0.5レムが，原発作業員の〔1年間に〕受ける放射線量です。これが安全放射線量の最大値です。そして，0.5を70年分（想定寿命の期間）積算していくと35レムになるのです」。限界線量をめぐるさらなる折衝についての詳細は，Chernousenko 1991 を参照。

(32)　「もし生命が，情報の生産，伝達，受容であるならば，明らかに生命の歴史も保守と革新の両方で成り立っている。進化は遺伝子によってどう説明されるのだろうか。その答えの一つは，もちろん，突然変異のメカニズムだ。……たしかに，多くの突然変異は，奇怪である――しかし，生命全体の観点に立ったとき，奇怪とは何を意味するのか。今日ある生命の形は，奇怪さが標準化されたものでしかない。……したがって，もし生命に意味があるとすれば，その意味が失われた可能性，歪曲や誤解の可能性を受け入れる必要がある。さらなる試行錯誤を通じて，生命は失敗を乗り越えていく（ただし，ここでいう失敗とはただの行き止まりのことである）」（Canguilhem 1994：318）。

(33)　アンスポーと彼の同僚の主張を引用するさい，私は，引用されている最低値の 0 %がまったく意味をなさない点を自覚している。

(34)　パスらによると，「生物学的に意味のある放射線量の数値化は，放射線による傷害や苦痛と重大な生物学的結果との因果関係を確立するために必要である」（Pass et al 1997：390）。

(35)　BEVALAC は，重イオンの総合研究に適切な唯一の加速装置と考えられている。1994年に BEVALAC が閉鎖されたため，ローレンス・バークレー国立研究所で行われる動物実験やがん末期患者への実験的放射線治療は大きく制約されることとなった。

(36)　「多様な実験データを系統的に統合するだけでなく，実験の手続きでは得られないような追加知識を提供するうえで，理論的方法が大きな役割を果たすことに疑いの余地はない」（Chatterjee and Holley 1994：222）。

(37)　ポール・ラビノウによると，「たしかに，このようなギャップは目新しいものではないが，それが拡大するという見込みは，新たな社会的，倫理的，文化的問題を引き起こすことになる」

(Rabinow 1996a: 100)。

(38) 28年の歳月をかけて進化したFISHは，出生前のスクリーニング，腫瘍生物学，遺伝子マッピング，また放射線誘発の生物学的モニタリングにも有効である。

(39) この技術は患者の放射線量負荷やリスク状態を計算するためにも用いられたが，そのような計算は，例えば200個というように，比較的少ない数の中期核分裂の検査を基になされることが多かった。

(40) ラド（Rad: Radiation absorbed dose）＝吸収放射線量。この単位は，組織や臓器の単位あたりに吸収された放射線量のことを指す。

(41) 現在，幹細胞治療の可能性に関連するバイオテクノロジー事業が流行するなか，ゲイルは，チェルノブイリ関連の問題に焦点を当てるのをあきらめ，幹細胞の研究に特化した私立のバイオテクノロジー会社の研究を監督している。

第三章

(1) 当時のソヴィエトの恐怖《テロル》に関する近年の文献として，Merridale 2000 を参照のこと。

(2) ボリシェヴィキ革命〔ソ連成立に結びつく1917年の革命〕の時，ビラ＝スカラ市は，国境管理の要所であった。そこでは，反革命分子と闘う非常委員会，すなわち恐れられていたチェーカー警察〔KGBの前身〕に，モルダヴィア北部，ルーマニア，ポーランドに逃亡しようとした「反革命分子」や個人を逮捕し，処刑する全権力が与えられた。1930年代初頭，集団農場化が開始された時期，「クラーク」（*kulak*）すなわち「拳」と呼ばれ，自分たちの土地を国に明けわたすことに頑強に反抗した農民たちは，そこで検挙され，その後射殺されたり，あるいは強制労働所に送られたりした。後の1941年，ヒトラーはビラ＝スカラをウクライナにおける帝国管区《ライヒスコミサリアート》（*Reichskommissariat*）の拠点のひとつとし，西ヨーロッパへ，あるいは少なくともポーランドなど北方へ逃避しようとする移民や亡命者を取り締まろうとした。30年間にわたり，多種多様な民族的，宗教的集団が，この地で止まない暴力の標的になったのである。

(3) 農民人口の食料を国が押収した結果，干ばつとも相まって，1921〜22年の間，ウクライナと〔ロシアの〕ヴォルガ地方を飢饉が襲った。後の1932〜33年に起きた飢饉とは異なり，この飢饉は公式に認められている。

(4) パシチュニク氏がそれらの骨を全部移動させたのかどうかは明らかではない。私が聞いたとき，彼は「自分で，たった一人で移したよ。永遠みたいに長くかかった」と答えた。ビラ＝スカラビラ＝スカラ市，1992年7月。

(5) この教会は，ポーランドのカトリック教会の資金援助を受け，ポーランド・カトリックの教会としてすぐに修復された。

(6) ビラ＝スカラ市の旧市街には，かつて40棟以上もの正教会，カトリック，プロテスタントの教会が比較的狭い場所に建っていた。過去60年間，この旧市街は廃墟となっていた。アルメニア教会は戦時中に爆撃にあい，このドミニコ派の教会同様，納骨堂が人骨で埋めつくされている。一つだけ残っていたシナゴーグ〔ユダヤ教会堂〕はレストランに改修されていた。未だ残っているウクライナ正教会，ポーランド・カトリック教会，ウクライナ東方カトリック教会の団体は，スターリン時代のソヴィエト国家に押収された宗教的資産の所有権の返還を要求していた。ウクライナ正教会とポーランド・カトリック教会の信者は，ある程度，表現の自由を認められていたが，ウクライナ東方カトリック教会は非合法化され，「カタコンベの教会」として活動していた。ロシア正教会は，公式の教会となり，ソヴィエト政府の支局として置かれた。

(7) ロラン・バルトは，著書『明るい部屋』の中で，写真撮影される瞬間に自らが客体へと変えられることに気づいた経緯を説明している。「私にわかることは，自分が『完全なイメージ』になってしまったということ，つまり，〈死〉の化身となってしまったということである。他人が

―〈他者〉が，私を私自身の手から奪い取り，無慈悲にも私を客体（もの）に変え，自分たちの意のままに，いつでも使えるように，カード箱のなかに並べ，保管しているのだ」(Barthes 1981：14)。

（8） ストロカット家のインタビューは，1992年の7，8月，ウクライナ，ビラ＝スカラ市で行われた。

（9） バーバラ・ヘルトが指摘しているように，「もちろんそこには，［以前のソヴィエト連邦における］女性への敬意を表すレトリックと，それが家の外であれ，家庭内の単調な家事であれ，本当に危険な作業で女性の身体を利用する実態の間に大きな断絶があった。中絶の頻度が高いのは，……このような女性軽視の一部でもある。避妊具は，不足《デフィツィット》（*defitsit*）しているか，男性が使わないかである」(Heldt 1989：163)。

(10) 内分泌・新陳代謝研究所のテレシェンコ博士によると，ウクライナの汚染地域に住む子供の甲状腺がん発生数は以下の通りである。1986年17件，1989年113件，1991年126件，1992年147件，1993年143件，1995年146件。発生数が急激に上がったのは，チェルノブイリ災害の結果，汚染地域でモニタリングがより普及した事実も反映している。

(11) チェルノブイリに関する国会委員会事務局，キエフ，1994年8月10日。

(12) 尊敬を集めていた大臣は，2年後に急死した。

(13) これらのカテゴリーは，障害者ステータスがさらに細かく区分されていることを示している。カテゴリー1は，災害数日後，原発の事故処理作業のために徴用された作業員を示している。

(14) 彼はさらに「だから歯医者が私たちのエコー検査をやってるんだ」と続けた。甲状腺の発生件数は，2000年から2005年の間にピークになると予測されている。

(15) スヴェータは，甲状腺機能低下症と呼ばれる症状と診断されていた。彼女は，ウクライナ西部のザカルパッチャ地方出身であり，そこは特有のヨウ素欠乏症で知られている地方だった。彼女の欠乏症がチェルノブイリと関連している可能性は低い。

第四章

（1） 限界線量を超える地域は，国の保護下に置かれた。これらの地域の住民は，移住を保証された。ウクライナの法の下，汚染地域の規模や危険とされる汚染の種類が拡大された。立入禁止区域（ゾーン）は，国家政府の保護の下に置かれた。その他の3区域は，それぞれの地域内で測定された放射線量の深刻度により分けられた。例えば，「第2区域」は，以下の内容量の放射線量を含んでいる〔Ci＝キュリー，Bq＝ベクレル〕。セシウム＝15 Ci/km^2〔555 kBq/m^2〕，ストロンチウム＝3 Ci/km^2〔111 kBq/m^2〕，プルトニウム＝0.1 Ci/km^2〔3.7 kBq/m^2〕。「第3区域」の放射能の内容量は，セシウム＝5〜15 Ci/km^2〔185〜555 kBq/m^2〕，ストロンチウム＝0.15〜3 Ci/km^2〔5.55〜111 kBq/m^2〕，プルトニウム＝0.01〜0.1 Ci/km^2〔0.37〜3.7 kBq/m^2〕。「第4区域」で検出された放射線は，セシウム＝1〜5 Ci/km^2〔37〜185 kBq/m^2〕，ストロンチウム＝0.02〜0.15 Ci/km^2〔0.74〜5.55 kBq/m^2〕，プルトニウム＝0.005〜0.01 Ci/km^2〔0.185〜0.37 kBq/m^2〕。1996年の時点で，「第4区域」の住民への手当は廃止されていた。

（2） 法律の正式名称は「チェルノブイリ災害により被害を受けた国民への社会保護に関する法」。私は，その条項に従って社会保護法と呼んでいる。

（3） ロシアで行われた調査は，経済圧力に応じた社会の組織化は，階級，教育，雇用といったカテゴリーを越えて進んでいる点を示している。Ahl 1999 を参照のこと。

（4） 被災者がこの制度に入るには，被曝量証明を示すことが義務づけられている。証明にあたって有効な書類には，（1）四つの指定区域のうちのいずれかに居住していること，（2）許容された限界値の基準を超える放射線被曝量，（3）仕事の移動ルート，気象学的測定，染色体変異の数から推定される被曝量，（4）ゾーン内での労働時間，（5）医療記録にもとづいた労働能力の損

失，（6）申請者がゾーン内にいたことを証明できる証人とともに裁判所に出廷したこと，を証明するものなどがある。

（5） これらの数値に子供は含まれていない。被災者は，自らステータスを取得し維持する代わりに，毎年実施される医療検査を受けることが義務づけられている。被災者の補償には，無料の医療，歯科検診，専門的な医療ケア，サナトリウムでの治療が含まれている。もし病気が理由で低賃金または低級の職業に変わった場合，国が賃金の差額を支払う。サナトリウムでの治療中，あるいは職業上の障害をかかえた期間は，有給の傷病休暇が保証される。他の補償条項には，アパート保証，無料の車，特別店舗での「クリーンな食料品」，無料の公共交通，無料の電話サービス，個人営業する場合の無利子ローン，有給休暇，月ごとの賃貸アパート補助金，年間燃料補助金，住居購入時の無利子ローンと政府による元金の25～50％の払い戻し，高度の放射線区域の住民に対する手当，移住した家庭に対する建築ローン，実勢価格の50～75％で食料品を購入する権利，重度の病気で通学できない子供を持つ家庭への食料品や同等の現金の支給，税金や関税の全控除などがある。国による保護対策の最善の例として，1986年4月26日に指定区域内で誕生した子供を持つ親に提供されたものが挙げられる。これらの子供は，就学年齢に達するまで国の完全な保護を受けることができた。「障害」のある子供のいる家庭は，子供1人当たりに対する損害賠償として，毎年，最低賃金の三倍の金額が支払われる。このように，システムは福祉の形として倍増される。手当の全リストは，World Bank 1993：213-216 を参照のこと。

（6） “Center for Informing the Population on Questions Regarding the Liquidation of the Consequences of The Accident,” *Vidlunnia*, October 4, 1996, Zhytomyr, Ukraine.

（7） Ibid.

（8） 苦しみのイメージが客体化され，その客体を被災者が演じることで，行政や政策の分野で人々の苦しみに賭けられたものが隠されてきた。その一側面として私はこの流用を捉えている。Kleinman and Kleinman 1997 を参照のこと。

（9） ヴォロディーミル・シャティロ，ウクライナ，チェルノブイリ省，1996年11月。

（10） ここでは，公的経済で職を持たず，「不当な収入」で生活する人々のことを指している。

（11） 私信，1997年4月15日。

（12） これらの地方委員会は，総合的な医療労働専門委員会部局《ヴラチェブナ・トゥルドヴァヤ・エクスペルトナヤ・コミッシヤ》（*Vrachebno-Trudovaya Expertnaia Komissiia*）に連なっている。私は，これらの各委員会をエクスペルティーザ（Ekspertiza）と呼ぶ。委員会は，スターリンによる集団労働と工業化のキャンペーンが最高潮に達した1932年に設置され，ソ連時代を通じて存続していた。その役割は，障害認定の申請を調停するものだった。

（13） 1991年以来，ウクライナの経済は，経済と労働市場の衰退，貧困の増加に特徴づけられている。1米ドルに対する交換レートは，1992年から93年の間に大きく低下した。国は，手当を削減したり段階的に減少したりせず，また，最も脆弱な集団に照準を絞ることもせず，現金給付の実際の価値を維持する道を選び，年金受給者や他の弱者集団への社会手当と現金支給を増大させた。1992年，国が社会部門に費やした予算は，GDP の40％に上り，世界のどの国よりも高くなった（World Bank 1996：1-3）。

（14） これは，シベリアや僻地にある他の核施設など，天候状況が厳しい地域での過酷な肉体労働やリスクの高い作業に補償として高い賃金を支払うソヴィエトの伝統をある程度踏襲している。

（15） この組織は，医療衛生部門《メドサンチャスチ》（*Medsanchast'*）と呼ばれている。センターと契約して給料の一部を支払ったり，特に作業員が障害認定を受ける前に追加検査は必要な場合など，ゾーン内の患者を紹介したりしている。

（16） ポ・ブラートゥ（*Po blatu*）は，「保護されて」や「後援を受けて」という意味である。

（17） *Chornobyl'ska Tragediia* 1996 を参照。

(18)　これらの請求は，ソ連の閣僚評議会からソ連の財務省へ，ウクライナ共和国の閣僚評議会からウクライナ共産党中央委員会やソ連のエネルギー省へ提出された（*Chornobyl'ska Tragediia* 1996）。

(19)　モヒルニキは，区域内に点在しており，その中で汚染された機材を壊したり，放射性の瓦礫を埋めたりした。

(20)　労働者の障害を管理するソヴィエトの法律は，個々の国家事業体ではなく，専門職労働組合《プロフスピルキ》（*profspilky*）が，区域内の作業から戻ってきた労働者の障害や死亡の資金的賠償の責任を負うよう定めていた。チェルノブイリでの作業にかかる健康負担は，最終的にこれらの労働組合が担うことになった。この費用を削減するために，労働組合はウクライナ共和国の組織に密接に働きかけ，チェルノブイリ法を起草させたのである。

(21)　ヴォロディーミル・ヤヴォリウスキー民主党党首，1996年11月。

(22)　したがって「誰も責任を負いませんでした。もしこれらの品が本当に汚染されていたならば，当局がなんらかの実質的な価値をつけて登録しておけばよかったのです。そうすれば，もしゾーン外に持ち出されたとしても，その商品に関税を課すことも，それらの品の責任者の所在を明確にすることもできたのです」。チェルノブイリに関するウクライナ国会委員会メンバー，1996年9月。

(23)　Kovalchuk, "Ukraine : A Ministry That Started with a Bang," 1995 を参照。

(24)　「ウクライナ SSR〔ソビエト社会主義共和国〕は，ゾーンの司法体制に権限を与え，ソヴィエト連邦や他の共和国の国家機関，諸外国，国際機関とゾーン内の労働に関する契約を結んだ」「チェルノブイリ災害の遺産についての国家声明」1991年。

(25)　地域に拠点を置く施設が77，子供や成人用の州施設が24，特別診療所《スペッツ・ディスペンサリ》（*spetz dispensary*）が121ある。例えば，キエフ州の第二病院には240床のベッドがある。キエフの放射線防護特別診療所には140床がある。放射線研究センターには250床がある。1990年以来，被災者の数は次のように増加している。1990年—9万4000人，1991年—120万人，1992年—280万人，1993年—291万5000人，1994年—319万3000人，1995年—320万人。

(26)　この村の名前はすでに変わっている。

(27)　個人的な会話，キエフの放射線研究センターにて。

(28)　このような物品による支払いは増加しており，未払いの給料を補填している。

(29)　実際には，広島や長崎の原爆被害者への補償は，一括払いではなかった。チェルノブイリの場合と同様に，補償の資格を得るためには被害者が臨床検査を受けることを当局が義務づけていた。*Hiroshima and Nagasaki* 1981 を参照のこと。原子爆弾の医学的影響を明確にするうえでアメリカの科学が果たした役割とその歴史については，Lindee 1994 を参照のこと。

(30)　現在の法律は，チェルノブイリ関連の障害として支払われる追加年金の月額を，以下の額よりも低くしてはならないと保証している。

182.82フリヴニャ（90ドル）—1級障害
145.73フリヴニャ（72ドル）—2級障害
108.03フリヴニャ（54ドル）—3級障害

ウクライナの障害者の約半数が100～200フリヴニャ（50～100ドル）を受け取っている。

(31)　ベネディクテ・イングスタッドとスーザン・レイノルド・ホワイトは，障害が身体的・機能的な制限あるいは疾病であると同時に，社会的定義とアクセスの制限や機会の産物である点を示している（Ingstad and White 1995）。

(32)　彼は，汚染された建材を原子炉から立入禁止区域に点在する埋立地に運んでいた。

(33)　私が取材した検死官によると，チェルノブイリによる死は「他の死とよく似ている」という。1996年11月，キエフ市死体公示所にて。

(34)　ウクライナでのアルコール中毒の発症率は，旧ソ連の共和国内で２番目に高い。1990年は，10万人につき136.4人だった。

(35)　彼は，企業による基金への寄付を義務づけた国の規定も廃止した。

(36)　“President Governs by Decree,” *Ukrainian Weekly*, July 6, 1998, 1.

第五章

(１)　半減期とは，元の放射線の量が半分に減少するまでの時間である。最初の半減期を迎えると，元の放射線量の半分が残る。その次の半減期では，元の量の４分の１が残り，放射線がなくなるまで続いていく。

(２)　コスト計算のさいの科学的尺度に関する人類学的検証については，Petryana 1998 を参照のこと。

(３)　ソヴィエト社会における陳情制度の役割や弾劾の習慣の重要性についての歴史的考察は，Fitzpatrick 1999 を参照のこと。

(４)　多くの科学者の見解では，「放射線に特有の病気がない」ため，臨床的な病状の経過は極めて「個々人に特有なもの」と考えられている。キエフのキエフ・モヒーラ・アカデミーのローマン・プロタスも同様の見解を示している。

(５)　ミシェル・フーコーも，「真実と権力」（Foucault 1984 所収）と題したエッセーの中で，ルイセンコ主義が西洋精神医学における知と権力について考察するきっかけになったと述べている。

(６)　0.01レムは，許容可能な限界線量を示しており，ここでは特に神経系統に対するものを示している。

(７)　現在に至るまで，爆発時にリタがチェルノブイリ原発にいたと証明できる目撃者は誰もいない。

(８)　人数は，年齢別に区分される。１歳までは６名，３歳までは５名，７歳までは12名，14歳までは19名，20歳までは18名，21〜30歳は110名，31〜40歳は115名，41〜50歳は110名，51〜60歳は24名，61歳以上は８名。

(９)　調査された症例のうち，118名は，この疑問に無関係であることが明らかとなった。患者の大半は，放射線の急性的な影響を受け，放射線誘因の損傷に関連する症状を示したと考えられて，９名は急性放射線症（ARS）となった。最初に報告された ARS の徴候は，吐き気，嘔吐，脱力などであり，その後 ARS の特徴とされる症状（血液の変化――白血球減少，リンパ球減少，血小板血症，出血性症候群，脱毛，無力感など）が続いた。

(10)　これら148名のなかには，高血圧や胃腸痛を示した患者もいた。11名は肌に熱傷を負っていた。健康障害は長く続いても21日ほどであった。17日間患った者もいたが，６日後には障害がおさまった例もあった。

(11)　彼は2000年にこの職を離れた。

(12)　ウクライナ保健省による「チェルノブイリ原発事故で被災した成人人口における，電離放射線や他の負因子と関連する病気の目録」（“Index of Illness through Which a Connection with Ionizing Radiation and Other Negative Factors Can Be Established in the Adult Disaster” 1996）も参照のこと。

(13)　「[これらの] 障害の診断は，神経病理医が，健康状態，脳波図，脳血流図，心臓エコー，ＣＴスキャン，Ｘ線などの結果を詳細に検査し，眼科医や心理科医と相談したのちに登録される」（*Chornobyl'ska Katastrofa* 1995：459）。

(14)　1991年にハリコフで開かれた第８回精神科・神経病理科・薬物乱用専門科学会の基調講演で，神経病理学者のＡ・Ｐ・カルティシュは，新たなチェルノブイリ医療労働委員会が担う作業や疾病学上の判定基準について言及している。Bobileva 1994b も参照。

(15)　実際，彼女は，足の痛みについて訴えていたが，医者は治療してくれなかったという。

(16) レヴはくどくどと説明を続け，何度も聞いた話を繰り返した。「我われは何も知らなかったのです。5月1日，デモに参加するために皆街に繰り出したんですが，その日はバイクの国際レースがありました。概してデモは穏やかなままでした。何かを誰かに言うような人もなかった。すべては順調だと言っていたんです。保健大臣がテレビに出ていた。ロマネンコだ。何の問題もなく，惨事は起こっておらず，心配する必要はない，と言っていましたね。でも，お役人は，4月26日には自分たちの子供を国外へ連れ出していたのです。お前たち人民はここで死ねばいい，という具合にね。共産党にはそういう傾向があった。自分たちのことばかりで，人民のことは気にしていなかったのです」。1996年3月，キエフ精神神経科病院にて。

(17) 患者のハンガーストライキは，その後も起こり，特にチェルノブイリで作業するために徴用された鉱夫が多く入院していたハリコフ一帯の病院で頻発していた。

(18) これらの肉類製品は，街中で多く売られていた。この「味がない」加工食品が実際，国産の肉よりも安く，ますます大量に流通しようとしているという事実――国内の景気停滞の予兆である――に人々は苦しめられた。

(19) キエフでは，死体を埋葬するのに500ドル以上も請求する墓掘りがいたと言われている。この料金は，ウクライナの水準からすれば考えられないほど高額だった。過去には日常的に検死が行われていたが，現在では，異常な状況に限定して行われている（例えば，殺人などの不当な死の事例を検証する場合など）。死亡報告ですら官僚的には未処理のままだ。私がこれらの統計を調べていると，統計省の主任統計官は，意味ありげに「ところで，何が正常なんでしょう」と聞いてきた。

(20) 国の統計に移行期の死亡者数の概要が示されている。

(21) Ukrainskyi Blahodiinyi Soyuz Spilok Sotsial'noho Zakhystu Invalidiv Chornobylia 1994 を参照のこと。

	出生率	死亡率	増　減
1989	690,981	600,590	＋90391
1990	657,202	629,602	＋27600
1991	630,813	669,960	－39,147
1992	596,785	697,110	－100,325
1993	557,467	741,662	－184,195
1994	521,545	764,669	－243,124

（出所：*Demohrafichnyi Istochnyk Naselennia Ukrainy* 1994）

(22) 災害時，彼は骨髄移植と輸血を行う地元の病院施設で院長を務めており，1986年にセンターの副所長に任命された。センターの管理部長であるムドラク医師もその会合に参加していた。会合での彼の主な役割は，レプキンに対しセンターが何を必要としているかを念押しすることだった。「彼ら〔政府〕はセンターの白血病患者40名分の食料供給を削減しようとしていますし，私たちはガス料金も支払う必要があるんです」とムドラクは付け加えた。

第六章

(1) このことは，人間を対象とする研究の国際化の流れにおいてとりわけ興味深い問題である。経済的なプレッシャーの結果，被験者の保護が徹底しないということが起こり得るからだ。私が懸念するのは，被験者の保護についての規範的倫理が，異なる政治・経済圏ごとのばらつきを想定

しているのか，また，倫理が，治験が行われるさいの出発点を平らにならすのではなくむしろ社会的・生物学的差異を具象化してしまうのではないか，ということである。Petryna 2002 参照のこと。

（2） プロット化の悲劇的な様式については White 1973：9 を参照。

（3） チェルノブイリ原発の作業員の多くが2000年12月の閉鎖に伴って解雇されることになっていた。

（4） 彼女の描写は，ソヴィエト社会が「相互の水平的な監視」によって統治されており，そのことによって集団の優位が保たれ，個人が表立って抵抗することが抑圧されたという，ハルホルディンによる観察と調和する。「一枚岩でできた社会のイメージが強調されることによって，典型的なソヴィエト市民は，逸脱した個人には生き残る見込みはないのだと，自分自身を納得させた」（Kharkhordin 1999：278）。

（5） このような社会的配置の中に生きることは二律背反《アンビバランス》を伴った。二律背反に対応するウクライナ語はドゥヴォイェリドゥニスチ（*dvoyeridnist'*）で，文字通り訳すと「二つの性質」である。様々な二律背反が本章に通底するテーマとなる。ジグムント・フロイトは，臨床状況における神経症患者の感情状態，すなわち意志が同時に肯定され否定される状態を示すのにこの語を用いた（Laplanche and Pontalis 1973：214）。

（6） この表現はジョセフ・ダミットに負っている。

（7） センターの実験放射線生物学部門におけるセアヌの協力者たちは，げっ歯類の脳を分析し，高線量（2グレイまで）の放射線照射によって脳の切断面に電気生理学的影響が生じないことを明らかにした。

（8） この研究者たちによると，放射線との接触はただちに損傷をもたらすが，それは事故後5年から6年の間「覆い隠され」顕在化しない。「偽の回復」とそれに続く「代償不全」が1991年までに起こり，そのときには病変と傷跡がさまざまな被曝人口のあいだで表面化したという（Romodanov et al. 1994：78）。

（9） セアヌの下にいる研究者たちは，ウクライナ国内の「クリーンな」領域として国家登録されている地域からもキエフからも対照群を確保した。

（10） イリインはこの放射線恐怖症を，解消するのが難しい「異常な強迫観念」と描写した。彼によれば，放射線恐怖症に苦しむ人々は，「誰も信じないし，誰も信じない」。彼らは「まったくどうでもいいような体調不良を放射線と結びつける」。結果的に，よくある病いがずっと複雑なものになってしまい，患者は「自分自身にひどい不利益をもたらす」（Marples 1988：49）。

（11） ウクライナの国の役人たちは，国によって汚染地域に指定されている地域から高い費用をかけて人々を移住させる計画を中止しようという議論にこの見解を利用している。

（12） 長期にわたる精神衛生への影響に関するほとんどの調査が自己申告と主観的な尺度にもとづいている。研究者たちは実験の対象となる人口集団の境界を定めるにあたって国の指定する区域の境界を用い，「離れたクリーンな領域」に住む健康な人口集団を対照群としている（Rumyantseva et al. 1996：529）。

（13） 第五章においてキリルのケースで見たように，このようなアプローチは一定の形態の政治的濫用をも招いた。

（14） ボロウスキによれば，電離放射線の神経精神科的影響は過去百年にわたって続いてきたという。「問題の存在の基本的な事実に反対し，これらの影響は20～60グレイの間では存在しないという論者たちもいます。この論争はまだ決着がついていません。1グレイでも影響があると言う研究者もいますし，2～4グレイで影響が出始めるという研究者もいます。意見の不一致は，実際の精神‐神経科的な症状を認めるかという点にではなく，それらの症状の病因に電離性放射線を結びつけるかどうかという点にあります」。

（15） ボロウスキは国際的な資金援助を受けて，統合失調症および統合失調スペクトラム障害に関し

て放射線関連の研究をアレンジしてもいる。彼はチェルノブイリと結び付けられた精神疾患の分類を開発しており，国家によるチェルノブイリ患者の管理に組み込まれる（そして2年に1度更新される）ことになっている。ボロウスキによれば，放射線にさらされた人は，神経症的，サイコパス的な疾患（大脳無力症）から心身相関性疾患や脳障害へ，また器質的人格形成や内因性のように見える器質的プロセスへと，特徴のある精神神経学的経過をたどるという。

(16) タラル・アサドは，非ヨーロッパ系民族のエージェンシーや創造性を彼らが文化的支配の「世界システム」との関係において「地域的《ローカル》」であることに帰する文化人類学の命題を批判的に検討している。「文字通りに受け取るならば，どの時代のどの人間であれ，概ねどこかの地域の住民として確認されるであろうから『地域民』であるには違いない」。サウジアラビアの神学者たちが「中世のイスラム文献の権威を訴えれば地域的だと言われることになり，近代の世俗的な文献の権威を訴える西洋の著述家は普遍的だと自ら言うことになる。だが，どちらにしても，包摂と排除のルールを持つ個々の限定的世界の中に暮らす者である」。差異は権力に，そしてアサドが「権威づけられた空間の言説による定義」と呼ぶものに宿る（Asad 1993：8)。

(17) 彼らの状況は，アラン・ヤングがPTSD研究の文脈で指摘したものに似ており，「発見したものによって時間――発見と取り組む時間，事実に富んだ科学に（研究の技術によって）結びつけることによって発見を事実にまで熟成させる時間――を買う」(Young 1995：272）ことが可能になっている。

(18) ウクライナ人はロシア帝国の時代には「小さなロシア人《マロロッシ》」(*malorossy*) と呼ばれた。

(19) 彼は警察官に転職した。私は3回彼にコンタクトしようと試みたが，彼は3回とも私の電話を切った。そこで私は，モロゾフが仲違いによって病棟を去ったのだと考えるようになった。

(20) ソロクソトク（*soroksotok*）は典型的な土地の一区画で，1ソロクソトク＝$40\times100\text{m}^2$。

(21) 後から私は彼の医療カルテを調べてみた。それによれば，ピリプコは「チェルノブイリ事故の際，ゾーンから人々を対比させるために運転していた」。彼は「心臓の痛みを訴え」，「酒もたばこもやらず」，そして「被曝線量はわからない」。

(22) この慣行は，実験的な薬物治療や精神安定剤の犠牲にするという，政治的反体制派に対して使われるもっとよく知られた虐待と対照的である。Reich 1999 参照。

(23) パヴロフの実験室文化についての含蓄に富んだ議論は，Todes 1997 を参照のこと。

(24) トルカーチはソヴィエトの精神医学テクストにおけるフロイトの不在についての省察を続けた。「フロイトは精神的《スピリチュアル》な活動について書いています。しかし共産主義者は魂の存在そのものを否定します。神もなければ魂もないと。共産主義者は人間に対して物質主義的な見方を持っています。人間は生まれ，死に，埋葬され，死後の生はない。この理由で，パヴロフの理論の影響は長く続いたのです」。

(25) 短期的・長期的な体性感覚誘発電位（SSEP）を地形図のようにマッピングすることによって，認識のプロセスや，脳の周縁から脳幹まで全方位における体性感覚の求心性の働きを描き出すことができる。脳の電気活動を測定する機械は，参照電極を片耳の耳たぶにつけ，単極的に用いられた。頭蓋骨への電極は国際的な「10-20」システムに従ってとりつけられた。Maurer and Dierks 1991：104，および Zenkov and Roikin 1991：640 参照のこと。神経学的図像化や，精神疾患の再分類についての民族誌的分析は Dumit 1995 を参照。

(26) Flor-Henry 1979：189-193 を参照。この症例分析は一部，Petryna and Biehl 1999 に基づいている。

(27) このケースは1996年6月，キエフの放射線研究センターにて観察された。

(28) オレグには前妻とのあいだに二人の子供がいた。

(29) この尺度は70年の平均余命（第二章参照）に対して適用される。

(30) この地域のウラニウム鉱石の抽出と健康被害の詳細については Garb 1994 を参照。

(31)　14歳以下が子供と定義されている，1986年，1987年，1996年，1997年の統計は手に入らない。

(32)　オブラストはアメリカ合衆国における郡と類似した行政上の地域単位である。

(33)　大人のカテゴリーには14歳以上のティーンエージャーも含まれる。

(34)　原子放射線の影響に関する国連科学委員会（UNSCEAR 1969）によれば，体内の器官，脊椎，頭蓋，脳幹の欠陥は，成形中の胎児の胎内生活の14日目に現れ，深刻な頭部の結果は15日目に現れ始める（quoted in Guskova and Baysogolov 1971 : 245-246）。

(35)　この分析の一部は，個人の歴史や家族のドラマがいかに病いを誘発する臨床的研究プログラムと一体化しているかを明らかにするにあたって，クロード・レヴィ＝ストロースによる象徴の癒しの効果についての分析を基にしている。そのエッセイの中で，クナ族の女性が自分の精霊分身の一つプルバ（*purba*）とを失ってしまう。プルバは，分娩のときに必要な生命力を与えてくれる。守護精霊に助けられて，シャーマンは，邪悪な精霊（横暴なムウ）のところに「治癒師《ヒーラー》を導く道を照らす」「神話的解剖学」を構築しながら，超自然の世界を旅する。シャーマンはムウの手から，女性の分身――胎児の形成をつかさどる力である――を取り戻すことに成功する。それを持ち主の手に戻すことで，シャーマンは治癒を果たすのである（Lévi-Strauss 1963 : 188）。この場面から学んだことのいくつかを応用しながら，私は科学の研究が母親の手に取り戻すもの，そして母親の語り《ナラティヴ》が科学の手に取り戻すものについて考えている。

(36)　ベラルーシ，ウクライナ，ロシアの被災地域で実施中の「子宮内の脳損傷」研究プログラムの中でこれらのことが推奨されている。

(37)　「被曝した成人，特に女性には，事故後の最初の10年に〔心理的不全の〕身体化の増長，不安，抑うつ，PTSD 症状が見られた」(Bromet et al. 2000 : 564)。

(38)　テストは J. C. Raven, *Controlled Projection for Children* (London : H. K. Lewis, 1951), D. B. Harris, *Children's Drawings as Measures of Intellectual Maturity* (New York : Harcourt, Brace, and World, 1963) から借用したものであった。

トム・ギル／ブリギッテ・シテーガ／デビッド・スレイター＝編

東日本大震災の人類学 地震，津波，原発事故と日本人 2900円

3・11は終わっていない。被災地となった東北地方を目の当たりにした人類学者，社会学者，ルポライターの国際チームが，現在進行形の災害を生き抜く人々の姿を描く「被災地」のエスノグラフィー。そこには大災害を乗り越える日本の文化的伝統と同時に革新的変化の兆しをみることができる。

藤原潤子

呪われたナターシャ 現代ロシアにおける呪術の民族誌 2800円

一九九一年のソ連崩壊以降，ロシアでは呪術やオカルトへの興味が高まった。本書は，三代にわたる「呪い」に苦しむひとりの女性の語りを出発点として，呪術など信じていなかった人々——研究者を含む——が呪術を信じるようになるプロセス，およびそれに関わる社会背景を描く。

石塚道子／田沼幸子／冨山一郎＝編

ポスト・ユートピアの人類学 3600円

革命・解放・平和・文明・開発・富——人類の理想郷としてのユートピアがあるという物語が説得力を失ったあと，ユートピア的な希望を捨て去ることなく生きる人々や運動に向き合う。失望や幻滅，皮肉をもって論じるのではなく，ユートピアの現実批判力を探る。

田沼幸子

革命キューバの民族誌 非常な日常を生きる人びと 6000円

「もし，チェが今のキューバを見たら……！」世界中の植民地，知識人，左翼から夢と希望と目された1959年の革命から50年——社会主義革命の理想と現実を，「普通の人びと」はどう受けとめてきたのか。ドキュメンタリー制作を含む親密な語りのなかから追求する，等身大のキューバの姿。

白川千尋／川田牧人＝編

呪術の人類学 5000円

呪術とは何か。迷信，オカルト，スピリチュアリズム——呪術は，日常のなかでどのように経験・実践されているのだろうか。人を非合理な行動に駆り立てる，理解と実践，言語と身体のあわいにある人間存在の本質に迫る。諸学の進展に大きく貢献する可能性のある画期的試み。

表示価格（税抜）は2016年1月現在

曝《さら》された生《せい》――チェルノブイリ後《ご》の生物学的市民《せいぶつがくてきしみん》

2016年1月20日　初版第1刷印刷
2016年1月30日　初版第1刷発行

著　者　アドリアナ・ペトリーナ
監　修　粥川準二
訳　者　森本麻衣子／若松文貴
発行者　渡辺博史
発行所　人文書院
〒612-8447　京都市伏見区竹田西内畑町9
電話　075-603-1344　振替　01000-8-1103

装　幀　田端　恵　㈱META
印刷所　㈱冨山房インターナショナル
製本所　坂井製本所

落丁・乱丁本は小社送料負担にてお取替えいたします

ISBN 978-4-409-53050-4　C3036

http://www.jimbunshoin.co.jp/

著者略歴

アドリアナ・ペトリーナ（Adriana Petryna）

ペンシルベニア大学人類学教授。PhD（カリフォルニア大学バークレー校）。医療人類学，科学技術研究，東欧地域研究。処女作である本書は，医療人類学会で新世紀著作賞（2006年），アメリカ民族学会でシャロン・ステファンズ最優秀賞（2003年）を受賞。著書としてほかに，*When Experiments Travel: Clinical Trials and the Global Search for Human Subjects* (2009)，共編著に，*When People Come First: Critical Studies in Global Health* (with João Biehl, 2013)，*Global Pharmaceuticals: Ethics, Markets* (with Andrew Lakoff and Arthur Kleinman, 2006) がある。

監修者略歴

粥川準二（かゆかわ・じゅんじ）

1969年生まれ。愛知県出身。ライター・編集者・翻訳者。「ジャーナリスト」と呼ばれることもある。国士舘大学，明治学院大学，日本大学非常勤講師。博士（社会学）。著書に『バイオ化する社会――「核時代」の生命と身体』（青土社，2012），市野川容孝編『生命倫理とは何か』（共著，平凡社，2002）など。共訳書にエドワード・テナー『逆襲するテクノロジー――なぜ科学技術は人間を裏切るのか』（早川書房，1999）など。

訳者略歴

森本麻衣子（もりもと・まいこ）

1977年生まれ。東京大学法学部卒業。カリフォルニア大学バークレー校文化人類学博士課程在籍。東アジアにおける歴史と記憶，暴力とトラウマ，革命の言説とその終焉などに関心をもつ。訳書にレイ・ベントゥーラ『横浜コトブキ・フィリピーノ』（現代書館，2007），共訳書に『東日本大震災の人類学――津波，原発事故と被災者たちの「その後」』（人文書院，2013）。

若松文貴（わかまつ・ふみたか）

1978年生まれ。ハーヴァード大学大学院博士課程修了。PhD（人類学）。京都大学学術支援室リサーチ・アドミニストレーター。"Making of Scientific Whaling: Politics of Conservation, Science, and Culture in Japan" (Doctoral diss., Harvard University, 2013) など。